ŒUVRES

COMPLÈTES

DE JACQUES-HENRI-BERNARDIN

DE

SAINT-PIERRE.

TOME PREMIER.

DE L'IMPRIMERIE DE L.-T. CELLOT.

ŒUVRES

COMPLÈTES

DE JACQUES-HENRI-BERNARDIN

DE

SAINT-PIERRE,

MISES EN ORDRE ET PRÉCÉDÉES DE LA VIE DE L'AUTEUR,

PAR L. AIMÉ-MARTIN.

.... Miseris succurrere disco.
Æn., lib. I.

VOYAGE A L'ILE-DE-FRANCE.

TOME PREMIER.

A PARIS,

CHEZ MÉQUIGNON-MARVIS, LIBRAIRE,
RUE DE L'ÉCOLE DE MÉDECINE, N° 3.

M. DCCC. XVIII.

AU ROI.

SIRE,

Bernardin de Saint-Pierre a commencé et fini les Études de la Nature par l'éloge de Louis XVI; mais sa modestie l'empêcha d'offrir à son Roi un livre dont l'auteur était encore inconnu.

S'il vivait aujourd'hui, encouragé par le suffrage public, il oserait sans doute présenter le fruit de ses méditations à l'auguste monarque qui fait le bonheur de la France, et qui, non content de protéger les lettres, les illustre en les cultivant.

Vous avez permis, SIRE, que cet honneur dont

il n'a pu jouir, devint l'héritage de sa veuve ; et je viens déposer ses ouvrages à vos pieds, afin que rien ne manque à sa gloire.

Je suis, avec le plus profond respect,

SIRE,

DE VOTRE MAJESTÉ,

la très-humble et très-obéissante servante,

DE SAINT-PIERRE,
née DE PELLEPORC.

Paris, ce 15 novembre 1820.

PRÉFACE DE L'ÉDITEUR.

Avant d'écrire cet Essai, il nous a fallu approfondir les ouvrages, le caractère et les mœurs de Bernardin de Saint-Pierre. Plus de quatre années ont été consacrées à cette étude.

Il n'a pas dépendu de nous d'être meilleur juge et plus habile historien ; mais il a dépendu de nous d'être toujours vrai, et nous l'avons toujours été.

L'auteur des Études paraît ici avec ses faiblesses et ses vertus : aimable dans son enfance ; inquiet, présomptueux, ambitieux dans sa jeunesse ; puis mûri par le malheur, et se refaisant homme dans la solitude. Heureux parce qu'il était devenu sage, il éprouvait alors la vérité de cette maxime d'un ancien, que lorsque Dieu, pour nos fautes, nous abat d'une main, il nous relève des deux.

La Vie de Bernardin de Saint-Pierre jette un grand jour sur ses ouvrages. Comme Montaigne, il a étudié les hommes dans lui-même. Ses fautes lui ont montré les vices de nos institutions, et ses maux lui ont appris à connaître ceux du genre humain. Il a condamné nos éducations de collége, parce qu'elles l'avaient fait ambitieux ; et il a tâché, par ses écrits, de ramener son siècle à Dieu et à la Nature, parce que là, seulement, il avait trouvé le bonheur.

Les hommes les plus sages reçoivent toujours quelques impressions des objets qui les environnent. Pénétré de cette vérité, nous avons cru devoir esquisser quelques-unes des sociétés où Bernardin de Saint-Pierre ne fit, il est vrai, qu'apparaître. L'aspect du monde a été pour nous comme ces fonds de tableaux sur lesquels les peintres font ressortir leurs figures principales.

Quant aux matériaux de cet Essai, ils sont assez nombreux. On sait que l'auteur a disséminé dans ses ouvrages, des souvenirs sur les principales époques de sa vie : nous les avons recueillis pour servir de base à notre travail. Ses manuscrits, et les notes informes qu'il avait préparées lorsqu'il conçut le projet d'écrire ses mémoires, nous ont également fourni plusieurs faits intéressants.

Une correspondance immense, mise en ordre pour le même objet, nous a fait connaître les aventures de sa jeunesse. Nous avons eu sous les yeux les lettres de ses deux frères et de sa sœur, et une grande partie de celles de Duval, de Taubenheim, du chevalier de Chazot, de M. de la Roche, du prince Dolgorouki, du baron de Breteuil, de M. Poivre, de Rulhière, des généraux de Villebois et du Bosquet, et du maréchal Munnich. Plusieurs billets de la princesse Marie M... nous ont également été remis, avec les lettres écrites par d'Alembert, Mlle de Lespinasse, M. et Mme Necker, Vernet, l'archevêque d'Aix, l'abbé Fauchet, Ducis, etc. Cependant, malgré de si nombreux matériaux, une multitude de faits nous eussent échappé, si la veuve de Bernardin de Saint-Pierre n'eût pris soin de les recueillir. Devenue, à dix-huit ans, et par son choix, la compagne d'un homme célèbre, elle reçut de la Providence la double mission de le rendre heureux dans cette vie, et de le faire honorer après sa mort. Nous lui devons les circonstances les plus touchantes de cet Essai; confidente de toutes les pensées de cet illustre écrivain, il semble lui avoir légué les souvenirs de sa vie entière, et son ame pour les exprimer.

Le 11 novembre 1820.

ESSAI

SUR

LA VIE ET LES OUVRAGES

DE BERNARDIN DE SAINT-PIERRE.

*Littus ama.
Altum alii teneant.*
Æneid., lib. v.

Jacques-Henri-Bernardin de Saint-Pierre naquit au Havre le 19 janvier 1737. Son père, Nicolas de Saint-Pierre, avait la prétention de descendre d'une famille noble; il comptait au nombre de ses aïeux le célèbre Eustache de Saint-Pierre, maire de Calais; et quoiqu'il ne pût donner des preuves bien claires de cette illustration, il ne cessait d'en parler à ses enfants comme d'une gloire appartenante à la famille. Le jeune Henri avait deux frères, Dutailly et Dominique, et une sœur nommée Catherine. Cette dernière était spirituelle et jolie, mais vaine et précieuse. Elle resta fille par pruderie, refusant tous les partis qui se présentaient, et s'irritant de l'oubli de ceux qui ne s'empressaient pas de se faire refuser. Sa mère, qui était une femme de grand sens, voulut inutilement tempérer cette vanité. Catherine persista dans ses dédains, ne voyant rien autour d'elle qui fût digne de son amour. Ce qu'il y a de singulier, c'est que vers l'âge de trente ans une révolution inespérée s'opéra dans son esprit : aussi accorte qu'elle avait été revêche, elle semblait ne plus vivre que pour se faire aimer. Ainsi, dans sa jeunesse, elle eut toute la mauvaise humeur, toute l'acrimonie d'une vieille fille; et sa maturité s'embellit de la douceur, et des grâces prévenantes qui donnent tant de charme à la jeunesse. Son frère Dutailly, tourmenté comme elle d'une présomptueuse ambition, détestait l'étude, et se moquait philosophiquement du latin, des pédants et du collége. Il ne cessait de répéter qu'il voulait aller à la cour, et que c'était l'épée, et non le rudiment à la main, qu'un brave devait faire fortune. Son père n'approuvait que trop ces gentillesses; il croyait y reconnaître les inspirations d'un esprit supérieur qui dédaigne les routes communes. Dutailly fut militaire; mais ses prétentions exagérées, l'inconstance de ses projets, la violence de son caractère, nuisirent à son avancement. Toujours malheureux et toujours incorrigible, il devint le fléau de sa famille, et mourut victime d'une entreprise aventureuse où son ambition l'avait précipité.

Dominique, le plus jeune de tous, avait un caractère modeste, des goûts simples et modérés. Il entra de bonne heure dans la marine, où il acquit l'estime générale. Devenu capitaine de vaisseau, il fit plusieurs voyages de long cours; puis il se retira à la campagne, après avoir obtenu la main de mademoiselle de Grainville, charmante personne à la perte de laquelle nous verrons qu'il ne put survivre.

Quant au jeune Henri, l'aîné de tous, il réunissait à lui seul les défauts et les qualités de ses deux frères, la vanité de sa sœur, et une imagination brillante qui environna d'illusions toutes les époques de sa vie. Dès sa plus tendre jeunesse, ses lectures le jetèrent dans les rêveries d'un monde idéal, où il se créa une existence et des habitudes solitaires. Toutes ses sensations devenaient aussitôt des passions. L'injustice le révoltait; elle pouvait même égarer un moment son cœur, mais il ne fallait qu'une émotion tendre pour le ramener. Élevé dans les principes de la plus ardente piété, il disait souvent, en se rappelant ses premières impressions, qu'il serait devenu méchant si sa confiance en Dieu n'avait redoublé à mesure qu'il apprenait à se méfier des hommes. Ce sentiment donnait une telle énergie à son ame, que dans son enfance, quand il se croyait victime d'une injustice, sa consolation était de songer que Dieu lit au fond des cœurs et qu'il voyait la pureté du sien. Un jour il assistait à la toilette de sa mère, en se réjouissant de l'accompagner à la promenade; tout-à-coup il fut accusé d'une faute assez grave par une bonne fille, nommée Marie Talbot, dont, malgré cette aventure, il conserva toujours le plus touchant souvenir. Il avait alors près de neuf ans, et il était fort doux à cet âge. Encouragé par son innocence, il se défendit d'abord avec assez de tranquillité; mais comme toutes les apparences étaient contre lui, et qu'on refusait de croire à sa justification, il finit par s'emporter jusqu'à donner un démenti à sa bonne.

Madame de Saint-Pierre, étonnée d'une vivacité qu'elle ne lui avait point encore vue, crut devoir le punir en le privant de la promenade; et comme il ne cessait de l'importuner par ses larmes et ses protestations, elle prit le parti de s'en débarrasser en l'enfermant seul dans une chambre. Trompé dans l'attente d'un plaisir, condamné pour une faute dont il n'était pas coupable, tout son être se révolta contre l'injustice de sa mère. Dans cette extrémité il se mit à prier avec une confiance si ardente, avec des élans de cœur si passionnés, qu'il lui semblait à tout moment que le ciel allait faire éclater son innocence par quelque grand miracle. Cependant l'heure de la promenade s'écoulait, et le miracle ne s'opérait pas. Alors le désespoir s'empare du pauvre prisonnier; il murmure contre la Providence, il accuse sa justice, et bientôt dans sa sagesse profonde il décide qu'il n'y a pas de Dieu. Assis auprès de cette porte que ses prières n'avaient pu faire tomber, il s'abîmait dans cette pensée avec une incroyable amertume, lorsque le soleil perçant les nuages qui depuis le matin attristaient l'atmosphère, un de ses rayons vint frapper la croisée que le petit incrédule contemplait avec tant de tristesse. A la vue de cette clarté si vive et si pure, il sentit tout son corps frissonner, et s'élançant vers la fenêtre par un mouvement involontaire, il s'écria avec l'accent de l'enthousiasme : Oh! il y a un Dieu! puis il tomba à genoux et fondit en larmes.

Cette anecdote dévoile l'ame entière de l'auteur des *Études*. Ce qu'il fut dans son enfance, il le fut toute sa vie. Jamais les beautés de la nature ne le trouvèrent insensible; elles éveillèrent ses premières émotions, elles eurent ses dernières pensées. Sa mère lui avait dit un jour que si chaque homme prenait sa gerbe de blé sur la terre, il n'y en aurait pas assez pour tout le monde, et tous deux en avaient conclu sagement que Dieu multipliait le blé dans les greniers. Plus tard, lorsqu'il eut étudié cette multitude de phénomènes que la science décrit sans les comprendre, la réflexion de sa mère l'étonnait moins que le pouvoir donné à un grain de blé de produire plusieurs épis, et de renfermer la vie qui doit animer pendant des siècles toutes les moissons à venir. Cette pensée était encore une suite des études de son enfance. Dès l'âge de huit ans on lui faisait cultiver un petit jardin où chaque jour il allait épier le développement de ses plantations ; cherchant à deviner comment une grosse tige, des bouquets de fleurs, des grappes de fruits savoureux, pouvaient sortir d'une graine frêle et aride. Mais les animaux sur-tout attiraient son affection, étonnaient son intelligence. Ayant accompagné son père dans un petit voyage à Rouen, celui-ci s'arrêta devant les flèches de la cathédrale dont il ne pouvait se lasser d'admirer la hauteur et la légèreté ; le jeune Henri levait aussi les yeux vers la cime des tours, mais c'était pour admirer le vol des hirondelles qui y faisaient leurs nids. Son père qui le voyait dans une espèce d'extase, l'attribuant à la majesté du monument, lui dit : Eh bien, Henri ! que penses-tu de cela ? L'enfant, toujours préoccupé de la contemplation des hirondelles, s'écria : Bon Dieu ! qu'elles volent haut ! Tout le monde se mit à rire, son père le traita d'imbécille ; mais toute sa vie il fut cet imbécille ; car il admirait plus le vol d'un moucheron que la colonnade du Louvre.

Un jour il trouva un malheureux chat près d'expirer dans l'égout d'un ruisseau ; il était percé d'un coup de broche et poussait des cris effrayants. Ému de pitié, il le cache sous son habit, le porte furtivement au grenier, lui fait un lit de foin, et vient lui donner à boire et à manger à toutes les heures du jour, partageant avec lui son déjeuner et son goûter, et lui tenant fidèle compagnie. Au bout de quelques semaines le pauvre animal avait recouvré la santé ; il devint alors un excellent chasseur de souris, mais si sauvage qu'il ne se montrait plus qu'à la voix de son ami, sans jamais cependant le laisser approcher. Il se promenait autour de lui, enflant sa queue, se caressant au mur, et fuyant au moindre mouvement, au bruit le plus léger. A-la-fois méfiant et reconnaissant, il vit toujours un homme dans son libérateur. Bernardin de Saint-Pierre ne pouvait se rappeler cette petite aventure sans attendrissement. Dans une de nos promenades, disait-il, je la racontai à J.-J. Rousseau ; il en fut touché jusqu'aux larmes, et je crus un instant qu'il allait m'embrasser.

Qu'on ne nous accuse pas de rapporter ici des traits insignifiants ou puérils : ce n'est point une chose indifférente, selon nous, que de faire sentir l'influence des premières pensées sur le reste de la vie. Ce qui ne fut dans l'enfance de Bernardin de Saint-Pierre qu'un sentiment de commisération pour quelques êtres souffrants, devint plus tard un sentiment d'amour qui s'étendit à tout le genre humain. Dans la société, on le vit toujours rechercher l'amitié de ceux qui paraissaient les plus timides et les plus malheureux. Voilà pourquoi avec des avantages qui auraient dû hâter sa fortune, il échoua dans toutes ses entreprises. Sa sensibilité même lui nuisait d'autant plus qu'elle était plus versatile, car il prenait en pitié la souris sous les griffes du chat, le chat dans la gueule du chien, le chien sous le bâton de l'homme, et l'homme quel qu'il fût sous la domination d'un tyran. C'est ainsi qu'en s'attachant toujours au plus faible, il eut toujours à lutter contre le plus fort. Mais dans cette lutte perpétuelle son courage avait quelque chose de divin; car il lui semblait bien qu'il n'était pas seul, et que la Providence aussi combattait pour les malheureux.

Cette confiance en Dieu, première impression de son enfance, consolation de toute sa vie, fut singulièrement exaltée par la lecture de quelques livres pieux et amusants, entre autres par la Vie des Saints. Il y avait dans le cabinet de son père un énorme in-folio renfermant toutes les visions des ermites du désert. Ravi des miracles qu'il y voyait, persuadé que la Providence vient au secours de tous ceux qui l'invoquent, il crut ne plus rien avoir à craindre de ses parents ni de ses maîtres, et résolut de s'abandonner à Dieu à la première occasion où il aurait à se plaindre des hommes. Cette occasion ne tarda pas à se présenter. Un jour, à cette époque il avait à peine neuf ans, un maître d'école chez lequel on l'envoyait étudier les éléments de la langue latine, l'ayant menacé de le fouetter le lendemain s'il ne récitait pas couramment sa leçon, il prit à l'instant même le parti de dire adieu au monde et d'aller vivre en ermite au fond d'un bois. Le matin du jour fatal il se leva tranquillement, mit en réserve une portion de son déjeuner; et, au lieu de se rendre à l'école, il se glissa par des rues détournées et sortit de la ville. Heureux de sa liberté, sans inquiétude de l'avenir, ses regards se promenaient avec délices sur une multitude d'objets nouveaux qui lui semblaient autant de prodiges. La campagne était fraîche et riante; les bois, les prairies, les collines se déroulaient devant lui, et il se voyait avec admiration seul et libre au milieu de ce brillant horizon. Il marcha environ un quart de lieue dans un joli sentier jusques à l'entrée d'un bouquet de bois d'où s'échappait un petit ruisseau. Ce lieu lui parut un désert, il le crut inaccessible aux hommes et propre à remplir ses projets. Résolu de s'y faire ermite, il y passa toute la journée dans la plus douce oisiveté, s'amusant à ramasser des fleurs et à entendre chanter les oiseaux. Cependant l'appétit se fit sentir vers le milieu du jour. Son déjeuner étant achevé, il cueillit des mûres de haies, et arracha avec ses petites mains des racines dont il fit un repas délicieux. Ensuite il se mit en prière; attendant quelque miracle de la Providence, et se rappelant tous les saints ermites qui dans la même position avaient reçu les secours du ciel, il lui semblait toujours qu'un ange allait lui apparaître et le conduire dans une grotte sauvage ou dans un jardin de délices. Cette agréable attente l'occupa le reste du jour. Cependant le soleil était déjà sur son déclin, l'air se rafraîchissait insensiblement, et les oiseaux avaient cessé leur ramage. Le petit solitaire se préparait à passer la nuit sur l'herbe au pied d'un arbre, lorsqu'à l'entrée de la plaine il aperçut la bonne Marie Talbot qui l'appelait à grands cris. Son premier mouvement fut de fuir dans la forêt, mais la vue de cette pauvre fille qui tant de fois avait essuyé ses larmes, et qui en versait en le retrouvant, l'arrêta tout court; il s'élança vers elle, et se mit aussi à pleurer.

Dès qu'il lui eut confié le sujet de ses peines, elle commença par le rassurer, puis elle lui raconta que son père et sa mère avaient ressenti les plus vives inquiétudes de ne pas le voir revenir à l'heure du dîner; qu'elle était allée le chercher d'abord chez son maître qui avait paru surpris de son absence; qu'ensuite elle s'était enquis dans le voisinage à des gens de la ville, puis à des gens de la campagne, qui, de l'un à l'autre et de proche en proche lui avaient indiqué le chemin qu'il avait pris. En parlant ainsi elle le couvrait de tant de caresses que sa vocation commença à s'affaiblir, et qu'il se décida enfin, quoique avec un peu de peine, à renoncer à son ermitage. De retour dans sa famille, son père et sa mère lui firent raconter comment il avait vécu; ensuite ils lui demandèrent ce qu'il aurait fait dans le cas où il n'eût plus rien trouvé dans les champs. Il ne manqua pas de leur répondre qu'il était sûr que Dieu l'y aurait nourri en lui envoyant un corbeau chargé de son dîner, comme cela était arrivé à saint Paul l'ermite. On rit beaucoup de la simplicité de cette réponse, disait un jour Bernardin de Saint-Pierre, et cependant la Providence a fait depuis de plus grands miracles en ma faveur, lorsqu'elle me protégea au milieu des nations étrangères où je m'étais jeté seul, sans argent et sans recommandation, et, ce qui est encore plus merveilleux, lorsqu'elle me protégea dans ma propre patrie contre l'intrigue et la calomnie.

Cette petite aventure qui décelait une ame passionnée, donna quelques inquiétudes à sa famille. On crut nécessaire de l'éloigner de la maison paternelle, et peu de jours après, il fut conduit à Caen chez un curé qui habitait un joli presbytère aux portes de la ville, et qui avait un grand nombre d'élèves. Les jeux de cet âge, l'exemple de ses camarades, donnèrent bientôt une autre direction à ses idées. N'ayant pu devenir le plus saint des ermites, il devint le plus espiègle des écoliers, et peu de jours s'écoulaient sans que ses ruses missent en défaut la surveillance de toute la maison. Parmi les tours dont il gardait le souvenir, il en est un qui avait si bien exercé la finesse de son esprit, qu'il prenait toujours un nouveau plaisir à le raconter. Il y avait dans un des angles d'une cour interdite aux élèves, près de la porte de sortie, un superbe figuier dont tous les matins le jeune observateur admirait de sa fenêtre les branches couvertes des fruits les plus appétissants. De l'admiration, il passa à la convoitise. Trois figues sur-tout, pendantes, violettes, entr'ouvertes, et qui laissaient couler le miel, le tentaient si vivement qu'il ne songea plus qu'au moyen de se les approprier. La chose n'était pas facile. Deux chiens et une grosse fille, nommée Janneton, véritable servante maîtresse, vive, alerte, terrible, semblaient avoir été commis à la garde du fruit défendu. Cependant, à force d'y songer, il crut avoir trouvé le moyen d'échapper à leur vigilance : c'était un samedi soir, il fallait attendre le dimanche. L'inquiétude et l'espérance le tinrent éveillé toute la nuit ; vingt fois il fut sur le point de renoncer à une entreprise si périlleuse ; mais lorsque le matin il put entrevoir du coin de la fenêtre l'arbre couvert de ses fruits dorés des premiers rayons du jour, la crainte s'envola, la conquête fut résolue.

La matinée du dimanche n'offrit aucune occasion favorable. Après le dîner on se rassemble pour aller à vêpres, le moment est attendu et prévu. Les rangs se forment, on traverse la cour à la hâte pour gagner la porte de sortie; aussitôt le petit maraudeur s'esquive et disparaît derrière le figuier. Déjà la troupe se met en marche; il entend le bruit de la serrure et des verrous. Le voilà pris comme le cerf de la fable. Comment fera-t-il rouvrir cette porte ? C'est ce qui l'inquiète peu, sa prévoyance a pourvu à tout. Déjà l'arbre est escaladé, déjà il en courbe les branches, il en touche les fruits, lorsque les aboiements du chien attirent dans la cour la terrible Janneton. Son regard inquiet et vigilant se promène autour d'elle. Le coupable reste un moment glacé d'effroi; cependant il se remet, et pour se débarrasser de cet argus, il tire un cordon, qu'il avait eu soin d'attacher à la sonnette du réfectoire. Janneton rentre dans la maison, n'y voit personne et croit s'être trompée. Un second cordon, également attaché à la sonnette de la rue, fait aussitôt son office; Janneton accourt tout effarée, ouvre la porte, et s'étonne de n'y voir personne. De nouveau rappelée par la sonnette du réfectoire, elle perd la tête, va d'un côté, revient de l'autre, laisse tout ouvert; et toujours frappée d'une nouvelle stupeur, elle s'imagine que le diable au moins s'est emparé du presbytère. Pendant qu'elle remplit la maison de ses cris, notre espiègle ne fait qu'un saut de l'arbre vers la rue, il emporte ses figues, et se glisse dans une allée, où il attend joyeusement le retour de ses camarades, en savourant le prix de sa victoire.

Le souvenir de ce tour d'écolier égayait singulièrement Bernardin de Saint-Pierre. Il ne pouvait s'empêcher de rire en se rappelant la figure comique, l'air effaré, les signes de croix de cette grosse fille, lorsqu'elle courait de la cour à la rue, de la rue au réfectoire au bruit de toutes les cloches du presbytère. Saint Augustin, disait-il agréablement, s'accusait du larcin de quelques poires ; et moi qui ai volé des figues, je n'ai jamais pu m'en repentir.

Ces traits de son enfance semblent prouver qu'il vivait dans une espèce d'isolement au milieu de ses camarades. En effet tous ses goûts étaient solitaires, et son cœur profondément sensible, se tournait sans cesse vers ses premières affections. Il regrettait sa mère et sa sœur ; il regrettait de n'avoir presque jamais vu ses frères, qu'il aurait voulu aimer. Ses désirs le ramenaient toujours au sein de sa famille. Tout lui paraissait aimable sous le toit paternel. Quand il songeait au chien et au perroquet de la maison, il se faisait une si agréable image de leur bonheur, que des larmes involontaires venaient mouiller ses yeux. La pauvre Marie Talbot avait aussi une bonne part à ses regrets. Pouvait-il oublier le temps où lorsqu'il perdait ses livres de classe, elle prenait secrètement sur ses gages pour lui en acheter d'autres, afin de lui éviter la punition de sa négligence ? Et ses toilettes du dimanche, avec quelles délices elles revenaient à sa mémoire ! Il lui semblait toujours voir cette bonne fille environnant sa tête d'une multitude de papillotes à l'amidon pour le conduire ensuite d'un air triomphant à la messe de la paroisse. Et ces jolis goûters sur l'herbe, ces gâteaux exquis, ces promenades sur les bords de la mer, ces lectures dans le grand volume in-folio, croyait-on avoir remplacé tout cela par les froides leçons d'un régent et l'étude fastidieuse du grec et du latin? A ces tendres souvenirs venait encore se mêler celui de sa marraine, belle et noble dame qui s'offrait à son imagination avec toute la majesté d'une reine, et cependant avec la grace et l'indulgence d'une mère. Cette excellente femme, instruite des regrets de son filleul, et devinant tout ce qu'il n'eût osé dire, obtint facilement son retour dans sa famille. Il y rentra après dix mois d'absence, avec des démonstrations de joie qu'il serait difficile d'exprimer. Sa tendresse pour sa marraine s'en accrut sensiblement; dès ce jour elle exerça sur tous ses goûts une influence qui ne lui fut point inutile, car c'était l'influence d'un esprit supérieur, qui ne se fait sentir que par l'admiration et l'amour.

Bernardine de Bayard comptait parmi ses aïeux le héros dont elle portait le nom. En perdant son mari, elle avait été réduite, suivant la coutume de Normandie, à un modique douaire qui ne pouvait suffire à ses besoins. Née dans l'opulence, habituée à la prodigalité, elle supportait avec peine la mauvaise fortune; ce qu'elle regrettait de la bonne, c'était sur-tout le pouvoir de donner. La générosité, cette vertu brillante qui fait pardonner aux grands la plupart de leurs vices, est un vice pour ceux que la fortune abandonne. Triste exemple de cette vérité, la comtesse de Bayard se vit enfin réduite à flatter ceux que jadis elle obligeait d'un regard. Une politesse extrême, le ton de la cour, un grand nom, un reste de beauté, ne purent toujours éloigner d'elle la honte qui suit la misère quand la misère arrive sans la résignation. Elle lui échappait cependant presque tou-

jours par la supériorité de son esprit, et l'ascendant de
sa naissance. Au lieu de fuir ceux qui lui avaient ouvert
leur bourse, elle les rassemblait autour d'elle, elle en
faisait sa société la plus intime, et les charmait si bien
par ses graces et son aménité, qu'elle leur ôtait la force de
lui jamais rien demander. Touchait-elle son mince revenu ? elle se hâtait aussitôt de les réunir, non pour s'acquitter, mais pour leur donner une petite fête dont elle
était le principal ornement. Élevée dans la société des
vieux courtisans de Louis XIV, elle les avait presque
tous vus disparaître avec la splendeur du siècle. Son imagination vivement frappée de tant de grandeurs évanouies,
en avait retenu une teinte de mélancolie qui contrastait
avec sa conversation légère, galante, spirituelle, et semée d'une multitude d'anecdotes piquantes qui ne tendaient pas toujours à faire regretter le temps passé. Pa-
raissait-elle dans un cercle? on l'entourait, on se pressait pour l'entendre : avec quel charme elle racontait
alors les exploits du grand Condé, les amours de Louis,
ou les romanesques aventures de mademoiselle de Montpensier ! Cette princesse, vers la fin de sa vie, s'était retirée en Normandie, dans son château d'Eu. Elle y avait
accueilli et distingué madame de Bayard qui habitait une
terre voisine, et qui était alors jeune, riche et charmante.
Souvent dans leurs promenades solitaires, mademoiselle
de Montpensier s'arrêtait avec de simples villageoises, et
se plaisait à leur faire conter leurs amours, leur mariage,
et leurs peines si faciles à soulager. Elle écoutait ces récits naïfs avec des yeux pleins de larmes, et plus d'une
fois, en reprenant le chemin du château, elle s'étonnait
de voir tant de bonheur où il y avait tant de besoins et si

peu de désirs. « Que ne suis-je née dans une cabane ! disait-elle avec amertume ; j'aurais vécu heureuse, j'aurais vécu aimée, j'aurais pressé sur mon sein des enfants chéris, et l'ingratitude des hommes me serait restée inconnue ! » En rapportant ces paroles, madame de Bayard était toujours vivement émue, et ses auditeurs touchés des larmes qu'ils lui voyaient répandre sur les maux qu'entraîne la haute fortune, et tournant sur elle des regards attendris, étaient tentés de pleurer à leur tour sur ceux qui suivent la pauvreté. Ses récits vifs et animés, le singulier contraste de son élégance et de sa misère, de ses brillants souvenirs et de sa situation présente, pénétraient de respect le jeune de Saint-Pierre, et remplissaient son esprit des souhaits les plus bizarres. Il voulait devenir grand seigneur pour être heureux comme un paysan ; aimable et savant pour plaire à sa marraine ; riche pour lui tout donner. Et lorsque dans un âge avancé, il se rappelait ces premières impressions de l'enfance, il disait que l'aspect de madame de Bayard, son air de noblesse, son affabilité, son ton, ses récits, l'avaient fait toucher au grand siècle de Louis XIV.

Le caractère de son parrain, M. de Savalète, ne ressemblait guère à celui de madame de Bayard. Riche, dur, avare, dédaigneux, il grondait toujours, n'encourageait jamais, et répondait régulièrement au compliment que son filleul venait lui faire chaque année au premier janvier, par une leçon d'économie et une tape sur la joue. Avec cela l'enfant était aussitôt congédié. En pareille circonstance, la pauvre marraine ne manquait pas d'accompagner les louanges, qu'elle prodiguait, d'une tendre caresse et d'un petit cadeau. Un jour, après avoir vainement promené ses regards dans toutes les parties de sa chambre, voyant qu'elle n'avait plus rien à donner, elle se mit à pleurer, et pressant les mains de son filleul elle ne pouvait se résoudre à le quitter. L'enfant, ému de sa peine, et se rappelant qu'il avait reçu le matin une pièce d'argent pour ses étrennes, imagina de la laisser glisser sous le coussin de cette excellente femme, croyant au moins rétablir sa fortune! Hommage d'une ame innocente et pieuse, qui ne pouvait offenser celle qui en était l'objet! hommage religieux, que l'amour déposait avec respect aux pieds du malheur, comme on dépose une offrande sur les autels de la Divinité!

A son retour dans la maison paternelle, il reprit avec délices ses premières occupations. Il recueillait des insectes, élevait des oiseaux, cultivait son jardin et relisait sans cesse la Vie des Saints. Mais ces plaisirs furent encore interrompus par une circonstance qui éveilla en lui un nouveau goût, celui des voyages. Depuis long-temps sa famille était liée avec un capucin du voisinage, homme agréable qui s'était fait l'ami de la maison en caressant les enfants et en leur donnant des dragées. Chaque jour il rendait visite au *petit solitaire:* c'est ainsi que s'appelait notre écolier depuis sa fuite dans le désert. Sa bonté captiva le cœur d'un enfant qui ne demandait qu'à aimer. Le frère Paul était un des plus amusants capucins du monde, ayant toujours quelque histoire plaisante à raconter, et sachant à-la-fois éveiller et satisfaire la curiosité. Sur le point de faire une tournée en Normandie, il pria M. de Saint-Pierre de lui confier son fils auquel il promettait instruction et plaisir. Sa proposition fut accueillie avec empressement, et voilà notre petit ermite devenu apprenti capucin, voyageant à pied, le bâton à la main, suivant ou précédant son guide et se croyant déjà un grand personnage. Le soir, son compagnon le conduisait soit dans un couvent, soit dans un château, soit même chez quelque riche villageois, et par-tout il se voyait accueilli, fêté, caressé, soupant bien, dormant bien, et prenant goût au métier. Les dames sur-tout, charmées de son air éveillé, ne manquaient jamais de remplir ses poches de toute sorte de friandises pour lui faire oublier les fatigues du voyage. Malgré cette précaution, il demandait souvent à se reposer. Son guide se gardait bien alors de le contredire ; mais ayant recours à la ruse, il lui montrait dans le lointain une belle forêt, ou une prairie émaillée, lui promettait de s'y arrêter, puis commençait une historiette dont l'intérêt ne manquait pas de redoubler à l'approche du but qui, bientôt dépassé, reparaissait toujours à l'horizon sous les plus riants aspects. Ainsi, de plaisir en plaisir, d'histoire en histoire, on arrivait au gîte sans s'être aperçu de la longueur du chemin. La tournée dura quinze jours, et le petit voyageur fut si satisfait de cette vie indépendante, qu'à son retour il annonça sérieusement le dessein de se faire capucin. Et comme il racontait ses aventures à sa famille réunie pour l'entendre, il se prit à dire que vraiment les capucins étaient fort heureux ; qu'ils faisaient bonne chère, et que dans un couvent où il s'était arrêté, il avait vu qu'on leur servait à chacun une tête de veau. Son père rit beaucoup de cette exagération, et lui demanda où il prétendait qu'on eût pris toutes ces têtes. Cette objection lui troubla l'esprit, et lui donna à penser qu'il n'avait peut-être pas bien observé la vie des capucins.

C'est à-peu-près à cette époque que sa marraine, pour encourager ses études, lui fit présent de quelques livres, parmi lesquels se trouvait Robinson. Peut-être avait-elle compté sur l'effet de ce roman pour changer le cours de ses idées, mais elle ne put prévoir la révolution singulière que sa lecture allait opérer. Frappé d'une situation si neuve et si touchante, il ne put jamais s'en détacher. L'île déserte, les lamas, le perroquet, Vendredi, devinrent l'unique objet de ses pensées, et l'impression fut si vive, qu'elle influa peut-être sur le reste de sa vie, et qu'on en retrouve des traces dans tous ses projets et dans tous ses ouvrages.

La première lecture fut une espèce d'enchantement. Chaque soir il s'endormait avec Robinson dans quelque agréable solitude, défrichant la terre, plantant des arbres, lisant la Bible, élevant des palissades, et se défendant seul contre une armée de Sauvages. Les nuits et les jours s'écoulaient ainsi dans des rêveries délicieuses. Cependant il venait d'atteindre l'âge de douze ans; son cœur déjà troublé par des désirs vagues, mais pleins de charmes, commençait à sentir que Robinson n'est qu'un modèle imparfait de l'homme. La tête de ce solitaire renferme bien le germe des arts et des sciences; la nécessité les fait éclore; mais on n'y sent point le feu des passions qui les font fleurir, et qui sont elles-mêmes les premiers mobiles de la vie humaine : l'amour et l'ambition.

Robinson n'est que la tête d'un homme, il y manque un cœur. On le voit, à la vérité, touché d'un sentiment religieux, diriger ses méditations vers le ciel; et cette lueur divine qui se reflète sur toutes les situations de sa vie mélancolique, en fait sans doute le plus grand charme : mais on ne le voit jamais, ni réchauffé de la chaleur de l'amour, ni agité de ces ressouvenirs qui acquièrent tant d'énergie dans la solitude, et ajoutent des regrets particuliers à chacune de nos privations. Au sein de l'abondance, même dans sa misère, il ne désire jamais une compagne ,, sans laquelle aucune vie ne peut être appelée humaine, suivant cette parole aussi ancienne que le monde : Il n'est pas bon que l'homme soit seul.

C'est une chose singulière que de voir ces idées vagues et confuses se développer peu-à-peu dans le cœur d'un enfant qui cherchait à les débrouiller et à les comprendre. Chose plus singulière encore ! par un instinct unique et prodigieux à cet âge, il se mit à refaire ce livre, sans le vouloir, devinant comme par inspiration tout ce que l'auteur avait oublié d'y mettre. C'est ainsi qu'en se mettant à la place de Robinson, il sentit que cet ouvrage si ingénieux ne peut cependant s'appliquer à aucun homme en particulier ; car l'enfance de l'homme doit être long-temps protégée par le secours d'autrui, et l'intelligence est plutôt le résultat des préjugés de la société que des lumières indirectes de la nature.

Pour construire sa cabane, pour cultiver son jardin, il avait souvent besoin d'un compagnon. De cette faiblesse qui le forçait de recourir à ses semblables, il tira cette conséquence, que l'être le plus isolé est nécessairement lié avec le genre humain ; ce qui en fait dans tous les cas un être moral, obligé de rendre à ses semblables les secours qu'il en a reçus. De cette conséquence il tira cette autre conclusion, qu'aucun homme ne peut être heureux si la société dans laquelle il vit n'est heureuse elle-même ; ce qui le conduisit naturellement à s'occuper de la recherche du bonheur.

Le bonheur ! mot ravissant, qui n'échappe à notre adolescence qu'avec les vœux de l'amour. Pourquoi ces rêveries solitaires ? ces prières ardentes ? Jeune homme, que demandes-tu à l'avenir ? un cœur qui réponde aux battements du tien. Doubler ton être ou mourir ; aimer éternellement, uniquement, infiniment, voilà ta seule espérance. Tu ne connais encore l'amour que par le désir, et déjà sa seule image te rend heureux ! Attends quelques jours seulement, et tu trouveras le bonheur jusque dans tes larmes.

Cédant à ces douces inspirations, il imagina de peupler son île, et d'y supposer des amis, des compagnons, des femmes, des enfants. L'établissement de ces enfants le liait bientôt à des peuples voisins ; de là naissaient des amitiés et des haines, des fêtes et des querelles. Ces désordres nécessitaient des lois ; le maintien de ces lois, un plan d'éducation publique ; l'éducation faisait naître l'harmonie constante de la société qui, réunie par le devoir, le besoin et l'habitude, devenait bientôt semblable à une ruche dont toutes les abeilles concourent invariablement au même but.

Le développement de ces premiers rêves de la jeunesse de Bernardin de Saint-Pierre est ici tel que lui-même se plaisait à le rappeler. Les esprits méditatifs s'étonneront sans doute de la marche, de la gradation et du lien de ses pensées, qu'il reproduisit plus tard avec tant de charme dans ses divers ouvrages, et principalement dans l'Arcadie, l'Amazone, et Paul et Virginie, tableaux délicieux de cette société qui devait ramener l'innocence des premiers jours du monde. Il est intéressant de voir un enfant de douze ans s'élever par la lecture de Robinson jusques aux théories d'une profonde politique, trouver les bases du bonheur social dans les plus doux penchants de la nature, et travailler, comme Platon, à un code de lois pour un peuple imaginaire. Cette dernière pensée fut celle de toute sa vie : à vingt-cinq ans, il voulut aller fonder une colonie au fond de la Russie, sur les bords du lac Aral ; à trente, il vendit son patrimoine pour se rendre à Madagascar, avec un projet de république; à trente-huit, il esquissait le premier livre de l'Arcadie; à cinquante-deux, il publiait les Vœux d'un Solitaire; et à soixante et dix, il recommençait l'Amazone.

Il était dans ces dispositions romanesques lorsqu'un de ses oncles nommé Godebout, capitaine de vaisseau, vint annoncer son prochain départ pour la Martinique. A cette nouvelle, l'imagination du jeune homme s'enflamme; il veut réaliser tous ses plans d'institutions humaines : il ne voit qu'îles désertes, forteresses, Sauvages, gouvernements. Son oncle, qui croit reconnaître dans ses désirs un penchant invincible pour la marine, se charge d'obtenir le consentement de son père; il l'obtient, et le jeune législateur monte sur le vaisseau, bien résolu de se faire roi de la première île déserte qu'il va rencontrer. Le mal de mer, les dures occupations auxquelles il était condamné, les brusqueries de son oncle, mirent bientôt les regrets à la place de l'espérance; et ne tardèrent pas à dissiper ses illusions. La mer était toujours calme, on n'avait pas même l'espoir d'une tempête, et les îles désertes ne paraissaient pas très-communes dans ces parages. Encore s'il avait eu le frère Paul pour charmer ses ennuis! mais aucune consolation ne lui était laissée. Bref, il vit les rives de l'Amérique, sans en emporter d'autres souvenirs que ceux de la tristesse de ses deux traversées.

Son père, dégoûté de tant d'essais infructueux, ne songeait plus à lui faire continuer ses études; mais madame de Bayard qui jugeait mieux des dispositions de son filleul, réussit à le faire rentrer en grace. Cette fois il fut envoyé chez les Jésuites, à Caen, où il ne tarda pas à obtenir de brillants succès. Peu de temps après, il perdit sa marraine, et il lui sembla qu'il venait de perdre une mère. Dans son désespoir, il fit pour elle une oraison funèbre où il exprimait avec enthousiasme ses regrets et sa reconnaissance; et c'est ainsi que son premier écrit fut inspiré par sa première douleur.

Le chagrin qu'il ressentit de cette perte ne fit qu'accroître son penchant pour la solitude, et le prépara aux nouvelles impressions qu'il allait bientôt recevoir. On sait avec quelle adresse les jésuites captivaient leurs élèves, et les attiraient à eux par des lectures faites pour toucher vivement les ames. Les veilles des fêtes de saints de leur ordre, ils avaient établi des espèces de demi-congés où chaque professeur régalait son auditoire de la relation de quelque missionnaire jésuite. On peut juger de l'attention des élèves par l'intérêt singulier de ces relations. Tantôt ils se sentaient attendris au récit des persécutions et des tortures que le martyr éprouvait chez les peuples barbares; tantôt l'assemblée entière était ravie d'admiration en le voyant sortir sain et sauf des profondeurs d'un cachot, ou des flammes d'un bûcher, recevoir les hommages de ses néophytes, et faire en se promenant avec eux quantité de miracles. Ces lectures rappelaient au jeune de Saint-Pierre d'autres lectures encore présentes à son imagination. Il ne concevait rien de plus agréable que de voguer d'île en île, de côtoyer les rivages du Gange ou de l'Amazone, de traverser les vastes forêts du Nouveau-Monde, et chemin faisant, d'apaiser les tempêtes, de convertir les peuples, et de voir les tigres lui lécher les pieds, ou les dauphins rapporter son crucifix du sein des flots. Age précieux d'innocence et de simplicité, où l'on croit plus à ce qu'on lit qu'à ce qu'on voit, et où la nature nous environne d'illusions, comme pour nous dédommager des tristes réalités du reste de la vie ! Bientôt les lectures publiques ne suffirent plus à sa curiosité. L'heure de rentrer en classe sonnait, le récit était interrompu ; et comment travailler lorsqu'on laissait un martyr entre les mains des Sauvages, lorsque le bûcher était allumé, et que des anges venaient d'apparaître dans le ciel ? Le grec, le latin, les jeux mêmes étaient oubliés pour rêver au dénouement de cette aventure. Enfin le goût de ces relations pieuses devint une espèce de fureur ; non-seulement notre écolier achetait tous les volumes qu'il pouvait se procurer, mais encore il dérobait ceux de ses camarades, et jusques à ceux de son régent. Aucun Voyage n'était en sûreté ; un livre oublié, était un livre pris. Il lisait en classe, dans les jardins, dans les promenades, se passionnant pour ses héros au point d'oublier tout ce qui l'environnait. Son professeur l'ayant puni plusieurs fois inutilement, le fit venir dans son cabinet pour chercher à découvrir la cause d'une négligence si coupable. Pressé de parler, il avoua, en baissant les yeux, qu'il était tourmenté du désir de voyager et d'être martyr. Cette double vocation fit sourire le jésuite qui, loin de le rebuter, se mit à faire l'éloge des missionnaires, et lui proposa de l'associer aux travaux des Pères qui allaient prêcher la foi aux Indes, à la Chine et au Japon. « Nous aurons grand soin de vous, lui dit-il, et peut-être serez-vous un jour, selon vos souhaits, un illustre martyr ou un fameux voyageur. » Cette promesse enchanta le néophyte, qui écrivit aussitôt à son père pour lui demander la permission de se faire jésuite, attendu qu'il était absolument décidé à s'en aller convertir les peuples sauvages. M. de Saint-Pierre, surpris de cette nouvelle vocation, s'empressa de rappeler son fils auprès de lui, en promettant toutefois de ne pas contrarier ses projets. Pénétré de joie, la tête pleine de prodiges, et pensant aux grandes fatigues de ses prochains voyages, le jeune homme monta en diligence, et arriva au Havre où il était attendu. La première personne qu'il aperçut en approchant de la ville, fut la bonne Marie Talbot, qui le reçut d'un air triste, les larmes aux yeux, et lui dit en soupirant : « Quoi ! M. Henri, vous voulez donc vous faire jésuite? » Il lui répondit en l'embrassant. Arrivé à la maison paternelle, il trouva sa mère dans une égale affliction, ce qui le toucha vivement ; mais sans ébranler sa vocation. Le frère Paul vint encore lui conter des histoires ; on lui fit lire les plus célèbres voyageurs, et peu-à-peu l'impression des missionnaires s'étant affaiblie, il fut plus facile d'obtenir de lui qu'il acheverait ses études, et qu'il se déciderait après. C'est alors qu'il fut envoyé au collége de Rouen, où il fit sa philosophie et obtint le premier prix de mathématiques en 1757, sous le professeur Le Cat. Il était âgé de vingt ans.

De ces lectures si délicieuses, des dispositions qu'elles éveillèrent, il lui resta cet esprit religieux qui lui montrait par-tout la main de la Providence, et cet amour de la liberté qui ne lui permit jamais de garder aucune place. Mais les souvenirs du collége étaient loin d'avoir le charme des souvenirs de la maison paternelle. La perte d'un ami tendrement aimé, la nouvelle de la mort de sa mère, tout, jusqu'au prix qu'il remporta, avait laissé dans son ame des impressions douloureuses. Et quant à ce dernier fait, nous avons sous les yeux quelques notes où il s'accuse d'avoir été tourmenté dans sa jeunesse de deux passions terribles, l'ambition et l'amour, l'ambition sur-tout, qu'il attribuait à ces concours, à ces rivalités où il était si souvent loué d'être le premier. Tous les vices de la société, disait-il, sortent des colléges. D'abord notre séparation d'avec nos parents fait naître l'indifférence absolue pour la famille ; et sans l'amour de la famille, il ne peut exister d'amour de la patrie. Vient ensuite l'émulation, qui n'est qu'une ambition déguisée, qui se tourne en haine dans le monde. Ajoutez à tant d'inconséquences les prix donnés aux beaux discours et jamais aux bonnes actions ; les éloges exclusifs des héros de la Grèce et de Rome, comme si nos pères n'avaient rien fait pour la gloire, comme si on voulait nous apprendre à être Grec, Romain, jamais Français. A cette première instruction succède celle du monde, des affaires, des femmes ; qui n'a aucun rapport avec les souvenirs d'Athènes et de Rome. Ainsi, d'un côté l'éducation du monde affaiblit les forces de l'âme, flatte les vices heureux, honore les ambitions puissantes ; de l'autre, l'éducation de collége nous exagère nos propres forces ou les use sur des objets imaginaires. Tel se croit capable d'imiter Mutius Scevola, qui se plaint d'une égratignure. Au lieu de soutenir notre faiblesse par des exemples tirés des conditions les plus simples de la société, on irrite notre orgueil, on éveille notre ambition, en nous faisant admirer les conquêtes d'Alexandre, le suicide de Caton, la fureur de Brutus, comme si nous devions un jour dévaster la terre, arracher nos entrailles, ou faire égorger nos enfants. Faible mortel ! voilà donc les signes de ta raison, les modèles de ton héroïsme, les preuves de ta sagesse ; voilà ce qu'on t'apprend à admirer : le pillage de l'univers, un suicide, et un assassinat ! Ah ! la voix des prophètes nous crie encore à travers les siècles, que celui qui sème du vent doit s'attendre à recueillir des tempêtes.

Il est un autre péril plus grand encore que celui de fausser la pensée ; c'est celui de dépraver le cœur, de briser les affections de famille, et de les remplacer par des affections étrangères. M. de Saint-Pierre se souvenait avec attendrissement que, dans sa première enfance il ne quittait jamais la maison de son père sans éprouver les plus vives angoisses. Séparé de ceux qu'il aimait, il ne pouvait songer qu'au bonheur de les revoir. Loin de se livrer à des amitiés nouvelles, il s'éloignait de ses camarades et de leurs jeux bruyants, comme il s'éloigna plus tard des hommes et de leurs jeux cruels. Mais un long séjour au collége affaiblit peu-à-peu la ferveur de ce sentiment. Un de ses camarades plus âgé que lui, et qui, ainsi que lui, était tendre, studieux, mélancolique, lui inspira une amitié si passionnée, qu'elle absorba bientôt toutes ses facultés. M. de Chabrillant avait ces goûts simples et vertueux qui marquent toujours une âme supérieure lorsqu'ils sont le fruit de la réflexion : c'était un de ces jeunes gens précoces à qui une sensibilité exquise tient lieu de sagesse. Son caractère formait un parfait contraste avec celui du jeune de Saint-Pierre. Il avait un nom, de la fortune, des talents, et il méprisait la gloire, l'argent et les hommes. Sa plus douce fantaisie était de se dérober au monde, de labourer un champ, d'habiter une chaumière. Son ami au contraire, quoique sans fortune, sans titre, sans protecteur, livrait son âme à tous les genres d'ambition. Il voulait courir les mers, fonder des républiques, combattre, écrire, réformer les peuples corrompus, et civiliser les nations barbares. Celui qui possédait tout, n'aspirait qu'à l'obscurité; celui qui ne possédait rien, aimait le luxe, la magnificence, et n'aspirait qu'à la renommée. Souvent ils se livraient à des discussions véhémentes sur ces graves questions qui ont occupé la vie des sages. M. de Chabrillant faisait de beaux discours de morale dans le genre de Plutarque; son ami lui répondait par des fictions séduisantes dans le genre de Platon ; et sans jamais parvenir à s'accorder, ils s'aimaient chaque jour davantage.

L'époque des vacances étant venue, le jeune de Saint-Pierre fut rappelé dans sa famille ; et cette nouvelle, attendue autrefois avec tant d'impatience, reçue avec tant de joie, ne lui apporta qu'un sentiment de tristesse. Il vit avec surprise que la maison paternelle n'était plus sa première pensée ; mais sans approfondir pour lors ce nouveau sentiment, il ne songea qu'à obtenir de son père la permission d'aller passer les vacances chez M. de Chabrillant. Ainsi s'étaient brisés peu-à-peu les liens de la famille. Qu'il y avait loin de ce qu'il venait d'éprouver, à l'horreur avec laquelle il eût repoussé, deux années auparavant, la seule pensée de quitter la maison paternelle ! Mais aussi que de moyens on avait employés, que de peines on s'était données pour détourner ses tendres affections, et pour lui faire oublier ce qui avait ravi son enfance !

Les deux amis partirent ensemble, bien résolus de ne se jamais quitter : projets inutiles que les mortels ne devraient jamais faire ! La santé délicate de Chabrillant ne put résister à la crise qui sépare l'enfant de l'adolescence ; il mourut, mais sa mort fut celle d'un sage ; près d'expirer, il ne songeait qu'aux douleurs de son ami ; il lui rappelait le souvenir d'Étienne de la Boétie, et faisant allusion aux paroles qu'ils avaient tant admirées, « il le priait aussi d'avoir courage, et de montrer par effet » que les discours qu'ils avaient tenus ensemble pendant » la santé, ils ne les portaient pas seulement en la bouche, » mais engravés bien avant au cœur pour les mettre en » exécution. » * Ainsi ce bon jeune homme ne voyait dans la mort qu'un moyen d'essayer sa vertu, et lorsque, à sa dernière heure il tournait vers son ami son dernier regard, il lui dit d'une voix mourante, « Henri, ne pleure pas, ce n'est pas pour toujours ! » Cette perte laissa dans l'ame du jeune de Saint-Pierre un regret que rien ne

---

* Voyez la Mesnagerie de Xénophon, etc., traduite du grec par Étienne de la Boétie, et publiée par Montaigne, qui inséra à la suite une relation bien touchante de la mort de son ami.

put effacer. Il lui donnait encore des larmes lorsque lui-même, parvenu au terme de la vie, il n'aimait à se rappeler du passé que le temps où l'amitié lui était apparue sous la forme la plus touchante, pour disposer son âme à la vertu.

Mais les plus beaux jours de Bernardin de Saint-Pierre se sont évanouis! L'enfance n'est plus, et déjà commencent les fautes de la jeunesse, les projets de fortune, les songes rapides de l'amour, et cette ambition qui tourmenta sa vie, et dont lui-même il avouait l'erreur :

Optima quæque dies miseris mortalibus ævi
Prima fugit...... *

Le prix de mathématiques semblait indiquer sa vocation : il entra donc à l'École des ponts et chaussées, et il y étudiait depuis un an, lorsqu'il apprit que son père venait de se remarier. Ce nouvel hymen devait faire tarir la source des bienfaits paternels. Pour comble de malheur, une mesure d'économie fit réformer à la même époque les fonds destinés à l'École, en sorte que la plupart des ingénieurs et tous les élèves furent remerciés. Frappé de ces deux coups inattendus, il prit aussitôt la résolution de solliciter du service dans le génie militaire. Ses premières démarches ayant été inutiles, un de ses compagnons d'infortune lui proposa d'aller à Versailles, où le ministre de la guerre formait un corps de jeunes ingénieurs. Avant de partir, ils se présentèrent chez leur ancien directeur pour en obtenir des lettres de recommandation. Celui-ci les différa dans l'intention de se don-

* Virgil., Georg., lib. III.

ner le temps de placer quelques élèves auxquels il prenait plus d'intérêt. Fatigués d'attendre ces lettres, les deux solliciteurs prennent le parti de s'en passer, et se rendent à Versailles. Par un hasard singulier, le chef du nouveau corps attendait en ce moment les deux jeunes gens recommandés par le directeur. Accueillis comme des hommes protégés, ils reçoivent aussitôt leur brevet, et ne peuvent revenir de la facilité avec laquelle leurs vœux sont remplis. Bref, lorsque la méprise fut découverte, il n'était plus temps de la réparer, et ils eurent la double satisfaction d'être placés, et de l'être sans recommandation.

Ses appointements étaient de cent louis : il reçut une gratification de six cents livres ; c'était une fortune inespérée, et il partit aussitôt pour Dusseldorf, où se rassemblait une armée de trente mille hommes commandée par M. le comte de Saint-Germain. * Il put juger alors des effets de cette gloire dont il avait été ébloui dès sa plus tendre enfance. Les scènes horribles que les historiens laissent dans l'ombre lorsqu'ils louent les héros, s'éclairèrent tout-à-coup ; et il fut épouvanté des fureurs et de la démence humaine. Toujours envoyé en avant pour faire des reconnaissances, ses regards ne rencontraient que des villages déserts, des champs dévastés, des femmes, des enfants, des vieillards qui fuyaient, en pleurant, leur chaumière. Par-tout des hommes armés pour détruire, triomphaient des douleurs des hommes ; par-tout la destruction était le comble de la gloire. Mais au milieu de tant d'actes de cruauté, un trait sublime

* Campagne dans le pays de Hesse, 1760.

vint consoler notre jeune philosophe, et lui montrer un homme où il n'avait encore vu que des victimes et des bourreaux. « Un capitaine de cavalerie commandé pour » aller au fourrage, se rendit à la tête de sa troupe » dans le quartier qui lui était assigné. C'était un val- » lon solitaire où l'on ne voyait guère que des bois. Il y » aperçoit une pauvre cabane, il y frappe; il en sort » un vieil hernouten à barbe blanche. — Mon père, » lui dit l'officier, montrez-moi un champ où je puisse » faire fourrager mes cavaliers. — Tout à l'heure, reprit » l'hernouten. Ce bon-homme se met à leur tête, et re- » monte avec eux le vallon. Après un quart d'heure de » marche, ils trouvent un beau champ d'orge. — Voilà ce » qu'il nous faut, dit le capitaine. — Attendez un mo- » ment, répond le conducteur, vous serez contents. Ils » continuent à marcher, et ils arrivent à un autre champ » d'orge. La troupe aussitôt met pied à terre, fauche le » grain, le met en trousse et remonte à cheval. L'officier » de cavalerie dit alors à son guide : Mon père, vous nous » avez fait aller trop loin sans nécessité; le premier » champ valait mieux que celui-ci. — Cela est vrai, mon- » sieur, reprit le bon vieillard, mais il n'était pas à » moi. » *

Cependant une bataille générale se préparait. Un matin l'armée fut rangée sur deux lignes. Depuis trois heures elle était immobile et dans un morne silence, lorsque plusieurs aides-de-camp passèrent au grand galop, en criant : Marche la cavalerie ! Au même instant

---

* Les hernoutens sont des espèces de quakers répandus dans quelques cantons de l'Allemagne. Ce trait est rapporté par l'auteur lui-même dans les notes du tome III des Études de la Nature.

trente mille sabres parurent en l'air. M. de Saint-Pierre chargé de porter des ordres à l'autre extrémité du champ de bataille, fut renversé dans la mêlée; il se releva froissé et blessé, poursuivit sa course, et rejoignit M. de Saint-Germain, mais après avoir rempli sa mission. Il le trouva exposé au feu le plus terrible et donnant tranquillement ses ordres. Plusieurs officiers témoignant leur impatience, et désirant sans doute se mettre hors de la portée du mousquet, ce général leur dit froidement : « Messieurs, modérez un peu l'ardeur de vos chevaux. »

Le champ de bataille resta aux Français. Mais peu de jours après, M. de Saint-Germain ayant osé combattre les avis du maréchal de Broglie, fut disgracié, et l'on envoya pour le remplacer le chevalier du Muy. Dès lors tout alla mal dans l'armée. L'obéissance aveugle de ce dernier aux ordres du maréchal, causa les plus grands malheurs. Chaque jour on éprouvait quelques nouvelles pertes. Un matin M. de Saint-Pierre reçut l'ordre d'aller reconnaître les positions occupées par le prince Ferdinand. Il traversa la plaine de Warburg au milieu d'un brouillard épais, et trouva le général Fischer qui faisait bonne contenance. On distinguait à peine quelques hussards ennemis qui caracolaient autour de cette partie de l'avant-garde, en faisant le coup de pistolet. Tout-à-coup un aide-de-camp du maréchal de Castries, le chevalier de la Motte, vint à passer à bride abattue, en criant : « Dans trois minutes vous allez avoir cinq mille hussards sur les bras. » Aussitôt la plaine se couvre de fuyards. Entraîné par la multitude, M. de Saint-Pierre courut long-temps sans pouvoir se dégager ; enfin ayant peu-à-peu tiré sur la droite, il se trouva seul et vit ce nuage fondre sur la gauche. Arrivé à Warburg, tout était en confusion : les équipages encombraient le pont; les troupes se dispersaient, et les généraux ne savaient quel parti prendre. Ils délibéraient encore lorsque le brouillard se levant peu-à-peu, laissa voir l'ennemi à portée du canon. Il s'avançait sur trois colonnes, et débordait l'armée française qui se trouvait au milieu du feu. Dans cette situation dangereuse les officiers, ne prenant conseil que de leur courage, tentèrent de s'ouvrir un chemin dans les rangs ennemis. Un si généreux dévouement fut inutile; et le sacrifice de leur vie ne put sauver l'armée. Les fantassins, les cavaliers, les uniformes bleus, rouges, blancs, se précipitaient pêle-mêle du haut de la montagne. On avait à peine combattu, et déjà la déroute était complète. M. de Saint-Pierre s'élança avec son cheval sur des rochers si escarpés que, dans un autre moment, il n'eût osé les regarder de sang-froid. Parvenu au bord de la Dymel, dont les eaux ne roulaient que des cadavres, il la traversa à la nage au milieu du feu le plus vif; et il atteignit l'autre rive, d'où il put contempler cet horrible désastre. Les flancs de la montagne qu'il venait de quitter, étaient couverts de malheureux Français morts ou blessés; ils apparaissaient à travers la fumée du canon, comme des ombres sanglantes; et atteints de tous côtés par le feu ennemi, ils mouraient sans pouvoir se défendre. Cet affreux spectacle se prolongeait sur toute la rive.

Peu de temps après cette bataille, M. de Saint-Pierre, desservi par des chefs qui ne lui pardonnaient ni ses talents, ni sa franchise, ni d'occuper une place dans le génie militaire sans appartenir à ce corps, fut suspendu de ses fonctions, et reçut l'ordre de se rendre à Paris. Le voilà donc sans ressources, sans protections, et réduit à se justifier auprès de quelques grands, bien décidés à le trouver coupable. Il ne perdit cependant pas courage, et se rendit à Francfort, où il fit la rencontre d'un officier de hussards qui menait à sa suite une marchande de café de l'armée. Ils s'arrangèrent pour faire ensemble la route de Mayence, où ils arrivèrent un soir, peu de temps avant la nuit. A l'aspect de cette grande ville, la maîtresse du hussard ne peut supporter la pensée d'y paraître en négligé. Elle fait arrêter la voiture, se relève le teint avec un peu de rouge, met des plumes sur sa tête, et s'affuble d'un mantelet de soie blanc. Pendant qu'elle prépare sa toilette, ses deux chevaliers prennent à pied le chemin de la ville, et retiennent plusieurs chambres dans la meilleure auberge. Bientôt la voiture arrive avec fracas, et la voyageuse paraît dans tout l'éclat de sa parure. L'hôtesse, empressée, s'avance pour la recevoir; mais saisie d'un scrupule soudain à la vue de son rouge et de son mantelet de soie, elle refuse obstinément de lui ouvrir sa maison. Ni les prières ni les menaces ne peuvent la toucher. Obligés de chercher un autre logement, nos galants chevaliers parcourent la ville entière, et par-tout à l'aspect de leur compagne ils essuient le même refus. Enfin, après deux heures de supplications inutiles, ils furent trop heureux de se loger dans un méchant cabaret, où on leur servit un méchant souper. Il serait difficile de peindre la figure déconcertée de la pauvre voyageuse. Quant à M. de Saint-Pierre, il ne put jamais oublier cette bonne ville où un étranger pouvait coucher à la belle étoile parce qu'une femme avait eu la fantaisie de mettre un peu de rouge.

Le lendemain il abandonna ces deux ridicules personnages, et traversa la France en faisant les plus cruelles réflexions sur le mauvais état de ses affaires. Dégoûté de la guerre, n'ayant aucun dessein arrêté, il crut trouver quelque secours auprès de sa famille, et se rendit chez un de ses oncles à Dieppe. Dans le premier moment, sa tante parut charmée de le recevoir et le combla de caresses. Elle s'imaginait qu'il avait laissé ses chevaux et ses gens à l'auberge; mais quand elle apprit qu'il était venu seul, et sur un cheval de louage, elle se refroidit insensiblement et finit par lui chercher querelle. Obligé de quitter la maison de son oncle pour se rendre au Havre, il y passa trois mois auprès de son père, qui était remarié depuis un an. Mais s'étant aperçu que son séjour commençait à fatiguer sa belle-mère, il résolut de tenter encore une fois la fortune. Il lui restait six louis; un billet de la loterie de Saint-Sulpice doubla cette somme, et c'est avec ce petit renfort qu'il prit la route de Paris, vers le commencement de mars de l'année 1761.

Une aventure extraordinaire qui fut sur le point d'armer toute l'Europe, lui présenta une occasion de se tirer d'affaire. Un vaisseau de guerre turc, *la Couronne ottomane*, était allé, suivant l'usage, lever le *carache*, ou tribut payé au grand-seigneur par les Grecs des îles de l'Archipel. Il jeta l'ancre près des rives de la Morée, et une partie de son équipage étant descendu à terre avec tous les officiers, soixante esclaves français formèrent le hardi projet de s'emparer du vaisseau. Ce projet réussit, et sur quatre cents hommes restés à bord, un bien petit nombre se sauva à la nage. Aussitôt les câbles furent coupés, on laissa tomber les grandes voiles, et le vent de terre venant à souffler, les vainqueurs furent emportés en pleine mer. La nuit vint, et ils échappèrent à toutes les poursuites. Le capitan-pacha, qui était descendu à terre, paya cette imprudence de sa tête.

Cependant les fugitifs se dirigèrent vers la rade de Malte, où ils entrèrent un dimanche matin. Le grand-seigneur somma l'île de rendre le vaisseau; on craignit un siége, et plusieurs ingénieurs furent envoyés au secours de l'Ordre. M. de Saint-Pierre fut du nombre; on promit de lui adresser à Marseille la commission de lieutenant et le brevet d'ingénieur-géographe. Sur la foi de ces promesses, il se rendit à Lyon au commencement de mai. La beauté de la saison et les espérances de fortune dissipèrent peu-à-peu ses inquiétudes. Il se livra au plaisir de voir des objets nouveaux. Cependant il n'y a guère de villes intéressantes entre Paris et Lyon. Il semble que ces deux grandes cités épuisent toutes celles qui les environnent, comme de grands arbres étouffent les végétaux qui croissent sous leur ombre. Après quelques jours de repos à Lyon, il se rendit à Marseille, où il fut présenté au capitaine du vaisseau *le Saint-Jean* par l'ingénieur en chef. Tous les soirs il se promenait sur le port, en observant les divers costumes des navigateurs que le commerce y attirait de toutes les parties du globe. Il y voyait des Tartares, des Arméniens, des Grecs, des Indiens, des Chinois, des Persans, des Moresques, etc. : c'était comme un abrégé du monde. Le port de Toulon lui offrit un spectacle moins varié; mais il en emporta le souvenir d'une aventure touchante.

« Au moment de m'embarquer, dit-il, un homme à
» barbe longue, en turban et en robe, qui était assis sur
» ses talons à la porte du café de la marine, m'embrassa les
» genoux comme j'en sortais, et me dit en langue inconnue
» quelque chose que je n'entendais pas. Un officier de la
» marine qui l'avait compris, me dit que cet homme était
» un Turc esclave, qui sachant que j'allais à Malte, et ne
» doutant pas que son sultan ne prît cette île et ne rédui-
» sît tous ceux qui s'y trouveraient à l'esclavage, me plai-
» gnait de tomber si jeune dans une destinée semblable à
» la sienne. »* M. de Saint-Pierre fut d'autant plus touché
de cette scène, qu'il éprouva la douleur de ne pouvoir
secourir cet infortuné. L'élan généreux d'un vieillard
qui oubliait ses propres maux pour gémir sur ceux d'un
étranger qu'il devait regarder comme un ennemi, lui
montrait le cœur humain dans toute sa sublimité. Il s'é-
tonnait cependant d'avoir excité la pitié d'un homme
plus malheureux que lui, car l'expérience ne lui avait
point encore révélé la profondeur de ce vers de Virgile,
qu'il mit dans la suite à la tête de tous ses ouvrages :

« Non ignara mali miseris succurrere disco. »

Peu de jours après cette aventure, il se rendit à bord
du vaisseau, et l'on mit à la voile. Mais il commit une
imprudence qui devait le jeter dans de grands embarras : ce fut de partir sans la commission qui lui avait
été promise. Les officiers du génie ne lui voyant ni titre,
ni fonction, ne voulurent bientôt plus le reconnaître, et
dès lors il fut en butte à l'intolérance d'un corps auquel
il n'appartenait pas.

* Vœux d'un Solitaire.

Un événement déplorable troubla cette courte traversée. Un jour on entendit crier que deux jeunes gens qui se jouaient sur les lisses, venaient de tomber dans la mer. Aussitôt le vaisseau arrive, le canot est mis à flot, et l'on coupe le *salva nos*, espèces de grands cônes de liége suspendus à la poupe. Toutes ces précautions furent inutiles. Le vaisseau avait été poussé si rapidement loin de ces infortunés, qu'ils ne purent jamais l'atteindre. On les voyait nager dans le lointain, mais déjà l'on ne pouvait plus entendre leurs cris. Bientôt ils levèrent les bras vers le ciel ; ce fut le dernier signe de leur détresse : ils s'enfoncèrent dans les flots, où ils disparurent pour toujours. Ces deux jeunes gens périrent sans qu'aucun de leurs camarades, qui se jetaient tous les jours à la mer pour quelques pièces de monnaie, témoignât le moindre désir d'aller à leur secours.

Le onzième jour après le départ, on découvrit les côtes de Malte, qui sont blanches et peu élevées. On y débarqua à midi. Il y avait dans le vaisseau quatre ingénieurs ; ils se réunirent pour rendre visite au grand-maître, et laissèrent M. de Saint-Pierre seul sur le rivage, sous prétexte qu'il n'appartenait pas au corps du génie militaire. Surpris d'une pareille conduite, il l'attribua à l'oubli du ministère qui ne lui avait point envoyé la commission promise. Mais que devint-il en apprenant que l'ingénieur en chef le faisait passer pour son dessinateur? Indigné d'un pareil mensonge, il réclama successivement devant le ministre de France, le grand-maître, et M. Burlamaqui, commandant en chef. Ces réclamations n'ayant eu aucun succès, il prit le parti de se retirer et d'attendre qu'on voulût en user plus convenablement avec lui. Il loua une petite maison à un étage, six francs par mois; et y vécut solitaire avec un vieux domestique qui lui coûtait le même prix. Ce domestique était Portugais, et d'une fierté qui ne lui permettait d'obéir qu'à sa propre volonté. Il refusait même de porter des fruits achetés au marché; ce qui réduisait la plupart du temps M. de Saint-Pierre à se servir lui-même. Un jour cependant, il voulut bien prendre sous son bras une harpe que son maître venait de louer; et comme ce dernier lui témoignait sa surprise d'un changement si subit, il répondit avec dignité « que tout ce qui pouvait faire » honneur à l'homme, comme les livres, les tableaux, la » musique, il était toujours disposé à s'en charger; mais » que jamais il ne s'abaisserait à porter des vivres. » M. de Saint-Pierre rencontrait souvent ce bon-homme qui, après avoir achevé son service, se promenait gravement sur la place publique, coiffé d'une perruque à trois marteaux, et une canne à pomme d'or à la main.

Cependant les ennemis de notre jeune solitaire cherchaient tous les moyens de le perdre. De ridicules calomnies furent répandues sur sa personne et sur sa famille; et comme il en témoignait un jour son ressentiment dans les termes les plus vifs, on fit aussitôt courir le bruit que la chaleur du climat avait agi sur son cerveau, et qu'il était atteint de folie. Dans cette situation quelques amis s'empressèrent de le consoler. Tels furent un simple chevalier nommé Pestel, le marquis du Roullet, et le Bailli de Saint-Simon. Mais quelle distraction pouvait-il espérer de la société, dans un pays où l'on ne se réunit que pour jouer, et où il n'y a ni jardins, ni promenades, ni spectacles? Le malheur né lui avait point encore appris à obéir sans murmurer aux ordres de la Providence, et à se consoler de l'injustice des hommes par l'étude de la nature.

Le siége n'eut pas lieu, et chacun ne songea qu'à retourner en France. M. de Saint-Pierre reçut six cents livres pour les frais de son voyage, et il s'embarqua sur un vaisseau danois qui faisait voile pour Marseille. Malheureusement le capitaine n'avait aucune connaissance de cette mer où les orages s'élèvent avec une effroyable rapidité. Après avoir louvoyé long-temps, ils se trouvèrent à la vue de la Sardaigne entre le banc de la Case et les rochers à pic qui hérissent la côte. Dans cette partie, lorsque la mer, qui n'a que vingt-cinq pieds de profondeur, est agitée par les vents, elle soulève les terres mouvantes des bas-fonds, et alors les vaisseaux courent risque d'être engloutis sous des montagnes de sable. Pour accroître l'effroi, le nom de ce lieu rappelle aux matelots le naufrage de M. de la Case, sa fin déplorable, et celle de tout son équipage.

Du côté de la terre, le péril n'est pas moins grand. Ces rives sont habitées par des paysans à moitié sauvages. On les voit accourir au milieu des tempêtes, s'élancer de rocher en rocher, et achever impitoyablement les malheureux que les flots leur apportent. Sur le soir, le vaisseau se trouva arrêté par le calme entre ces deux dangers. La chaleur avait été excessive, et le ciel se couvrait insensiblement de nuages noirs et cuivrés. La nuit vint encore augmenter l'horreur de ce spectacle. On craignait le coup de vent de l'équinoxe; toutes les manœuvres furent suspendues, et l'on soupa de bonne heure pour se préparer aux fatigues de la nuit. Les passagers assis autour de la table, attendaient dans un morne silence, lorsqu'un officier qui venait de monter sur le pont redescendit à la hâte pour annoncer qu'on allait essuyer un grain épouvantable. En effet, le vaisseau se perdit tout-à-coup dans une nuée prodigieuse dont les noirs contours étaient frappés par intervalles de l'éclat subit des éclairs. Le ciel et la mer semblaient se toucher. L'équipage se hâta de serrer toutes les voiles, et d'amener les vergues sur la barre de hune. On amarra ensuite la barre du gouvernail. Pendant que tout le monde était en mouvement, un bruit sourd et lointain, semblable à celui du vent qui souffle dans une charpente, se fit entendre, et s'accroissant à chaque seconde, il semblait fondre du haut du ciel. En une minute, il gronda autour du vaisseau, qui fut couché sur le côté, tandis que le vent, la pluie, la mer et la foudre le frappaient en même temps, et assourdissaient par leur horrible fracas. Les éclairs se succédaient si rapidement que le vaisseau était comme enveloppé d'une lumière éblouissante. Cette situation durait depuis plus d'une demi-heure, lorsque le capitaine entra, une petite lanterne sourde à la main, dans la chambre où les passagers s'étaient rassemblés. Il avait les yeux égarés, le visage pâle, et s'adressant en anglais à un de ses officiers, il lui montra la route pointée sur une carte, et se retira les larmes aux yeux. L'officier secoua la tête, et comme tous les regards l'interrogeaient, il annonça que si la tempête durait encore une heure, le vaisseau était perdu corps et biens.

Quelques minutes après, la nuée creva sur le vaisseau et le couvrit d'un déluge d'eau. Alors le plus grand calme succéda à l'orage; le lendemain, les voiles furent tendues, et bientôt l'on découvrit les côtes de Provence. A cette vue, tous les passagers tombèrent dans une espèce d'extase, et ils voulurent aussitôt se faire conduire à terre. M. de Saint-Pierre y descendit avec eux, et soit que le bonheur d'échapper à un si grand péril l'eût préparé aux plus tendres émotions, soit que la patrie, après la crainte du naufrage, eût plus de charmes à ses yeux, avec quel frémissement de joie il toucha cette terre qu'il avait cru ne plus revoir ! comme ses regards se reposèrent doucement sur ces rives fleuries, sur ces flots, hier soulevés par l'orage, aujourd'hui si calmes et si purs ! Ce gazon couvert de rosée, ces bois de myrtes et d'orangers, le souffle du zéphyr, le chant des oiseaux, il croyait tout entendre, tout voir pour la première fois. Dans ce ravissement il prit la route de Paris ; mais à mesure qu'il approchait de cette ville, le charme faisait place aux plus vives inquiétudes. La tempête, le naufrage, l'attendaient encore là. Il n'avait plus d'amis, plus d'argent, plus de mère ; il était seul au monde, et battu de tous les vents de l'adversité.

Il se logea dans un hôtel rue des Maçons, et courut aussitôt rendre visite à ceux qui avant son départ lui avaient témoigné quelque intérêt. Le Bailli de Froulay lui parla de ses propres chagrins, et déplora le sort des grands seigneurs, qui n'avaient plus de crédit dans les bureaux. M. de Mirabeau, l'ami des hommes, composait un gros livre sur le bonheur du genre humain, ce qui ne lui permettait pas de s'occuper des intérêts d'un individu perdu dans la foule. M. du Bois, premier commis, le reçut avec des airs de ministre ; il lui dit qu'il fallait attendre, qu'on y songerait, qu'il ne voyait que des gens qui lui demandaient, et en parlant ainsi, il le reconduisait poliment à la porte. Le pauvre solliciteur se consola de tant d'indignités à la vue de cent personnes qui attendaient dans l'antichambre le bonheur de voir sourire un premier commis.

Toutes ses visites eurent le même résultat. Pendant ce temps, le peu d'argent qui lui restait fut dépensé, et la crainte de l'avenir le décida à demander quelques secours à ses parents. Mais cette démarche ne fut pas heureuse : les uns lui répondirent qu'il avait mérité sa situation ; les autres qu'il était un mauvais sujet, et que sa famille ne prétendait pas s'épuiser pour satisfaire ses caprices. Les plus honnêtes ne lui répondirent pas. Dans cette extrémité un de ses protecteurs lui offrit une place chez un maître de pension pour apprendre à lire aux petits enfants. Un autre l'engagea à donner des leçons de mathématiques à quelques jeunes gens qui se destinaient au génie militaire. Il accepta cette dernière proposition ; mais bientôt les élèves manquèrent, et il fallut encore renoncer à cette ressource. Alors il adressa au ministre de la marine un mémoire, dans lequel il proposait d'aller seul sur une barque lever le plan de toutes les côtes d'Angleterre. Ce mémoire singulier n'excita pas même la curiosité, et resta sans réponse. Enfin on ne lui épargna aucune humiliation. Jamais il n'avait tant senti l'amertume d'avoir besoin des hommes : déjà la misère commençait à l'accabler ; il avait épuisé le crédit chez un boulanger, son hôtesse menaçait de le renvoyer, et réduit à l'isolement le plus complet, il ne voyait personne dont il pût espérer le plus léger secours.

Mais son courage croissait avec son malheur. Plus il

se voyait dans l'abandon, plus il prétendait aux faveurs de la fortune. En un mot, ses projets de législation se réveillèrent avec tant de force lorsqu'il se vit sans ressources, qu'il ne songea plus qu'à réaliser au fond de la Russie les brillantes chimères de sa jeunesse. Il ne s'agissait de rien moins que de fonder une république et de lui donner des lois. Ce projet, qui dans un temps plus heureux lui eût peut-être paru extravagant, dans son état de délaissement et de misère lui semblait aussi simple que naturel. Il se doutait bien que pour accomplir de si grandes choses un peu d'argent lui serait nécessaire; mais il n'eût pas été digne de sa haute fortune s'il se fût arrêté à de semblables bagatelles. La difficulté fut donc aussitôt levée qu'aperçue. Un nommé Girault, son ancien camarade d'études, lui prêta vingt francs, le marquis du Roullet deux louis, un M. Sauti trente francs, un père de famille nommé Diq trois louis. Il vendit ensuite secrètement et pièce à pièce tous ses habits, puis ayant porté chez Girault ses livres de mathématiques et un peu de linge, il se félicita d'avoir si bien préparé cette sage entreprise, et ne songea plus qu'à partir pour la Hollande. Comme il avait peu de confiance aux lettres de recommandation, qui ne sont le plus souvent qu'un moyen honnête de se défaire d'un importun, il ne voulut en emporter que deux : une pour l'ambassadeur de Hanovre à la Haye, l'autre pour le chevalier de Chazot, commandant de Lubeck et son compatriote.

C'est ainsi qu'au lieu de chercher le bonheur dans le repos d'une condition simple et médiocre, il ne le voyait que dans les agitations de la gloire, dans les hautes vertus, dans les dévouements magnanimes. Il voulait faire de grandes choses pour être un jour l'objet d'une grande reconnaissance, et la vie ne s'offrait à lui que comme une suite d'actions héroïques qui mènent au commandement : erreur brillante mais fatale, résultat inévitable de cette éducation mensongère qui nous force d'appliquer à une vie presque toujours destinée à l'obscurité, les principes et les pensées qui dirigent la vie des princes et des héros. Ces dangereux souvenirs le tourmentaient sans doute lorsque tombé dans le dénuement le plus profond, il entrevoyait la fortune la plus éclatante, croyant que, semblable à cet infortuné voyageur des Mille et une Nuits, qu'on avait descendu dans un abîme, il ne devait en sortir que pour être roi.

Dès que son père eut appris ses projets de voyage, il s'empressa de lui envoyer quelques papiers de famille, parmi lesquels se trouvaient ses titres de noblesse. M. de Saint-Pierre fut charmé de posséder ces papiers ; car, dans les cours du Nord, il faut un nom pour réussir. Une seule chose l'embarrassait, c'est que son titre principal était un certificat signé du marquis de l'Aigle, qui attestait, il est vrai, la noblesse de la famille de Nicolas de Saint-Pierre, mais avec cette clause, qu'un de ses ancêtres avait géré les affaires de la maison de l'Aigle. Ainsi une ambition trouve toujours sa punition dans une autre ambition. Une fois entré dans cette route, il était difficile de s'arrêter. Il n'avait point d'armoiries, et n'osait en prendre de trop connues ; il fit donc graver un cachet de fantaisie, qu'il enrichit de tout ce qu'il savait dans l'art du blason. Enfin il adopta le titre de chevalier, que ses amis lui donnaient depuis long-temps. Mais toutes ces précautions qui devaient servir à le rassurer, produisirent un effet absolument contraire. Parlait-on de sa famille? il en vantait la noblesse. Prolongeait-on la conversation sur ce sujet? il coupait court, rougissait, s'embarrassait, craignant toujours de s'entendre demander la preuve qu'il avait eu des aïeux. En un mot, les questions les plus indifférentes le faisaient frissonner et lui apprenaient assez qu'il n'était pas né pour tromper. Dans sa vieillesse, il s'accusait d'une manière charmante de ces petits traits de vanité, et peut-être y avait-il encore quelque vanité dans cet aveu; car alors il s'était créé d'autres titres au respect des hommes, et tout semblait lui dire qu'il venait de commencer l'illustration de sa famille par le génie et la vertu.

Son entreprise ainsi préparée, il ne songea plus qu'à son départ. Ses dettes s'élevaient à une centaine d'écus. Il fit des obligations, qu'il envoya par la poste à chacun de ses créanciers, afin que son père les acquittât si la fortune ne lui était pas favorable; puis, un beau soir, il sortit furtivement de son hôtel, et se rendit chez son ami Girault qui, quoique très-malheureux lui-même, n'avait pas le courage de le suivre. Ils soupèrent ensemble. D'abord le repas fut triste: Girault s'inquiétait du présent; M. de Saint-Pierre ne songeait qu'à deviner l'avenir. Mais une bouteille de champagne étant venue ranimer leurs espérances, le grenier où ils se trouvaient retentit bientôt des éclats de leur joie. Enfin, sur le minuit, il fallut se décider à revenir aux réalités, et, son petit paquet sous le bras, il s'achemina seul vers la diligence de Bruxelles, après avoir promis à son ami Girault de ne pas l'oublier au jour de la prospérité.

Arrivé à la Haye, il se hâta de présenter une lettre de

recommandation qu'un homme du grand monde lui avait remise pour son ami intime le baron de Sparken, ambassadeur de Hanovre. Mais quelle fut sa confusion lorsque l'ambassadeur lui dit qu'il ne connaissait en aucune manière la personne qui avait écrit cette lettre ! Ce seigneur était déjà sur l'âge, et croyait à l'alchimie. Par un effet singulier de cette crédulité, il s'imagina qu'un jeune homme qui savait les mathématiques, devait avoir quelques lumières sur la pierre philosophale, et il voulut bien lui promettre une petite place, n'exigeant de lui pour toute reconnaissance que son secret de faire de l'or. En solliciteur novice, M. de Saint-Pierre eut la bonne foi de répondre qu'il était loin de posséder un si beau secret, et sur-tout d'y croire. Ce n'était pas le moyen de faire sa cour; aussi l'ambassadeur lui fit-il entendre clairement qu'un homme qui ne croyait pas à l'alchimie ne pouvait espérer de service en Hollande. Il ajouta que la religion catholique eût été d'ailleurs un obstacle insurmontable à son avancement, que le bon temps était passé où les Hollandais prenaient à leur service des officiers de toutes les religions, enfin que c'était bien dommage qu'il ne se fût pas présenté quatre jours plus tôt, époque à laquelle son neveu, le comte de la Lippe, s'était embarqué pour aller commander les troupes de Portugal, et combattre les Espagnols. Le voyageur déçu se retira avec ces belles paroles, persuadé de deux choses, dont il éprouva la vérité le reste de sa vie : c'est que les lettres de recommandation ne mènent à rien, et qu'un homme sans crédit arrive toujours le lendemain des bonnes occasions.

Quoique soupçonné par le baron de Sparken d'avoir la pierre philosophale, il se vit bientôt sur le point de manquer de tout. Comme il se creusait inutilement la tête pour trouver les moyens de continuer son voyage, le hasard fit prononcer devant lui le nom de M. Mustel, journaliste français retiré à Amsterdam, et qui y jouissait d'une grande considération. M. de Saint-Pierre avait eu pour régent un ecclésiastique qui portait le même nom. Ce souvenir l'encourage, il prend la plume, il écrit, et M. Mustel lui répond aussitôt que ce régent est son propre frère, et qu'il se croira heureux d'être utile à un de ses disciples. Sur cette lettre, M. de Saint-Pierre se décide à prendre la route d'Amsterdam, où il trouva dans M. Mustel un homme disposé à devenir son ami. M. Mustel était un sage, à la manière des anciens; c'est-à-dire qu'il pratiquait la sagesse. Il passait une partie de l'été dans un petit jardin aux environs d'Amsterdam avec la meilleure des femmes et quelques bons amis. Là, tout en fumant sa pipe, il composait son journal sous un berceau de verdure, et du sein du repos et de la solitude, il traçait jour par jour le tableau des agitations de l'Europe. Doué d'un beau talent poétique, il avait eu la force de préférer le bonheur à la gloire. Dieu, la nature, sa femme et sa plume occupaient toutes ses pensées; et quoiqu'il eût souvent à déplorer les revers des peuples et des rois, il les voyait sur des rives si lointaines, que jamais ses passions n'en furent excitées. Tous les vains bruits du monde venaient expirer à la porte de sa retraite, et l'histoire présente était devant ses yeux comme l'histoire des temps passés.* Son bonheur me

* M. de Saint-Pierre fut tellement frappé de l'indépendance et du bonheur de M. Mustel, que, dans sa vieillesse, il ne put résister au plaisir d'en parler avec détail. Voyez son roman de l'Amazone.

rendait gai, disait souvent M. de Saint-Pierre. Un jour il me dit : « J'ai essayé inutilement de faire venir la laitue romaine dans mon jardin ; c'est que la terre est trop froide : qu'en pensez-vous ? — Oh ! lui répondis-je, ne voyez-vous pas que la laitue romaine ne peut croître dans un terrain protestant ? » Cette idée le fit rire. Pour moi, ajoutait M. de Saint-Pierre, j'avais dans le cœur une plante qui vient par-tout : c'était l'ambition. M. Mustel eut bientôt apprécié le mérite de son nouvel ami ; et plein de sollicitude pour un jeune homme dont il admirait les nobles sentiments, il lui offrit la main de sa belle-sœur, avec la place de rédacteur de la Gazette, qui valait mille écus. M. de Saint-Pierre n'apprécia point alors la générosité de cette offre. C'était une belle occasion d'être heureux, s'il n'avait cherché que le bonheur ; mais comment renoncer à la gloire de former un peuple, de fonder une république, et cela pour une misérable place de journaliste ; pour une vie obscure ! Il refusa tout, parce que son ambition n'était satisfaite de rien. Nous le verrons souvent repousser la fortune qui se présentait à lui sous une forme simple et riante. C'était un des traits de son caractère : il voulait parvenir en suivant sa fantaisie, et non en se livrant à la fantaisie des autres.

Il partit donc d'Amsterdam, après avoir emprunté de M. Mustel l'argent nécessaire pour se rendre à Lubeck. Là, il puisa encore dans la bourse du chevalier de Chazot, commandant de la ville, qui lui prêta deux cents francs pour se rendre à Pétersbourg. L'élévation de Catherine au trône impérial vint ajouter à ses espérances. L'Europe entière était dans une grande attente ; Frédéric et Voltaire proclamaient déjà les merveilles d'un règne commencé par un horrible attentat. En écoutant ces éloges, le jeune philosophe craignait d'arriver trop tard ; il lui semblait que tout allait se faire sans lui, qu'on devinerait ses plans, qu'on lui ravirait sa gloire. Plein de cette inquiétude, il se donna à peine le temps de visiter l'arsenal de Lubeck, où il vit cependant le sabre dont on trancha la tête à un bourgmestre qui livra aux Suédois l'île de Bornholm ; à la seule condition qu'il aurait l'honneur de danser avec la reine de Suède.

Au moment du départ, le chevalier de Chazot recommanda vivement M. de Saint-Pierre à son beau-père M. Torelli, premier peintre de l'empire, et qui se rendait à la cour pour faire le tableau du couronnement. Il y avait sur le vaisseau, des comédiens, des chanteurs, des danseurs, des coiffeurs, français, anglais, allemands, qui tous avaient les plus hautes prétentions. Ces braves gens se croyaient déjà de grands personnages : à les entendre, ils allaient éclairer la Russie et y répandre le goût brillant des arts. L'exagération de leurs espérances et la folie de leurs projets n'étaient pas une des moins piquantes distractions de M. de Saint-Pierre. La traversée fut d'un mois ; arrivés à Cronstadt, les passagers prirent une chaloupe pour remonter la Néwa ; qu'ils trouvèrent semée d'îles désertes, et dont les rives étaient bordées de noires forêts de sapins. Le bruit des rames troublait seul le profond silence de ces lieux ; et les passagers, les regards fixés sur ces terres sauvages, se croyaient aux extrémités du monde, lorsque tout-à-coup, au détour du fleuve, ils découvrirent la cité de Pierre-le-Grand, avec ses vastes quais, son pont de bateaux ; la tour dorée de l'Amirauté, ses dômes peints en vert, ses palais couronnés de trophées, de guirlandes et de groupes d'Amours, s'élevant seule au milieu des déserts. A ce magnifique aspect, notre voyageur se sent pénétré d'une émotion indéfinissable : c'est là qu'il vient chercher la gloire et lutter avec la fortune ! c'est là que ses projets vont trouver de zélés protecteurs ! Cette foule empressée qu'il aperçoit sur la rive, ne lui présente que des amis, que déjà il voudrait presser sur son sein ! Ainsi tous ses projets vont s'accomplir. Pendant qu'il se berce de ces riantes chimères, la chaloupe aborde au galernof habité par les négociants anglais. Aussitôt l'un d'eux, M. Tornton, s'empresse d'un air jovial au-devant des passagers, et les invite à prendre le thé chez lui, pour donner à chacun le temps de faire avertir ses amis. Nouvelle illusion pour M. de Saint-Pierre. Il vient donc de toucher une terre où les étrangers sont accueillis à la porte des villes, comme au temps des patriarches ! Et si l'on reçoit ainsi un homme inconnu, à quels honneurs ne doit pas s'attendre celui dont tous les vœux tendent au bonheur des hommes !

Pendant que le vaste champ de l'espérance s'ouvre devant notre voyageur, il voit une députation de l'Académie qui s'avance pour complimenter le peintre Torelli; celui-ci reçoit les compliments, monte en carrosse, et de la portière fait une légère inclination à son protégé, qui reste stupéfait sur le rivage. A peine est-il arrivé dans le salon de M. Tornton, qu'une autre voiture vient enlever un autre passager ; ils disparaissent ainsi peu-à-peu, et à mesure que leur nombre diminue, les illusions du pauvre philosophe s'évanouissent. Enfin il reste seul, et long-temps encore il s'étonne de cette scène qui

d.

vient de lui révéler son abandon. Ne voulant pas paraître
embarrassé, il se décide à prendre congé du maître de
la maison, et son épée sous le bras, il se dirige le long
d'un quai de granit, que doraient encore le derniers
rayons du soleil. Chemin faisant, il admirait ce peuple à
longue barbe qui marchait d'un air grave et préoccupé;
et faisant un retour sur lui-même, il se mit à songer
avec douleur à son isolement. Dans cette multitude qui
se renouvelait sans cesse, il ne se trouvait pas un seul
être qui n'eût une maison, des amis, des parents, qui
ne fût aimé, qui ne fût attendu. Lui seul était sans asile;
lui seul n'était ni attendu ni aimé : solitaire au milieu de
la foule, il aurait pu mourir sans y laisser un regret,
sans y faire couler une larme. Ah! pour savoir combien la patrie est douce, il faut avoir erré sur une terre
étrangère! Depuis long-temps il marchait enseveli dans
ces pensées mélancoliques, lorsqu'il s'entendit appeler
par une personne dont la voix ne lui était pas inconnue.
C'était un des passagers qu'il venait de quitter, bon
allemand, établi à Pétersbourg, qui, devinant son embarras, voulut bien le guider vers la seule auberge de
cette ville tenue par des Français. Ils trouvèrent la maîtresse du logis, mademoiselle Lemaignan, qui jouait aux
cartes à la faible lueur d'une lampe. Elle se leva pour les
recevoir, et leur apprit que son frère était à Moscou, où
l'impératrice venait de se rendre pour son couronnement.
Elle fit ensuite servir à souper au jeune Français, qui,
frappé d'une nouvelle si contraire à ses projets, s'abandonnait aux plus tristes réflexions.

Après avoir retiré ses effets et payé les frais de son
voyage, il lui resta six francs qui ne tardèrent pas à être

dépensés. Obligé de vivre de peu, il passait les jours entiers dans sa chambre, cherchant à s'absorber par l'étude des mathématiques. Le temps s'écoulait, la cour ne revenait pas, et tout annonçait à M. de Saint-Pierre que son hôtesse se lassait de lui faire crédit. Il croyait ne jamais sortir de ce labyrinthe, lorsqu'un dimanche, après la messe, un seigneur vêtu d'une riche pelisse l'aborda poliment à la porte de l'église. Après une conversation assez longue, dans laquelle il lui témoigna beaucoup d'intérêt, il lui offrit de le présenter au maréchal de Munnich, gouverneur de Pétersbourg, dont il était secrétaire. Charmé de cette offre bienveillante, M. de Saint-Pierre accepta un rendez-vous pour le lendemain, trois heures du matin, seule heure à laquelle le maréchal donnât ses audiences.

Il trouva un vieillard de quatre-vingts ans, sec, vif, pétulant, qui l'accueillit de bonne amitié, et qui en moins d'un quart d'heure lui eut montré son cabinet, ses dessins, ses plans, et une centaine de volumes sur le génie militaire, qui formaient toute sa bibliothèque. Ces livres avaient servi à sa gloire. Jeté dans les déserts de la Sibérie, il avait, comme les anciens philosophes, ouvert une école sur la terre de l'exil. Rassemblant autour de lui les soldats commis à sa garde, il s'était plu à leur dévoiler les secrets de la science d'Euclide et de Pascal. Sa patrie avait puni ses vertus, il ne se vengea qu'en lui en montrant de nouvelles; et l'on vit tout-à-coup une troupe d'ingénieurs habiles sortir de ces régions barbares, se répandre dans l'armée, et fonder le corps du génie militaire russe. Un homme de cette trempe devait apprécier le mérite de M. de Saint-Pierre:

Il était déjà charmé de sa conversation ; mais il voulut le juger sur ses œuvres, et lui ayant remis des couleurs, du papier, des pinceaux, il l'invita à revenir bientôt avec un échantillon de son talent. Cette invitation eut l'heureux effet de prolonger le crédit de notre voyageur. Peu de jours après, il revint avec un plan dont le maréchal fut si satisfait, qu'il promit aussitôt d'en recommander l'auteur à M. de Villebois, grand-maître de l'artillerie, et s'adressant en allemand à son premier aide-de-camp, il se fit apporter un sac de roubles, qu'il présenta à M. de Saint-Pierre, en lui disant que cette somme servirait à payer ses frais de voyage jusqu'à Moscou. Celui-ci répondit en rougissant que les ingénieurs du roi de France ne pouvaient recevoir de l'argent que d'un souverain. Et comme il se retirait en prononçant ces mots, le maréchal se leva, et lui dit d'un air touché, qu'en Russie l'usage permettait à un colonel, et même à un général, de recevoir des bienfaits de sa main, que cependant il ne s'offensait pas d'un refus inspiré par un excès de délicatesse ; puis il ajouta, après un moment de réflexion : « Vous ne refuserez pas sans doute de faire le voyage avec un général de mes amis qui se rend à la cour ? » Cette dernière proposition satisfaisait à tout ; M. de Saint-Pierre l'accepta avec reconnaissance : c'était un premier pas vers la fortune, et il commençait à concevoir que la fortune ne lui serait point inutile pour accomplir ses grands projets.

Dans le temps même où il venait de trouver un protecteur, la Providence lui donnait un ami. Un Genevois, nommé Duval, joaillier de la couronne, qu'il avait eu occasion de rencontrer plusieurs fois chez son hôtesse, n'avait pu voir son malheur sans en être ému, ni son courage sans l'admirer. C'était un de ces hommes dont la physionomie laisse lire toutes les pensées, et dont toutes les pensées sont bienveillantes et vertueuses. Une douce mélancolie répandue sur ses traits, exprimait la beauté de son ame; elle semblait plaindre tous les malheureux, et leur annoncer un consolateur. Il voulut être la Providence d'un jeune homme qu'il voyait sans crainte et sans trouble dans sa lutte avec la misère, et une grande intimité ne tarda pas à s'établir entre eux. Duval était loin d'approuver les projets de son jeune ami; mais il ne les blâmait pas ouvertement, car il sentait que les dégoûts de l'ambition ne peuvent naître que des mécomptes de l'ambition. Toujours prêt à donner un bon conseil, il laissait faire ensuite, et se trouvait là pour consoler ou pour secourir. C'était l'idéal de l'amitié, et celle qu'il inspira fut bien profonde, puisque non-seulement M. de Saint-Pierre lui adressa les lettres qui composent la relation de son voyage à l'Ile-de-France; mais que longtemps après, par une touchante fiction, il attribuait son système de la fonte des glaces polaires à un sage nommé Duval, cherchant à répandre sur l'ami qui avait inspiré son premier ouvrage, les derniers rayons de sa gloire. *

M. Duval, instruit du départ prochain de M. de Saint-Pierre, fit tous ses efforts pour changer sa résolution; mais ne pouvant y réussir, il lui ouvrit généreusement sa bourse; et le même jeune homme qui venait de refuser les dons d'un maréchal d'empire, parce qu'il ne

* Ce morceau devait trouver place dans l'Amazone, l'auteur n'eut pas le temps de l'achever. Nous en avons publié un fragment sous le titre de Théorie de l'univers.

pouvait voir en lui qu'un protecteur étranger, consentit à emprunter dix roubles (50 fr.) d'un simple particulier dans lequel son cœur voyait un ami.

Cependant le maréchal de Munnich le présenta au général sous les auspices duquel il devait paraître à la cour, et peu de temps après ils se mirent en route pour Moscou. On était alors au mois de janvier. Le général avait deux voitures bien chaudes, bien closes, l'une pour lui, l'autre pour ses adjudants. Un traîneau découvert était destiné à son domestique, et il donna ordre d'y faire placer le jeune Français. Dès la première nuit, le traîneau versa deux fois. Notre malheureux voyageur, exposé à toutes les injures de l'air, éprouvait un froid d'autant plus horrible qu'il n'avait pris aucune des précautions d'usage, et qu'avec son chapeau de feutre et son habit court, il lui semblait qu'il n'était pas vêtu. Le second jour, il eut une joue gelée, et sans un bonnet fourré que lui prêta son compagnon, il y eût sans doute laissé ses deux oreilles. Chaque fois qu'on arrivait dans une maison de poste, le général déballait lui-même les provisions, il distribuait à chacun un petit morceau de pain dur, comme le marbre, puis la valeur d'un demi-verre de vin, qu'on coupait avec une hache. Après cette généreuse distribution, le général se mettait seul à table; pendant que ses aides-de-camp et son secrétaire se tenaient debout derrière lui. M. de Saint-Pierre ne crut pas devoir les imiter; à la grande confusion des autres officiers, il osa s'asseoir en présence du général, qui ne lui pardonna point ce qu'il appelait un excès de familiarité. L'espèce de mépris qu'on lui avait témoigné en le reléguant parmi les valets, avait accru sa fierté et redoublé sa tristesse. Mais l'aspect de la nature aurait suffi pour le plonger dans la mélancolie. Il est impossible d'exprimer l'âpreté de l'air et du froid. Tout était couvert de neige : les bois, les champs, les plaines, les montagnes, les lacs, et la mer même. Chaque matin le soleil, semblable à un globe de fer rouge, se levait au bord de l'horizon; sa lumière était pâle et sans chaleur; seulement elle agitait dans l'air une infinité de particules glacées qui étincelaient comme une poussière de diamants. La nuit ne présentait pas un spectacle moins étrange : les sapins, à travers lesquels murmurait un vent glacé, étaient comme autant de pyramides d'albâtre, dont les avenues se prolongeaient à l'infini ; tantôt la lune les éclairait de ses lueurs bleuâtres, tantôt les feux de l'aurore boréale semblaient les couvrir des reflets d'un vaste incendie. On eût dit alors les colonnades, les portiques d'une ville en ruine, au milieu desquels l'imagination frappée voyait se mouvoir des sphinx, des centaures, des harpies; le dieu Thor avec sa massue, et tous les fantômes de la mythologie du Nord.

Emporté rapidement dans un traîneau découvert, il voyait ces êtres fantastiques s'agiter autour de lui, et il avait peine à ne pas croire à leur réalité. Les trois voitures couraient ainsi, sans autre espoir que celui d'arriver dans quelques pauvres villages dont rien n'annonçait les approches, car les coqs et les chiens même étaient tapis par le froid. Cependant on voyait des troupeaux de loups qui, pressés par la faim, suivaient les voyageurs comme une proie. Ces terribles animaux se partageaient en deux meutes sur les deux côtés du chemin; ils étaient guidés par un chef, qui s'élançait en avant, précédait les voitures, et s'arrêtait de temps à autre en poussant des cris plaintifs, auxquels les deux meutes répondaient par intervalles égaux. Après cet appel, on n'entendait plus que le bruit léger de leur course sur la neige, bruit qui avait quelque chose de plus sinistre encore que leurs gémissements. Ah! lorsqu'au milieu de ces déserts notre triste voyageur venait à se rappeler les champs fertiles de la France, ces riantes vallées, ces vertes collines où les animaux utiles à l'homme paraissent de toutes parts, où la terre est couverte de moissons, de vignobles et d'agréables vergers, où le chant du coq, les aboiements du chien, le carillon argentin du clocher rustique annoncent chaque jour le retour de l'aurore; ah! comme alors il sentait son cœur douloureusement oppressé! comme il se trouvait misérable d'errer si loin de sa patrie! C'est ainsi qu'exposé à la rigueur du froid le plus vif, n'ayant pas même un manteau pour se couvrir, il était réduit à envier le sort de ces malheureux paysans qu'il trouvait rassemblés dans de pauvres cabanes; mais qui au moins se consolaient entre eux de leur misère; il enviait enfin jusques au sort des chevaux attelés à sa voiture; car la Providence, prévoyante pour eux, les avait couverts de poils longs et chauds, semblables à d'épaisses toisons; comme pour témoigner, pensait-il alors avec amertume, que l'homme seul est abandonné sur cette terre; comme pour témoigner, pensait-il vingt ans plus tard avec admiration, qu'il n'est pas un seul être au monde qui soit livré à l'abandon : Dieu leur donnant à tous, suivant le besoin, ce que leur intelligence ne leur apprend pas à se donner.

Enfin ils arrivèrent à Moscou. Rien n'est plus magnifique que l'aspect de cette ville ; où tout annonce le voisinage de l'Asie. Au milieu des maisons bâties à la chinoise s'élèvent une multitude de dômes étincelants, à travers lesquels on voit briller les flèches dorées de plus de douze cents clochers, terminées par des croissants surmontés d'une croix. Notre fondateur d'empires arriva dans cette ville, avec un écu dans sa poche : il est vrai qu'uniquement touché de sa grandeur future, il ne songeait guère à sa misère présente. Sa peine n'était pas de savoir comment il souperait, mais bien comment il approcherait de la grande Catherine : car la voir et la persuader était une même chose pour lui. Parmi ses compagnons de voyage, un seul, frappé de la dignité de sa conduite dans une situation si difficile, s'attacha vivement à son malheur. C'était un officier nommé Barasdine : jeune, bouillant, superbe, poussant la franchise jusqu'à la rudesse, il s'était fait une loi de penser tout haut, regardant comme une lâcheté de se taire devant le vice heureux, et l'attaquant en face avec toute l'âpreté de son caractère. Souvent il avait reproché au général son indifférence pour le jeune Français ; mais ces reproches n'avaient fait que blesser plus profondément l'orgueil d'un homme pour qui rien n'était évident que son propre mérite. Arrivé à Moscou, le général fait arrêter ses voitures devant une grande auberge, et charmé de trouver une occasion de contrarier, peut-être même d'embarrasser M. de Saint-Pierre, il annonce froidement qu'il est temps de chercher un gîte. Il était nuit, et cette nouvelle répandit le trouble parmi les voyageurs. Aussitôt chacun songe à retrouver ses bagages, et les domestiques font approcher les yswoschtschiki, espèce de traîneaux qui rendent à Moscou les mêmes services que les fiacres rendent à Paris.

M. de Saint-Pierre n'avait qu'un petit porte-manteau, et depuis un moment il faisait de vaines recherches pour le retrouver, lorsqu'il apprit que le général l'avait envoyé aux messageries sous prétexte que ses voitures étaient déjà surchargées. Pendant qu'il témoignait sa surprise d'un pareil procédé, Barasdine s'emportait contre ce qu'il appelait hautement une action indigne; mais le général, sans daigner lui répondre, ordonna au cocher de partir, et laissa les deux jeunes gens exhaler leur colère. Cette circonstance ne fit que les unir davantage, et ils ne se séparèrent qu'après s'être promis de se revoir bientôt. Barasdine alla descendre chez son oncle M. de Villebois, grand-maître de l'artillerie; et M. de Saint-Pierre ayant loué un traîneau, se fit conduire chez le frère de son hôtesse de Pétersbourg, qui, sur la recommandation de Duval, devait lui donner un logement. Mais les contrariétés s'enchaînent souvent comme les malheurs. Arrivé chez M. Lemaignan, un domestique lui apprend que son maître n'est point à Moscou, et qu'il ignore l'époque de son retour. Qu'on se figure l'embarras de notre voyageur : isolé au milieu de la nuit dans une ville immense, ignorant la langue du pays, ne pouvant ni s'orienter ni se faire entendre, il était devant son guide comme un homme muet. Enfin, ne sachant que devenir, il remonte machinalement dans le yswoschtschiki. Son conducteur ne le voit pas plutôt disposé à partir, qu'il met ses chevaux au galop, et le ramène comme par inspiration à l'auberge où il l'avait pris. Le paiement de la voiture acheva d'épuiser sa bourse, et il entra dans la maison sans savoir comment il en sortirait le lendemain.

A peine avait-il fait quelques pas dans la cour, qu'il vit accourir l'hôte, bon allemand à ventre rebondi, à face rubiconde, qui dans un jargon presque inintelligible protestait de son innocence, de sa probité, de son honneur, et qui termina cette apologie inattendue en plaçant sur les épaules de notre voyageur une assez belle selle en velours qu'il tenait dans ses mains. Ce dernier argument dut lui paraître sans réplique, car il se tut soudain; on vit sa physionomie s'épanouir, et les yeux fixés sur M. de Saint-Pierre, il resta dans une espèce d'admiration de lui-même. Surpris de cette étrange réception, M. de Saint-Pierre prend froidement la selle, la remet entre les mains de l'hôte, et entre en explication. Enfin, après quelques discours, dont il parvint à saisir une ou deux phrases, il crut deviner que cette selle avait été oubliée par le jeune Barasdine, et qu'on le prenait pour un domestique de cet officier. Loin de se fâcher de ce quiproquo, l'idée lui vint d'en profiter pour passer la nuit dans cette auberge, sans être obligé de payer son gîte. Il fit donc entendre à l'hôte qu'il était étranger, que la nuit était avancée, et que son intention était de ne repartir que le lendemain. L'hôte le comprit fort bien, car il ouvrit aussitôt une salle échauffée par un vaste poêle, et l'invita galamment à s'étendre sur une banquette à la manière des Russes. La selle lui servit d'oreiller, et sans plus s'inquiéter des soucis du lendemain, il s'endormit bientôt du plus profond sommeil.

Le jour commençait à peine à paraître, lorsque Barasdine entra dans la chambre où le pauvre voyageur dormait encore. Il ne fut pas peu surpris de le retrouver là, mollement couché sur une planche, et la tête posée sur la selle qu'il venait réclamer. Son exclamation éveilla M. de Saint-Pierre, qui, quoique un peu étourdi de cette brusque apparition, se mit à raconter de la façon la plus comique sa mésaventure de la veille. Ce récit les mit en gaieté; ils résolurent de passer la matinée ensemble, et pour la bien commencer, Barasdine fit apporter un déjeuner auquel ils s'empressèrent de faire honneur en philosophes dont le chagrin ne saurait troubler l'appétit. Au dessert, Barasdine voulut voir les lettres de recommandation de son ami. Dans le nombre, il en aperçut une adressée au général du Bosquet; elle était entièrement de la main du maréchal de Munnich. Barasdine s'en saisit avec vivacité, et dit : « Celle-ci ne sera pas inutile; le général est Français, et il n'a point oublié sa patrie; les accents de votre voix suffiront seuls pour le bien disposer. Il faut nous rendre de suite à son hôtel, car je pense que vous n'avez pas de temps à perdre, et le général n'en perdra point dès qu'il saura qu'il peut vous obliger. »

Ils trouvèrent le général du Bosquet enveloppé dans une robe de chambre à fleurs, coiffé d'un bonnet de coton, et fumant sa pipe en se promenant à grands pas. Son air brusque, ses traits courts et ramassés, la rudesse de ses mouvements, produisaient au premier abord une impression désagréable; mais, à mesure qu'il parlait, sa figure prenait une teinte plus douce; elle semblait s'embellir de je ne sais quoi d'aimable et de bienveillant, et l'on voyait peu-à-peu cette physionomie sombre s'éclairer, si l'on peut s'exprimer ainsi, d'un sourire de bonté qui attirait à lui.

A peine eut-il appris que M. de Saint-Pierre était Français, que perdant sa gravité il se livra sans réserve au plaisir de voir un compatriote, et de l'entendre parler de la patrie. Cette conversation qu'il se plut à prolonger, lui fit aimer de suite notre jeune voyageur, qui ne le quitta pas sans avoir la promesse d'une sous-lieutenance dans le corps du génie. Cinq jours après il reçut son brevet, et le retour inopiné de M. Lemaignan acheva de le tirer d'embarras. Ce brave homme lui offrit non-seulement sa maison, mais sur la recommandation de Duval, il lui avança tout l'argent qui fut nécessaire pour son équipement. Ainsi tout allait au gré de ses désirs; et sans doute, lorsqu'il jetait ses regards sur le passé, il était bien excusable de se livrer à quelques illusions pour l'avenir. A peine quatre mois s'étaient écoulés depuis son départ. Inconnu, sans argent, sans amis, sans protection, il avait traversé la France, la Hollande, l'Allemagne, la Prusse, la Russie, et tout-à-coup il se trouvait établi à Moscou, ayant un état, des amis, du crédit et un protecteur. Il dut sentir alors la vérité de cette pensée qu'il développa si bien dans la suite : *Où le secours humain défaut, Dieu produit le sien.*

Jeune encore, il ne fut pas insensible à l'élégance de son nouveau costume. Un habit écarlate à revers noirs, un gilet ventre de biche, des bas de soie blancs, un beau plumet, une brillante épée, tel était à cette époque l'uniforme des ingénieurs russes. Barasdine fut si charmé de la tournure de son ami, qu'il voulut aussitôt le présenter à son oncle M. de Villebois, grand-maître de l'artillerie. M. de Villebois était né Français, et ne démentait pas cette noble origine. Des manières pleines de dignité, une physionomie froide mais imposante, l'air supérieur que donne l'habitude du commandement, n'ôtaient rien à la cordialité de son accueil, et semblaient même donner du prix à la manière flatteuse dont il savait encourager le mérite. Il devina celui de M. de Saint-Pierre; et dès sa troisième visite, il l'admit dans sa familiarité, le pria d'accepter sa table, et suivant la courtoisie des grands seigneurs russes, ne l'appela plus que son *cousin*. Il avait beaucoup vu, il racontait bien; et M. de Saint-Pierre écoutait à merveille. A cette époque, l'impératrice Catherine était le sujet de toutes les conversations. On ne parlait que de son génie, de ses projets, de son ambition; on se taisait sur ses vertus. L'imagination de notre jeune législateur s'enflammait à tous ces récits; il brûlait de voir cette femme extraordinaire, et cependant il ne voulait ni l'adorer en esclave, ni marcher à ses côtés comme un instrument de ses plaisirs ou de ses volontés. S'il flatte l'ambition d'une femme, c'est pour la faire servir au plus noble projet qu'un mortel puisse concevoir : il vient lui demander, non des faveurs pour lui, mais de la gloire pour elle. Assise sur un des premiers trônes du monde, que ferait-elle des louanges d'une troupe d'esclaves? Les hommages d'un peuple chargé de chaînes ne sont que des marques d'ignorance et d'avilissement; mais les bénédictions d'un peuple libre sont des témoignages d'intelligence et de vertu; l'univers y applaudit, et la postérité les entend.

M. de Villebois, ravi de l'enthousiasme de son protégé, dont il ignorait cependant les brillantes rêveries, résolut de satisfaire ses désirs en le présentant à Catherine. Un motif secret semblait d'ailleurs le guider dans cette circonstance, et tout doit faire présumer qu'il avait conçu le dessein de renverser le pouvoir d'Orlof par celui d'un nouveau favori, et de s'emparer ainsi de la volonté de sa souveraine. Ce fut un soir en sortant de table qu'il annonça à M. de Saint-Pierre le bonheur dont il devait jouir le lendemain. Cette nouvelle pensa tourner la tête de notre philosophe. Pressé de se préparer, il s'échappe à la hâte du salon de M. de Villebois, court s'enfermer dans sa chambre, recommence vingt fois son mémoire, le lit, le relit, le déclame, ouvre son Plutarque, y cherche des souvenirs et des inspirations, et prépare un beau discours sur le bonheur des rois qui font des républiques. La nuit s'écoule ainsi dans les agitations et le délire de la fièvre. Vers le matin, il commence sa toilette, qu'il interrompt à chaque minute pour corriger une ligne, modifier une expression, ajouter une idée qui doit assurer le succès de son entreprise. Mais quelle était donc cette entreprise qui le faisait courir aux extrémités du monde? quelles étaient ces spéculations séduisantes qui, au milieu des glaces du Nord, avaient eu le pouvoir de lui faire oublier jusqu'à sa patrie? Près des rives orientales de la mer Caspienne, entre les Indes et l'empire de Russie, il existe sous le plus beau ciel de l'univers, une heureuse contrée où la nature prodigue tous les biens. Les Tartares l'ont habitée; ils en ont fait un désert. C'est là que sous le titre modeste de Compagnie, notre jeune législateur prétend fonder une république. * L'impératrice de Russie, éclairée sur ses pro-

* Nous publions ce Mémoire sous le titre de Projet d'une Compagnie pour la découverte d'un passage aux Indes par la Russie.

pres intérêts, protégera un établissement qui doit mettre dans ses mains les richesses de l'Inde et le commerce du monde. Cette république sera ouverte aux malheureux de toutes les nations ; il suffira d'être pauvre ou persécuté pour y trouver un asile. Les Tartares eux-mêmes s'adouciront pour entrer dans cette grande confédération de l'infortune. La bonne foi, la liberté, la justice, seront, avec la loi, les seules puissances régnantes. Enfin le code de cette nouvelle Atlantide s'exprimera en termes clairs et précis. Comme celui de Guillaume Penn, il dira à tous ceux qui gémissent sur la terre: Venez dans notre fertile contrée ; celui qui y plantera un arbre en recueillera le fruit. M. de Saint-Pierre se proposait sur-tout d'imiter ce législateur dans sa confiance en Dieu, la plus grande, à notre avis, qu'aucun fondateur de république ait jamais eue, puisqu'il osa établir une société d'hommes riches et sans armes, et que, par un miracle de la Providence, cette société n'a pas cessé de fleurir au milieu des Sauvages et des Européens. Tels étaient les nobles projets dont le jeune voyageur venait, avec la foi la plus vive, faire hommage à la grande Catherine ; et c'est riche de ces brillantes illusions, qu'il était arrivé aux portes de Moscou ayant dépensé son dernier écu.

Enfin l'heure de l'audience approche ; le mémoire est achevé, il le relit encore, court chez M. de Villebois, monte en voiture avec lui ; et se voit bientôt dans une galerie magnifique, au milieu des plus grands seigneurs de la cour. Tous affectaient les manières et la politesse française. A l'air de franchise et de contentement qui brillait sur leur visage, on eût dit une réunion d'heureux. Chacun s'empressait de paraître ce qu'il n'était pas, de dire ce qu'il ne pensait pas, d'écouter ce qu'il ne croyait pas. Ne pas tromper, c'eût été manquer à l'usage. Il y avait là un échange de félonie dont personne n'était dupe, et dont cependant tout le monde paraissait satisfait. Les rubans, l'or, l'argent, les pierreries, éblouissaient les yeux. A l'aspect de cette foule bigarrée, M. de Saint-Pierre perd tout-à-coup son assurance. Il s'étonne d'avoir pu concevoir la pensée d'apporter un projet de liberté au milieu de tant d'esclaves. Entendront-ils le langage de la vérité, ceux qui ne se plaisent que dans le mensonge? Voudront-ils protéger des hommes libres, ceux qui ne doivent leurs titres, leurs richesses qu'au joug qu'ils font peser sur de misérables serfs? Affligé, presque effrayé de ces réflexions, saisi d'une timidité qu'il ne pouvait plus combattre, l'idée lui vient de s'enfuir, et peut-être allait-il céder au sentiment qui l'oppressait, lorsque les portes de la galerie s'ouvrirent avec fracas; alors tout fut immobile et silencieux, il ne vit plus que l'impératrice. Elle s'avançait seule; son port était noble, son air doux et sérieux, sa démarche facile; tout en elle éloignait la crainte, inspirait le respect. Elle s'arrête pour écouter le grand-maître. Tandis qu'il parle, les yeux de Catherine se fixent sur notre jeune législateur, qui s'avance à un signe de M. de Villebois, et qui, selon l'usage, met un genou en terre pour baiser la main que lui présentait l'impératrice. Après cette cérémonie, elle lui adressa plusieurs questions sur la France; il fut heureux dans ses réponses, et un souris charmant lui annonça qu'il pouvait se rassurer. Enfin elle lui dit avec un grand air de bonté, qu'elle le voyait avec plaisir à son service, et qu'elle le priait d'apprendre le russe;

puis saluant M. de Villebois, elle jeta sur son protégé le regard le plus gracieux, et continua de marcher avec les seigneurs qui l'environnaient. La rapidité de cette scène avait déconcerté les projets de M. de Saint-Pierre; son discours était resté sur le bord de ses lèvres, et son mémoire dans sa poche. Lui qui était venu pour dire la vérité, n'avait pu trouver que des flatteries. Par quel prestige avait-il donc cédé si vite à l'influence de la cour? Pourquoi n'avait-il pu vaincre une faiblesse dont il rougissait? Hélas! il voyait trop que sa république venait de s'évanouir, et qu'en tenant le langage d'un courtisan il s'était replongé dans la foule.

Dès que l'impératrice se fut retirée, les courtisans environnèrent M. de Villebois, en le félicitant des succès de son jeune cousin, qui devint aussitôt l'objet de l'attention générale. On lui prodiguait les offres de services, on l'accablait de compliments, de protestations, de flatteries: le comte Orlof lui-même s'avança pour l'engager à déjeuner, et le baron de Breteuil, alors ambassadeur de France, le gronda familièrement d'avoir négligé ses compatriotes. Étourdi, et comme un homme enivré, notre pauvre sous-lieutenant ne pouvait deviner ce qui l'avait rendu si vite un personnage si important. Il s'approcha de Barasdine, qui, témoin de cette scène, le félicitait de loin, et semblait assister à son triomphe. Dès qu'ils furent seuls, Barasdine lui expliqua l'empressement d'une cour toujours prête à se prosterner devant les idoles passagères de la fortune. « On croit, lui dit-il, que le grand-maître a jeté les yeux sur vous pour ébranler le pouvoir d'Orlof et ressaisir la faveur dont il a connu l'espérance; on ajoute que l'impératrice, en s'éloignant, a loué votre figure, votre assurance, et la vivacité de vos réponses : mon oncle et plusieurs courtisans ont fait votre éloge, Orlof en a pâli. Croyez-moi, osez tenter d'être le rival de cet indigne favori : toutes les bourses vous seront ouvertes. Prenez un équipage, un hôtel, un titre, des valets ; soyez à toute heure sur le passage de l'impératrice : elle est jeune, belle, faible ; vous êtes Français ; vous êtes aimable, tout vous est possible. »

Cette étrange proposition ouvrit les yeux de notre jeune aventurier : il doutait qu'elle fut faite sérieusement; mais dès qu'il put y croire, il fut décidé. Si l'ambition avait exalté son ame, elle ne l'avait point corrompue; il savait que pour prétendre à une gloire immortelle, il faut sur-tout éviter une honteuse renommée : en un mot, il voulait commander et non se vendre. Avec cette tournure d'esprit, il pouvait admirer de loin la terrible Catherine, mais il ne pouvait aimer que l'innocence et la vertu. Il repoussa donc avec une sorte d'effroi les insinuations de Barasdine; mais elles servirent au moins à le mettre en garde contre ses amis, contre ses protecteurs et contre lui-même.

Décidé à ne pas s'écarter un moment des principes de l'honneur, il se présenta le lendemain chez Orlof, son mémoire à la main ; il le trouva seul dans un cabinet, occupé à lire quelques papiers. Son abord fut plein de politesse, mais un peu froid; il y avait dans ses manières un mélange singulier de familiarité, de franchise et d'orgueil : sa beauté mâle et farouche aurait eu quelque chose de dur, si on n'avait senti dans la mollesse de son ton, dans la douceur étudiée de ses regards, qu'il avait supporté un joug, et que pour régner il avait fallu se soumettre à plaire. On servit le thé, et, tout en déjeunant, ils commencèrent à s'entretenir de politique, de littérature et de fortifications. Orlof s'exprimait avec clarté, il savait écouter pour s'instruire, chose assez rare dans le monde, où l'on n'écoute que pour tuer le temps, oublier et parler. Vers la fin du déjeuner, il tira de sa bibliothèque les deux premiers volumes de l'Encyclopédie, dont les marges étaient couvertes de notes sur les sciences les plus abstraites, écrites en français de la main de l'impératrice. En ouvrant ces deux volumes, il se mit à genoux, les couvrit de baisers, et, s'animant jusqu'à l'enthousiasme, il vantait dans les termes les plus passionnés le génie de sa souveraine, ses graces, sa beauté, et la haute fortune de ceux qu'elle aimait. Il tira ensuite de son secrétaire un autre livre richement relié, et dit à M. de Saint-Pierre : « Celui-ci ne renferme pas beaucoup de science, mais vous verrez qu'il n'est pas inutile au bonheur. » Il ouvrit ce volume qui ne contenait que des billets de banque ; « Il faut, dit-il en riant, que vous en preniez quelques feuillets, c'est le seul moyen d'en porter un jugement digne de vous; » puis il ajouta du ton le plus aimable : « Je sais par expérience que l'équipement d'un sous-lieutenant est très-cher, et que ses appointements sont peu de chose : vous ne refuserez donc pas un officier qui se fait honneur d'avoir commencé comme vous. » Cette offre toucha vivement M. de Saint-Pierre, il y vit une action noble et généreuse ; peut-être avec plus de connaissance des hommes y aurait-il vu le dessein d'humilier un rival déjà flatté par quelques courtisans. Quoi qu'il en soit, l'offre d'Orlof n'eut pas plus de succès que celle du maréchal de Munnich : pour être le bienfaiteur de M. de Saint-Pierre, il fallait dès lors être son ami ou son roi. Mais en repoussant d'une main les dons du favori, il lui présenta de l'autre le fameux projet qui lui tenait tant au cœur. Orlof le parcourut avec indifférence, puis il le jeta négligemment sur la table, en disant que de pareilles idées étaient contraires aux lois de l'empire et à l'intérêt des grands. Cette objection ne put décourager notre législateur qui, s'échauffant par l'opposition même, tenta de persuader Orlof en lui développant la beauté et l'utilité de son projet. Mais celui-ci ne l'écoutait plus qu'avec distraction, et déjà il s'était levé comme un homme que la vérité ne flatte pas, lorsqu'on vint l'avertir que l'impératrice le demandait. Aussitôt il passa chez elle, en pantoufles et en robe de chambre, et laissa M. de Saint-Pierre profondément affligé, et tout disposé à faire une satire contre les favoris. Après une demi-heure d'attente, voyant que le comte ne rentrait pas, il prit le parti de se retirer, maudissant à-la-fois et sa propre ambition et l'incroyable aveuglement des grands qui ne savent jamais vouloir ce qui est bien. Les réflexions les plus tristes le poursuivirent jusque dans son misérable réduit. Il venait de voir dissiper en un moment ce prestige de grandeur dont il avait été comme ébloui, et maintenant il se trouvait auprès de son poêle, avec ses livres de mathématiques, dont l'étude lui paraissait aussi vaine que fastidieuse, et n'ayant d'autre compagnie qu'un d'enneckik, ou domestique militaire, que lui donnait son grade. La vue même de cet homme contribuait à accroître son accablement. Ce malheureux venait tout récemment d'être enlevé à sa famille; il se tenait des jours entiers immobile auprès de son maître, exécutant comme un automate ce qu'on lui ordonnait par signe ; et dans sa douleur stupide, il paraissait résigné à tout sans se soucier de rien. Quelquefois cependant, l'expression de sa tristesse s'échappait tout-à-coup dans une espèce de chant ou plutôt de murmure monotone qu'accompagnaient ses larmes. Du reste, il avait si peu d'idée des choses les plus communes, que pour nettoyer des souliers il les plongeait dans l'eau, et ne les en retirait qu'au moment de s'en servir. M. de Saint-Pierre lui ayant enseigné à brosser un habit, l'invention de la brosse lui parut quelque chose de si surprenant qu'il fut sur le point de se jeter aux pieds de son maître, et de l'adorer comme une intelligence supérieure. La présence continuelle de ce demi-sauvage était d'autant plus affligeante pour notre solitaire, qu'elle ne lui laissait pas oublier un instant que là où il était venu chercher fortune et gloire, il n'avait trouvé qu'esclavage et misère.

Cependant M. de Villebois n'avait pas tardé à reconnaître que son protégé ne se plierait pas à ses vues politiques, et loin de s'en offenser, cette certitude semblait avoir redoublé son estime. Il se consolait de la perte de ce qu'il avait souhaité, par le bonheur de trouver un homme ; mais les moyens de le servir utilement ne se présentaient pas. A cette époque la faveur d'Orlof croissait toujours, sans qu'on pût prévoir où elle s'arrêterait : on dépouillait les plus grands seigneurs pour le revêtir de leurs charges, et M. de Villebois aurait commencé à craindre pour la sienne, si les bruits les plus singuliers ne lui eussent fait redouter comme maître celui qu'il haïssait comme rival.

Un jour le comte Bestuchef remit à l'impératrice, en plein conseil, une requête signée des principaux seigneurs de la cour. Dans cette requête, on la suppliait de pourvoir au repos de l'empire par une alliance nouvelle, et l'on désignait le comte Orlof comme celui que le vœu public appelait au trône. Catherine envoya cette pièce au sénat pour en délibérer ; mais les sénateurs protestèrent qu'ils ne reconnaîtraient jamais Orlof pour leur empereur. Cette proposition fut faite à Moscou, au mois de mars de 1763; elle excita une telle fermentation qu'on s'attendait à chaque instant à voir éclater une révolution. Le soir, on doubla les gardes au palais; Orlof reçut l'ordre de se retirer dans son gouvernement, et l'impératrice se rendit au sénat. « Je vous ai consultés, dit-elle, comme une mère consulte ses enfants, pour le bien de la famille. Je ne veux rien de contraire aux lois de l'empire ; Bestuchef m'a trompée. » Mais en se retirant elle laissa une lettre ainsi conçue : « Je » vous défends de parler de moi sous des peines plus » grandes que l'exil : qu'aucun soldat ne paraisse dans les » rues de vingt-quatre heures. » Les sénateurs lui envoyèrent demander si cette lettre serait communiquée. « Non-seulement au sénat, répondit-elle, mais j'entends qu'on l'affiche. »* Cette scène violente fut la dernière. Dans les gouvernements despotiques le seul péril est de ne pas tout oser. Catherine se soutenait d'ailleurs par la supériorité d'une volonté ferme ; et qu'eût-elle pu craindre ? il n'y avait parmi le peuple que des spectateurs indifférents, parmi les grands que des acteurs intéressés : le silence termina tout.

* Voyez les Mémoires sur le Nord, tome 2 des Œuvres.

Un pareil spectacle jeta l'effroi dans l'ame de M. de Saint-Pierre, qui ne pouvait se consoler d'être venu si loin pour ne voir que des infortunés. Il rendait cependant cette justice à Catherine que, du sein de son despotisme, elle cherchait à faire ressortir quelques traits d'une véritable grandeur. Ceux qui résistaient à son pouvoir n'avaient plus à redouter les déserts de la Sibérie ; elle les forçait de s'exiler dans les plus célèbres contrées de l'Europe, afin qu'ils en rapportassent un jour le goût des lettres et des arts. Elle appelait également à son secours le commerce et l'agriculture, élevait des fabriques, ouvrait des écoles, promettait des récompenses ; mais le peuple abruti n'acceptait que l'esclavage, et s'opposait à tout par son indifférence.

M. de Saint-Pierre fut témoin d'un exemple frappant de cette inertie morale. Un soir qu'il soupait chez le grand-maître, on entendit tout-à-coup le roulement des tambours, et la marche précipitée des soldats qui parcouraient les rues en poussant des cris d'alarme. On craignait un mouvement de l'armée : M. de Villebois fit avancer des traîneaux, et suivi de Barasdine et de M. de Saint-Pierre, il se dirigea vers le palais de l'impératrice. Mais une immense clarté qui se réfléchissait dans le ciel, lui eut bientôt appris la cause de l'effroi général. Une rue entière était la proie des flammes. Du milieu des cours pleines de neige s'élevaient des tourbillons de fumée qui enveloppaient la foule. L'explosion était si violente que les poutres embrasées semblaient tomber du ciel. De toutes parts les murs en s'écroulant laissaient à découvert de vastes appartements, d'où les femmes, les vieillards, les enfants, tendaient en vain leurs mains suppliantes. On voyait çà et là quelques hommes debout devant leur maison, présentant au feu une image d'argent, dont ils imploraient le secours, sans songer à se secourir eux-mêmes. Dans ce grand malheur le peuple était morne, immobile, silencieux, et cependant le danger était par-tout. Les chemins, construits avec d'épais madriers, à la manière russe, recélaient un feu qui circulait sourdement, et qui éclatait soudain sous les pieds des hommes et des chevaux; la rue entière était comme un immense bûcher. Pendant que M. de Villebois dirigeait les travaux des soldats que ses ordres avaient rassemblés, et tentait de ranimer le courage de tant de malheureux, M. de Saint-Pierre aperçut plusieurs groupes d'esclaves qui considéraient cette scène avec une parfaite indifférence. Quelques-uns même s'étaient rassemblés dans un cabaret voisin, et, profitant de la consternation générale comme ils auraient profité d'un jour de fête, ils buvaient, chantaient, dansaient à la lueur de cet horrible incendie. Transporté d'indignation, Barasdine s'avança pour les châtier; mais l'un d'eux lui dit froidement : « La ruine de notre maître nous importe peu ; nous n'y perdons que du travail et du souci. Il employait nos mains à fabriquer des étoffes de soie inconnues à la vieille Russie ; voilà sa fabrique détruite, et nous nous réjouissons de ce moment de calme et de liberté. » En disant ces mots, il courut se mêler à ses camarades, frappa dans ses mains, et transporté d'une joie féroce, il se mit à danser et à boire.

Plus loin ils rencontrèrent le comte Lomorow au milieu de sa nombreuse famille, qui ne pouvait le consoler. Les reflets de l'incendie le laissaient à peine entrevoir dans l'ombre. « Que je suis à plaindre ! disait-il ; j'ai vendu la moitié de mes paysans à cinquante francs pièce, pour établir cette belle manufacture ; j'aurais pu doubler mon capital en deux ans, et voilà que le feu a tout détruit. Que sert, hélas ! de faire fleurir l'industrie, de se sacrifier pour son pays ? On se rit de ma ruine, et personne ne songe à me secourir. » Comme il parlait ainsi, de grosses larmes roulaient sur son visage, et l'on entendait au loin les cris de ses esclaves qui, placés au bord de l'incendie, apparaissaient comme des ombres mouvantes sur un horizon de lumière.

M. de Villebois s'éloigna de cet homme, qu'il ne pouvait plaindre, mais dont la rencontre avait augmenté sa tristesse. « Quel étrange aveuglement ! disait-il; Lomorow ose parler de l'ingratitude de son pays, et il ignore que le bonheur de ceux qui nous environnent est le premier bien à faire à la patrie et à soi-même ! La patrie ne doit rien à qui ne songe qu'à s'enrichir. » Effrayé de ces scènes d'esclavage et de douleur, M. de Saint-Pierre rentra chez lui au point du jour, et ne put y trouver le repos. Chaque moment ajoutait à son dégoût pour une terre qui avait tant d'habitants, et ne comptait pas un citoyen.

Dans ces rudes contrées, on ne connaît ni le printemps ni l'automne, ces gradations ravissantes de la nature, qui font naître tant d'espérances et qui apportent tant de biens. La chaleur y succède immédiatement au froid ; une nuit suffit pour enlever aux campagnes le tapis blanc et uniforme de l'hiver, et pour les revêtir d'une parure enchantée. Aussitôt les noirs sapins laissent tomber la poussière d'or de leurs fleurs, et paraissent tout chargés de longues houppes de soie chatoyantes des plus belles couleurs; le bouleau exhale les parfums de la rose, et son feuillage incliné s'agite avec de doux murmures. On entend le chant des petits oiseaux que le zéphyr ramène pour quelques moments ; et sur la lisière des forêts les chemins se déroulent comme de longs tapis plus verts que l'émeraude. L'impératrice, qui ne pouvait supporter l'absence d'Orlof, n'attendait que ce signal pour le rejoindre à Pétersbourg; elle se mit en marche, et le peuple vit passer ses nombreux équipages sans témoigner ni admiration, ni surprise, sans se détourner, sans s'arrêter : c'était pour lui comme un objet étranger, qui ne pouvait réveiller son amour. Ainsi le despotisme isole les souverains, et détruit tous les sentiments, même celui de la curiosité.

M. de Villebois suivit immédiatement l'impératrice, et confia le soin de ses voitures aux deux amis, qui devaient le rejoindre dès que l'écoulement des eaux aurait facilité le passage des rivières. Il ne pouvait rien faire de plus agréable pour M. de Saint-Pierre, qui ne songeait qu'au bonheur de parcourir, d'une manière commode et par un temps magnifique, cette route dont il n'avait pas oublié les souffrances ; mais il était destiné à éprouver aux mêmes lieux les extrêmes de la chaleur et du froid. Placés au fond d'une voiture, sans autre vêtement qu'un pantalon de toile, les deux voyageurs étaient obligés de tenir constamment à leur côté un bloc de glace qu'on renouvelait sans cesse, et dont l'eau, mêlée avec du sucre et du citron, ne pouvait apaiser leur soif toujours renaissante. La nuit, ils étaient poursuivis par des nuées de cousins qui disparaissaient au lever du soleil. Alors des essaims de petites mouches venaient infecter les airs, et s'attachaient à leur visage comme des grains de sable brûlants ; de plus grandes mouches leur succédaient ensuite jusqu'à midi, où des armées de mouches nouvelles, plus grandes encore, fondaient de tous côtés sur eux, et les couvraient de piqûres douloureuses. On eût dit que, semblable à l'antique Égypte, cette contrée entière avait été livrée à de vils moucherons. Accablés de sommeil, tourmentés par la chaleur et par ces insectes, nos voyageurs parcouraient presque en aveugles cette même route où naguère engourdis par le froid, ils ne voyaient que des plaines de neige et n'entendaient que les hurlements des loups. A cette heure, les chemins étaient couverts de troupeaux de bœufs, que des Cosaques amenaient de l'Ukraine et conduisaient à Dantzick. Les deux amis ne pouvaient se lasser d'admirer la gaieté de ces bonnes gens qui, sans se soucier des ardeurs du soleil, de l'aiguillon des mouches, et de l'énorme distance qui leur restait à franchir, marchaient en chantant à l'ombre des sapins. *

Un jour, au lever de l'aurore, les deux voyageurs côtoyaient à pied les rives d'un lac, en admirant la multitude de perspectives qui s'ouvraient devant eux. Après une nuit étouffante, ils jouissaient avec délices de la double fraîcheur des eaux et du matin, lorsque les accents de plusieurs voix mélodieuses attirèrent leur attention. Ils marchèrent un instant sans rien découvrir, mais soudain la vaste étendue du lac se déroulant à leurs yeux à travers

* Avant de sortir de leur chaumière, ils trempent leur chemise dans le suif ; et cette seule précaution leur suffit pour échapper à toutes les incommodités de la route.

quelques sapins isolés, ils aperçurent plus de trois cents femmes entièrement nues, dont les eaux transparentes semblaient multiplier les charmes. Les unes nageaient en silence, les autres chantaient, mollement couchées sur le gazon. La plupart se poursuivaient en folâtrant, tandis que d'autres, laissant tomber leur dernier voile, étaient immobiles sur le rivage. Les anges eux-mêmes n'auraient pu voir sans émotion toutes ces beautés réunies. Leurs groupes pleins de grâces se dessinaient sur un horizon d'azur, et semblaient l'œuvre d'un enchantement. On eût dit une troupe de ces nymphes que le Tasse met à l'entrée du palais d'Armide. Nos voyageurs contemplaient cette scène avec ravissement; mais ayant voulu s'approcher davantage, leur habit rouge les trahit, l'alarme se répandit parmi les baigneuses, et en un moment le tableau disparut. Les plus jeunes se plongèrent dans le lac, et les plus âgées se couvrant le visage d'une main, de l'autre firent signe aux voyageurs de s'éloigner; quoique jeunes et officiers, ils respectèrent cet ordre, et bientôt ils purent s'en féliciter; lorsqu'ils apprirent de leur conducteur qu'il y aurait eu du danger à ne s'y pas soumettre.

Peu de temps après ils arrivèrent à Pétersbourg. La présence de l'impératrice y avait dissipé tous les murmures que sa haute fortune, bien plus que ses crimes, avait fait naître. On ne parlait à la cour que de fêtes, de jeux, de bals et de spectacles. La paix semblait assurée, le peuple content, et l'ambition des grands satisfaite. M. de Saint-Pierre se hâta de se rendre chez Duval et chez le vieux Munnich, qui tous deux le comblèrent de caresses. M. de Villebois, en le revoyant, lui promit la place de son premier aide-de-camp, et ne le distingua plus de son propre neveu. Tout lui riait alors, et cependant il était triste, inquiet, et rongé de soucis : le luxe de la cour offensait ses regards, en lui faisant mieux sentir la misère du peuple et la sienne; enfin il ne répondait plus aux consolations de ses amis que par des plaintes, aux encouragements de ses chefs que par des reproches, et aux bienfaits de tous que par des refus. Deux causes avaient contribué à cette révolution subite : le chagrin de se voir obligé de renoncer à ses beaux projets de république, et la crainte de ne pouvoir acquitter les dettes qu'il avait contractées pendant son séjour à Moscou. Ennuyé du travail, fatigué du repos, mécontent des autres et de lui-même, ne sachant à quoi se résoudre, il se ressouvint du baron de Breteuil, et résolut de le consulter et de se ménager par son moyen le retour vers sa patrie. Il lui adressa donc une lettre dans laquelle il faisait le tableau de ses fautes, de ses regrets et de sa situation. L'ambassadeur ne lui répondit pas, mais, deux jours après, le grand-maître lui dit en riant : « M. de Saint-Pierre, l'impératrice vient de vous accorder une gratification de 1500 francs, et le brevet de capitaine; » puis il ajouta d'un ton plus sérieux : « Je vous préviens qu'ici on n'aime pas les plaintes. » M. de Saint-Pierre vit bien que sa lettre avait été interceptée, mais il s'en consola en payant ses dettes; et cette faveur imprévue, la douce société de son ami Duval, l'entraînement de celle de Barasdine, parvinrent à ranimer un instant son courage ou plutôt ses illusions. Duval s'empressait d'ailleurs de flatter ses espérances, en lui montrant tous les chemins de la fortune ouverts à celui qui savait vouloir et attendre. Barasdine lui promettait une guerre prochaine, de l'avancement et de la gloire; mais le plus souvent il venait l'enlever à ses études pour l'introduire au milieu des jeux et des fêtes de la cour, et lui faire connaître tout ce qu'il y avait alors en Russie de femmes célèbres, d'heureux parvenus, et d'illustres disgraciés. Il lui montrait Biren, ancien domestique de la duchesse de Courlande, qui fut neuf ans maître de l'empire, à côté du brave Munnich, qui, le rencontrant un jour dans tout l'appareil de sa puissance, le fit charger de fers presque sur le trône, en présence de ses propres gardes que cette action glaça d'épouvante. Ces deux rivaux, qui avaient gouverné l'empire et connu l'exil, nourrissaient encore de grandes ambitions et de grands ressentiments. Auprès d'eux étaient la princesse d'Aschekof et le comte Lestock; l'une isolée aux pieds de Catherine, dont elle se vantait imprudemment d'avoir inspiré les desseins et préparé la fortune; l'autre retombé dans la foule, après avoir renversé la régente Anne, couronné Élisabeth et conseillé son règne. Spectateur inutile de la nouvelle conspiration, sa haine s'échappait en paroles amères contre les conspirateurs, dont il enviait tout, même le crime. On voyait encore au milieu des courtisans, une troupe de beaux hommes qui passaient leur vie à considérer le superbe Orlof avec un jaloux déplaisir, et à se contempler eux-mêmes avec une secrète espérance. Mais ce que la cour de Catherine offrait de plus remarquable, c'était une multitude d'hommes sortis si rapidement de l'obscurité, qu'on n'avait pu même entrevoir leur origine : l'or, les rubans, les ordres, les avaient soudain transformés en grands seigneurs : c'est en étalant les profits du crime qu'on prétendait déguiser les criminels. On peut juger de l'impression que devait produire la vue d'une pareille cour sur l'esprit de deux jeunes gens qui aimaient la vertu avec enthousiasme, et sur-tout sur celui de M. de Saint-Pierre qui, dans ses rêves sublimes de législation, avait attaché au pouvoir quelque chose de divin.

Heureusement le général du Bosquet vint troubler le cours de ces réflexions pénibles, en lui proposant de l'accompagner en Finlande pour en examiner les positions militaires et y établir un système de défense. La joie de parcourir des déserts suspendit toutes ses autres pensées, mais elle ne fut pas de longue durée. * Il se lassa bientôt d'un compagnon de voyage qui dormait tout le jour, n'observait rien, et ne songeait à rien. La voiture roulait sans jamais s'arrêter, tantôt à travers une suite de collines isolées, noirâtres, dont les sommets arrondis étaient dépouillés de verdure; tantôt au milieu de forêts de sapins, dont rien ne peut exprimer la prodigieuse élévation et le silence profond et terrible. Des lacs, des cataractes, des rochers, une terre semblable au fer, un ciel couvert de vapeurs; le soleil toujours à l'horizon et qui répandait à minuit des lueurs pâles et mourantes; quelques aurores boréales illuminant tout-à-coup l'atmosphère, et jetant sur la contrée les reflets rougeâtres d'un incendie : tels sont les spectacles qui, dans une tournée de plus de cinq cents lieues, ne cessèrent d'attrister les regards de nos deux voyageurs. Cette terre marâtre est cependant la patrie d'un peuple hospitalier; tous les jours, du fond de

* M. de Saint-Pierre fit, à différentes époques, deux tournées dans la Finlande, l'une dans la Finlande russe, l'autre dans la Finlande suédoise; nous avons réuni ces deux excursions, parce que nous ignorons l'époque de la première.

leur voiture, ils voyaient les principaux habitants de chaque ville se presser sur leur passage en se disputant le bonheur de les accueillir. Celui sur lequel tombait le choix du général, invitait aussitôt ses compatriotes au festin de réception. La maîtresse de la maison s'avançait ensuite pour présenter le *schall*, marque d'hospitalité en usage dans tout l'empire, et qui consiste à offrir gracieusement au voyageur un verre d'eau-de-vie, un morceau de pain et quelques grains de sel. Après cette politesse russe, on servait le dîner, composé ordinairement de deux services. Le dessert était préparé dans une autre pièce jonchée de mousses odorantes et de branches de sapin. On servait ensuite le café, puis le thé, puis le goûter, puis le punch, puis le souper, et cela durait aussi long-temps qu'il plaisait aux voyageurs de séjourner dans une ville, un bourg ou même un village. Après une journée si bien employée, le général allait se coucher, et son aide-de-camp cherchait un coin de la maison où il pût échapper à ces repas interminables, dessiner ses plans et rédiger son voyage. Nous avons sous les yeux les notes qu'il écrivait alors ; elles offrent un si parfait contraste avec ce qu'il écrivit dans la suite, qu'il est impossible de les lire sans étonnement. Obligé de remplir une mission, et d'observer en ingénieur ces contrées sauvages, il rassemble toutes les forces de son esprit pour y créer des moyens d'attaque et de défense. Frédérikshám, Wilmanstrand, Wibourg, le vieux château de Nystot, le lac Ladoga, le lac Saïma, les sombres forêts qui commencent à Yervenkile, et qui se prolongent dans un espace de plus de quatre-vingts milles, ne lui offrent qu'un vaste théâtre de guerre où il promène les armées russes

f.

et suédoises. En entrant dans ces forêts où règne un silence formidable, où les rayons du soleil n'ont jamais pénétré, il semble étouffer son émotion, et s'occupe froidement à calculer l'effet du canon sur ces arbres prodigieux, que leur élasticité et leur forme cylindrique ne permet de toucher que par la tangente. Il compare ensuite la force du bois vert et celle du bois sec pour les opposer au boulet; et, plein de son système, il rappelle le trait des Hanovriens retranchés à Corbach sur les bords d'un bois. Quinze pièces de seize livres de balle les battirent dix-huit heures consécutives; plusieurs arbres reçurent jusqu'à dix coups de canon, sans qu'il y en eût un seul d'abattu. Qui aurait pu prévoir alors que celui dont toutes les pensées, à l'aspect de ces forêts majestueuses, tendaient à inventer des machines de guerre, à perfectionner les moyens de détruire, devait un jour peindre la nature dans ses plus ravissantes émotions?

Ces mémoires, dont la Russie négligea les observations importantes, offrent cependant comme une trace fugitive de ce talent que Bernardin de Saint-Pierre ignorait lui-même, et laissent comme entrevoir ce cœur noble et tendre qu'il sentait battre dans son sein, mais qui ne lui avait point encore révélé son génie. C'est ainsi qu'il ne put voir sans transport les cataractes d'Yervenkile qui s'échappent à travers d'énormes voûtes de glaces, et celles de la Vosca dont rien ne peut exprimer l'épouvantable fracas. Arrivé sur les bords de ce dernier fleuve qui se forme de l'écoulement du grand lac Saïma, il le suit jusqu'au lieu où, resserré tout-à-coup par un roc immense que la nature semble avoir creusé exprès pour lui former un canal, il se précipite en grondant sur une pente de plus de trois cents toises. Cette scène imposante arrache au voyageur un cri d'effroi et d'admiration ; mais revenant aussitôt à l'objet de sa mission, il cherche les moyens de faire servir ce phénomène, soit à la défense du pays, soit à sa prospérité, en y élevant des machines d'autant plus puissantes que le fleuve est plus terrible, et que son mouvement est éternel.

Plusieurs passages de ces notes offrent également le tableau de l'agriculture et de l'état moral du pays. Au milieu des projets de guerre et de destruction, on retrouve avec plaisir quelques images de la nature, quelques vues politiques sur le bonheur des hommes. Étonné de l'abandon de la Finlande, dont il apprend que la population diminue chaque jour, il en conclut que le gouvernement ne protége point assez, puisque le Finlandais ne se sert de la liberté qui lui reste que pour abandonner le sol de la patrie. « Il n'y a que des mains libres, s'écrie le jeune voyageur, qui puissent faire fleurir la terre ! La Grèce et l'Italie ont donné des lois au monde : maintenant ces beaux pays sont incultes et déserts parce qu'ils sont asservis. La Hollande n'offrait sous le gouvernement des Espagnols que des sables et des marais ; l'indépendance en a fait l'état le plus riche et le mieux cultivé de l'Europe. Protégez donc, si vous voulez régner, car où il n'y a pas d'hommes, il n'y a pas de royauté ! »

Paroles sublimes ! hommage d'une ame sans crainte, d'une conscience incorruptible ! c'est ainsi qu'il est beau de parler de liberté. Mais, pour apprécier toute l'énergie de ces lignes vraiment courageuses, il faut savoir qu'elles étaient tracées pour la cour de Russie : c'est sous les yeux de la terrible Catherine que notre jeune voyageur allait bientôt les déposer.

A son retour à Pétersbourg, tout était changé. On parlait d'une guerre prochaine, de la disgrace des premiers seigneurs de la cour, et du pouvoir illimité d'Orlof. Les anciens serviteurs de la couronne étaient tombés dans un entier abandon, le sage Munnich lui-même ne siégeait plus au conseil, et l'on annonçait publiquement que la charge de grand-maître de l'artillerie était promise au favori. Ainsi, après une absence de quatre mois, M. de Saint-Pierre trouva la fortune de ses protecteurs évanouie, son ami Duval accablé de tristesse, et Barasdine livré à des transports incroyables de haine et de fureur. Trompé dans ses espérances, aigri par l'injustice qui menaçait son oncle, il ne parlait plus qu'avec horreur du pouvoir d'Orlof, et qu'avec mépris des faiblesses de l'impératrice. Les idées d'indépendance de M. de Saint-Pierre avaient fermenté dans sa tête; son ambition déçue lui faisait aimer la république, parce qu'elle lui présentait, comme à tous les mécontents, une espérance de souveraineté; mais un événement qui attirait l'attention de l'Europe, acheva d'exalter son ame. Auguste III, roi de Pologne, venait de mourir, et son trône électif restait en proie aux intrigues de tous les ambitieux. La Russie et la Prusse n'osaient encore se partager un royaume qu'elles convoitaient; mais elles saisirent cette occasion de lui imposer un roi plus ami de leur pouvoir que du sien, et qu'elles pussent appuyer pour le dominer. Catherine, par un caprice de femme, voulut accorder cette royauté à Poniatowski, son ancien amant; et Frédéric approuva ce caprice, satisfait de voir monter sur ce trône ébranlé, un homme qui n'avait pour tout renom que l'éclat d'un grand scandale. Cependant la France voyait avec inquiétude ces arrangements politiques qui présageaient l'agrandissement de la Prusse et de la Russie. Son intérêt était de protéger l'indépendance de la Pologne; mais affaiblie par de longues guerres, et n'osant se déclarer ouvertement, elle appuyait en secret le jeune Radziwil, chef des mécontents. Ce prince, qui avait des amis puissants et d'immenses richesses, aurait pu prétendre au trône s'il n'eût dédaigné de le recevoir des mains d'une femme : il savait bien qu'acheter ainsi une couronne, c'était cesser de la mériter; en un mot, il voulait combattre les ennemis de sa patrie, et non les flatter pour régner, et non régner pour leur obéir. Une éducation presque sauvage en avait fait un héros des temps fabuleux. Vêtu d'une peau d'élan, la tête couverte de la dépouille d'un ours qu'il avait étouffé dans ses bras, on le vit sortir des forêts de la Lithuanie, et s'élancer tout-à-coup au milieu de ses concitoyens en les appelant à la liberté. Sa force surprenante, sa taille gigantesque, son caractère dur et farouche, produisirent une vive impression. A sa voix les forêts semblèrent s'ouvrir, et il en sortit une foule d'hommes qui demandaient à mourir pour la patrie. Environné de cette cour barbare, il proclama l'indépendance de la Pologne, et Catherine elle-même, au milieu de ses esclaves, en trembla.

Entraîné par la nouveauté de ce spectacle, M. de Saint-Pierre tourna soudain toutes ses espérances vers un peuple qui promettait d'honorer les temps modernes par des vertus dignes des temps antiques. Dans son enthousiasme il ne songea plus qu'au moyen d'aller partager les périls de cette nation généreuse; Barasdine avait les mêmes désirs, s'abandonnait aux mêmes illusions, et tous deux juraient de se faire regretter de la Russie en combattant contre elle. Une autorité supérieure les poussait encore dans cette route dangereuse; ils ne devaient point paraître en Pologne comme de simples aventuriers : c'était au nom de la France et de la liberté qu'ils allaient combattre; ils partaient de l'aveu de l'ambassadeur, avec un grade élevé, avec toutes les promesses de la fortune et toutes les espérances de la gloire. C'est ainsi qu'ils se flattaient d'obéir à des idées vertueuses lorsqu'ils n'obéissaient qu'à leur ambition.

Cependant M. de Villebois, qui attendait chaque jour sa disgrace avec calme et dignité, cherchait à refroidir une effervescence dont cette disgrace était la première cause. Il recommandait sans cesse la prudence à son neveu; mais celui-ci ne pouvait se résoudre à garder le silence, et provoquait lui-même les malheurs qui allaient bientôt l'accabler. Un soir que les deux amis assistaient au spectacle de la cour, comme ils s'entretenaient de leur expédition en Pologne, ils virent paraître Orlof avec l'uniforme de grand-maître, et environné des principaux officiers du génie. A cette vue, Barasdine s'abandonne à toute sa fureur. Son oncle n'est plus grand-maître, un autre est couvert de ses dépouilles. Alors il s'écrie, en désignant Orlof avec un geste méprisant, qu'autrefois les grades supérieurs étaient le prix des longs services et de la victoire, mais qu'aujourd'hui il suffit, pour les mériter, d'avoir étranglé son maître, trahi sa patrie et couronné une étrangère. M. de Saint-Pierre, épouvanté d'un pareil acte de démence, se précipite vers son ami et l'entraîne hors de l'enceinte ; mais à peine ont-ils fait quelques pas dans la rue, que des soldats les arrêtent et les séparent. M. de Saint-Pierre est aussitôt reconduit dans son logement, à la porte duquel on pose une sentinelle. Dès qu'il fut seul, il tomba dans les plus vives anxiétés; toutes les violences dont il avait entendu accuser le gouvernement russe, revinrent à sa mémoire : à chaque instant il croyait voir arriver le fatal chariot qui devait le transporter en Sibérie, et le seul bruit des pas de la sentinelle qui veillait à sa porte, suffisait pour le glacer de terreur. Oh ! comme alors il sentait la folie de ses projets et de son voyage ! Combien la France, qu'il avait abandonnée pour des idées chimériques de fortune et de gloire, lui semblait belle, libre, heureuse ! jamais il ne l'avait tant aimée; il en regrettait tout, jusqu'aux arbres, jusqu'aux rochers, jusqu'à l'abandon où il s'y était vu ; n'avait-il donc quitté tant de biens que pour se perdre dans des contrées barbares ? que pour mourir dans des déserts ? et son ami, l'infortuné Barasdine, où était-il ? que faisait-il ? peut-être à cette heure il avait cessé de vivre ! Ces tristes pensées l'agitèrent toute la nuit. Vers le matin, comme il succombait à un sommeil douloureux, il entendit le bruit de plusieurs hommes qui se parlaient à voix basse; puis il n'entendit plus rien : la sentinelle s'était retirée. Il commença à respirer, et un billet glissé sous sa porte par une main inconnue, acheva de dissiper ses inquiétudes. Le billet ne renfermait que ces mots :

« Si vous ne voulez perdre votre ami, gardez-vous de
» prononcer son nom.

» M. de Villebois se retire dans ses terres ; il est parti
» cette nuit. Le comte Orlof, qui lui succède, désire que

» vous vous attachiez à sa personne. Souvenez-vous qu'a-
» vec du courage et de la patience on surmonte tous les
» obstacles.

» *P. S.* L'exil de votre ami est prononcé; il a été en-
» levé cette nuit; on le conduit à Astracan. »

A mesure que M. de Saint-Pierre lisait ces lignes il se
sentait un peu soulagé, et sa reconnaissance bénissait la
main généreuse qui les avait tracées. Croyant y reconnaître le style du maréchal de Munnich, il se rendit
aussitôt chez lui, mais il ne put le voir. Il tenta alors
de pénétrer chez le grand-maître, qui était parti comme
le billet l'avait annoncé. Enfin il passa devant la maison
de Barasdine; elle était déserte, et il s'éloigna en faisant de vains efforts pour retenir ses larmes. Après plusieurs autres courses inutiles, il rentra chez lui, dévoré d'inquiétude, et dans l'accablement du désespoir.
La première personne qu'il aperçut fut le général du Bosquet; il venait lui parler de Barasdine, et le rassurer
sur un exil qu'il regardait comme une faveur. M. de
Saint-Pierre était hors d'état de l'entendre; mille projets funestes roulaient dans son esprit; il voulait suivre son
ami, partager son malheur, solliciter sa grace, écrire son
apologie. Heureusement, Duval, qui survint, réussit à le
convaincre du danger de ses démarches; non pour lui,
mais pour celui qu'il voulait défendre. Cette considération eut seule le pouvoir de le calmer. Mais en cédant au
vœu de Duval, il annonça la résolution formelle de renoncer au service de la Russie, et aux bienfaits d'une
femme qui croyait que régner c'était punir. Vainement
le général du Bosquet voulut mettre des obstacles à ce qu'il
appelait une nouvelle étourderie, M. de Saint-Pierre ne

lui répondit qu'en écrivant aussitôt sa démission. Alors, soit que cet excellent homme fût touché de tant de grandeur d'ame, soit qu'il conçût pour son jeune compagnon de voyage une tendresse vraiment paternelle, il s'approcha de lui, et, saisissant sa main avec cette familiarité un peu rude qui donnait à tous ses mouvements un air de bienveillance et d'amitié, il lui dit les larmes aux yeux : « Reste avec nous; je n'ai point d'enfants, tu seras mon fils. Tu épouseras ma nièce, mademoiselle de La Tour; elle est, comme toi, jeune, aimable, Française et malheureuse ! malheureuse, car elle a perdu ses parents lorsqu'elle n'était encore qu'au berceau; mais toi et moi, nous lui en tiendrons lieu. N'est-il pas vrai, tu es décidé ? allons, voilà qui est bien, tu composeras toute ma famille ! Je suis riche, et je vous donnerai tout. » Ces offres généreuses étaient faites pour arracher des larmes; elles pénétrèrent l'ame de M. de Saint-Pierre, mais il ne crut pas devoir les accepter. L'exil de Barasdine, la disgrace de M. de Villebois, empêchaient alors tout autre sentiment d'arriver jusqu'à son cœur. Qu'aurait-il fait de tant de félicité, lorsque ceux qu'il aimait étaient malheureux ? et d'ailleurs, pour obtenir la main de mademoiselle de La Tour, ne fallait-il pas renoncer à sa patrie, à ses projets, à ces agitations de la fortune si nécessaires pour supporter ses douleurs, enfin à cette gloire immense qu'il allait recueillir en combattant pour la liberté de la Pologne ?

Cependant, malgré la fermeté de sa résolution, il sentit bientôt, en faisant ses préparatifs, que le voyageur le plus indifférent lègue toujours quelques regrets au lieu qu'il abandonne. Il soupirait involontairement en pensant à mademoiselle de La Tour qu'il n'avait pu aimer, et à son ami Barasdine qu'il ne devait plus revoir : un secret pressentiment l'avertissait qu'une partie de ses beaux jours venait de s'évanouir, et qu'il ne retrouverait jamais rien d'égal aux conseils du sage Munnich, à la protection de M. de Villebois, à la générosité du général du Bosquet, et à la franche affection de son ami Duval. Ce dernier, témoin habituel de la vie simple, de la conduite vertueuse de M. de Saint-Pierre, plaignait son ambition; mais il admirait qu'avec de si vastes désirs, il sût se contenter de si peu. En effet, le désintéressement du jeune voyageur ressemblait presque à de l'imprévoyance. Ses dettes payées, il lui restait à peine l'argent nécessaire pour gagner la Pologne, et cependant il n'avait pas l'air d'y songer. Heureusement, Duval y songeait pour lui ; dans l'intention de ménager une délicatesse peut-être trop facile à effaroucher, il n'offrit pas sa bourse ; mais, la veille du départ, après un dîner qui fut triste et silencieux, il fit apporter des tables et proposa de jouer. M. de Saint-Pierre consentit à une première partie, puis à une seconde, puis à une troisième, et les chances lui furent si favorables qu'il était presque honteux de son bonheur. Duval jouait contre lui, et semblait ne pas se lasser de perdre, en sorte que M. de Saint-Pierre se trouva, au moment de son départ, plus riche de deux cents louis ; coup de fortune qu'il aima toujours mieux attribuer à l'amitié qu'au hasard.

Telle fut la conclusion des projets brillants qui l'avaient conduit en Russie. Après un séjour de quatre ans dans ces tristes contrées, renonçant au prix de tous ses travaux, il en sortit comme il y était entré, avec des espérances et des illusions, et ne sachant point encore que celui qui ne cherche que la fortune, ne rencontre jamais le bonheur.

Quoique muni de son congé, on le retint huit jours sur la frontière avant de lui donner l'autorisation de quitter la Russie. Mais lorsqu'il eut franchi les rives de la Dwina, lorsqu'il eut touché cette terre de liberté, presque aussi sacrée à ses yeux que celle de la patrie, il se sentit pénétré d'une joie indéfinissable. Il lui semblait qu'on venait de le délivrer d'un poids accablant; que l'air était plus léger, la verdure plus riante; qu'il sortait de l'exil; qu'il allait enfin revoir des hommes. Tout, jusqu'à la saison, contribuait à son ravissement. Au milieu de la pompe des forêts du Nord, le printemps apparaissait avec la fraîcheur de nos climats. Pour la première fois depuis quatre ans, notre voyageur voyait le chêne croître auprès du sapin; il reconnaissait les parfums de la violette, et ses yeux se reposaient avec un sentiment délicieux, sur les touffes éclatantes d'immortelles jaunes et d'absinthes qui lui rappelaient sa jeunesse et la France. Ému de ces tableaux de la campagne, touché de l'amour du genre humain, l'imagination pleine des beaux temps de la Grèce et de Rome, il crut en approchant de Varsovie, qu'il allait contempler une de ces antiques cités, et il sentit dans son cœur, qui battait avec force, les vertus d'un héros républicain. Des campagnes négligées, un peuple misérable, frappaient en vain ses regards; dans son aveuglement, il attribuait tout à la tyrannie des Russes, qui depuis trois ans ravageaient ces contrées; et il ne voulait pas voir que des siècles entiers d'esclavage et d'ignorance pesaient sur ce peuple, qui ne devait pas même se réveiller au nom de sa liberté.

C'est ainsi qu'au lieu de ces fiers républicains qu'il était venu chercher, il ne trouva que des factions conduites par des femmes, un mélange confus de noblesse pauvre et d'ilotes abrutis, dominés, plutôt que gouvernés, par une vingtaine de grands seigneurs, qui possédant toutes les terres du royaume, affectaient un faste insultant au milieu des misères communes. Tous ces hommes prétendaient au trône, et ne se montraient qu'environnés d'un nombreux cortége d'esclaves vêtus en janissaires, spahis, tolpacs, hullans, troupe de parade, plus propre à vendre qu'à sauver les libertés publiques.

A peine arrivé à Varsovie, M. de Saint-Pierre court chez le résident de France, chez l'ambassadeur d'Autriche, et chez les principaux chefs du parti. Il annonce par-tout qu'il a quitté son état, ses protecteurs, sa fortune, pour servir les intérêts de la république. On loue son courage, on approuve son zèle, tout le monde s'empresse de l'accueillir, de le flatter. Une parente du prince de Radziwil, la princesse Marie M..., lui ouvre sa maison. Cette princesse, jeune, spirituelle, jolie, joignait l'élévation d'une Romaine à la légèreté d'une Française; elle possédait tous les talents, parlait toutes les langues; son amour pour la vertu, son enthousiasme pour les actions grandes et généreuses exerçaient un empire irrésistible : comme la Cléopâtre de Plutarque, elle était petite, vive, entraînante ; on sentait qu'heureuse de vivre pour le plaisir, elle saurait aussi mourir pour la gloire. Sa voix pénétrait le cœur, son sourire avait quelque chose de ravissant, et on ne pouvait ni la voir, ni l'entendre sans y penser toujours. Dès le premier jour, M. de Saint-Pierre éprouva le double ascendant de son génie et de sa beauté; elle devient aussitôt l'unique pensée de sa vie; il lui semble en l'écoutant n'aimer que la vertu qu'elle loue, que la liberté qu'elle appelle, et il ne s'aperçoit pas que dans tous les projets qu'il médite, il ne songe déjà plus qu'à lui plaire. S'il avait toujours supporté son obscurité avec impatience, elle lui paraissait alors le plus horrible des malheurs. Les mots de liberté, de valeur, d'héroïsme, suffisaient pour l'agiter d'une fièvre brûlante : jusque-là il avait aimé la gloire; la vue de la princesse la lui fit adorer. Il voulait partir, il voulait s'illustrer par des actions d'éclat, prendre des villes, des châteaux, des royaumes, et mériter l'amour de sa dame à la manière des anciens chevaliers.

Une occasion périlleuse ne tarda pas à se présenter. Le prince de Radziwil se disposait à défendre contre les Russes l'entrée de son pays; il avait établi ses positions entre Nierwitz et Stuck, et l'on assurait que *Crim Gheraï*, kan des Tartares de Crimée, marchait à son secours à la tête de quatre-vingt mille hommes. A cette nouvelle, M. de Saint-Pierre prend la résolution de partir seul, de traverser à tout risque les armées russes qui couvrent le pays, de rejoindre le prince de Radziwil, et d'assister à la première bataille. Projet d'autant plus téméraire, qu'il pouvait payer de sa tête le seul dessein de porter les armes contre une puissance dont il venait de quitter le service. Mais loin d'être inquiet du péril, il y trouvait des charmes. Tout lui paraissait possible en songeant à la princesse. Dans les transports de son enthousiasme, il eût voulu mourir pour lui arracher un regret.

La princesse approuva son dessein, en femme supérieure, sans crainte, sans étonnement. Elle semblait croire en lui, et voir dans la supériorité de son ame, l'augure des plus belles destinées. Cependant elle voulut lui donner un compagnon d'armes, et son choix tomba sur un nommé Michœlis, major des hullans, homme de résolution et propre à exécuter un coup de main. Elle traça ensuite elle-même ce qu'elle appelait leur plan de campagne, et leur désigna les personnes dévouées au parti chez lesquelles ils devaient s'arrêter. En réglant ces dispositions, elle descendait dans les plus petits détails, prévoyait les plus petits dangers, et analysait froidement les chances de succès, comme aurait pu le faire le plus habile général. Toujours calme pendant les préparatifs, ce ne fut qu'à l'instant même du départ que la pâleur de son visage, le tremblement de sa voix, semblèrent révéler l'agitation secrète de son cœur.

Ils partirent. Les commencements du voyage furent heureux. Le soir, une chaise de poste les devança rapidement ; dans cette voiture, qui allait si bon train, était la femme d'un commissaire du prince de Radziwil, qui les salua d'un air de connaissance, et leur cria en passant qu'elle allait tout préparer pour les recevoir. Effectivement, vers minuit, ils arrivèrent chez elle : toutes les fenêtres de la maison étaient ouvertes, on voyait des lumières aller et venir d'une chambre à l'autre, et le bruit de plusieurs voix se faisait entendre par intervalles. Ce fracas, au milieu d'une forêt isolée, inspira d'abord quelque méfiance au major et à M. de Saint-Pierre, mais ils n'eurent pas le temps de tenir conseil ; le commissaire du prince vint les recevoir, et leur dit que l'armée russe n'était pas éloignée, qu'elle marchait sur Briola, et que les hullans du prince Katorinski rôdaient depuis le matin dans la contrée. Cette nouvelle augmenta leurs alarmes. Ils demandèrent des chevaux ; on ne put leur en promettre que pour le lendemain : il fallut donc se décider à les attendre et à entrer dans la maison. Il y avait à peine une heure qu'ils délibéraient sans s'arrêter à aucun parti, lorsque six hommes armés se précipitèrent dans leur chambre. M. de Saint-Pierre saute sur ses pistolets, les met en joue, ce qui donne à Michœlis le temps de se saisir de ses armes. La taille et les moustaches du major, l'air résolu de M. de Saint-Pierre, en imposèrent tellement à cette troupe d'abord si échauffée, qu'elle se retira aussitôt dans le plus grand désordre. C'est alors qu'ayant voulu se barricader, ils s'aperçurent que les portes et les fenêtres de leur chambre avaient été enlevées ; et ils ne purent plus douter de la perfidie du commissaire. Michœlis se hâta de brûler quelques papiers, et M. de Saint-Pierre prévoyant une nouvelle attaque, parcourut le pistolet au poing une galerie qui servait de communication aux appartements voisins. Une faible lueur l'ayant guidé jusqu'à l'extrémité de cette galerie, il aperçut les hullans, au nombre de huit, assis autour d'une table où ils se préparaient à passer la nuit. Pendant qu'il prêtait l'oreille en cherchant à saisir quelques-unes de leurs paroles, une personne inconnue passa rapidement et lui dit en latin qu'on le trahissait et qu'il eût à songer à sa sûreté. Il rentra et fit part à Michœlis de ce qu'il avait vu et entendu. Il lui proposa en même temps de surprendre les hullans, de s'emparer de leurs armes, de leurs chevaux, et de s'enfuir. Michœlis lui répondit que ce moyen les perdrait infailliblement, puisque le pays leur était inconnu, qu'ils n'avaient point de guide, et que les gens du prince même les trahissaient. Comme ils parlaient ainsi, ils entendirent le bruit d'une troupe à cheval qui se plaçait sous leurs fenêtres; le commissaire et sa femme accoururent alors en criant qu'on voulait mettre le feu à la maison, et que la forêt était pleine de hullans. Dans cette extrémité, M. de Saint-Pierre venant à songer à l'ambassadeur, à la princesse, à sa gloire perdue, tomba dans le désespoir le plus violent. Il savait que dans de pareilles entreprises on n'aime que les gens heureux, et il résolut de mourir les armes à la main plutôt que de subir la honte de tomber au pouvoir des Russes.

Il allait exécuter ce dessein, dans lequel son compagnon, charmé de brûler quelques amorces, était loin de le troubler, lorsqu'au premier rayon du jour, un officier supérieur qui commandait un détachement considérable, leur fit dire qu'ils étaient libres de retourner à Varsovie. L'espoir de trouver un guide, et d'accomplir leur projet dans la nuit suivante, les consola de toutes les vicissitudes passées. Ils montèrent à cheval et partirent au galop : un corps de hussards russes les escorta de loin. Arrivés sur les bords de la Vistule, ils aperçurent le château du prince Katorinsky, chef des hullans ennemis. A cette vue, Michœlis prévit de nouveaux malheurs; il recommanda la prudence à son compagnon, et pour n'exciter aucune méfiance, ils se firent aussitôt traverser sur l'autre rive. Ils abordent : plusieurs domestiques viennent à leur rencontre, et le capitaine des gardes les invite poliment à dîner de la part du prince, qui vient d'être instruit de leur arrivée. Conduits dans de magnifiques appartements, on les débarrasse de leurs épées. De tous côtés des troupes de soldats sont sous les armes pour leur faire honneur; les domestiques du prince les environnent, les suivent, les précèdent, en leur montrant les curiosités du château. Étourdis par l'empressement général, ils arrivent enfin près de la salle du trésor. M. de Saint-Pierre y entre le premier; c'était une énorme voûte dont la profondeur se perdait dans les ténèbres. Ses fenêtres grillées, sa porte de fer, ne lui donnaient pas l'air d'un appartement habitable. Ce devait être cependant celui de l'imprudent transfuge. Tout-à-coup les portes roulent sur leurs gonds, et il ne voit plus auprès de lui qu'une sentinelle immobile, la baïonnette au bout du fusil et le sabre au côté. Deux autres sentinelles sont placées à l'instant près d'une espèce de guichet, et tout rentre dans le silence.

Le voilà donc, comme les paladins de l'Arioste, tombé dans un piége, et se consolant comme eux parce qu'il n'avait pas été vaincu. Le soir, on lui fit subir un interrogatoire; mais la crainte de compromettre son compagnon le décida à ne rien déclarer. Malheureusement Michœlis n'eut pas autant de fermeté, et ses aveux étant d'accord avec les dépositions du commissaire qui les avait trahis, on déclara à M. de Saint-Pierre qu'il allait être livré aux Russes s'il persistait dans ses dénégations. La Sibérie s'offrit alors à son imagination avec toutes ses horreurs, et cependant elle l'effrayait moins que la douleur de voir ses projets les plus chers renversés. La honte au lieu de la gloire, voilà ce qui l'attendait. Que dirait la princesse Marie ? Comment s'offrirait-il à ses regards ? Quel jugement porterait de son malheur, celle qui avait mis en lui de si grandes espérances ? Ainsi, il n'avait renoncé à la France, il n'avait tout quitté en Russie, que pour venir se perdre au fond de la Pologne, et se perdre presque sous les yeux d'une femme dont son ame ne pouvait plus se détacher. Neuf jours s'écoulèrent dans ces dures anxiétés. Le soir du neuvième jour les portes de sa prison s'ouvrirent, et un officier du prince vint lui annoncer que plusieurs personnes considérables s'étaient vivement intéressées à son sort. Il lui nomma l'ambassadeur de Vienne et le résident de France, la princesse Strasnick, la grande chambellane de Lithuanie et la princesse Marie M... Il attendait ce dernier nom sans oser l'espérer ; mais aussi combien sa joie fut vive et pure lorsqu'il l'entendit prononcer ! La nouvelle même de sa liberté ne put rien ajouter à son bonheur. Cependant cette liberté ne lui était pas accordée sans condition. Il devait prendre l'engagement solennel de ne pas porter les armes pendant l'interrègne, et toute son adresse pour éviter ce coup fut inutile. Il fallut promettre, mais il ne promit qu'en demandant la grace de Michœlis, et tous deux sortirent de prison le 15 juillet 1769.

Ici commence une nouvelle période dans la vie de M. de Saint-Pierre. Nous avons vu les beaux jours de sa jeunesse préservés de l'amour par l'ambition ; mais enfin il connaît l'amour, et cette funeste passion lui fait oublier tout le reste. Les détails dans lesquels nous allons entrer ne sont pas sans intérêt, et cependant nous avons hésité à les donner au public. La vie de M. de Saint-Pierre n'étant ni une confession ni un roman, nous pouvions nous croire libres de garder le silence sur ses faiblesses ; mais alors combien de passages de ses Études seraient restés inexplicables ; ceux sur-tout où l'auteur avoue que sa jeunesse fut agitée par *deux passions terribles, l'ambition et l'amour!* D'ailleurs, lors même que les conseils de plusieurs personnes éclairées n'auraient pas contribué à lever nos scrupules, un autre motif nous eût décidés, c'est qu'il était impossible de ne pas reconnaître dans les notes où M. de Saint-Pierre avait esquissé les événements de cette époque de sa vie, quelques-unes des inspirations de son plus touchant ouvrage ; et comment nous serions-nous refusés à rappeler les souvenirs d'une passion sans laquelle il n'eût peut-être jamais peint les amours de Paul et Virginie !

Dès qu'il fut libre, il vola chez la princesse Marie. Elle parut heureuse de le revoir, loua son courage, plaignit ses dangers, et voulut en entendre le récit de sa bouche. En écoutant M. de Saint-Pierre, ses yeux se remplirent de larmes, et lorsqu'il eut achevé, elle lui dit : « La fortune a trahi votre espoir, mais il ne faut pas s'en plaindre, je l'ai toujours vue traiter ainsi ceux qu'elle voulait combler de faveurs. » Ces paroles se gravèrent profondément dans la mémoire de M. de Saint-Pierre, et sans chercher à les expliquer, elles le remplissaient d'espérances. Cependant son aventure faisait alors le sujet de toutes les conversations ; chacun voulait voir ce Français qui s'était si généreusement dévoué à la cause de la liberté, et qui dans le malheur avait montré tant de noblesse et de courage. Jeté tout-à-coup dans un tourbillon de jeunes princesses, au milieu des fêtes les plus brillantes, il semblait n'avoir renoncé aux illusions de la gloire, que pour s'abandonner à celles du plaisir. Mais dans ce cercle d'enchantements il ne cherchait, il ne voyait que la princesse. Celle-ci paraissait accueillir son respect, ses hommages, son admiration, elle les appelait même avec une coquetterie qui ne pouvait échapper qu'à lui seul. Souvent, lorsque sa beauté excitait un doux murmure, elle se retirait à l'écart, et laissait voir à celui qui l'observait sans cesse, plus de penchant à l'entretenir qu'à jouir des hommages de ses rivaux. Vive, légère, piquante avec tout le monde, elle se montrait avec lui sensible et réfléchie, et semblait partager ses goûts, deviner ses pensées, et s'abandonner aux agitations involontaires d'un sentiment secret. Mais, soit caprice, soit pour essayer son pouvoir, elle savait alternativement flatter ses espérances, ou le remplir d'incertitude. Ces inégalités le faisaient passer vingt fois dans un jour, de l'excès de la joie à l'excès de la tristesse. Tantôt il lui semblait qu'environnée de tous les plaisirs, elle ne voyait, elle n'entendait que lui; tantôt il ne surprenait que des regards distraits, indifférents, et s'il devenait l'objet d'une attention passagère, c'était comme un souvenir qu'il arrachait à la politesse. Alors dans son dépit, il s'indignait de son sort, maudissait la Pologne, jurait de partir, et cependant il ne partait pas.

Mais, lorsqu'il venait à songer que ses plus belles années s'écoulaient inutilement pour la gloire et pour la fortune, il s'armait d'un nouveau courage, et volait chez la princesse pour prendre congé d'elle; mais un geste, un regard avaient le pouvoir de le retenir. Un jour elle l'invita, avec un petit nombre d'amis, à venir dîner dans un château qu'elle possédait à peu de distance de Varsovie. Cette invitation inattendue le jeta dans un trouble inexprimable, et fit encore évanouir toutes ses résolutions.

Les voitures préparées, chacun, suivant l'usage de Pologne, fit apporter son lit, et l'on se mit gaiement en route, malgré la chaleur qui était étouffante, et quelques nuées pluvieuses qui commençaient à se rassembler. Le château de la princesse était situé au milieu d'une forêt de chênes et de sapins aussi anciens que le monde. Ces lieux agrestes et sauvages ne devaient rien à l'art ; cependant au pied de ces vieux arbres s'élevaient des chèvrefeuilles dont les tiges, courant sur les bords de la forêt, retombaient de l'extrémité des branches en rideaux chargés de fleurs. Des sentiers émaillés de fraises et de violettes se perdaient dans ces retraites profondes, où plusieurs ruisseaux entretenaient la fraîcheur ; on n'y entendait d'autres bruits que le vol inquiet des rossignols, et les gémissements de la colombe. La terre y exhalait alors cette odeur vivifiante qui annonce et qui suit les pluies légères du printemps. La volupté pénétrait, agitait tous les êtres, et dans le calme des airs, dans le murmure des eaux, dans la mollesse de ces bruits suivis d'un long silence, on sentait l'accablement général de la nature lorsqu'elle languit dans l'attente d'un orage.

A peine descendu de voiture, M. de Saint-Pierre s'était enfoncé dans la forêt. Là, s'abandonnant aux rêveries ineffables d'un premier amour, cédant à l'impression des eaux, des bois et de la solitude, il entrevoyait une félicité dont il semble qu'aucun mortel ne puisse donner une idée. Ce n'était pas cette joie violente qu'on reçoit sur la terre, et qui ne s'exprime que par des transports ; c'était comme un abandon céleste de l'ame, comme un ravissement continuel, semblable à celui que Fénelon donne à la vertu dans les champs Élysiens : seulement il y avait dans toutes ses émotions une teinte de tristesse d'une douceur inexprimable. La mort elle-même se présentait à lui comme une image du bonheur : il y a peu de temps encore qu'il ne l'eût pas redoutée, mais glorieuse, mais applaudie ; maintenant il y trouve des charmes, il y songe avec délices, il la désire, mais ignorée, mais pleurée ! et ces larmes, il ne les demande pas au monde ; il ne veut émouvoir qu'un seul cœur : elle et lui, voilà l'univers.

Depuis deux heures il était enseveli dans ces idées mélancoliques, lorsqu'au détour d'un petit sentier il aperçut la princesse qui suivait lentement les bords d'un ruisseau ; elle était seule, et comme ravie à l'aspect de ces beaux lieux. Le premier mouvement de M. de Saint-Pierre fut de s'éloigner ; mais bientôt, faisant un effort pour vaincre sa timidité, il revient sur ses pas, il croit avoir mille choses à dire, et cependant il reste interdit et muet. La princesse semblait partager son embarras ; mais remarquant les nuages qui s'amoncelaient, elle témoigna quelque crainte de l'orage, s'appuya sur le bras de M. de Saint-Pierre, et ils reprirent ensemble la route du château. Ils marchaient en silence, lorsque l'orage éclata avec une telle furie qu'ils eurent à peine le temps de se réfugier dans un pavillon que protégeait un massif de verdure. Bientôt la pluie tomba par torrents, les roulements éloignés du tonnerre se rapprochaient d'une manière effrayante. La princesse, craintive, éperdue, se pressait contre son amant ; il distinguait les battements de son cœur, il soutenait sa tête charmante. Un frémissement délicieux courait dans toutes ses veines ; il lui semblait que la vie allait l'abandonner : mais que devint-il lorsqu'il crut sentir une main qui pressait la sienne, des soupirs qui se mêlaient aux siens, une voix pleine d'émotion qui répondait à ses vœux. Dans son transport, il se jette aux pieds de celle qu'il aime, il la supplie, il l'adore ! Presque évanouie entre ses bras, elle était sans défense, sans force, sans volonté ; elle s'abandonnait comme Julie, et il fut dans le délire comme Saint-Preux.

L'orage avait cessé, et les deux amants suivaient un sentier de gazon tracé sur la lisière de la forêt. Le ciel était pur, l'air frais et parfumé ; quelques nuages chassés avec violence vers l'horizon annonçaient le retour du calme, et les petits oiseaux, cachés sous la feuillée, recommençaient leurs ramages. Il n'est point dans la nature de tableau plus aimable que celui de la campagne après une pluie de printemps : c'est comme une seconde naissance de la verdure et des fleurs ; les impressions les plus douces s'échappent de tous les objets pour arriver à notre ame. Mais combien ces scènes sont plus ravissantes encore pour deux amants qui viennent de laisser échapper le premier aveu de leur tendresse ! Que de trouble dans leurs discours ! que d'émotions inénarrables dans ces cœurs tout pénétrés de cette vie du ciel qui sur la terre reçut le nom d'amour !

Plus d'un an s'écoula dans l'oubli du monde entier. Ils se voyaient à chaque heure du jour, et chaque jour ils trouvaient quelques nouveaux sujets de s'aimer. Un matin M. de Saint-Pierre vit une pauvre esclave qui, maltraitée par son maître, venait se réfugier auprès de la princesse. Dans ce cas, en Pologne, il est d'usage entre les grands de se renvoyer l'esclave, renvoi qui trop souvent est suivi de sévères punitions. Mais la princesse, touchée des larmes d'une infortunée qui s'était confiée à sa miséricorde, ordonna qu'on en eût le plus grand soin, disant qu'il valait mieux se brouiller avec un homme puissant que de manquer à un malheureux. Elle voulut faire mieux encore, car après avoir sollicité la grace de cette esclave, elle la reconduisit elle-même dans la maison du maître qui venait de pardonner. Un autre jour M. de Saint-Pierre la découvrit au fond de son palais, prodiguant les plus tendres soins à une vieille femme infirme, qui la bénissait. Comme il admirait tant de bonté, la princesse lui dit avec émotion : « Il ne faut pas me louer de remplir un devoir ; cette bonne femme m'a élevée ; elle m'a consacré tous les moments de sa vie, il est bien naturel que je lui donne quelques moments de la mienne. » Ces actions, ces paroles le pénétraient d'une nouvelle ivresse : le charme attaché à la vertu est une des plus dangereuses séductions de l'amour.

Ainsi M. de Saint-Pierre était comme un homme plongé dans les erreurs d'un songe ; la princesse elle-même négligeait jusques au soin de sa réputation : ils ne pouvaient ni se voir, ni s'entendre, ni se quitter, sans se sentir troublés jusqu'au fond du cœur; et tous deux irritaient par leurs imprudences, une famille orgueilleuse et puissante. Cependant, l'inégalité des rangs, celle de la fortune, ne promettaient rien de durable à ce fol amour, dont la violence même brisait les liens.

Les bruits sourds de la médisance avaient déjà plusieurs fois troublé leur bonheur, lorsqu'un soir M. de Saint-Pierre trouva la princesse baignée dans ses larmes. « C'en est fait, lui dit-elle, il faut nous séparer; ma mère me rappelle auprès d'elle, ma famille entière se soulève contre moi; hélas! nos beaux jours sont passés! » Puis, voyant l'agitation de M. de Saint-Pierre, elle ajouta avec l'accent de la tendresse : « Mon ami, vous aiderez mon courage, vous soutiendrez ma faiblesse; ah! je n'aurai point en vain compté sur votre vertu; si vous m'abandonniez, où trouverais-je des forces pour ne pas mourir? » Ces paroles touchantes adoucirent un moment les reproches de M. de Saint-Pierre; mais bientôt cédant à sa douleur : « Vous parlez de vertu, s'écria-t-il; est-ce donc un acte de vertu que d'abandonner ce qu'on aime? Où sont ces champs où nous devions vivre? cette chaumière que vous vouliez partager avec moi? Tant de projets de bonheur seraient-ils effacés? le jour d'hier est-il donc oublié? quoi! une séparation éternelle suivrait de tels moments! Non, chère Marie, fuyons ces lieux, allons chercher une autre terre pour cacher une félicité qu'on nous envie! » En prononçant ces mots, il fondait en larmes; il la pressait dans ses bras comme si on eût tenté de la lui ravir; il jurait de la défendre, et le cœur plein d'amertume, il aurait voulu s'anéantir avec elle. Mais lorsque, devenu plus calme, il put entendre quelques paroles de raison; lorsqu'il eut jeté les yeux sur ces lignes sévères et touchantes où une mère, sur les bords du tombeau, suppliait sa fille d'épargner ses vieux jours, de ne point hâter la mort de celle qui l'avait portée dans ses flancs; mort, hélas! trop prochaine, et dont rien ne pourrait adoucir les douleurs; alors il crut entendre cette voix des mourants à laquelle aucun être humain ne résista jamais; et il tomba dans l'accablement. Un morne silence fit place à ses plaintes. Absorbé dans cette seule pensée, que toute la douleur doit retomber sur lui, il se sacrifie à celle qu'il aime, et le départ de la princesse est résolu.

Il avait rassemblé toutes ses forces, et se croyait maître de lui; mais lorsqu'il ne la vit plus, ses résolutions l'abandonnèrent. Il lui semblait que son cœur allait se briser; sa tête était douloureuse et comme si elle eût été pressée par une main de fer. Il marchait des journées et des nuits entières, et la fatigue de ces courses pouvait seule engourdir un moment ses souffrances. Il cherchait les lieux qu'elle avait aimés, ceux où il s'était vu près d'elle, et il ne pouvait en supporter l'aspect; enfin, par-tout, il portait avec lui un désir de mourir dont la violence toujours croissante lui inspirait un juste effroi. Ainsi s'écoulait sa vie, lorsqu'il reçut une lettre de la princesse qui le suppliait de s'éloigner quelque temps de Varsovie. Résolu d'obéir, il suivit les conseils du comte de Mercy qui l'engageait à prendre du service en Allemagne, et qui lui remit des lettres pour le ministre, et pour une de ses parentes, première dame d'honneur de l'impératrice.

Il partit; mais à peine sur la route, il songeait au moyen de hâter son retour. Vingt fois il fut sur le point de revenir sur ses pas, et, sans la crainte de déplaire à la princesse, il eût cédé à ce désir. Arrivé à Vienne, son premier soin fut de se présenter chez la parente du comte de Mercy. On lui dit de demander une audience, il la demanda, et huit jours après, lorsqu'il commençait à n'y plus penser, elle lui fut accordée. L'imagination pleine des jeunes princesses polonaises, et de leur cour galante et voluptueuse, il courut à l'heure indiquée chez sa nouvelle protectrice. Six valets de pied, d'une physionomie grave, et en habits chamarrés, le reçurent à la porte du vestibule. Introduit dans une salle gothique, six autres valets, vêtus de noir, marchèrent aussitôt devant lui. Au milieu de ce cortége silencieux, il traversa plusieurs appartements ornés d'écussons, et une galerie où l'on avait disposé une longue suite de portraits de famille en grands costumes. A mesure qu'il approchait, il croyait voir ces antiques personnages sortir de la toile et s'avancer vers lui, comme des témoins de la gloire passée et de l'orgueil présent. Notre voyageur se trouva enfin dans une espèce d'amphithéâtre où tous les domestiques attendaient, rangés sur deux lignes. Il fallut encore passer au milieu de ces visages d'apparat. Arrivé à la porte du sanctuaire, une voix de Stentor annonça M. de Saint-Pierre, les deux battants s'ouvrirent, et au milieu d'une riche draperie de velours cramoisi, relevée de crépines d'or, il découvrit sur une espèce de trône, une dame immobile placée comme dans une niche, et si chargée de dorure et de pierreries, qu'il s'imagina d'abord que c'était une madone. Le recueillement général, la majesté du lieu, entretinrent un moment cette erreur. Il se creusait en vain la cervelle pour comprendre le but de tant de bizarres cérémonies, lorsqu'un homme en habit noir, qui paraissait un ecclésiastique, vint le prendre par la main et le conduisit au pied du trône, où il s'inclina respectueusement. Cette nouvelle circonstance aurait augmenté les illusions de M. de Saint-Pierre, si en s'approchant il n'avait vu peu-à-peu la prétendue madone se transformer en une petite vieille, guindée, ridée, fardée, et toute couverte d'une riche étoffe à fleurs. Elle fit un léger mouvement de tête, et M. de Saint-Pierre s'avançait déjà pour lui présenter la lettre du comte de Mercy, lorsque l'homme noir l'arrêta froidement, prit la lettre et l'offrit lui-même à l'auguste baronne qui la lut avec une extrême attention. Après cette lecture, elle jeta sur notre voyageur un regard dédaigneux, et lui dit en mauvais français et d'une voix traînante, qu'il était bien difficile d'obtenir du service, que cependant elle verrait à faire quelque chose pour lui à la recommandation de son noble cousin. Puis elle ajouta, en essayant de sourire, qu'elle ne doutait pas que le protégé du comte de Mercy ne fût bon gentilhomme; qu'elle se souvenait d'avoir vu à Versailles une marquise de Saint-Pierre; et que cette marquise était sans doute sa tante ou sa mère. Notre voyageur, quoique un peu étourdi d'une question qui blessait toujours sa vanité, répondit avec une noble franchise, que s'il avait eu l'honneur d'appartenir à la famille de la marquise de Saint-Pierre, il ne serait probablement pas venu demander du service en Autriche; qu'au reste, il n'abuserait point des gracieuses intentions de madame la baronne; que le crédit d'une personne aussi auguste devait être uniquement réservé à ceux qui, pour réussir, ont toujours besoin d'une haute protection et du mérite de leurs aïeux. L'ironie est une figure dont les Allemands entendent peu la finesse. La fière baronne écouta cette harangue avec un sang-froid imperturbable; elle n'y répondit que par un signe de tête qui semblait approuver l'humilité de l'orateur; puis reprenant son air grave, elle rentra dans sa première immobilité. M. de Saint-Pierre vit bien que ce silence était un congé, et déjà il s'empressait de se retirer, lorsque l'homme noir qui l'avait introduit vint l'avertir que l'étiquette ne permettait de s'éloigner de madame la baronne qu'en marchant à reculons. On peut juger de la surprise que dut causer cette morgue autrichienne à un jeune Français qui avait vécu familièrement avec les plus grands seigneurs des cours de Russie et de Pologne. Cette seule visite le dégoûta de l'Allemagne; et il se promit bien de ne pas prendre de service dans un pays où l'on ne jugeait des talents d'un homme que par ses titres de noblesse.

Après cette aventure, il aurait quitté Vienne sur-le-champ, s'il n'y avait attendu des nouvelles de la princesse. Il se consumait dans cette espérance, lorsque enfin il reçut une de ses lettres, ou plutôt un journal de sa vie, heure par heure, depuis leur séparation. Elle peignait ses douleurs avec tant de vérité, qu'à chaque page il croyait reconnaître ses propres pensées. La nuit entière se passa à relire cette lettre: après y avoir vu l'expression de ses souffrances, il y vit l'expression de ses désirs; enfin il la relut si souvent qu'il finit par se persuader qu'elle n'était écrite que pour le rappeler à Varsovie. Plein de cette illusion, il se hâte de rassembler ses effets, et ne craint plus que de perdre un moment. Par un singulier hasard, trois voitures magnifiques destinées au couronnement du roi Stanislas-Auguste, devaient partir le jour même. Il s'adresse au conducteur, lui prodigue l'argent, et part comme en triomphe, ramené vers sa maîtresse dans les voitures du roi. Le voyage fut long et pénible, car la saison avait gâté les chemins, et pour éviter la Saxe alors en guerre avec la Pologne, on fut obligé de traverser les montagnes de la Hongrie. A peine sur cette route isolée rencontraient-ils quelques villages dispersés çà et là sur les bords des précipices. Cependant chaque fois qu'ils s'arrêtaient dans une chaumière, ils en trouvaient les habitants livrés à la joie. Les hommes dansaient en frappant en cadence leurs talons de fer; les femmes réunies, à l'extrémité de la chambre, les animaient par leurs chansons, tandis qu'assis au coin du feu, le plus âgé de la famille, et c'était souvent un vieillard à barbe blanche, éclairait cette scène avec des éclats de sapin, dont les flammes produisaient, au milieu des ombres, des effets de lumière dignes du pinceau de Rembrandt. Notre voyageur enviait le sort de ces pauvres paysans qui réunissait dans leur chaumière tous les objets de leurs affections, et dont les désirs ne s'étendaient pas au delà.

A mesure qu'il approchait de Varsovie, il sentait diminuer sa confiance. Il relut avec plus de sang-froid les lettres de la princesse, et craignit de s'être trompé. Quand la passion forme des projets, elle s'aveugle sur leurs suites. Plus il avait eu d'espérance, plus il se sentait découragé. Enfin lorsque la voiture s'arrêta devant son ancien logement, il était dans un état d'incertitude si pénible, qu'il fut plusieurs minutes avant de pouvoir descendre. Honteux de sa faiblesse, il s'excitait à reprendre courage, mais ce fut pour retomber dans l'accablement au premier mot qu'il entendit prononcer à son hôte. On ne parlait alors dans la ville que du retour de la princesse Marie M......, et d'une fête magnifique qu'elle donnait le jour même aux ambassadeurs. Cette nouvelle semblait justifier tous les tristes pressentiments de notre voyageur : « Elle donne des fêtes, disait-il avec amertume ; loin de moi, elle peut supporter l'idée d'un plaisir : c'en est fait, je ne suis plus aimé ! »

Cependant il se décide à lui écrire. Le domestique part ; il le suit de la pensée, compte ses pas, calcule la distance. A présent elle lit son billet, elle connaît son retour ; elle répond, on revient ; son sort est décidé. Il se tourmente, s'agite, regarde sa montre : cinq minutes sont à peine écoulées, et le domestique ne peut être à moitié chemin. Une heure se passe ainsi ; enfin cédant à son impatience, il s'habille à la hâte et court vers le palais de la princesse. Déjà la fête est commencée ; le bruit joyeux des instruments parvient jusqu'à lui, la lumière de mille bougies a remplacé la clarté du jour ; il aperçoit les trophées d'amour, les guirlandes de fleurs, les lustres et les cristaux, ornements du salon ; long-temps il erre autour du palais. Jadis c'était pour lui seul que ces fêtes étaient données ; maintenant elles ne servent qu'à le faire oublier ! Il se représente celle qu'il aime au milieu d'un cercle d'adorateurs, il croit même reconnaître son ombre qui se dessine sur une draperie légère : cette vue le jette dans une espèce de délire, sa tête se perd, il s'élance, traverse la cour, et se trouve tout-à-coup au milieu de cette brillante assemblée. Cependant l'aspect de la princesse, tranquille, indifférente, le rappelle à la raison ; il s'approche avec un battement de cœur inexprimable, et la parole expire sur ses lèvres. La princesse l'accueille en riant, badine sur un retour si précipité, lui jette un regard plein de colère, et, sans attendre sa réponse, le laisse accablé sous le poids de son malheur. Aussitôt la foule l'environne, chacun veut connaître la cause de son absence; il est obligé de cacher son trouble, de répondre avec calme, au moment où il éprouve tous les tourments de l'amour et de la haine. Cependant son ame s'attache encore à une dernière espérance. Il songe à ce que la princesse doit à son rang, à sa famille, à sa réputation. Mais quoi ! ne songe-t-elle pas aussi à ce qu'elle doit à l'amour ? A-t-elle tout oublié, excepté la prudence ? Hélas ! après avoir connu le bonheur de sentir hors de lui une pensée qui n'était que pour lui, faudra-t-il qu'il retombe seul au milieu du monde ?

Que cette fête lui parut longue ! quelle tristesse au milieu de ces plaisirs ! il ne pouvait ni supporter la joie, ni la concevoir. Enfin la foule commence à se retirer; il saisit un moment favorable, fait à la princesse un signe qu'elle doit reconnaître, se glisse par une porte secrète, et se retrouve dans les lieux mille fois témoins de son bonheur. Il touche chaque meuble, il leur parle, il se plaint à eux comme s'ils pouvaient l'entendre, et déjà sa douleur s'est adoucie, les souvenirs du passé lui répondent du présent. « Elle était là, dit-il, et ces lieux qui me parlent d'elle, ont dû aussi lui parler de moi. » Mais il entend le bruit léger des pas de celle qu'il aime ! un mouvement involontaire le précipite à ses genoux, il lui dit ses craintes, ses espérances; il en appelle à son cœur : hélas ! il fallait la revoir ou mourir, et maintenant il mourra s'il faut la quitter encore ! En prononçant ces mots, il levait sur elle des yeux mouillés de larmes : mais la voyant froide et sévère, il lui dit : « Je n'ai pu vivre loin de vous; quelle joie remplissait donc votre ame loin de moi? Ah! que je voie un seul de ces regards qu'hier j'espérais encore! celui que vous aimiez ne veut plus vivre, il a cessé d'être heureux; mais qu'il sache au moins ce qui vous a fait changer! » La princesse ne put résister plus long-temps à son émotion; soit par pitié, soit par un reste de tendresse, elle fit quelques efforts pour calmer son amant. Elle lui disait d'une voix tremblante: « Non, je n'ai pas cessé de vous aimer! je souffrais de votre absence, mais votre retour me perd; vos violences sont un outrage; il fallait attendre, je songeais à notre avenir, je l'aurais assuré! cette fête qui vous a surpris, je la donnais pour déjouer les soupçons, pour faire taire les envieux! mais votre présence a détruit mon ouvrage, elle arrête tous mes projets, et maintenant je ne sais plus que devenir. » Ces douces paroles arrivèrent au cœur de M. de Saint-Pierre, et le firent passer du plus profond désespoir aux transports d'une joie immodérée; alors il s'accuse de tout : combien son retour était coupable! que d'imprudence dans son apparition soudaine! d'ingratitude dans ses reproches! de cruauté dans ses emportements! Ainsi il s'exagérait ses torts pour ne pas croire à ceux de sa maîtresse; puis cédant tout-à-coup à d'autres idées, il allait, venait, la pressait dans ses bras, et la repoussait aussitôt, car malgré tous ses efforts pour se tromper, il sentait toujours qu'il n'était plus aimé.

Cependant la douceur de la princesse lui rendit un peu de calme. Vers les trois heures du matin, il sortit se croyant heureux; mais à peine eut-il fait quelques pas dans la rue, qu'il retomba dans ses premières incertitudes. Les scènes qui venaient de se passer se retraçaient à sa mémoire avec

h.

une vérité désespérante. Ah! si elle avait aimé, sa tendresse se serait au moins laissé entrevoir! mais tout, jusqu'à ses caresses, avait été arraché à l'effroi, peut-être à la pitié. Ingénieux à augmenter ses peines, il se disait qu'un nouvel amour le faisait oublier; puis il se reprochait ses soupçons, et s'accusait lui-même. La nuit entière se passa dans ces agitations : vers le matin il rentra chez lui, et succombant à la fatigue, il goûta quelques heures de repos. A peine était-il éveillé, qu'un domestique vint lui remettre un billet : il reconnut la main de la princesse, et il lut les lignes suivantes :

« Vos passions sont des fureurs que je ne puis plus supporter : revenez à la raison, et songez à votre état et à vos
» devoirs.

» Je pars, je vais rejoindre ma mère dans le palatinat
» de X.... Je ne reviendrai ici que lorsque vous n'y serez
» plus, et vous n'aurez de mes lettres que lorsque je pourrai
» vous les adresser en France.

MARIE M....»

Il serait impossible d'exprimer l'horrible fureur dont il fut saisi à la lecture de ce billet. Comme un homme atteint de frénésie, il se précipite dans l'escalier, arrive au palais de la princesse, et reconnaît enfin qu'il n'a plus rien à espérer. Par-tout ses regards sont frappés du désordre général : la cour est encombrée de caisses et de meubles, les appartements sont déserts, la salle de fête est à moitié dégarnie; quelques domestiques enlèvent les lustres et les draperies. Il s'avance, il veut les interroger sur le départ de la princesse ; mais tant d'efforts l'avaient épuisé : quelques mots étouffés s'échappent à peine de sa bouche, son sang se glace, et comme si sa vie se fût éteinte par la douleur, il tombe sans connaissance sur le parquet. Les secours les plus prompts lui furent prodigués; on le transporta chez lui, où le délire d'une fièvre ardente lui ôta pour quelques jours le sentiment de ses peines. Cependant, à mesure qu'il reprenait ses forces, il semblait reprendre toute sa fureur. Les résolutions les plus terribles ne l'effrayaient plus. Il voulait atteindre la perfide, l'arracher des bras de sa mère, se poignarder à ses yeux. Pour la revoir un seul instant tout lui paraissait légitime; car l'ame, agitée par l'amour, se jette tantôt dans le crime, tantôt dans la vertu. Mais sa douleur ne lui permettait pas de mettre de la constance dans ses projets, chaque jour elle en enfantait de nouveaux. Un soir qu'il traversait une rue déserte, le tintement funèbre d'une cloche attira son attention. Aux clartés de la lune qui glissaient le long des flèches d'une église, il reconnut les murs d'un couvent. Aussitôt il se dit que le ciel veut qu'il s'arrête là. Ce sacrifice le flatte et le console, son amante en gémira peut-être. « Aussi bien, disait-il, la route de la vie est si courte! où irai-je, et que puis-je espérer de l'avenir ? je n'ai rien dans le monde; je suis étranger dans ma patrie; ici, du moins, je la verrai! elle viendra prier dans cette enceinte, elle reconnaîtra celui qu'elle a aimé, elle le reconnaîtra sous les habits de la pénitence; mort pour elle, mort pour le monde, toutes ses passions consumées par une seule! Heureux de lui parler du haut de cette tribune, d'où l'on annonce de si terribles vérités, je ferai couler ses larmes; elle reviendra à moi, je la consolerai; et nos ames seront encore unies par la vertu ! » Ces pensées le soulageaient en l'attendrissant sur lui-même. Ainsi l'amour se joue de nos souffrances, et dans les plus grands sacrifices nous fait entrevoir des consolations!

Enfin un dernier projet, non moins extraordinaire, l'emporta sur tous les autres. La guerre était déclarée entre la Pologne et la Saxe; il ne vit, dans cette division de deux puissances, qu'un moyen de rentrer les armes à la main sur les terres de la princesse. La pensée de se présenter devant elle comme un maître et comme un vainqueur, lui parut si heureuse, qu'il serait parti à l'instant même si l'argent ne lui eût manqué. Dans cette extrémité, il s'adressa à M. Hennin, résident de France, qui voulut bien lui prêter deux mille francs, et le recommander au comte de Bellegarde, alors gouverneur de Dresde. C'est avec cette somme qu'il partit de Varsovie, le 29 mai 1765, après deux ans de séjour en Pologne, où il était venu chercher la fortune, et où il n'avait trouvé que des plaisirs et des regrets. Les plus belles années de sa vie venaient de s'écouler inutilement pour la gloire, pour sa patrie et pour lui-même. Il se reprochait le passé; mais il n'espérait rien pour l'avenir, et voyait sa faiblesse sans avoir le courage de prendre une résolution. Encore tout ému de ses dernières douleurs, il se plaisait dans leur souvenir; il aimait son trouble et son agitation; un état tranquille lui eût semblé le plus grand des maux, et son âme se livrait aux illusions d'un bonheur qu'il savait bien ne pouvoir renaître, et que cependant il espérait encore.

Pour se rendre à Dresde, il traversa la Silésie et passa par Breslau. Tout sur sa route attestait les fureurs de la guerre, et le révoltait contre sa propre folie qui le poussait à chercher un peu de vaine gloire au prix de tant d'injustices. Pas une ville qui ne fût criblée de boulets, pas un champ qui n'eût servi de camp aux Russes ou aux Prussiens ; pas un château qui ne fût dévasté et ruiné. Les Cosaques sur-tout avaient laissé des traces hideuses de leur passage. On avait vu ces barbares arracher les morts de leurs tombeaux, les placer à table dans d'horribles postures, et goûter, au milieu de ces cadavres, des joies semblables aux supplices des enfers.

Ces tableaux de destruction affligèrent ses regards aussi long-temps qu'il fut sur les terres de la Pologne ; mais en entrant sur les terres de la Saxe, la scène changea. Le pays, coupé de collines et de rivières, offrait de toutes parts des perspectives ravissantes. C'étaient les beautés pittoresques de la Suisse, la culture de l'Angleterre, et l'industrie Française. Des fabriques de toiles, de draps, de porcelaines, s'élevaient au milieu des plus riants paysages, dans des positions si agréables qu'elles semblaient y être placées pour le seul plaisir des yeux. Un peuple gai, vif, hospitalier, achevait de donner la vie à ces tableaux ; et si rien n'avait semblé plus triste à notre voyageur qu'une misère générale, rien ne lui parut plus touchant que l'aspect d'un peuple heureux.

Il arriva à Dresde le 15 juin 1765. Cette ville, très-jolie et très-commerçante, est en partie formée de petits palais bien alignés, dont les façades sont ornées en dehors de peintures et de colonnades. Le roi de Prusse l'avait bombardée quelques années auparavant, et elle était encore couverte de ruines lorsque M. de Saint-Pierre y arriva. « Seulement, dit-il, on avait relevé » le long de quelques rues, les pierres qui les encom- » braient ; ce qui formait de chaque côté de longs para- » pets de pierres noircies. Il y avait des moitiés de palais

» encore debout, fendus depuis le toit jusqu'aux caves.
» On y distinguait des bouts d'escaliers, des plafonds
» peints, de petits cabinets tapissés de papiers de la Chine,
» des fragments de glaces de miroirs, des cheminées de
» marbre, des dorures enfumées. Il n'était resté à d'autres
» que les massifs des cheminées, qui s'élevaient au milieu
» des décombres comme de longues pyramides noires et
» blanches. Plus du tiers de la ville était réduit dans ce dé-
» plorable état. On y voyait aller et venir tristement les
» habitants, qui étaient auparavant si gais, qu'on les appe-
» lait les Français de l'Allemagne. Ces ruines, qui présen-
» taient une multitude d'accidents très-singuliers par leurs
» formes, leurs couleurs et leurs groupes, jetaient dans
» une noire mélancolie; car on ne voyait là que des traces
» de la colère d'un roi, qui n'était pas tombée sur les gros
» remparts d'une ville de guerre, mais sur les demeures
» agréables d'un peuple industrieux. J'ai vu même, con-
» tinue M. de Saint-Pierre, plus d'un Prussien en être
» touché. Je ne sentis point du tout, quoique étranger, ce
» retour de sécurité qui s'élève en nous à la vue d'un dan-
» ger dont on est à couvert; mais au contraire, une voix
» affligeante se fit entendre dans mon cœur, qui me disait:
» Si c'était là ta patrie! » *

M. le comte de Bellegarde accueillit notre voyageur avec
empressement; il lui promit du service, et finit par s'attacher à lui par les liens de la plus tendre amitié. Non-
seulement il cherchait à le distraire de sa profonde mélancolie, en l'introduisant dans les sociétés les plus
brillantes; mais encore il voulut un jour le consoler par
le récit de ses propres infortunes. Cadet d'une illustre

* Études de la Nature, tome III, Étude XII.

famille piémontaise, il avait erré dans le monde, et cherché les grandes aventures. Un accident qui devait causer sa perte, fut la première cause de sa fortune. Il était alors écuyer de la reine de Pologne, épouse d'Auguste III. Un jour qu'il accompagnait cette princesse à la promenade, elle s'aperçut, en montant en carrosse, qu'elle venait de perdre une aigrette de diamants d'un grand prix. On fit aussitôt des recherches. Le jeune écuyer s'empressa beaucoup, toute la cour fut sur pied, mais on ne trouva rien. Un an après, à la même époque, M. de Bellegarde appelé pour remplir le même devoir, demande à son valet de chambre un habit de saison ; mais quelle est sa surprise, lorsqu'en mettant la main dans la poche de cet habit, il y trouve l'aigrette, objet de tant de recherches inutiles ! Il était probable qu'elle y avait glissé au moment où il donnait la main à la princesse. La singularité de cette aventure le mit en crédit à la cour : la reine eut tant de joie de retrouver ses diamants, qu'elle combla le comte de faveurs. Mais il disait avec un sentiment d'effroi, que la réflexion renouvelait toujours : « Que serais-je devenu, si le hasard eût fait découvrir ces pierreries dans ma poche, ou si en tirant mon mouchoir, elles fussent tombées au milieu de la foule des courtisans. J'étais pauvre, étranger, nouvellement arrivé en Pologne ; par une espèce de fatalité, j'avais perdu la veille une assez forte somme au jeu : en fallait-il davantage pour faire naître des soupçons et pour me déshonorer à jamais ? Ne désespérons pas de la fortune, continua-t-il en pressant la main de M. de Saint-Pierre ; ce que nous regardons comme un mal est souvent un bien qu'elle nous envoie. »

Ces consolations, loin d'adoucir les blessures de notre héros, ne faisaient que les irriter. A mesure qu'il avançait dans la vie, il lui semblait que sa perspective devenait plus sombre; et toujours plein d'un nouveau trouble, il ne trouvait de soulagement que dans la tristesse de ses pensées. Chaque soir il se rendait sur les rives de l'Elbe, dans les jardins du comte de Brülh. Là, tout parlait à sa douleur, parce que tout portait l'empreinte de la destruction. Ces jardins magnifiques, où le favori d'Auguste III avait rassemblé, avec une profusion royale, les plus rares végétaux des deux mondes, et les plus riches monuments des arts, n'étaient plus qu'un amas de ruines. De tous côtés, on voyait la trace des boulets et des bombes : des statues mutilées, des colonnes renversées, des pavillons à moitié dévorés des flammes. Par un contraste plein de mélancolie, au milieu de ces débris, qui attestaient la rage des hommes, s'élevaient de toutes parts des berceaux de fleurs, des arbres couverts de feuillages, qui attestaient la bonté de la nature. Heureuse prévoyance du ciel, qui a placé hors de notre atteinte les biens nécessaires à notre vie! Vous coupez l'arbre; il renaîtra. Vous arrachez les moissons; les vents en apporteront de nouvelles. Le genre humain ne peut finir par sa volonté; il faut qu'il vive, malgré son ardeur à détruire, malgré le fer, le feu, le poison, la haine et les folles amours!

Les rayons du soleil couchant donnaient un nouvel éclat aux paysages. Souvent on voyait cet astre descendre avec majesté sur un horizon de pourpre ; environné de nuages qu'il inondait de sa lumière, il paraissait comme suspendu sur les vagues agitées d'un océan de feu. Cependant le ciel resplendissait long-temps encore après que le soleil avait disparu. On le voyait passer par toutes les gradations, depuis les couleurs les plus vives de pourpre, d'or, d'argent, jusques au gris le plus sombre; et ce grand tableau de la lumière s'effaçait peu-à-peu comme les illusions de la vie.

Ce magnifique spectacle avait un charme secret pour M. de Saint-Pierre; jamais il ne croyait y assister seul : peut-être Marie, les yeux tournés vers le ciel, le contemplait avec lui : dans un si grand éloignement, leurs regards pouvaient encore se reposer sur le même objet, en recevoir les mêmes impressions : ils n'étaient donc pas entièrement séparés : sans doute, elle songeait à lui comme il songeait à elle. Ainsi la solitude nourrissait ses espérances, et tout dans la nature le rappelait au bonheur d'être aimé.

Ses promenades solitaires avaient été remarquées. Chaque soir, il rencontrait une jeune beauté qui paraissait, comme lui, rêver, et fuir les humains. Seulement il y avait toujours quelque chose de mystérieux dans son apparition, de pittoresque dans sa parure, qui aurait pu faire croire que, semblable à la Galatée de Virgile, elle se cachait pour être vue. Tantôt voilant sa taille légère d'un long tissu blanc, elle se glissait parmi les ruines comme une ombre fugitive; tantôt vêtue d'une robe de deuil, aux douces clartés de la lune on la voyait, immobile et rêveuse, appuyée sur les débris d'une colonne; d'autres fois étalant une parure éblouissante, couverte de pourpre et d'or, elle apparaissait la tête couronnée de diamants : on eût dit une de ces intelligences supérieures qui, aux temps de la féérie, daignaient consoler les pauvres mortels. M. de Saint-Pierre crut bientôt s'apercevoir qu'il était l'objet de son attention; il la suivait involontairement des yeux, mais il ne cherchait point à lui parler, et restait dans l'indifférence. Un soir, comme il se reposait sur un banc de gazon, un petit page galamment vêtu vint s'asseoir à ses côtés, et le regardant d'un air malin : « Il faut, lui dit-il, que vous ne soyez pas Français, car ma maîtresse est la plus jolie femme de Dresde, vous la voyez chaque jour, et vous ne le lui avez point encore dit. Voici cependant un billet qu'elle m'a chargé de vous remettre. » En parlant ainsi, il lui présenta un papier sur lequel une main légère avait tracé ces mots :

« Laissez les graves méditations; le matin de la vie
» est fait pour aimer. Je veux vous couronner de roses,
» et vous rappeler au plaisir. Belle et volage comme Ni-
» non, je connais des secrets pour toutes les peines. Hâ-
» tez-vous! le temps fuit, et l'amour passe comme un
» oiseau ! »

Étourdi d'une si singulière aventure, M. de Saint-Pierre reste muet; le fripon de page rit de son embarras, lui tend la main et l'entraîne. Ils arrivent à la porte du jardin; un équipage les reçoit, traverse la ville au galop, et ne s'arrête qu'à la porte d'un palais orné d'une double colonnade. Pendant cette course rapide, le petit page ne cessait de badiner M. de Saint-Pierre sur sa tristesse et son amour pour la solitude. Il lui vantait le bonheur d'être enlevé par une jolie femme, et faisant allusion au grand Amadis sur la Roche-Pauvre, il lui donnait le nom de Beau-Ténébreux. Quant à M. de Saint-Pierre, il cherchait à déguiser son embarras sous une feinte hardiesse ; mais il s'étonnait de s'être laissé entraîner si loin, et sans un peu de honte, et de curiosité peut-être, il eût pris la fuite à l'instant.

Arrivé aux portes du palais, il descendit sous un péristyle de marbre blanc. Le page le tenait toujours par la main, et le guidait d'un air mystérieux à travers une suite d'appartements magnifiques ; mais tout-à-coup il disparaît, une porte s'ouvre, et dans le fond d'un boudoir où l'art avait prodigué ses merveilles, à travers un nuage de parfums qui brûlaient dans des cassolettes d'or, il voit la belle inconnue penchée sur des corbeilles de fleurs, dont ses mains tressaient une couronne. Ses longs cheveux blonds flottaient à l'aventure, ses yeux étaient de la couleur du ciel, et son sourire était plein de volupté. Dès qu'elle aperçut M. de Saint-Pierre, elle vola au-devant de lui, et posant sur sa tête, d'un air enchanteur, la couronne qu'elle venait d'achever : « Je tiens ma promesse, lui dit-elle, je couronne ce front de roses, pour en écarter le souci. » Puis elle ajouta, en baissant les yeux avec un léger embarras qui ressemblait à la pudeur, qu'elle n'avait pu le voir sans être touchée de sa tristesse, et sans désirer d'en connaître la cause. Alors commença entre eux un entretien charmant, que M. de Saint-Pierre ne put jamais oublier. L'étrangère joignait à la vivacité française cet abandon qui ressemble au sentiment. Sa philosophie était celle de l'amour. Elle voulait passer dans la vie comme l'oiseau qui chante, comme la fleur qui s'épanouit. « Les maux sont notre ouvrage, disait-elle, mais les plaisirs viennent des dieux ; il faut se hâter de les recevoir à mesure qu'ils s'échappent de leurs mains. La grande maxime pour être

heureux, c'est de n'appuyer sur rien, de glisser au milieu des objets, sans jamais s'y arrêter. Ceux qui mettent de l'importance aux événements de la vie, sont toujours malheureux. L'expérience nous dit : Effleure et ne médite pas, car tu es créé pour jouir, et non pour comprendre. » Puis elle ajoutait avec un aimable souris : « On assure que ma beauté passera, je veux le croire; mais je suis belle aujourd'hui, je le serai demain, et je connais trop le néant de la vie pour m'inquiéter d'un plus long avenir. » En prononçant ces mots, elle enlaçait M. de Saint-Pierre de ses bras amoureux, excitait ses transports et ravissait son ame. La couronne qu'elle avait posée sur son front, semblable à celle qu'Ogier le Danois reçut de la fée Morgane, semblait avoir le don de faire oublier « tout deuil, mélancolie et tristesse; » et tant qu'elle fut sur sa tête, « n'eut pensement quelcon-
» que de sa dame, ni de pays, ni de parents, car tout
» fut mis lors en oubli pour mener joyeuse vie. » *

Au milieu de ces doux entretiens, le page vint annoncer que le souper était servi; alors les deux amants passèrent dans une pièce tendue de satin bleu drapé de gaze d'argent. Une troupe de jeunes filles légèrement vêtues couvraient la table des mets les plus exquis; les fleurs et les arbrisseaux les plus rares s'élevaient en amphithéâtre dans le fond de la salle, où ils formaient un coup-d'œil ravissant. Un globe de lumière, à moitié caché derrière le feuillage, répandait sur cette scène des reflets semblables à ceux de la lune lorsqu'elle brille au sommet d'un bois solitaire. Les sons de plusieurs harpes se fai-

* Roman d'Ogier le Danois, imprimé en lettres gothiques, sans date.

saient entendre dans le lointain, mais avec une mélodie
si douce que le silence en était à peine interrompu :
c'était comme le murmure confus des ombres heureuses sur les bords des champs Élysées. Enfin il y
avait dans ce spectacle un air de féerie et d'enchantement auquel nul mortel n'eût résisté. M. de Saint-
Pierre n'y résista pas. Les vins exquis, les parfums, la
musique, l'aspect de ces jeunes beautés à la taille
svelte, ces richesses qui éblouissaient les yeux; et plus
que cela, les regards languissants, les paroles séduc-
trices de la belle inconnue, pénétraient ses sens d'une
volupté charmante. Devenu le héros d'une aventure
extraordinaire, n'ayant ni le temps ni la volonté de
réfléchir, il cédait à l'entraînement d'une situation si
nouvelle. Les propos galants, les saillies piquantes se
succédaient avec rapidité; sa surprise, sa curiosité, les
mystères dont on s'environnait, ajoutaient encore à ses
plaisirs; et cependant, au milieu de tant de délices, il
cherchait vainement à ressaisir quelques éclairs d'un
bonheur qui n'était plus. Au lieu de cette ivresse dont
son ame avait épuisé le charme, il n'éprouvait que des
transports mêlés d'amertume et de regrets. Hélas! on
ne lui présentait que la coupe de Circé, et ses lèvres
avaient touché à celle du véritable amour!

Huit jours s'écoulèrent dans un étourdissement continuel; environné d'une troupe de nymphes qui ne cherchaient qu'à lui plaire, il avait tout tenté pour connaître le
nom de leur maîtresse; mais sa curiosité, toujours excitée,
n'avait jamais été satisfaite. Le soir du neuvième jour,
l'inconnue, quittant ses parures éblouissantes, se revêtit
d'une simple tunique blanche. Jamais elle n'avait paru si

vive, si languissante, si adorable; elle accablait son amant des plus tendres caresses, et lui rappelant d'un air malin les dernières lignes de son billet, elle répétait à chaque instant : « Hâtez-vous ! le temps fuit, et l'amour passe comme un oiseau ! » Après le souper, qui fut délicieux, elle se couvrit d'un long voile, et se livrant à des jeux que long-temps après les beautés du Nord firent connaître à la France, elle se montra dans les attitudes les plus gracieuses et sous les formes les plus opposées : c'était Vénus sortant du bain et se cachant sous une gaze légère ; Hélène fuyant le palais de Ménélas avec le beau Pâris ; Calypso errante dans son île, terrible, échevelée, et suivie de ses nymphes qui poussaient des cris de fureur. Mais tout-à-coup la scène change : elle reprend sa sérénité, agite une baguette magique, et s'avançant dans une attitude majestueuse : « Chevalier, lui dit-elle, un pouvoir plus fort que le mien m'oblige à vous rendre la liberté ; je romps le charme qui vous retenait ; plus de soucis, courez à de nouveaux plaisirs, hâtez-vous, le temps fuit, et l'amour passe comme un oiseau ! » Alors elle continua sa marche, et suivie de tout son cortége, elle sortit du salon, dont les portes se refermèrent aussitôt. M. de Saint-Pierre croyait à chaque instant la voir reparaître; mais après quelques minutes d'attente inutile, il se levait pour sortir, lorsqu'il aperçut le petit page qui venait à lui d'un air plein de tristesse. Il voulut l'interroger sur ce qui se passait; mais le page mettant le doigt sur ses lèvres, lui fit signe de le suivre et de garder le silence. Arrivé sous le péristyle de marbre, on le fait monter dans une voiture; elle part, rentre dans la ville, s'arrête à la porte de son logement, et disparaît. Tous ces événements se passèrent avec taht de rapidité, qu'en se retrouvant dans cette chambre, qu'il avait abandonnée neuf jours auparavant, il craignit un moment d'avoir été la dupe des illusions d'un songe.

Le lendemain il courut chez le comte de Bellegarde, et s'empressa de lui confier son aventure. Pendant ce récit, M. de Bellegarde changea plusieurs fois de couleur. Enfin il lui dit : « J'ai long-temps désiré la faveur qui vient de vous être accordée ; je crois connaître la beauté dont vous avez fait la conquête ; ou plutôt il n'y a dans toute la Saxe qu'une seule femme qui puisse étaler une aussi grande magnificence. Cette beauté est célèbre ; elle fut élevée par les soins du comte de Brühl ; cet heureux favori lui inspira ces goûts voluptueux, cette philosophie charmante, qui font envisager la vie comme un jour de fête. Son dessein était de la donner au roi, afin de captiver une faveur qui l'avait déjà élevé si haut ; mais il ne put résister à tant de charmes, et son élève devint sa maîtresse. Il lui a laissé en mourant des trésors, qu'elle a dissipés. Habile à suivre la philosophie de son maître, elle vit comme Ninon, comme Aspasie, sachant bien que pour mériter leur gloire il suffit d'être heureuse comme elles. En ce moment, elle prodigue les richesses d'un juif qu'elle a préféré aux plus grands seigneurs de la cour ; car il est jeune, beau, et millionnaire. Il est absent depuis un mois, et son retour inopiné est sans doute le pouvoir supérieur qui obligeait l'enchanteresse à vous rendre la liberté, et qui a mis fin à vos plaisirs. »

Cette aventure, loin de dissiper la tristesse de M. de Saint-Pierre, ne fit que le troubler davantage en altérant la pureté de ses souvenirs. Le plus grand des malheurs, sans doute, est l'infidélité de ce qu'on aime; mais être soi-même infidèle, c'est perdre sa dernière illusion, c'est voir évanouir la vertu qui nous consolait. Deux amants coupables sont deux anges tombés du ciel; long-temps froissés de leur chute, tout sillonnés du feu qui les consume, ils tournent en vain leurs regards vers leur premier séjour; leurs regrets sont d'autant plus amers qu'ils ne sont mêlés d'aucune espérance.

Tel fut le sort de notre voyageur. Le séjour de Dresde lui était devenu insupportable. Il prit congé de M. de Bellegarde, et se rendit à Berlin, avec l'intention de demander du service au grand Frédéric. Dégoûté du génie, qui laissait trop peu de chance à l'avancement, il demanda le grade de major, auquel son brevet de capitaine-ingénieur au service de Russie lui donnait droit. Il se flattait d'obtenir ensuite un commandement dans la Prusse polonaise, ce qui l'aurait rapproché de sa maîtresse. Dès l'abord, ces beaux projets furent renversés; Frédéric avait décidé que les grades dans l'infanterie ne seraient confiés qu'à des officiers prussiens, et ses décisions étaient toujours sans exception. Son refus fut suivi de l'offre d'une place dans le génie et d'une pension assez considérable, que M. de Saint-Pierre refusa à son tour, parce que rien dans tout cela ne remplissait le vœu secret de sa passion : d'ailleurs le seul aspect de la cour avait suffi pour le dégoûter du service. « Il ne faut pas » penser, écrivait-il alors, que la cour de Berlin ressemble » en rien à celle de France. Le roi n'en a point. La reine » a deux chambellans boiteux, des pages fort mal vêtus, » une table fort mal servie : on va à la cour en bottes.....

» enfin c'est une misère qui étonne. » * A ces motifs on peut joindre, si l'on veut, l'inconstance naturelle de notre héros, inconstance qui, comme nous l'avons déjà vu, ne lui permettait de suivre que ses propres caprices, et lui faisait chercher la fortune par-tout où elle ne s'offrait pas. Cependant il fit un séjour de plusieurs mois à Berlin, et il eut de nombreuses occasions de voir de près ce roi, enfant gâté des philosophes, qui flattaient son despotisme en faveur de son impiété. Prince infortuné, qui, pour éviter tout préjugé, avait renoncé à tout principe. Sobre par goût, courageux par ostentation, affectant des vices qu'il n'avait pas, étouffant des vertus qui l'auraient fait aimer, il avait cessé d'être bon pour paraître grand. Mais au milieu de cette foule de princes faibles qui alors se partageaient les trônes, sa domination avait montré un homme, et l'Europe tremblante s'était humiliée devant lui. M. de Saint-Pierre ne pouvait s'empêcher d'admirer la puissance de cette volonté unique qui remuait le monde et tenait les peuples et les rois dans l'attente. Mais à côté de ce tableau de gloire et de force, il entrevoyait celui d'une grande misère, et quelques lignes échappées à sa plume prouvent jusqu'à quel point il fut frappé de la tristesse de ce prince qui remplissait l'univers de sa renommée: « La paix, disait-il, a relâché » les ressorts de cette ame, que l'adversité avait tendus; » il est tombé peu-à-peu dans une mélancolie profonde : » le passé ne lui rappelle que destruction, l'avenir ne lui » présente qu'incertitude. Il accable son peuple d'impôts, » et ses soldats d'exercices. Il admet toutes les religions

---

* Voyez les Observations sur la Prusse, tome II des Œuvres.

» dans ses états ; et ne croit à aucune ; il ne croit pas même
» à l'immortalité de l'ame. Il vit dans les infirmités, en-
» touré d'ennemis, haï de ses sujets, insupportable à ses
» troupes, sans amis, sans maîtresse, sans consolation
» dans ce monde, sans espérance pour l'autre..... A quoi
» servent donc pour le bonheur, l'esprit, les talents, le
» génie, un trône et des victoires ? » *

La vie était fort chère à Berlin, le dîner le plus simple y coûtait un ducat, et M. de Saint-Pierre n'aurait pu y prolonger son séjour si un ami ne lui eût ouvert sa maison. Cet excellent homme se nommait Taubenheim ; il était conseiller du roi et régisseur de la ferme des tabacs, ce qui lui donnait de l'aisance, mais ne l'enrichissait pas. M. de Saint-Pierre le rencontra chez le prince Dolgo-rouki, ambassadeur de Russie, et dès leur première entrevue ils se trouvèrent si pris, si connus, si obligés entre eux, que pour continuer à parler le langage de Montaigne, rien dès lors ne leur fut si proche que l'un à l'autre. Taubenheim pouvait avoir une cinquantaine d'années ; il conçut pour notre voyageur cette tendresse d'un père qui, voyant son fils en âge de raison, se rapproche de sa jeunesse et veut en faire un ami. Sa maison était vaste, gothique, environnée de jardins, et située à quelque distance de la ville. Il y conduisit M. de Saint-Pierre, et lui fit donner un appartement, en lui disant : « Vous voilà chez vous. » C'était une ame à la vieille marque ; ses mœurs, ses habitudes avaient quelque chose de patriarcal, et sa vie était comme une continuation de la vie de ses aïeux. Tous les moments qu'il pouvait dérober à ses affaires, il les passait dans la solitude, occupé de la

* Observations sur la Prusse, tome II des Œuvres.

culture de son jardin et de l'éducation de ses enfants. Cette éducation était simple : il donnait l'exemple, on le suivait. Chaque soir il lisait en famille un chapitre de la Bible, et notre voyageur, ému de ces lectures, ému de l'attention respectueuse du jeune auditoire, et de l'air solennel de Taubenheim, croyait retrouver dans cette scène un tableau vivant des premiers jours du monde. Ce qui ajoutait à son illusion, c'est que depuis les temps les plus reculés rien n'était changé dans ce séjour. C'étaient les mêmes meubles, les mêmes tentures, la même table de noyer autour de laquelle avaient passé plusieurs générations ; c'étaient aussi les mêmes cœurs et la même jovialité. On ne voyait point là de vertus apprises, mais on y voyait des vertus héréditaires, et la simplicité de ces bonnes gens offrait un spectacle digne des regards du ciel.

Cette vie patriarcale adoucissait les souvenirs de M. de Saint-Pierre. Souvent il disait à son ami : « Que votre sort est digne d'envie ! vous ignorez les soucis de la fortune et de l'ambition, vous vivez d'une vie naturelle, et vous ne désirez rien au delà. Que je voudrais pouvoir jouir d'une pareille félicité ! — Eh bien, disait le bon Taubenheim, il faut rester avec nous et cultiver notre jardin : nous avons du blé, des légumes, des œufs, du laitage, et mes filles savent filer le lin qui croît dans nos champs. Virginie, l'aînée de la famille, est une aimable enfant ; je vous la donnerai afin que vous soyez mon fils, et vous verrez combien il est facile d'être heureux. » A ces offres, vingt fois répétées, M. de Saint-Pierre ne répondait que par des soupirs : le bonheur qu'il admirait ne lui suffisait plus. La douleur lui faisait désirer le repos, et le repos lui devenait insupportable dès qu'il pouvait en jouir. « Hélas! disait-il long-temps après, comment aurais-je accepté une compagne et un père, lorsque, loin de ma patrie, je ne pouvais plus disposer de mon cœur! » *

Virginie était simple et charmante; elle n'avait point encore cette timidité, première parure de l'adolescence, et qui naît en même temps que le désir de plaire. Sa figure ingénue formait un contraste aimable avec la vivacité qui animait tous ses mouvements. On l'entendait toujours chanter, on la voyait toujours courir; sa voix était fraîche, sa démarche légère. Elle conservait à quinze ans les graces et la naïveté de l'enfance; elle en aimait encore les jeux; il ne fallait qu'une fleur pour l'occuper, qu'un papillon pour la distraire, et dans sa candeur virginale elle ne croyait pas qu'il y eût de plus grande joie au monde que celle d'être aimée de son père.

M. de Saint-Pierre admirait ses graces, sa naïveté, sa pureté, et soudain ses yeux se remplissaient de larmes en songeant à la princesse. Alors il disait à son ami : « Mon cœur n'est plus susceptible d'amour; une passion insensée a usé ses forces. Il faut que je sois bien malheureux, puisque l'innocence n'a plus d'attrait pour moi. » En parlant ainsi, il tombait dans les accès d'une profonde tristesse, que l'amitié la plus tendre ne pouvait pas toujours dissiper. C'est alors que ses regards se tournèrent vers sa patrie; il sentit le besoin de la revoir, et de pleurer sur la tombe de son père, dont il venait d'apprendre la mort. Les efforts de Taubenheim pour le retenir, furent inutiles; il partit; mais les jours pleins de calme qu'il avait

* Voyez les Vœux d'un Solitaire.

passés près de ce véritable sage ne sortirent jamais de sa pensée, et rien n'est plus touchant que les lettres que ces deux hommes, nés pour s'aimer, s'écrivirent jusqu'à la fin de leur vie.

C'est ainsi qu'égaré par ses passions, errant de contrée en contrée, M. de Saint-Pierre trouva par-tout des amis qui accueillirent son infortune. Les temps d'abandon et de misère lui firent connaître les ames les plus belles et les plus généreuses. Il arrivait inconnu, pauvre, sans appui, et cependant bientôt il était aimé : c'était comme un dédommagement que la Providence donnait à ses douleurs, car plus tard les hommes semblèrent s'éloigner de lui à mesure que la gloire l'environnait de son éclat. Aussi le souvenir des amitiés faites loin de la patrie avait pour lui une douceur inexprimable : c'est sur ces souvenirs qu'il jugeait les hommes, et lorsque, devenu l'objet de la calomnie, il sentit le poids de leur injustice, il n'oublia jamais qu'il les avait vus bons au temps pénible de ses malheurs. Mais dans le nombre des amis protecteurs de son inexpérience, deux sur-tout avaient captivé sa tendresse : c'étaient Duval et Taubenheim. Heureux d'avoir rencontré de pareils hommes, il voulait consacrer dans son Amazone le souvenir de leurs vertus et de sa reconnaissance. Mais si tant de gloire leur a été refusée, ne suffit-il pas, pour les faire honorer, de rappeler l'amitié qu'ils surent inspirer à Bernardin de Saint-Pierre ?

Suivant l'usage du pays, notre voyageur partit de Berlin dans un chariot de poste découvert. Un soir, assoupi par la fatigue, il lui sembla que son postillon ralentissait le pas des chevaux, et qu'il s'entretenait à voix basse avec plusieurs hommes. Ces hommes parlaient allemand ; M. de

Saint-Pierre comprenait un peu cette langue; il entendait confusément former un complot; on parlait de voyageur, de vol, d'assassinat; enfin le postillon disait à voix basse que forcé de rester à la première poste, il enverrait Fresque *le bon compagnon.* Oppressé par un poids terrible, M. de Saint-Pierre s'éveille avec effort, il saisit machinalement ses pistolets et regarde autour de lui; mais les chevaux galopaient, le postillon chantait, et la route était déserte. Persuadé que tout ce qu'il venait d'entendre était l'effet d'un songe, il y attacha peu d'importance; mais que devint-il, lorsque arrivé à la première poste, il entendit donner le nom de Fresque au postillon qui devait le conduire? La figure sinistre de cet homme n'était pas faite pour le rassurer; cependant il s'obstinait à partir, et déjà il était remonté dans le chariot, lorsque, par un coup de la Providence, trois étudiants de Leipsick, qui se rendaient à Cassel, demandèrent à se placer auprès de lui. Ces jeunes gens parlaient latin avec beaucoup de facilité; la conversation s'engagea dans cette langue, et M. de Saint-Pierre, préoccupé de son prétendu songe, leur en conta toutes les circonstances. Pendant ce récit le postillon s'égarait dans les routes obscures d'une forêt, où il s'arrêta tout-à-coup, sous prétexte qu'il n'avait pas le nombre de chevaux prescrit par l'ordonnance. Cet accident fit naître un débat qui ne se serait pas terminé sitôt si la lune, en se levant à la cime de la forêt, n'eût éclairé fort distinctement trois hommes immobiles, et la carabine à la main. Aussitôt les étudiants firent briller leurs armes, et M. de Saint-Pierre se précipitant sur le postillon, lui donna l'ordre de partir en appuyant le bout d'un pistolet contre sa tête. Cet argument eut sans doute la force de le persuader, car, sans mot dire, il remit ses chevaux au galop; et les brigands qui ne s'attendaient pas à trouver si nombreuse compagnie, se contentèrent de tirer deux coups de carabine, dont les balles sifflèrent aux oreilles des voyageurs.

Arrivé à Cassel, M. de Saint-Pierre se sépara de ses compagnons pour se rendre à Francfort. Chemin faisant, il s'amusait à rédiger les notes de son voyage, mais il étudiait peu la nature; son ambition, égarant son génie, ne lui permettait d'observer que les mœurs des nations et des formes de leurs gouvernements. Sous ce rapport, l'Europe entière lui présentait les tableaux les plus affligeants. Il n'avait vu en Russie que des grands et des esclaves : la Prusse ne lui offrait qu'une multitude de petites ambitions courbées devant une ambition supérieure : la Hollande n'était qu'un vaste entrepôt de marchandises, divisé en boutiques, en comptoirs, en magasins, et où l'on trouvait des commis, des juifs, des marchands, et peu de citoyens. Chaque législation semblait fondée sur un vice, ou sur une passion. En Russie, on n'estimait que les grades; en Hollande l'industrie; à Malte le courage; en Pologne le plaisir; en Autriche le nombre des quartiers; l'or par-tout.

Enfin il revit la France. Toucher la terre de la patrie après un si long exil, c'était revivre. L'aspect des arbres qui lui étaient connus, les collines couvertes de riches vignobles, les cris des vendangeurs, la joie d'entendre des accents français, tout remplissait son ame d'une inexprimable émotion. Chaque compatriote, à qui il lui suffisait d'adresser la parole pour en être compris, lui paraissait un frère qui venait l'accueillir. Cette terre qu'il avait dédaignée, était maintenant le seul lieu où l'on pût vivre, et il ne voyait dans le reste du monde qu'une suite de contrées barbares.

Mais combien d'idées tristes venaient se mêler à ses élans de joie! Dans cette patrie qu'il aime, il ne doit retrouver ni ami ni parent! Ah! si ce clocher qui s'élève de ce bouquet de sapins, était celui qui sonna sa naissance! si cette maison couverte de lierre était celle où il reçut la vie! si parmi ces bonnes gens qui s'acheminent vers l'église, il reconnaissait son père et sa mère! avec quels transports il tomberait à leurs pieds! comme il presserait dans ses bras leurs genoux tremblants! Il leur dirait: Voilà le fils dont vous alliez demander le retour au ciel, ouvrez-lui votre sein, accueillez-le dans votre maison, pardonnez-lui d'avoir cherché le bonheur loin de vous! Mais sa mère, mais sa marraine ne sont plus! Il ne pourra jamais donner ni recevoir tant de joie! Ses larmes coulent, et elles ne seront point essuyées par des mains maternelles! En vain ses regards cherchent autour de lui; personne ne le reconnaît, aucune voix chérie ne l'appelle! Où est sa sœur? où sont ses frères? où sont les amis de son enfance pour recevoir ses premiers embrassements? Tout lui manque à-la-fois; il semble que des générations se soient écoulées depuis son départ: il arrive dans sa patrie, et il est seul!

Il espérait trouver à Paris des lettres de Pologne; mais il fut trompé dans cette attente. Alors, cédant au désir de revoir les lieux où il avait été enfant, il partit pour le Havre, où il arriva à onze heures du matin, le 20 novembre 1766. Au premier aspect il ne reconnut rien. La ville lui semblait plus petite; les maisons moins hautes, les rues moins larges; il cherchait les lieux témoins de ses premiers plaisirs, et ne pouvait les reconnaître. On rapporte tout à soi : c'était lui qui n'était plus le même, et il s'affligeait de trouver tout changé. Il arrive dans la vie ce qui arrive sur un fleuve pendant qu'il vous entraîne : vous croyez que tout ce qui est autour de vous chemine, et que seul vous restez immobile. A peine eut-il quitté la voiture publique, que ses pas se dirigèrent vers la rue qu'avait habitée son père. Il la parcourait avec une tendre inquiétude, cherchant en vain à ressaisir les traits des gens du voisinage : il ne reconnaissait personne, personne ne le reconnaissait. Le cœur serré de son isolement dans le lieu même de sa naissance, il reprenait tristement le chemin de son auberge, lorsque ses yeux s'arrêtèrent sur une vieille femme qui filait devant la porte de sa maison. Ses traits effacés par l'âge lui rappelèrent cependant ceux de Marie Talbot, de cette bonne fille qui avait pris soin de son enfance. Frappé de cette ressemblance, il s'approche pour lui adresser la parole; mais à peine a-t-elle entendu le son de sa voix, qu'elle le regarde et s'écrie avec un accent de surprise et de tendresse que rien ne peut rendre : « Ah mon maître ! est-ce bien vous que je revois ? » Et avec une vivacité inouïe à son âge, elle jette sa quenouille, renverse son rouet, et se précipite dans ses bras. M. de Saint-Pierre l'embrasse, la presse contre son cœur, et croit un moment avoir retrouvé, avec cette bonne vieille, toutes les joies de son enfance. Mais que cet éclair de bonheur fut rapide ! La pauvre Marie, devenue plus tranquille, lui disait tristement : « Ah monsieur Henri ! les temps sont bien changés ! votre père est mort ! vos frères sont allés aux Indes ! je suis seule, seule ici ! — Et ma sœur, dit M. de Saint-Pierre avec anxiété, vous a-t-elle aussi abandonnée ? — Votre sœur a quitté la ville pour se retirer à Honfleur, dans un couvent, sur les bords de la mer. Cela est triste, car elle est si jolie et si bonne ! Mais est-il bien vrai, monsieur, que je vous revois ? Vous avez été si loin ! comment avez-vous pu revenir ? On disait que vous étiez au service d'une impératrice, que le roi de Prusse vous menait à la guerre, que vous aviez fait fortune, et cela je l'ai toujours prédit, car vous aimiez tant les gros livres ! Cependant, chaque jour, je priais Dieu pour vous, et je lui demandais de vous revoir avant de mourir. — Bonne Marie, je n'ai pas fait fortune, mais j'ai toujours eu le désir de vous faire du bien. — Oh ! je n'ai besoin de rien, Dieu merci ! Le bon Dieu ne m'a jamais abandonnée, et je ne suis pas si pauvre que je ne puisse aujourd'hui vous offrir à dîner. » Puis de ses mains laborieuses et tremblantes elle prit le bras de son jeune maître, et dit en le guidant vers la maison : « Ici il n'y a plus que moi pour vous recevoir ! pourquoi avons-nous perdu votre bonne mère ? c'était à elle de vivre, et à moi de mourir ; elle eût été si heureuse de revoir son fils ! mais Dieu l'a rappelée, il faut que sa volonté soit faite. » En disant ces mots, elle ouvrit la porte de sa pauvre demeure. Un lit de paille, une table, un vieux coffre et deux mauvaises chaises composaient tout son ameublement ; il y régnait cependant un air de propreté qui écartait l'idée de la misère. M. de Saint-Pierre y entra avec un sentiment de joie et de respect que son cœur n'avait point encore éprouvé. Sa vieille bonne le fit asseoir, et, nouvelle Baucis, elle s'empressa de ranimer le feu, et de couvrir sa table d'un linge blanc, mais un peu usé :

« Il ne servait pourtant qu'aux fêtes solennelles ! »

On eût dit à son zèle, à son activité, qu'elle avait recouvré sa jeunesse ; et M. de Saint-Pierre croyait encore la voir aller et venir dans la maison de son père. Cette petite scène lui rappela les jours de son enfance. Cependant la pauvreté de cette bonne vieille l'affligeait, et il se mit à la questionner pour savoir comment elle se trouvait dans un pareil délaissement. « Oh ! ce n'est pas la faute de monsieur votre père, dit-elle ; il voulait que je restasse à la maison, mais je ne pouvais m'y résoudre à cause de sa nouvelle femme ; ça me faisait trop mal de la voir à toutes les places où j'avais vu ma pauvre maîtresse. Un jour je demandai mon compte, et je vins ici ; voilà que dans les commencements j'étais si triste que je ne pouvais me tenir au travail ; je passais et repassais tout le jour devant la maison, comme si les pierres avaient pu me parler. Le reste du temps je ne faisais que pleurer ; j'en avais presque perdu les yeux ; mais maintenant, grace à Dieu, je ne pleure plus ; » et en prononçant ces mots, elle essuyait, avec le coin d'un tablier de serpillière, de grosses larmes qu'elle ne pouvait retenir. Pendant qu'elle parlait ainsi, M. de Saint-Pierre avait bien de la peine à lui cacher les siennes ; il admirait comment la seule confiance en Dieu empêchait cette bonne vieille de sentir son malheur, et il l'entendait avec surprise, du sein de la plus profonde misère, remercier la Providence de ses bienfaits. Un spectacle aussi touchant ne fut pas perdu pour notre voyageur. « C'est une pauvre fille, disait-il souvent, qui m'a éclairé sur les voies de la Providence : elle avait mis en Dieu la même confiance que j'avais mise dans les hommes, et jamais je n'ai vu une ame si tranquille dans une situation si malheureuse. Son exemple m'a été plus utile que celui de nos prétendus sages; et ses paroles, si simples, m'en ont plus appris que tous les livres des philosophes.» En effet, les livres des philosophes nous apprennent à braver nos maux, mais non à vivre avec eux; comme si le destin des êtres les plus heureux sur la terre n'était pas toujours de vivre avec la douleur!

Après quelques minutes d'entretien, Marie Talbot posa sur la table un morceau de gros pain, une cruche de cidre, une omelette et un peu de fromage. Ensuite elle ouvrit son coffre et en tira un verre ébréché, qu'elle posa doucement auprès de son hôte, en lui disant: « C'est celui de votre mère. » Il le reconnut en effet, et cette vue le remplit d'une telle émotion, qu'il ne pouvait manger, et que des larmes involontaires venaient mouiller ses yeux. Alors voyant que sa bonne se tenait debout pour le servir, il lui dit de se mettre à table à côté de lui; mais ce ne fut pas sans peine qu'il parvint à l'y décider. Enfin elle prit une chaise, et ils commencèrent à manger en parlant des temps passés. Peu-à-peu leurs idées s'égayèrent; mille traits charmants revenaient à la mémoire de Marie Talbot: la vie de son petit Henri était comme une partie de la sienne : elle lui rappelait son admiration pour les hirondelles, sa fuite dans le désert pour se faire ermite; comment il aimait les livres, comment il les perdait. — « Oui, ma bonne Marie, lui dit M. de Saint-Pierre, je les perdais, et vous m'en achetiez de votre argent, je ne l'ai point oublié. — Dame, M. Henri, vous étiez si joli, si caressant, et vous aviez un si bon cœur! Lorsque je vous menais à l'école, vous n'étiez encore qu'en jaquette, si nous rencontrions un malheureux, vous me disiez : Marie, donne-lui mon déjeuner; et quand je ne le voulais pas, vous vous fâchiez contre moi. Un jour vous vous avançâtes d'un air menaçant, et en fermant le poing, contre un charretier qui maltraitait son cheval : c'est que vous alliez l'attaquer tout de bon ! Un autre jour vous vouliez vous battre avec une troupe d'enfants qui avaient cassé la jambe d'un pauvre chat, et j'eus bien de la peine à les tirer de vos mains. » Ainsi cette bonne fille ramenait insensiblement la pensée de M. de Saint-Pierre vers une époque que le souci de vivre avait presque effacée de sa mémoire, et tous ses souvenirs venant à se réveiller à-la-fois, il l'accablait de questions sur ses anciens camarades, sur les amis de son père, et sur tous ceux qui l'avaient aimé. Les uns avaient quitté le pays, les autres étaient morts, un petit nombre avaient fait fortune; mais la bonne Marie prétendait que ceux-là étaient devenus si fiers, qu'ils ne parlaient volontiers à personne. Enfin elle lui apprit la mort du frère Paul, cet aimable capucin qui faisait de si jolis contes, et M. de Saint-Pierre donna quelques larmes à sa mémoire. Après tous ces récits, Marie Talbot témoigna le désir d'apprendre à son tour ce que son maître avait fait dans ses voyages. Elle lui demandait si les gens de par-là étaient bons, s'il y faisait froid, si on y buvait du cidre, si le pain y était cher; et comme si cette dernière question eût fait retomber sa pitié sur elle-même, elle se reprit à pleurer amèrement. Ces pleurs émurent M. de Saint-Pierre jusqu'au fond de l'ame, et lui firent sentir d'une manière bien cruelle la folie de tant de courses inutiles qui l'avaient ramené plus pauvre que jamais sous le toit de la pauvre Marie. Assis à ses côtés, il ne regrettait ni les grandeurs de Russie, ni les délices de la Pologne; ce qu'il eût voulu ressaisir de lui-même, c'étaient les premières émotions de son enfance, et les mouvements si purs d'une ame encore innocente. Au milieu de l'agitation de ces pensées, cédant tout-à-coup au sentiment qui le pénètre, il embrasse cette brave fille avec une grande effusion de cœur, et prend entre le ciel et lui l'engagement de ne jamais l'abandonner, quelle que fût d'ailleurs sa position et sa fortune : engagement qu'il remplit avec une exactitude religieuse, dans le temps même où il n'avait d'autre revenu qu'une pension de mille francs; et pour commencer, il tire sa bourse, la verse sur la table, et partage sur l'heure avec sa bonne tout ce qu'il possédait. D'abord elle repoussa l'argent : « Je n'ai besoin de rien, disait-elle, je gagne six sous par jour, et je puis faire encore de petites économies. » M. de Saint-Pierre insista, elle fut obligée de céder; mais elle reçut l'argent avec indifférence; et on voyait que c'était uniquement pour complaire à son maître. Il faut avoir entendu raconter cette scène à M. de Saint-Pierre lui-même, pour se faire une idée de tout ce qu'elle lui fit éprouver. Il en avait retenu jusqu'aux plus petites circonstances, et les expressions si simples de la pauvre Marie ne sortirent jamais de sa mémoire.

Pressé d'embrasser sa sœur, M. de Saint-Pierre s'embarqua pour Honfleur le même soir. Marie l'accompagna jusqu'au rivage, et il la vit long-temps les yeux attachés sur la chaloupe, et cherchant par des signes à prolonger leurs adieux. La nuit étant venue, il s'enveloppa de son manteau, et dans une situation d'ame difficile à comprendre, il ne voyait ni le ciel ni la mer, ni les voyageurs qui allaient et venaient autour de lui. Cependant un bruit formidable vint rompre tout-à-coup le charme de sa rêverie; il crut un moment que l'abîme s'ouvrait pour engloutir sa frêle embarcation; mais les matelots paraissaient tranquilles, et se contentaient de se ranger à la côte. On était alors près de l'embouchure de la Seine : ayant jeté les yeux sur la vaste étendue de ce fleuve, il vit avec effroi ses eaux couvertes d'écumes se soulever comme une montagne, et remonter vers leur source avec une vitesse que l'œil ne pouvait suivre. Une seconde montagne, plus élevée, plus rapide, suivait en mugissant la première; et ces deux masses effroyables, repoussant le fleuve devant elles, semblaient le rejeter tout entier du sein de la mer. M. de Saint-Pierre a décrit ce phénomène dans le premier livre de l'Arcadie, où il est le sujet d'une fable charmante, que les Grecs, comme il le dit lui-même, n'auraient pas désavouée.

Il arriva à Honfleur au milieu du jour, et s'achemina aussitôt vers le couvent de sa sœur, dont on lui montra de loin le clocher gothique, qui s'élevait à mi-côte à l'orée d'un bois. Quoiqu'il ne fût pas tard, le jour commençait à tomber. Le mois de novembre est, sur-tout en Normandie, l'époque la plus triste de l'année. L'air y est humide et froid, l'horizon chargé de brouillards; les ruisseaux ne roulent qu'une eau trouble et jaunâtre, les arbres achèvent de se dépouiller, et l'on entend sans cesse siffler les vents et bruire la mer qui ronge ses rivages. Ces effets de l'automne faisaient une impression d'autant plus profonde sur l'ame de M. de Saint-Pierre, qu'elle était déjà plus vivement ébranlée. Arrivé aux portes du couvent, il s'arrêta avec un saisissement pénible en songeant que cet asile était celui de sa sœur, et qu'après tant d'années d'absence, loin de lui apporter des consolations, il allait peut-être troubler son repos. Il se disait avec amertume : « Pourquoi n'ai-je pas appris à conduire une charrue, à cultiver un champ ? je pourrais dire à ma sœur et à ma vieille bonne : Venez vivre avec moi, vous partagerez mon sort, vous jouirez de mes travaux ; mais je n'ai rien à leur offrir, et je dois les quitter encore. » En se livrant à ces réflexions, il arrive à la porte du couvent ; mais il était trop tard pour entrer, et tout ce qu'il put obtenir, ce fut de passer la nuit dans la chambre des hôtes. Heureux d'être sous le même toit que sa sœur, il dormit peu, et vingt fois il ouvrit sa fenêtre pour épier les premiers rayons du jour. Enfin, après la prière du matin, il put faire annoncer son arrivée, et bientôt sa sœur fut dans ses bras. La première pensée de cette pauvre demoiselle fut de supplier son frère de ne plus quitter la France, et de lui permettre de vivre auprès de lui. M. de Saint-Pierre, touché de cette marque de tendresse, lui raconta une partie de ses aventures, et promit de tout tenter pour obtenir un emploi dans sa patrie, qui les mît à même de se réunir. En attendant, il céda à sa sœur plusieurs petites rentes sur son patrimoine ; et après une semaine, dont tous les moments lui furent consacrés, il revint tristement chercher fortune à Paris.

L'hiver s'écoula en démarches inutiles. Vers le commencement du printemps, il loua une chambre chez le curé de Ville-d'Avray, et se retira dans ce petit village pour mettre en ordre ses Observations sur le Nord. Sa sœur lui avait donné un chien épagneul qu'il aimait beaucoup ;

c'était son seul compagnon ; et souvent, pour se délasser de ses travaux, il s'égarait avec lui dans les landes isolées de Saint-Cloud. Mais la solitude ne lui était pas bonne, elle nourrissait sa passion en lui offrant par-tout l'image de celle qu'il ne pouvait cesser d'aimer. Un jour, quelques affaires le conduisirent à Versailles. On y célébrait des réjouissances publiques : comme il était dans les jardins au milieu de la foule qui se pressait en attendant le feu d'artifice, ayant levé les yeux vers les fenêtres du château, il crut reconnaître la princesse Marie elle-même. Plus il la contemple, plus il se persuade de la réalité de cette vision : ce sont ses beaux cheveux blonds, ses yeux bleus et spirituels ; voilà bien sa douce physionomie, la simplicité élégante de ses vêtements. Bientôt sa vue se trouble, son cœur bat avec violence ; ses regards ont rencontré les regards de la princesse ; elle sourit, elle le reconnaît. Ah ! sans doute, elle a pris pitié de ses douleurs ; c'est pour le rendre heureux qu'elle a quitté la Pologne. Alors, dans une espèce de délire, il tente de percer la foule ; mais ses efforts sont inutiles : nulle issue ; des milliers de chaises barrent tous les passages. Le feu d'artifice commence ; l'attention générale se dirige vers ce brillant spectacle, et au moment où le bouquet éclate dans les airs, la princesse quitte la fenêtre et disparaît. Soutenu par l'espérance de la retrouver à la porte du château, il se précipite à travers les flots de spectateurs ; ses regards avides la cherchent de tout côté, ne la rencontrent nulle part ; enfin il s'aperçoit que la file nombreuse des équipages a disparu, que la foule s'est écoulée, qu'il est seul sur la place. Toutes les horloges frappent successivement minuit, et

k.

l'on ne voit plus que quelques sentinelles qui se promènent silencieusement aux portes du palais.

Cependant le chagrin d'avoir laissé échapper la princesse cède à l'espérance de la revoir; il prend une voiture et se fait conduire à Paris. Là, il s'enferme dans sa chambre, et n'ose plus en sortir. Chaque voiture qu'il entend le fait tressaillir; au plus léger bruit il s'élance vers sa porte, se précipite sur l'escalier, et reste accablé en ne la voyant pas. Après huit jours d'attente, il se décide à aller trouver une personne qui avait conservé des relations avec la cour de Stanislas, et il est tout surpris d'apprendre que la princesse n'a pas quitté la Pologne, et que de retour à Varsovie, elle vit dans une assez grande solitude. Il avait donc été la dupe d'une illusion! Cette certitude ne fit qu'accroître sa douleur; il lui semblait perdre son amante une seconde fois, et la secousse fut si violente, qu'il ne put y résister. La fièvre alluma son sang, il tomba dans le délire, et pendant plusieurs jours on craignit pour sa vie. Dès qu'il eut repris connaissance, son premier soin fut d'éloigner sa garde et son médecin; la vue des hommes lui était insupportable, et il ne voulait plus mettre sa confiance qu'en Dieu seul : cette confiance lui rendit le courage. Son corps guérit, mais son ame resta toujours malade : plus de vingt ans après, il ne pouvait voir une femme de la taille et de la tournure de la princesse sans s'abandonner aussitôt à de nouvelles espérances, sans éprouver un nouveau chagrin en reconnaissant son erreur. « Combien de fois, disait-il, étonné de sa propre faiblesse, combien de fois je l'ai vue jeune, belle, adorable, lorsque déjà le temps avait effacé tous ses charmes! »

Enfin la mort de la princesse dans un âge avancé, eut seule le pouvoir de le délivrer de ces douloureuses illusions.

Cependant ses mémoires, si souvent repris, si souvent abandonnés, se trouvaient achevés. Résolu de les présenter au ministre, il se rendit chez M. de la Roche, premier commis des Affaires étrangères, homme en faveur, qu'il avait vu en Pologne, et qui devait mieux qu'un autre apprécier son travail. M. de la Roche l'accueillit gracieusement, s'étonna de le voir sans place, fit l'éloge de ses talents, et y ajouta tant de promesses flatteuses, que M. de Saint-Pierre se crut décidément sur le chemin de la fortune. Cependant au bout d'un mois, n'entendant parler de rien, il se présenta chez son protecteur : il était sorti ; le lendemain nouvelle visite, aussi inutile que la première. Bref, il courait à Versailles, il courait à Paris, allait, venait, se chagrinait, s'étonnant de bonne foi du guignon qui le faisait toujours arriver cinq minutes trop tard. Un jour, enfin, il vit M. de la Roche qui descendait de voiture, et sans doute il en fut aperçu. On ne pouvait refuser sa visite, on se prépara donc à le recevoir. Après quelques minutes d'antichambre, M. de Saint-Pierre est introduit ; il trouve le premier commis étendu sur un canapé, tenant à la main les mémoires de son protégé, et paraissant absorbé dans leur méditation. « Vous le voyez, dit-il en venant à lui, je m'occupe sans cesse de vous : en vérité je ne puis me détacher de votre ouvrage, il est plein d'intérêt ; j'en ai parlé au ministre, il doit le lire. Quel excellent tableau de la Prusse ! vous avez de fort bonnes vues ; le portrait du roi de Pologne est admirable ; vous osez prédire la division de ce royaume, cela est hardi; * mais vous connaissez les hommes, on le voit bien. Il y a dans ces mémoires des idées administratives, politiques, morales; je réponds de votre fortune. — Cependant, monsieur... — Vous pouvez compter sur ma promesse. — Il y a plus d'un mois que j'attends... — Ah! je vous demande encore une quinzaine. » Bref, M. de Saint-Pierre, *qui connaissait si bien les hommes*, admiré, flatté, caressé, sortit de chez son protecteur, encore plus ravi que la première fois. La quinzaine fut longue, elle dura plusieurs mois, à la fin desquels les mémoires se trouvèrent égarés; le protecteur s'en était servi pour se protéger lui-même, et il ne resta à M. de Saint-Pierre d'autre consolation que celle d'admirer l'habileté administrative d'un homme qui recevait les solliciteurs à-peu-près comme le don Juan de Molière recevait ses créanciers.

Cependant il ne perdit pas courage. Le comte de Mercy, dont il avait servi les projets en Pologne, venait d'arriver à Paris; il se présenta à son hôtel, mais il fut reçu avec tant de froideur, que Rulhière qui était présent, et qu'il avait beaucoup vu en Russie, crut prudent de ne pas le reconnaître.

Peu de jours après il se rendit chez M. le baron de Breteuil. Ce seigneur l'avait très-bien accueilli à Pétersbourg, et l'accueillit très-bien à Paris. Fatigué de tant de sollicitations inutiles, M. de Saint-Pierre lui témoigna le désir de passer aux colonies. Le baron parut l'approuver, et lui promit d'en parler au ministre de la marine. Comme ils s'entretenaient de cette expédition future,

* Cette division prédite par M. de Saint-Pierre ne tarda pas à avoir lieu. Voyez les Observations sur la Pologne.

M. de Rulhière entra; il était toujours secrétaire intime de M. de Breteuil. L'aspect de M. de Saint-Pierre parut d'abord l'embarrasser; mais voyant que son patron le traitait bien, il ne se souvint plus de ce qui s'était passé chez le comte de Mercy, et avec cette politesse excessive que les ames confiantes prennent trop souvent pour de l'intérêt, il s'avança vers M. de Saint-Pierre, le reconnut, et l'accabla de compliments et de protestations. Celui-ci fit semblant de le croire, lui pardonna, et le méprisa.

Peu de temps après, M. de Breteuil annonça à notre solliciteur qu'il venait de le placer à l'Ile-de-France en qualité d'ingénieur; puis le tirant à part, et baissant la voix comme pour lui faire une confidence : « Mon cher chevalier, lui dit-il, si vos idées ne sont pas changées depuis le temps où vous vouliez fonder une colonie sur les bords du lac Aral, ce qui me reste à vous apprendre vous sera fort agréable; seulement je vous recommande le secret. Sachez donc que votre brevet est pour l'Ile-de-France, mais que votre destination véritable est Madagascar. Vous serez chargé de relever les murs du fort Dauphin, et de civiliser la colonie. Cette île, la deuxième du monde pour la grandeur, est divisée en une multitude de petites nations qui se font souvent la guerre, et que les Européens n'ont jamais pu soumettre. C'est vous qui devez les réunir, non par la puissance des armes, mais par celle de la sagesse : c'est en leur offrant le spectacle du bonheur, que vous les attirerez à vous, et que vous les donnerez à la France. »

Cette proposition inattendue remplit M. de Saint-Pierre de joie et de surprise. Les idées de législation, d'ambition, de république, qui depuis long-temps sommeillaient dans son cœur, se réveillèrent avec tant de vivacité, qu'il fit passer une partie de son enthousiasme dans l'ame de M. de Breteuil. Dès lors tous ses maux furent oubliés, l'avenir ne lui présenta qu'une longue suite d'illusions, et il ne songea plus qu'à son départ. Rulhière le présenta au chef de l'entreprise : c'était un colon de l'Ile-de-France, chevalier de Saint-Louis, esprit vif et léger, qui débitait de belles maximes de politique et d'humanité, et qui parlait de civiliser Madagascar comme il aurait parlé d'un changement de décoration à l'opéra. Il pénétra bien vite le genre d'ambition de M. de Saint-Pierre, et s'y plia adroitement en flattant ses projets. Ce dernier s'était mis à lire Flacourt, afin de prendre une idée juste du pays. Il était charmé des richesses naturelles que ce voyageur a décrites, et se proposait de les accroître en y portant les richesses des autres climats. L'histoire malheureuse de nos établissements successifs dans ces contrées ne le rebutait pas. Il l'attribuait à l'esprit ambitieux des Français, et il se promettait bien de n'emmener que des gens sans ambition. Il est vrai que dans la liste de ceux qui devaient être attachés à l'expédition, il n'avait vu ni soldat, ni laboureur, ni artisan, mais des secrétaires, des valets, des acteurs, des danseuses et des cuisiniers. Ce premier choix l'embarrassait un peu. Mais il se rassurait en songeant que le chef de l'entreprise était un vrai philosophe, et qu'à tout prendre, un philosophe pouvait aimer la comédie. D'ailleurs, s'il emmenait des danseuses pour amuser les colons de son petit royaume, il emportait une Encyclopédie pour les éclairer. Les choses étaient

donc assez bien compensées. Qui ne sait que pour rendre
les peuples heureux il ne faut le plus souvent que de semblables bagatelles?

Cependant notre législateur ne laissait pas de faire des
préparatifs plus sérieux. Il se procura un plan de l'ancien
fort Dauphin, et projeta des moyens de défense qui devaient en faire une forteresse imprenable. Comme ingénieur, il traçait l'enceinte d'une ville nouvelle; et ses
vues étaient vastes, car il faisait servir à sa défense les
forêts, les rivières et les montagnes. Comme législateur,
il en bannissait l'argent, et ramenait l'âge d'or sur la
terre. Les saisons de l'année, les travaux champêtres
étaient marqués par des fêtes. On y prêchait l'Évangile,
et cette religion si conforme aux lois de la nature devenait la religion universelle. Au pied même de la forteresse il avait eu soin de ménager, dans un massif de pal-
miers, un temple immense soutenu par leurs troncs et
couronné par leurs feuillages. Là devaient se réunir tous
les peuples de l'île, et bientôt tous ceux de l'univers :
encore qu'ils différassent de langage et de mœurs, notre
législateur était sûr d'en être entendu, car le bonheur
est une langue universelle. L'homme se laisse aisément
conduire par l'exemple; cette facilité d'imiter ce qu'il
voit faire, le dirige tous les jours vers les genres de vie
les plus opposés à sa nature. Dans la société, les pères se
conforment à l'exemple du magistrat, et les enfants à
celui des pères. C'est de l'exemple que naît la force de
l'habitude, la plus puissante de toutes les forces. Il suffira donc de montrer au monde une colonie heureuse,
pour engager tous les peuples à l'imiter. Un si doux spectacle s'étendant de proche en proche, fera rapidement

le tour de l'île, qui a plus de huit cents lieues ; de là, passant le canal de Mozambique, il éveillera les peuples du continent. On les verra tous accourir : les laboureurs de la belle France viendront fertiliser cette terre de la liberté, et les chansons des bergers de l'Arcadie retentiront dans les bocages de l'Afrique. Les douces influences de cette législation de l'exemple ne tarderont pas à embrasser la totalité du globe. En un mot, l'île de Madagascar commandera à tous les peuples, comme le peuple romain, en se rendant, suivant la belle expression de Plutarque, *sujet de la vertu.* Il serait impossible de dire combien d'images charmantes se succédèrent dans la tête de notre pauvre législateur pendant le temps que dura cette nouvelle illusion. Il lisait Platon, il lisait Plutarque; et leur sagesse entretenait sa folie. Agité de cette sorte de délire, il vendit le reste de son héritage, et employa tout son argent à acquérir les livres et les instruments nécessaires à cette grande entreprise : tout ce qu'il trouva sur les mathématiques, la marine, l'histoire naturelle et la politique, fut acheté. Mais pendant qu'il épuisait sa bourse pour les besoins de la colonie, et qu'il se préparait à faire vivre tant de nations dans l'abondance, il s'aperçut qu'il manquait de chemises. Il en fallait cependant, et même une certaine provision, pour cinq ou six mois de trajet. M. de Breteuil, instruit de cette circonstance, le recommanda à une grosse lingère, qui voulut bien faire crédit au législateur de tant de peuples. Enfin les préparatifs étant terminés, le vaisseau mit à la voile, et dès lors il vit la triste réalité. Le chef de l'expédition, maître du sort de M. de Saint-Pierre, osa lui dévoiler ses horribles projets. Ce philosophe, qui s'était préparé à civiliser

Madagascar avec des danseuses et l'Encyclopédie, n'avait jamais eu d'autre dessein que de faire le commerce d'esclaves, en vendant ses futurs sujets. Le philanthrope se transforma tout-à-coup en marchand d'hommes, et l'on peut juger de l'effroi de M. de Saint-Pierre lorsqu'il vit tomber le masque qui cachait un scélérat. Ainsi s'évanouirent encore une fois tous ses beaux rêves de félicité publique, de gloire et de commandement.

La traversée jusques à l'Ile-de-France ne fut point heureuse. Le passage du canal de Mozambique pensa leur être fatal, et après Dieu, leur salut vint de la solidité du vaisseau. * Un coup de foudre brisa le grand mât, le scorbut se propagea avec une effrayante rapidité, et plus de la moitié de l'équipage fut bientôt sur les cadres. « Je ne saurais vous dépeindre le triste
» état dans lequel nous sommes arrivés, disait M. de
» Saint-Pierre dans une lettre à Duval. Figurez-vous ce
» grand mât foudroyé, ce vaisseau avec son pavillon en
» berne, tirant du canon toutes les minutes, quelques
» matelots semblables à des spectres assis sur le pont,
» nos écoutilles ouvertes d'où s'exhalait une vapeur in-
» fecte ; les entreponts pleins de mourants, les gaillards
» couverts de malades qu'on exposait au soleil, et qui
» mouraient en nous parlant. Je n'oublierai jamais un
» jeune homme de dix-huit ans à qui j'avais promis la
» veille un peu de limonade. Je le cherchais sur le pont
» parmi les autres : on me le montra sur la planche ; il
» était mort pendant la nuit. »

* Voyez la Description de cette tempête dans le Voyage à l'Ile-de-France, et dans le tome 1er des Harmonies, page 348.

Les esprits n'étaient pas moins malades que les corps. Le chef de l'entreprise avait trouvé des flatteurs et des contradicteurs; on se divisait, et l'animosité était si grande qu'il y avait plusieurs duels de projetés. Telle était la situation de l'équipage lorsqu'on découvrit l'Ile-de-France. M. de Saint-Pierre courut sur le pont pour la contempler, et les images riantes qu'il s'en était faites s'évanouirent, comme ses projets de république. Il n'aperçut que des côtes raboteuses, et des rochers couverts d'une herbe jaune et flétrie; au loin s'élevait une forêt d'un aspect sauvage, et dans le port on ne voyait que les débris de plusieurs vaisseaux naufragés.

Descendu à terre, le premier soin de notre voyageur fut de se rendre chez M. de Breuil, ingénieur en chef, et de lui annoncer le dessein où il était de rester à l'Ile-de-France. Sa commission était en règle, on ne pouvait refuser de l'accueillir, et dès le lendemain il fut installé en qualité d'ingénieur. C'est ainsi qu'il se sépara d'une expédition dont il s'était promis tant de gloire, et qu'au lieu d'un palais à Madagascar, il ne trouva qu'une misérable cabane à l'Ile-de-France.*

Cependant il ne tarda point à s'apercevoir que cette contrée n'était pas plus en paix que le reste du monde. L'intendant et le gouverneur avaient chacun leur parti; on ne pouvait s'attacher à l'un sans se brouiller avec l'autre. Il suffit de rappeler que M. Poivre était alors intendant de l'île, pour annoncer le choix de M. de Saint-Pierre. Il fut attiré par la célébrité du philosophe, et

---

* On peut voir ce que devint cette expédition, tome 1ᵉʳ des Harmonies, page 350.

captivé par la douceur de sa philosophie. M. Poivre avait beaucoup voyagé, beaucoup observé, et beaucoup retenu. Sa conversation était attrayante, elle faisait aimer tout ce qu'il aimait et vouloir tout ce qu'il voulait ; mais en cédant aux charmes de son éloquence, on cédait toujours à ceux de la vérité: Son esprit, porté vers l'agriculture, y ramenait toutes les sciences ; et cet art si simple, qui fait le bonheur du sage, était devenu pour lui une étude de législateur. Chacun de ses voyages était marqué par un bienfait. On l'avait vu apporter de la Cochinchine cette espèce de riz sec qui croît sans être arrosé sur les terrains les plus arides, et qui fertiliserait nos landes et nos rochers ; et tout le monde racontait ses périls, sa générosité, sa constance dans cette expédition mémorable, où il enleva des plants de muscade et de girofle aux Hollandais des Moluques, pour les donner au reste du monde.

Personne ne démontrait d'une manière plus victorieuse l'influence que la culture d'une seule plante peut exercer sur le genre humain : il voyait l'humeur de tous les peuples s'égayer, le nombre de leurs plaisirs s'accroître, leurs relations devenir plus sûres et plus agréables par la découverte des propriétés d'une tige de tabac. « En agriculture, disait-il, rien n'est à négliger, la plus petite invention peut produire un grand bien. Le premier qui s'avisa de confire le bouton du câprier, ne pensait pas qu'il rendait féconds les rochers de la Provence, et que des villes entières lui devraient leur prospérité. »

Les discours et sur-tout l'exemple de M. Poivre, éveillèrent le génie de notre voyageur. Il commença à sentir qu'il avait demandé à ses passions un bonheur qu'elles ne pouvaient lui donner; et doucement conduit à l'étude de la nature, il ne s'étonna plus que de ne l'avoir pas toujours aimée.

Les divisions qui régnaient dans l'île étaient bien faites d'ailleurs pour le dégoûter de ses projets ambitieux. Peut-être avait-on à reprocher à M. Poivre une réserve excessive qui, dans un autre, eût passé pour de la dissimulation; mais c'était un administrateur habile, et l'Ile-de-France, qui lui devait ses richesses, lui aurait dû son bonheur, si la haine et l'envie n'avaient détruit l'effet de sa volonté. L'exemple d'un homme si supérieur placé à la tête d'une colonie où il ne pouvait maintenir le bon ordre, servit d'expérience à M. de Saint-Pierre: il vit alors combien il y avait de folie et de vanité dans les prétentions qui le tourmentaient. Son utopie ne lui sembla plus qu'un rêve : il avait pensé à tout, excepté aux passions, aux ambitions, aux superstitions de ceux qu'il espérait gouverner; car il s'avouait enfin qu'il n'avait voulu fonder une république que pour en être le chef. C'était un grand pas dans l'étude de lui-même; mais il alla plus loin, et ce fut encore la sagesse de M. Poivre qui opéra cette révolution. Cet homme estimable écoutait avec calme ses beaux projets de république et de colonisation. « Ce que vous proposez est impossible, lui disait-il souvent; pour établir un gouvernement parfait, il faut supposer une réunion d'hommes parfaits, d'hommes pénétrés de la même ardeur pour le bien, et sur-tout de la volonté d'être heureux par les mêmes moyens. C'est ce premier élément que la société ne peut donner. Si ce peuple existait, que lui apprendriez-vous? sans doute à cesser d'être sage.

» Il faut donc prendre la société telle qu'elle est aujourd'hui, avec sa corruption, ses préjugés, et son esprit d'indépendance. Ce sont des tigres dont il s'agit de faire des hommes ; quel charme allez-vous employer ? Si vous parlez religion, vous serez repoussé comme un être faible et superstitieux. Si vous mettez votre appui dans les lois, tout le monde voudra les faire, personne ne voudra les suivre. On vous permettra de vanter la morale : c'est un mot. Dieu aussi sera un mot : vous les prononcerez, voilà tout.

» Il y a dans les esprits une grande confusion d'idées et de principes : on parle de la révolte comme d'un devoir; de la liberté comme d'une forme de gouvernement; de l'égalité comme d'un acte de justice. La société est menacée d'un bouleversement; bientôt il n'y aura plus de peuple, ou, pour mieux dire, le peuple se fera souverain; et où les passions de la multitude commandent, la loi est sans force, le roi meurt ou obéit.

» Dans l'état des mœurs le véritable sage ne doit donc se mêler d'aucune affaire politique; car si, pour faire le bien, il est obligé de tromper, de dissimuler et de punir, il se fait semblable aux méchants ; au contraire, s'il montre de l'indulgence, il devient leur victime. Heureux, en donnant sa vie, s'il sauvait son pays! mais l'histoire est là pour anéantir cette dernière espérance : on ne voit pas que la mort d'aucun sage ait rendu les peuples meilleurs : les Athéniens empirèrent après celle de Socrate, et Aristote fut obligé de s'enfuir pour leur épargner un nouveau crime.

» Cette vérité est dure; mais pourquoi la dissimuler? Si vous êtes sage, retirez-vous : lorsque les méchants ont assez de crédit pour s'emparer du pouvoir, c'est que le peuple lui-même est méchant, et dans ce cas n'espérez rien de votre sagesse. Qu'aurait pu faire Caton entre Sylla et Marius ? S'il y a peu d'hommes en état de dire la vérité, croyez-vous qu'il y en ait beaucoup qui soient disposés à l'entendre ? Et quant à ce beau mot dont se couvre l'ambition, que l'honnête homme se doit au public, je ne vous demande que de contempler un moment ceux qui le prononcent : c'est aux actions à nous répondre des paroles. »

Tels étaient les conseils de M. Poivre; et l'on doit dire qu'il ne tarda pas à joindre l'exemple aux préceptes. Ayant obtenu son congé, il revint en France, et passa le reste de sa vie dans une agréable solitude, sans plus vouloir se mêler des affaires des hommes. Quant à M. de Saint-Pierre, il sentit enfin qu'il avait été dupe de son ambition; et convaincu que tous ses beaux projets seraient inutiles au bonheur du monde, il se promit bien de n'être jamais le législateur que d'un peuple imaginaire.*

Cette promesse ne fut pas vaine. De retour dans sa patrie, il s'éloigna des hommes, et traça dans la solitude le plan de son utopie. Et lorsque, pendant la révolution, il voyait tous les esprits tourmentés de la folie qui avait égaré sa jeunesse, il ne parut jamais, ni comme député, ni comme sénateur, ni comme ministre. Pour être tout cela, il lui eût suffi de le vouloir ; mais une plus noble ambition avait passé dans son ame : il voulait rester lui-même au milieu des déguisements de son siècle.

* Voyez le Préambule de l'Arcadie, pages 14 et 15.

Pendant que la réflexion préparait son ame à recevoir les semences de la sagesse, il s'aperçut d'un léger refroidissement dans l'amitié de M. Poivre. Sans doute il était la victime de quelque calomnie; il voulut s'en éclaircir, et fit plusieurs tentatives pour provoquer une explication; mais elles furent inutiles. M. Poivre n'opposa à ses plaintes qu'une politesse plus froide, et M. de Saint-Pierre prit à regret le parti de se retirer d'une société qui avait pour lui tant de charmes : ceci explique pourquoi dans la relation de son voyage, il ne parla pas de M. Poivre, dont il croyait avoir à se plaindre. A son arrivée il s'était logé au Port-Louis, dans une petite maison au bout de la ville. C'était une seule pièce au rez-de-chaussée. Une fenêtre sans vitres, fermée avec des rotins, suivant l'usage du pays, éclairait cette pauvre habitation, où l'on voyait pour tous meubles une commode, un hamac, quelques chaises et des malles. Notre voyageur obtint un nègre du roi, il en acheta un second, et rien ne manqua plus à son petit ménage. C'est là qu'il passait sa vie depuis le refroidissement de M. Poivre. Ces lieux mélancoliques semblaient faits pour la méditation : de quelque côté qu'il portât la vue, il découvrait une solitude profonde, des plaines stériles, des forêts impénétrables, une mer immobile ou furieuse. Souvent, assis près de sa fenêtre, il pensait à la vie qui s'écoule comme un songe; et lorsqu'il venait à contempler cette vaste mer qui le séparait de tout ce qu'il avait aimé, il s'attristait d'être ainsi relégué aux extrémités du monde.

Cependant il trouvait dans l'étude de l'histoire naturelle les distractions les plus agréables. Le gouvernement lui avait concédé un petit terrain environné de rochers, situé dans un coin du Champ-de-Mars; il voulut le cultiver lui-même, et se trouva bien de ce travail. Il ne faut souvent qu'un peu fatiguer le corps pour distraire l'ame des plus grands maux. Mais pendant que, simple cultivateur, il enrichissait son jardin des plantes les plus rares et les plus utiles, on vint lui en contester la propriété. Le gouverneur, dans le seul but d'attaquer une décision de M. Poivre, osa concéder de nouveau ce coin de terre au lieutenant de police; et tous les soins de M. de Saint-Pierre furent perdus. Il est vrai qu'à son départ de l'Ile-de-France un riche habitant voulut acheter son titre; mais il refusa de le vendre, de peur de laisser après lui un sujet de discorde : trait touchant de vertu, que sa modestie lui fit oublier lorsqu'il écrivit son voyage.

Dans ses malheurs un ami lui était resté : Favori, le chien de sa sœur, charmait encore sa solitude; c'était le compagnon de toutes ses promenades, mais il le perdit quelques mois avant son retour, et cette perte lui fut si sensible, que long-temps après il voulut consacrer son souvenir dans un de ces petits opuscules auxquels sa plume donnait tant de prix. Ce badinage, qu'il a intitulé *Éloge de mon ami*,* est une satire charmante des éloges académiques. Sans doute elle ne fut pas goûtée des académiciens; car M. de Saint-Pierre disait à propos de cet opuscule : « C'est une plaisanterie qui a beaucoup plu à quelques dames, mais qui m'a brouillé avec de graves philosophes. »

Ainsi s'écoulèrent deux années, pendant lesquelles il eut occasion de voir plusieurs hommes célèbres :

---

* Voyez tome VI des Œuvres.

M. de Surville, un des quatre marins fameux qu'on appelait *les quatre évangélistes*; M. de Bougainville, qui venait de faire le tour du monde sur les traces de Cook; le naturaliste Commerson, qui donna l'arbre à pain à l'Ile-de-France; et ce malheureux Cossigny, propriétaire d'une riche plantation, agriculteur habile, auteur de plusieurs ouvrages pleins de vues excellentes, et qui, après avoir épuisé sa fortune pour la colonie, vint à Paris, où il enrichit le cabinet d'histoire naturelle, et mourut de misère.

Nous n'entrerons dans aucun détail sur les excursions de M. de Saint-Pierre à l'île de Bourbon et au cap de Bonne-Espérance. On les trouvera dans la relation de son voyage, ainsi que le récit de son retour dans sa patrie. Quel bonheur de revoir ces lieux qu'il avait quittés avec tant de joie! Après trois ans d'exil, c'est bien la France dont il touche le sol! Comme ces eaux fraîches donnent la vie aux prairies! Comme ces lisières de violettes et de fraisiers courent agréablement le long de ces haies toutes blanches d'aubépine! Que ces bois de chênes et de châtaigniers ombragent bien la cime de ces coteaux! Quel parfum s'exhale de ces buissons, et avec quelles rumeurs les petits oiseaux s'y disputent leurs nids!

Ici, tout le charme, tout lui rappelle les premiers jours de sa vie; chaque site, chaque plante lui arrache un cri de joie, et son émotion s'exprime dans un hymne qui semble échappé à la plume de Rousseau. « Heureux, » s'écrie-t-il, qui revoit les lieux où tout fut aimé, où tout » parut aimable, et la prairie où il courut, et le verger » qu'il ravagea! plus heureux qui ne vous a jamais quitté, » toit paternel, asile saint!.... Ici l'air est pur, la vue

1.

» riante, le marcher doux, le vivre facile, les mœurs
» simples, et les hommes meilleurs. »

Ce morceau délicieux qui termine le Voyage à l'Ile-
de-France, fut traduit par Zimmermann, qui le cita
dans son Traité de la Solitude. Peu de temps après, un
écrivain français, Mercier, publia quelques fragments
de ce dernier ouvrage, et ne connaissant pas le voyageur
cité par Zimmermann, il fut obligé de retraduire ce
passage d'après la traduction allemande. La comparaison de ces deux morceaux * est une excellente étude
de style : on y retrouve les mêmes sentiments, mais ils
sont loin de produire la même impression ; et l'on peut y
apprendre comment la modification d'une tournure, le
changement d'un mot, suffisent le plus souvent pour détruire l'effet d'une pensée.

M. de Saint-Pierre arriva à Paris vers le commencement de juin 1771. Du pays de la fortune, il ne rapportait que des coquillages, des plantes, des insectes, des
oiseaux. A ces curiosités naturelles, le gouverneur du
Cap, M. de Tolback, avait ajouté deux belles peaux de
tigre, et un alverame de vin de Constance. Notre voyageur s'empressa de faire hommage de ce petit trésor à
M. de Breteuil, qui pour en faire ressortir la valeur, le
montrait à ses amis comme un présent du gouverneur
du Cap. Instruit de cette circonstance, M. de Saint-
Pierre en parla à Rulhière, qui lui dit en riant : « Ah !
vous ne connaissez pas les grands seigneurs ! Celui-ci
vous renverra aux îles, ne fût-ce que pour recevoir en-

---

* Voyez De la Solitude, ouvrage traduit de Zimmermann, par Mercier. Paris, 1788, page 208.

core les présents de quelque gouverneur. » Il disait vrai ; cette fantaisie vint effectivement à M. de Breteuil ; mais ne trouvant pas en M. de Saint-Pierre des dispositions suffisantes pour accroître ses collections, son amitié se refroidit insensiblement. Cependant ayant appris que M. de Saint-Pierre songeait à publier la relation de son voyage, il le recommanda à d'Alembert, qui jouait alors un grand rôle parmi les gens de lettres. Cet académicien accueillit avec empressement le protégé d'un ambassadeur, et l'introduisit dans la société de mademoiselle de Lespinasse. M. de Saint-Pierre se félicita d'y rencontrer des hommes qui remplissaient alors l'Europe de leur renommée. Séduit par l'admiration générale, il n'approcha d'eux qu'avec respect, et son ame simple et confiante bénissait le ciel de l'avoir conduit à la source de tant de lumières. Mais quelle fut sa surprise lorsqu'il vit ces sages précepteurs du genre humain, divisés en sectes ennemies, n'ayant d'autre but que le mal, d'autre passion que la vanité ; cherchant des idées nouvelles, plutôt que des vérités utiles ; niant Dieu, comme les Israélites, pour adorer les ouvrages de leurs mains ; et dans cette lutte orgueilleuse, où la vertu ne se montra jamais, se rangeant le long de la carrière, la rougeur sur le front et la haine dans le cœur ! Les gens du monde, témoins de ce spectacle, et souriant de leurs folles disputes, se moquaient des vaincus, couronnaient les vainqueurs, les confondaient tous dans le même mépris ; et demandant sans cesse de nouvelles victimes, ils criaient, comme le peuple aux combats des gladiateurs : Encore un autre !

Jeté dans le tourbillon des partis, M. de Saint-Pierre

n'osait en croire ses yeux : tant de contradictions lui semblaient impossibles. Il consultait les philosophes dont il lisait les ouvrages, et tous s'empressaient de lui expliquer le plan, les divisions, les subdivisions, d'une manière qui plaisait à son esprit, mais qui ne disait rien à son cœur. Au milieu de ces combinaisons savantes, il cherchait vainement des idées applicables à la vie habituelle. C'était à quoi les auteurs avaient le moins songé : on eût dit des architectes habiles, élevant un château d'un aspect majestueux, mais inaccessible, et point logeable. Les actions de ces prétendus sages n'étaient pas moins singulières que leurs principes : ils dénigraient les rois, et leur faisaient la cour; ils vantaient le bonheur du pauvre, et vivaient dans les palais des grands; ils se plaçaient au-dessous des bêtes par leurs systèmes, et se croyaient au-dessus de Dieu par leur intelligence! La plupart se livraient à de belles réflexions contre les ambitieux, comme gens bien à leur aise; contre les séductions de l'amour, comme s'ils n'avaient pas eu des maîtresses; et contre la corruption et les vices du siècle, comme si eux-mêmes n'avaient pas tout bravé, tout attaqué, tout insulté, la morale, les lois, la religion, Dieu même.... Mais, de vivre au sein de la pauvreté et de la douleur, ce qui est pourtant le lot de presque tous les hommes, et d'y vivre satisfait, c'est ce qui n'était enseigné par aucun d'eux.

M. de Saint-Pierre sentit que tant d'inconséquence et si peu de vertu annonçaient la dissolution de la société. Il osa le dire, il osa combattre ceux qu'il avait admirés; et dans cette discussion, où il essayait ses forces, il était aisé de voir qu'il échapperait aux erreurs qui devaient bouleverser le monde ; en un mot, les philosophes trouvèrent en lui un adversaire. Il leur disait : « Les délices de la fortune effacent en vous le sentiment d'une Providence ; mais essayez d'interroger ceux qui sont dans la misère, et croyez-en leur réponse : ce n'est point parmi les malheureux que se rencontrent les ingrats. Dieu est par-tout où l'on souffre ; c'est là qu'il se rend visible, non pour consoler, comme les mortels, par des promesses d'un moment, par des espérances de quelques jours, mais pour relever nos ames par ce qu'il y a de plus grand et de plus sublime. Philosophe, je te laisse le néant ; et je me réfugie vers celui qui console en donnant les trésors du ciel et les joies de l'immortalité !

» Vous me direz peut-être : ce n'est pas la religion, c'est la superstition que nous voulons renverser. J'adopte un moment ce langage. N'est-il pas à craindre que les esprits peu éclairés, et ce sont les plus nombreux, ne deviennent subitement des raisonneurs assez habiles pour vous comprendre, et que faute de saisir ces distinctions, ils ne renoncent à toute religion, à toute divinité ? Si ce résultat est certain, que pouvez-vous répondre ? Vous voulez, dites-vous, détruire les maux de la superstition ! ceux de l'athéisme sont-ils moins grands ? Que des raisonnements métaphysiques fassent votre vertu, je veux le croire ; mais c'est la crainte, c'est l'espérance, qui font la vertu de tous. Si vous anéantissez ces deux mobiles des actions humaines, il ne restera que le crime. Ainsi la fin de vos doctrines en démontre la fausseté. Lorsqu'on ne peut arriver qu'au mal, on n'est point dans la voie de la vérité, qui ne peut mener qu'au bien.

» Mais pourquoi recourir à des subterfuges ? vos desseins sont plus vastes, et le mal s'agrandit avec eux; en un mot ce n'est point la superstition, c'est la religion qu'il s'agit de renverser. Vous accusez l'Évangile, vous accusez ses ministres; vous voulez tout détruire, sous prétexte qu'il y a des abus : attendez-vous donc à détruire les nations; car, c'est une loi immuable de la justice divine, que toutes les attaques dirigées contre Dieu retombent sur les hommes. »

Ainsi s'exprimait M. de Saint-Pierre, et ce qu'il disait alors servit dans la suite de base à tous ses ouvrages. Mais si la conduite des philosophes avait été un sujet d'étonnement pour lui, ses opinions ne tardèrent pas à en devenir un de scandale pour eux. « Lorsqu'ils virent qu'il » avait des principes dont il ne se départait pas; que » ses opinions sur la nature étaient contraires à leurs sys- » tèmes; qu'il n'était propre à être ni leur prôneur, ni » leur protégé, ils devinrent ses ennemis ».* A cette époque, ses ressources commençaient à s'épuiser; car il n'avait reçu aucune récompense de ses services. Dès qu'on le sut malheureux, on le traita comme tel. D'abord, il entendit les regrets d'une fausse pitié, qui méprise ceux qu'elle plaint; ensuite, las de le plaindre, on le calomnia. Son air réservé parut ennuyeux, sa modestie n'était que de l'ignorance, ses principes n'étaient que de la présomption; et, comme les gens vertueux sont toujours gais, sa mélancolie parut bientôt l'effet de quelques remords. Il fut heureux alors de retrouver dans son cœur les sentiments religieux qu'on avait voulu lui ravir; et de tant d'injustices il tira ce grand bien, de mépriser la réputa-

* Voyez le Préambule de l'Arcadie.

tion du monde, et d'essayer de marcher librement dans le chemin de la vertu.

Telles étaient les dispositions de M. de Saint-Pierre au moment où il publia son Voyage à l'Ile-de-France. Il n'avait point encore choisi sa touchante devise ; mais exercé par le malheur, il travaillait dès lors à la mériter. Il vit les pauvres Noirs assis au dernier degré de la misère humaine, et l'Europe entière frémit du tableau qu'il traça de leurs souffrances. Mais la calomnie lui réservait le sort de tous ceux qui disent des vérités utiles au genre humain, et nuisibles aux particuliers : objet de l'inimitié des colons, dont il contrariait les intérêts, il le fut encore de celle de l'administration, dont il révélait les injustices; et ses protecteurs l'abandonnèrent au moment où il se montrait le plus digne de leur confiance.

Ce livre, si fatal à son bonheur, offre comme une esquisse des Études de la Nature; on y trouve même le premier modèle de quelques descriptions de Paul et Virginie : telles sont celle de l'orage,* celle du retour de Paul et Virginie après l'aventure de la Négresse,** et celle de la case de madame de La Tour au moment de l'arrivée de M. de La Bourdonnais.*** Ces morceaux sont comme ces feuilles légères où les artistes déposent les pensées qu'ils veulent reproduire dans leurs tableaux.

Cette relation renferme d'ailleurs une multitude de pages où il est facile de reconnaître le talent d'un écrivain qui représente vivement ce qui l'a vivement frappé. Jusqu'à ce jour nous avons vu son auteur occupé des moyens

* Voyage à l'Ile-de-France, tome II, pages 6 et 7.
** *Idem*, tome 1er, page 205.
*** *Idem*, tome 1er, page 217.

de s'élever, d'acquérir de la gloire, de mériter des récompenses ; ici commence une vie plus simple, des projets moins exagérés; c'est un sage qui apprend de ses propres malheurs à plaindre le malheur d'autrui. Son ambition s'est peu-à-peu évanouie devant l'infortune, et il a détourné sa pitié de lui-même pour la reporter sur ses semblables. Cependant, malgré tout l'intérêt que peut inspirer cet ouvrage, il ne faut y voir que l'essai d'un écrivain qui promet de s'illustrer : on y remarque une multitude d'idées, mais elles manquent de développement. L'auteur ressemble à ces petits oiseaux qui s'élancent de leur nid ; son premier vol est court et rapide ; on dirait qu'il se hâte, pressé par le malheur, comme ces abeilles de Virgile, qui dans les jours orageux ne tentent que de petites courses : *excursusque breves tentant*. Plus tard, lorsqu'il publia d'autres ouvrages, on lui reprocha de trop parler de lui; on pourrait ici lui faire un reproche contraire. Ce sont les pensées et les actions du voyageur qui nous intéressent dans un voyage ; ce qu'un homme a vu, ce qu'il a entendu, nous frappe plus que les dissertations les plus profondes. Je laisse le savant qui cherche la vérité sans sortir de son fauteuil, et je me plais à cheminer avec le voyageur qui me fait parcourir le monde, entrant le matin dans un palais, me reposant le soir dans une chaumière ; et, soit qu'il s'arrête sur les ruines d'une cité dont le nom même est oublié, soit qu'il entre dans ces vieilles forêts où l'homme n'a jamais pénétré, je le suis, je crois voir ce qu'il voit, et je partage sa surprise et son admiration. Il en est des Voyages comme des livres de philosophie : nous lisons avec plus d'utilité et d'intérêt les Confessions de Jean-Jacques que son Contrat social. Ses vues, dans le premier ouvrage, sont le résultat de son expérience ; celles du second, quoique plus vastes, n'en sont que les aperçus : les unes renferment des vérités pratiques ; les autres ne présentent que des spéculations plus ou moins probables : celles-ci n'ont besoin pour être utiles que de notre aveu ; celles-là exigent le consentement d'un peuple entier. L'Émile même, avec toutes ses beautés morales, ne produirait pas autant d'effet, si l'auteur n'y mettait en action un jeune homme dont il crée et soutient la vertu, et si lui-même ne s'y montrait souvent à côté de son élève. Il faut donner des images à la pensée, et des hommes aux événements pour nous les rendre sensibles. Dans un Voyage, sur-tout, j'aime les descriptions longues et les réflexions courtes. La réflexion ne doit être que le coup de lumière du tableau : présentez-moi les faits naïfs, j'en tirerai vos conséquences et bien d'autres avec ; mais sur-tout que je voie le voyageur qui me les présente : c'est à cette seule condition que je puis m'intéresser à ses pensées. On doit présumer que M. de Saint-Pierre ne tarda pas à reconnaître les défauts de sa relation, car il conçut le projet de lui donner plus de développement ; mais ces notes, restées imparfaites, n'ont pu nous fournir qu'un très-petit nombre d'améliorations.

Cependant le livre obtint du succès, on voulut en connaître l'auteur, et M. de Saint-Pierre se trouva répandu dans les sociétés les plus brillantes. Parmi les jolies femmes qu'il rencontrait chaque jour, une surtout semblait prendre le plus vif intérêt à son sort. Madame D..... était à peine âgée de vingt ans. Destinée au théâtre par ses parents, elle eut le secret de tourner la tête à un fermier général, qui, après avoir inutilement tenté de la séduire, demanda sa main, l'épousa, l'enrichit, et la négligea. Rien de plus joli, de plus coquet ne pouvait s'offrir aux regards. Grands yeux noirs, longues paupières, taille mignonne, manières enfantines, un pied digne de ce chef-d'œuvre de grace et de délicatesse : telle était madame D..... A ces dons charmants de la nature, elle semblait unir tous les dons du cœur, plus dangereux encore que la beauté. Au milieu de la corruption du monde, les principes de M. de Saint-Pierre la frappèrent vivement; elle aima ses talents, sa constance, son malheur, et sut bientôt le captiver par toutes les apparences de la vertu. Heureux d'avoir trouvé une amie, il se livrait aux charmes d'une liaison innocente, et son bonheur ne lui faisait pas naître une pensée qui pût troubler sa conscience. Mais il essayait ses forces contre un ennemi trop habile, et la coquette, qui flattait chaque jour ses projets de sagesse, se promettait bien de les lui faire oublier. Cette femme adroite avait eu l'art de transformer en solliciteur zélé, un mari indolent, méfiant et jaloux ; tout ce qu'il avait de crédit était employé à obtenir une place dans les finances, pour le protégé de sa femme. Un jour il se rendit à Versailles, afin d'y presser l'effet de ses démarches. M. de Saint-Pierre reçut aussitôt un billet de madame D.....; elle était seule, languissante, malade ; elle l'attendait. Il vole au rendez-vous. Jamais il ne l'avait vue si piquante et si jolie. Ses paroles étaient pleines de confiance, et cependant tout en elle laissait apercevoir une secrète agitation ; il y avait dans ses regards un charme irrésistible, dans sa voix une douceur inexprimable ; enfin l'ami sage et timide commençait à devenir un amant passionné, lorsque tout-à-coup l'idée de son ingratitude envers un homme qui à l'heure même s'intéressait à son sort, le fit tressaillir : une rougeur subite couvre son front, son cœur se glace, et sa voix troublée laisse échapper le nom de celui qu'il allait offenser. Madame D..... le comprit : le dépit et la confusion se peignirent sur son visage, et tous les rêves de l'amitié s'évanouirent avec ceux de l'amour. Corrompue par le monde, elle ne se consolait pas d'avoir reçu la plus grande preuve de respect qu'un homme puisse donner à la femme qu'il aime ; mais elle le connaissait si bien ce monde perfide, qu'il lui suffit, pour être vengée, de faire courir l'histoire de son propre déshonneur. Couvert de ridicule pour une action vertueuse, M. de Saint-Pierre s'étonnait de la dépravation de la société, où l'on n'applaudit que les méchants. Les philosophes mêmes se moquaient de lui ; sa conduite condamnait leur conduite, et pour mériter leurs éloges il fallait leur ressembler. Tant d'intrigues et de calomnies le troublèrent moins, cependant, que la perte de ses illusions. « Les discours de mes ennemis ne m'affligent point, disait-il ; si j'ai quelquefois murmuré, ce n'est pas contre ceux qui me haïssent, mais contre ceux que j'ai aimés. »

Cependant il se dégoûtait du monde, où il n'avait fait qu'apparaître, et déjà il songeait à se retirer dans la solitude, lorsqu'une autre aventure, non moins douloureuse, vint hâter les effets de cette résolution. Le manuscrit du Voyage à l'Ile-de-France avait été vendu mille francs par d'Alembert ; l'édition était presque épuisée, lorsque l'auteur se rendit chez le libraire pour recevoir cette petite somme. Mais celui-ci, dont les affaires se dérangeaient, refusa de payer le billet, et se sauva dans son arrière-boutique, en proférant les injures les plus grossières. Le premier mouvement de M. de Saint-Pierre fut de maltraiter ce misérable, mais le sentiment de sa supériorité, et la fuite de son ennemi, le désarmèrent, et il se retira en menaçant de le traîner devant les tribunaux. Le soir, encore tout ému de son aventure, il la raconta chez mademoiselle de Lespinasse. L'abbé Arnaud approuva franchement sa conduite ; d'Alembert se récria sur la faiblesse de ne pas tuer un pareil coquin ; un évêque janséniste dit en souriant que M. de Saint-Pierre avait l'ame très-chrétienne ; Condorcet applaudit à ce bon mot, et mademoiselle de Lespinasse ajouta d'un air moitié sérieux, moitié railleur : « Voilà une vertu de Romain.... » puis, ouvrant une des boîtes de bonbons qui étaient toujours sur sa cheminée : « Tenez, lui dit-elle d'un air ironique, *vous êtes doux et bon.* » Cependant l'aventure passa de bouche en bouche, et M. de Saint-Pierre vit avec chagrin que sa vertu faisait beaucoup de bruit, et que les perfides éloges s'étaient changés en amères critiques. Chaque fois qu'il y avait un cercle nombreux, mademoiselle de Lespinasse le priait de faire le récit de son aventure, et quand il arrivait au dénoûement, elle l'interrompait en disant : « Croyez-moi, ne parlons pas de cela. » Dès lors il s'aperçut qu'il ne recevait plus le même accueil dans la société : les femmes, qui se rappelaient son aventure avec madame D....., souriaient en parlant de sa timidité; les jeunes gens ricanaient en parlant de son courage; les philosophes étaient scandalisés d'une philosophie qui peut empêcher de tromper un mari et d'assommer un débiteur; enfin l'abbé Raynal, qui à cette époque était âgé de plus de soixante ans, voulut bien lui apprendre qu'on n'était plus au temps des Thémistocle.

Ce mot le jeta dans une espèce de délire : indigné de voir sa modération transformée en lâcheté, comme sa sagesse l'avait été en impuissance, il croit que s'il ne se venge, il est déshonoré, et ne pouvant s'adresser au misérable qui l'avait insulté, et qui fuyait toujours à son aspect, il prend aussitôt la funeste résolution d'avoir ce qu'on appelle une affaire d'honneur avec le premier qui le regardera en face. Le monde est plein de faux braves toujours disposés à se faire une réputation aux dépens de ceux dont ils croient n'avoir rien à craindre : les occasions ne lui manquèrent donc pas. Il eut deux affaires, et blessa grièvement ses deux antagonistes; mais ce fut le dernier sacrifice qu'il fit aux préjugés de la société. A peine eut-il éprouvé ce mouvement de haine si étranger à son cœur, que ses yeux se dessillèrent. Épouvanté d'avoir plus craint le ridicule que le crime, il fit cette réflexion pénible, que c'est dans la société des gens honnêtes que se forment les méchants. Combien de vices naissent de la médisance, cette malveillance des ames faibles, qui amuse la société et la divise! Combien de vengeances commandées par la voix publique! de duels conseillés par des misérables qu'on méprise et qu'on écoute! Il faut violer les lois divines et humaines pour suivre les lois de l'honneur; il faut tuer un homme pour mériter l'estime de la bonne société; et celui de tous les êtres qui a le plus besoin d'indulgence, ne veut rien pardonner! Éclairé par ces réflexions, M. de Saint-Pierre sentit que pour être sage, il faut respecter les hommes et ne craindre que sa conscience. Mais il se disait souvent, avec un sentiment profond d'amertume : « Si j'avais été adultère, j'aurais trouvé des protections ; si j'avais été flatteur, des emplois ; si j'avais été impie, des richesses et des honneurs : on m'a tout refusé, parce que j'ai voulu être bon. » A ces inquiétudes présentes, se joignait encore l'effroi de l'avenir. La difficulté d'arriver à rien par le chemin où il était entré, lui paraissait invincible. Au milieu de la corruption générale, quel ministre accueillera l'homme dont la conscience veut rester pure ? quelle famille oserait s'allier à celui qui, se bornant à des profits légitimes, promet, comme Aristide, l'indigence à sa postérité ? D'ailleurs, que peut-on espérer, je ne dis pas des grands qui parlent peu de vertu, mais des philosophes qui en parlent tant ? en est-il un seul qui voulût donner sa fille au pauvre Socrate, et qui ne lui préférât, sans hésiter, quelque riche descendant de Phalaris ?

Tant de chagrins successifs ébranlèrent à-la-fois la santé et la raison de M. de Saint-Pierre. * Tour-à-tour victime de son ambition, de sa vanité et de sa vertu, il ne trouva de soulagement que dans la solitude. Résolu de se délivrer des regrets du passé, de la prévoyance de l'avenir, et des erreurs de sa propre sagesse, il promit de ne plus se fier, ni à lui, ni à personne, et d'imiter la nature, qui ne se fie qu'à Dieu. Dès lors il éprouva la vérité de cette maxime des Sages de l'Inde : « Quand vous serez dans le malheur, rentrez en vous-même,

* L'auteur a décrit l'état où ces deux aventures le réduisirent, dans un morceau touchant qui sert de Préambule à l'Arcadie.

et vous y trouverez les dieux : c'est aux infortunés qu'ils se communiquent. » Il est rare que de grandes pensées ne viennent pas les dédommager de leurs peines. Les découvertes, les arts, les inspirations sublimes, tout ce qui fait le génie, a été accordé à des infortunés vertueux, ou à ceux qui, par une disposition tendre de l'ame, sont sensibles aux maux du genre humain.

Bernardin de Saint-Pierre est un exemple frappant de cette double influence. Dès qu'il fut seul, ses maux s'évanouirent, et son génie s'éveilla. Loin des hommes, il connut la vanité de leurs sciences, et cessa de craindre leur opinion. Les plantes, les bois, les prairies étaient ses livres, et les pensées les plus douces venaient à lui au milieu des plus douces contemplations. Il lui semblait entendre sortir de tous les objets de la nature, une voix ravissante qui lui disait : Pourquoi vous tourmenter de l'avenir? voyez ce qu'est devenu le jour d'hier, dont vous vous inquiétiez, et ne songez pas au jour de demain, qui doit passer comme celui d'hier. Aviez-vous des soucis dans le sein de votre mère; et en venant à la vie, ne trouvâtes-vous pas le banquet préparé, et le lait que ma prévoyance faisait couler pour vous? Lorsque vos passions vous entraînaient aux extrémités du monde, où vous arriviez inconnu et sans appui, qui est-ce qui plaça sur votre route des hôtes pour vous recevoir, et des amis pour vous aimer? Vous m'avez toujours vu à l'heure de l'infortune, et maintenant je suis encore près de vous à l'heure du repos. Mais, dites-vous, je regrette des personnes que j'ai aimées, et l'inconstance d'une d'elles me remplit de tristesse; eh bien, que vos affections se tournent vers le ciel! Est-il un amour plus touchant et plus durable que le mien? ceux qui se donnent à moi n'ont à craindre ni l'inconstance, ni la perte de l'objet aimé.

Ces méditations le conduisaient insensiblement à l'étude de la nature, qui devint enfin l'unique occupation de sa vie. Il l'étudiait en amant passionné, comme s'il n'avait jamais aimé qu'elle; et bientôt il eut rassemblé les matériaux de ce bel ouvrage où il consolait son siècle en lui montrant par-tout la main de la Providence. Pensée touchante, qui fut l'origine de ses découvertes, de son éloquence, de son génie, et qui lui épargna les erreurs de tant de vains systèmes que les savants substituent à la vérité, sans jamais pouvoir la remplacer!

Cette époque de la vie de M. de Saint-Pierre est surtout remarquable par sa liaison avec Rousseau. Le dégoût du monde les réunit; leur penchant pour la nature fit le charme de leur amitié. Nous avons parlé ailleurs de ces promenades solitaires, dans lesquelles ils traitaient les plus hautes questions de la morale :

- « Souvent ils se dirigeaient dans la campagne, dî-
» nant au pied d'un arbre, et ne reprenant que le soir
» le chemin de la ville. La nature, la religion, l'immorta-
» lité, étaient les objets habituels de leurs méditations.
» A ces idées d'une philosophie profonde, ils mélaient
» quelquefois les peintures vives et animées de leurs sen-
» timents, les anecdotes de leur enfance, les souvenirs
» de leurs beaux jours, et des réflexions touchantes sur
» la recherche du bonheur, le mépris de la mort, et la
» constance dans l'adversité : questions qui ont si souvent
» occupé les anciens, et qui donnent tant d'intérêt à leurs
» ouvrages. On aime à voir les deux amis s'adresser ces
» questions avec l'innocence de cœur d'un enfant, et y

»répondre avec la puissance de raisonnement du génie.....
» Il n'y avait entre eux ni prétention de bien parler, ni
» prétention de bien écrire, ni désir d'être applaudi ; le
» désir de s'éclairer, l'amour de la vérité, restaient seuls.
» Leurs doutes, leurs espérances, leurs découvertes, ils
» ne dissimulaient rien ; et qui pourrait exprimer leur ra-
» vissement, lorsqu'ils arrivaient à la démonstration d'une
» des vérités si consolantes de la religion ? car ils ne vou-
» laient que la vérité ; mais ils la voulaient sublime, parce
» que celle-là seule les pénétrait d'une joie ineffable, et
» que c'était ainsi qu'ils sentaient que c'était là la vérité. * »

Ces entretiens n'ont besoin pour devenir célèbres, que de recevoir la sanction des siècles : alors on en parlera comme de ceux de Platon et de Socrate.

Un malheur inattendu interrompit ces délicieuses promenades, et rejeta dans le monde notre heureux solitaire. Nous avons dit qu'il avait deux frères, Dutailly et Dominique. Ce dernier, après un voyage de long cours, s'était retiré dans un petit village au delà duquel son ambition ne voyait rien. Quant à Dutailly, il était allé à la cour, où tout semblait lui promettre une fortune brillante. M. de Saint-Pierre n'avait point oublié qu'à diverses époques il avait entendu blâmer Dominique comme un homme inutile, acagnardé au coin de son feu, tandis qu'on ne parlait du second qu'avec considération, en s'extasiant sur les emplois importants qu'il ne pouvait manquer d'obtenir : les gens instruits citaient même un

* Voyez la préface de l'Essai sur Jean-Jacques Rousseau, tome XII ; on trouve aussi quelques détails sur la liaison de Bernardin de Saint-Pierre et de Jean-Jacques, à la fin du tome III des Études, et dans le Préambule de l'Arcadie.

m.

passage où Molière tourne en ridicule la vie des gens de campagne; et leurs jugements avaient exercé une assez triste influence sur l'esprit ambitieux de M. de Saint-Pierre. Ne voulant pas ressembler à un homme qu'on méprisait, il s'était mis à courir les aventures avec assez peu de succès pour son bonheur. Mais à une autre époque, il avait trouvé les choses bien changées. Dominique venait de s'unir à mademoiselle de Grainville, et il jouissait dans sa retraite des biens véritables que la fortune ne peut donner. Cependant le frère tant loué, tant admiré, après avoir épuisé son patrimoine, était revenu au Havre, où il gémissait de son malheur. Alors on louait beaucoup le premier, il était fêté, considéré, recherché; et l'on ne parlait plus du second que comme d'un homme qui ne s'était jamais appliqué à rien d'utile, et que de ridicules prétentions avaient jeté hors de sa sphère. Les gens instruits cette fois ne citaient plus Molière; mais ils rapportaient ce propos de Henri IV sur un seigneur de la cour, qu'il s'était mis sur le corps ses terres, ses moulins et ses futaies. Ainsi la multitude aime ce qui réussit; les gens heureux sont pour elle les honnêtes gens.

C'est alors que Dutailly, ne pouvant supporter sa mauvaise fortune, alla se jeter dans la guerre d'Amérique. L'espoir de conclure un riche mariage à Saint-Domingue, s'il pouvait obtenir un grade élevé dans le génie, lui fit accepter une mission en Géorgie,* où il se signala contre les Anglais. Devenu ingénieur en chef, il ne put résister

* L'établissement de la Géorgie américaine date de l'an 1732; cette province fait partie des États-Unis, elle est séparée de la Louisiane par le Mississipi.

à l'amour qui le rappelait à Saint-Domingue, et il partit en laissant dans la caisse militaire une somme de 3,000 francs, qui composait toute sa fortune.

L'indifférence du congrès américain pour les officiers français qui venaient à tomber au pouvoir des ennemis, inspira à celui-ci un stratagème dangereux pour échapper aux Anglais. Il fit une lettre au gouverneur de la Jamaïque, dans laquelle il se plaignait des Américains, et proposait à la cour de Londres des plans qui devaient favoriser l'attaque de la Géorgie. Pour donner plus de vraisemblance à ce projet, il le communiqua à un Tory nommé Porteous, qui lui donna une lettre pour ses amis de Saint-Augustin, dans le cas où il y serait conduit par la fortune. Ces deux sauvegardes ne tardèrent pas à lui être utiles. Parti de Charlestown sur un bateau de transport le 28 avril 1778, il est pris aux attérages de Saint-Domingue par un corsaire de l'île de Tortola. Dans ce danger pressant, il fait usage de sa recommandation. Le corsaire donne dans le piége, et le descend à l'île de Porto-Rico, d'où, par les colonies espagnoles, le voyageur se rend au Cap-Français de Saint-Domingue. L'amour qui l'y ramenait au milieu de tant de périls, ne put toucher la famille de sa maîtresse : on exigea de lui qu'il recueillît encore de nouvelles palmes, et, pour avancer le bonheur qu'on lui promettait, il se décida à retourner de suite sur le théâtre de la guerre. Assuré de son passage sur un brick armé pour Charlestown, il prévient de son départ le gouverneur de Saint-Domingue, M. le comte d'Argout, et cherche à donner au stratagème qui déjà l'avait sauvé, un nouveau degré de vraisemblance qui puisse le sauver encore. Il y avait

alors au Cap un Anglais prisonnier de guerre appelé Stolt ;
le voyageur lui confie mystérieusement son projet contre la
Géorgie, et se fait donner des lettres de recommandation
pour la Jamaïque. Mais cet homme, qui avait à craindre le
jugement de l'amirauté pour s'être mal battu, ne craignit
pas d'ajouter une trahison à sa première lâcheté, et dé-
nonça Dutailly au gouvernement français.

Arrêté au spectacle, dans la loge même du gouverneur,
on le jette dans un cachot ; il y est oublié quatre mois, et
n'en sort que pour être conduit en France, et renfermé à
la Bastille. Dans cette situation déplorable, il a recours
à M. de Saint-Pierre. Celui-ci rédige aussitôt un mémoire,
qu'il adresse au ministre, et qu'il fait appuyer par Franklin,
alors ministre plénipotentiaire à la cour de France. Il
prouve que la ruse est le premier des talents dans un
homme de guerre, et que les héros de la Grèce, si bons
juges du mérite militaire, lui ont donné, dans Ulysse et
dans Thémistocle, deux fois le prix sur la valeur ; enfin,
il rappelle ses propres services, et demande que la liberté
de son frère en soit la récompense. Ce mémoire eut tout
le succès qu'il devait en attendre. L'innocence de Dutailly fut reconnue, mais on ne put lui rendre que la liberté. Représenté comme un traître, il s'était vu enlever
son état, sa fortune, son honneur, et l'espérance d'obtenir la main de celle qu'il aimait. Sa raison ne put résister à tant de pertes, et il ne sortit du cachot que pour
tomber dans les accès d'une noire mélancolie. Sa fureur
n'enfantait que des projets sinistres : il voulait retourner à
Saint-Domingue, se venger et mourir. Plein de cette
idée, il résolut de se rendre auprès de Dominique
pour en solliciter quelques secours, et il lui écrivit au

moment même de son départ. Cette nouvelle jeta l'alarme dans la retraite paisible de ce dernier : il eût volontiers accueilli son frère ; mais sa femme, d'un caractère doux et timide, s'effrayait du caractère violent de Dutailly, et elle suppliait Dominique d'éloigner par toutes sortes de sacrifices, un hôte qui lui paraissait si redoutable. « Ton frère, lui disait-elle, aime le faste et la richesse, il méprisera ta femme et ta chaumière ; en nous voyant pauvres, il ne pourra nous croire heureux, et il t'entraînera dans des entreprises périlleuses. » Dominique se rendit aux vœux de sa femme avec d'autant plus de facilité, que lui-même redoutait les emportements de Dutailly. Mais il ne put échapper à son sort, et toute sa prévoyance ne fit que hâter sa perte par la plus horrible des catastrophes. Averti du jour de l'arrivée de son frère, il veut prévenir sa visite, lui ouvrir sa bourse et le décider à rester au Havre. Dès le matin il se met en route. La distance n'est pas longue ; il doit revenir le soir même. Que de joie il se promet à son retour ! alors toutes les inquiétudes seront dissipées, tous les arrangements seront pris, rien ne pourra plus troubler la paix de leur solitude. L'infortuné ! il se faisait encore les plus riantes images de l'avenir, et déjà il n'avait plus d'avenir ! Vers le milieu du jour, sa femme croit le reconnaître à l'extrémité d'une petite avenue. Son premier mouvement est de voler au-devant de lui ; mais, à mesure qu'elle s'approche, la ressemblance s'efface ; bientôt l'air égaré, la marche rapide, les habits en désordre de cet homme, la remplissent d'effroi ; elle saisit le bras de sa sœur, et veut reprendre le chemin de sa maison ; l'inconnu double de vitesse, et se jette brusquement à son cou : il la nomme sa sœur, elle reconnaît Dutailly, mais déjà la terreur avait glacé ses sens : elle était grosse, les douleurs la saisissent, une fausse couche se déclare, et pendant qu'on se hâte d'aller chercher du secours, l'infortunée expire en appelant son mari, qu'elle ne doit plus revoir.

Ce dernier choc acheva d'égarer la raison de Dutailly : il abandonne cette maison, qu'il vient de remplir de deuil, et s'enfonce dans un bois voisin. On présume qu'il erra long-temps dans la campagne sans prendre aucune nourriture ; car, trois jours après, des paysans le trouvèrent évanoui sur les bords de la mer, à plus de vingt lieues du Havre. On le porta chez un curé du voisinage, et il vécut encore plusieurs années dans un état de démence qui du moins servit à lui dérober les maux dont il avait accablé sa famille.

Cependant Dominique se hâte de regagner sa maison ; il s'attend à voir accourir, comme de coutume, sa femme et ses enfants ; mais il les cherche vainement au milieu de la campagne étincelante des derniers feux du jour. Plein d'inquiétude, il précipite ses pas, il arrive ; un bruit lugubre frappe son oreille, la porte s'ouvre : Dieu ! quelle horrible vision ! sa femme, couverte d'un linceul, les yeux fermés pour jamais ! ses enfants, agenouillés au pied du lit, et pressant les mains glacées de leur mère ! un vénérable ecclésiastique, qui prononce la prière des morts ! il voit tout, et ne sent rien. Frappé de stupeur, le front livide, les yeux fixes, il reste attaché au seuil de la porte, en attendant que la douleur le réveille.

Plusieurs jours s'écoulèrent sans qu'il pût croire à son malheur ; ses espérances s'éteignaient et renaissaient sans cesse. Mais lorsque, de chute en chute, il eut mesuré la profondeur de l'abîme, la mort lui parut le seul remède à ses maux, et la fortune ne servit que trop bien son désespoir. Depuis quelque temps le ministre cherchait un marin assez hardi pour aller recueillir les restes d'une colonie qui périssait de la fièvre jaune sur les côtes de la Floride. Dominique saisit avidement cette occasion de sauver des malheureux ou de terminer sa vie, et il obtint sans peine une mission que tout le monde repoussait. Arrivé au lieu de sa destination, il y trouva onze personnes frappées du même mal qui avait dévoré la colonie. Le seul moyen de les sauver, était de les transporter dans un autre climat ; Dominique s'empressa de les recueillir, et se dirigea vers des terres voisines, où il espérait trouver du secours. Quelques semaines après, un vaisseau, dont les voiles et le gouvernail semblaient abandonnés, fut poussé par les flots vers les côtes de l'Amérique. Des pêcheurs voulurent le reconnaître : ils montèrent sur le tillac ; il était désert : l'équipage, les passagers, le capitaine ; tout était mort, et cette funeste embarcation ne portait plus que des cadavres. Tel fut le sort de Dominique. Il perdit la vie dans cette honorable expédition, et le ciel ne pouvait mieux récompenser ses vertus. Ame courageuse ! ne crains pas que je plaigne une aussi belle destinée ! Ce n'est pas être malheureux que de mériter en mourant l'estime et la reconnaissance des hommes.

M. de Saint-Pierre apprit cette dernière catastrophe au moment où il venait de perdre une gratification annuelle de 1,000 francs, son unique ressource. Cependant il ne se laissa point abattre, et continua jusqu'à la fin de pourvoir au sort de l'infortuné Dutailly. Pour se consoler de tant de maux, il recueillait les débris de l'Arcadie afin d'en former les Études. * La plus grande partie de ce dernier ouvrage fut composée dans un hôtel garni de la rue de la Madelaine, et il y mit la dernière main dans un petit donjon de la rue Neuve-Saint-Étienne-du-Mont, non loin de la maison où le bon Rollin avait composé ses principaux ouvrages. C'est là qu'il disait avoir éprouvé les plus douces jouissances de sa vie, au milieu d'une solitude profonde et d'un horizon enchanteur. ** L'auteur a retracé lui-même les nombreuses difficultés qu'on lui fit éprouver lors de la publication de son ouvrage : le censeur lui disputa chaque page de son manuscrit, et supprima deux articles très-importants : l'un, où l'auteur proposait de rendre le clergé citoyen en le faisant salarier par l'État ; l'autre, où il conseillait comme une étude également utile à l'humanité et à la religion, de faire faire aux jeunes ecclésiastiques, destinés à être ministres de charité, une partie de leur séminaire dans les prisons et les hôpitaux, afin de leur apprendre à remédier aux maladies de l'ame, comme on apprend dans les mêmes lieux aux jeunes médecins à remédier à celles du corps. *** Le retranchement de ces deux morceaux fut très-sensible à M. de Saint-Pierre, et cependant, lorsque plus tard la presse devint libre, il refusa de les rétablir, ne voulant pas faire la critique d'un gouvernement dont il avait reçu des bienfaits. « Les hommes dont j'avais à me plaindre, disait-il, étaient trop malheureux, et j'aimai mieux ou-

---

* Voyez à ce sujet la préface des Fragments du II et du IIIe livre de l'Arcadie.

** Suite des Vœux d'un Solitaire, page 221.

*** Idem, page 223.

blier quelques objets d'intérêt national, que de satisfaire mes ressentiments particuliers. »* Ce trait d'une touchante modération mérite d'autant plus d'être remarqué, qu'il ne se présente pas deux fois dans le même siècle.

Le manuscrit des Études fut rejeté successivement par plusieurs libraires, et l'auteur se décida à le faire imprimer à ses frais. Ce n'était pas chose facile, car tous ses moyens se réduisaient à 600 francs qu'il avait empruntés, et les imprimeurs, aussi ignorants que les libraires, refusaient de faire les avances du reste. Heureusement le hasard fit tomber le manuscrit entre les mains du prote de M. Didot jeune. Il se nommait Bailly, et son nom doit être conservé, puisque, seul de tous ceux qui avaient eu l'ouvrage entre les mains, il sut en apprécier le mérite. Il osa même en prédire le succès, et son jugement eut l'heureux effet de décider M. Didot à faire les frais de l'impression. C'est donc à l'intelligence d'un simple prote que l'Europe dut la publication d'un livre qui devait enrichir toutes les sciences, renouveler toutes les idées, et qui, cependant, semble n'avoir été inspiré que pour consoler les infortunés; livre des moralistes, des poëtes, des peintres, des amants et du malheur; livre du genre humain, si les méditations d'un mortel pouvaient mériter ce titre.

Les Études parurent en 1784, et leur succès dédommagea l'auteur de tout ce qu'il avait souffert. C'est une chose digne de remarquer, que dans un siècle où des hommes d'une haute éloquence s'efforçaient de

---

* Suite des Vœux d'un Solitaire, page 234.

chercher des idées nouvelles sur la morale et les sciences, dans un siècle où l'on croyait avoir tout dit, un solitaire inconnu ait publié un livre où tout était nouveau. A cette époque, une fausse philosophie avait tellement usé l'erreur, que, pour être neuf, il ne restait plus à dire que la vérité; et c'est cette vérité, aussi vieille que le monde, qui donna tant de charmes aux méditations de M. de Saint-Pierre. Beaux-arts, politique, histoire, voyages, langues, éducation, botanique, géographie, harmonies du globe, l'auteur traite de tout, et toujours il est original. Il révèle des abus, indique des remèdes, attaque l'injustice, soutient la cause du faible; et, soit qu'il se place sur la route du malheur ou sur celle de la science, il y paraît environné des plus riants tableaux de la nature.

Il est rare que les ouvrages de génie ne renferment pas une idée dominante, qui est l'origine de toutes les autres. L'idée fondamentale de notre auteur est la Providence. Il reconnaît son pouvoir dans la cabane du pauvre comme dans l'ensemble du globe. Elle est par-tout, parce qu'elle est nécessaire: c'est une domination intelligente et bonne. Elle existe, car, sans domination, il n'y a ni peuple, ni ville, ni famille qui puisse subsister; et si une famille a besoin d'un maître, il faut bien que l'univers en ait un.

Plutarque dit * que lorsque les anciens géographes voulaient représenter la terre, ils laissaient sur leurs cartes de grands espaces vides où ils écrivaient au hasard: *Ici, des mers et des montagnes; là, des abîmes et des déserts.* Ce monde ou ce chaos des anciens géo-

* Vie de Thésée.

graphes était à-peu-près celui des physiciens et des naturalistes modernes. Leur intelligence n'avait supposé aucune intelligence dans l'arrangement du globe; tout y était dispersé sans dessein, sans ordre, et les sublimes harmonies de l'univers échappaient à leur admiration. Éclairé par une profonde étude de la géographie, M. de Saint-Pierre resta confondu devant les merveilles que la raison humaine méconnaissait; sa pensée devina quelques unes des pensées du Créateur; car la vérité est la pensée de Dieu même.

Osons contempler un moment ces soleils lointains, ces zones lumineuses que la nuit nous découvre, et dont aucune intelligence humaine ne peut concevoir ni l'ensemble ni les limites. Un réseau de feu paraît lier entre elles ces constellations innombrables. Dieu y répand les attractions, les consonnances, les contrastes, la grace, la beauté, et ces sentiments si doux et si variés des êtres sensibles, connus dans la langue des hommes sous le nom d'amour. Pour nous, jetés sur les rivages d'un de ces mondes, nous ne jouissons que d'une existence fugitive. Mais dès que le soleil, entouré d'une auréole de lumière, vient allumer l'atmosphère de notre planète, quel étonnant spectacle! quel harmonieux ensemble! Les montagnes s'élèvent pour diviser les vents et les eaux; les vents balayent les mers pour les reporter au sommet des montagnes; la rosée, les pluies, la fécondité, naissent de ces grandes harmonies, et la terre se couvre de moissons, en se balançant sur ses pôles autour de l'astre qui l'attire. Voyez quelle influence céleste la pénètre! Le grain de sable se minéralise, la plante fleurit; l'animal se meut, l'homme adore. Lui seul s'anime des sentiments de la gloire et de la Divinité; et tandis que les éléments, les végétaux, les animaux sont ordonnés à la terre, et la terre au soleil, ils sent qu'un Dieu l'attire par tous les points de l'univers.

Tel est, d'après l'auteur des Études, le système général du monde. Non-seulement les sciences sont pour lui des avenues qui mènent toutes à Dieu, mais son livre nous ouvre une multitude de perspectives ravissantes où l'âme se repose des maux de la vie, en méditant ses espérances. On dit que le Tasse, voyageant avec un ami, gravissait un jour une montagne très-élevée. Parvenu à son sommet, il admire le riche tableau qui se déroule devant lui : « Vois-tu, dit-il, ces rochers escarpés, ces forêts sauvages, ce ruisseau bordé de fleurs qui serpente dans la vallée, ce fleuve majestueux qui court baigner les murs de cent villes ? eh bien! ces rochers, ces monts, ces mers, ces cités, les dieux, les hommes, voilà mon poëme ! » Ce que le génie du Tasse avait su reproduire, Bernardin de Saint-Pierre sut le peindre et l'expliquer, et il eût pu dire aussi en contemplant la nature : Voilà mon livre !

Les anciens qui, dans presque tous les genres, sont restés nos maîtres après avoir été nos modèles, n'ont dû ni inspirer l'auteur des Études, ni lui servir de guides. Aristote, Pline et Sénèque écrivirent de longs traités de physique et d'histoire naturelle ; mais en expliquant les phénomènes, ils n'avaient d'autre but que d'étaler les prodiges de la science humaine, tandis que Bernardin de Saint-Pierre ne voulait que faire éclater la prévoyance d'un Dieu. Pline, le plus éloquent de tous, a une sécheresse qui flétrit l'âme ; son éloquence ostentatrice accable notre misère. Il ne voit que le désordre apparent du monde ;

et son génie ne peut s'élever jusqu'à l'ordre éternel qui le gouverne. Le livre de Bernardin de Saint-Pierre est la réponse au sien. Il console celui que Pline désespère ; il relève celui que Pline foule aux pieds. Il adore la Providence que le naturaliste romain a méconnue, mais il l'adore en nous la faisant aimer. Que Pline représente l'homme jeté nu sur la terre nue, créature infirme, pleurant, se lamentant, ne sachant ni marcher, ni parler, ni se nourrir, et qu'il s'écrie d'un ton de triomphe : Voilà le futur dominateur du monde ! Bernardin de Saint-Pierre montre ce roi naissant entre les bras de celle qui lui donna le jour ; et devant cette touchante image, les déclamations de Pline s'évanouissent. Non, l'homme n'est point abandonné ; la prévoyance et l'amour l'accueillent dans la vie. Quel asile plus sûr que le sein maternel ! et, s'il verse des pleurs, quelles mains sauront mieux les essuyer que celles d'une mère !

O puissance sublime des idées religieuses ! tout ce qui, aux yeux de Pline, accuse l'imprévoyance des dieux, devient, sous la plume de son rival, une preuve irrévocable de leur sagesse ! C'est la vérité qui dissipe le mensonge. L'un veut humilier notre orgueil par le spectacle de nos infirmités, l'autre élever notre ame en lui révélant sa grandeur. L'éloquence de Pline est propre à inspirer la haine du vice ; celle de Bernardin de Saint-Pierre à pénétrer d'amour pour la vertu. Ses observations sont si touchantes, les lois qu'il découvre si pleines de sagesse, qu'on se réjouit de ses victoires, et qu'on ne lui oppose qu'en tremblant les objections qui pourraient en arrêter le cours. Notre ame, au contraire, sent le besoin de résister aux raisonnements de Pline, et d'abattre cette raison si fière : il semble que le convaincre d'erreur, c'est restituer à l'homme tous ses droits, à la nature sa grace et sa beauté, à Dieu sa justice et son pouvoir. Enfin un dernier trait les distingue et les sépare. Pline a recueilli ce que savait son siècle ; rien n'est à lui dans son livre que la parole. Au contraire, l'auteur des Études, sans rien emprunter des sciences qu'il connaît, les enrichit toutes de ses observations ; et tandis que son rival reste attaché à la terre, il vole chercher dans le ciel l'explication des phénomènes qui l'environnent.

On lui a reproché de n'être point assez méthodique ; de peindre en amant de la nature, et de ne pas décrire en naturaliste : c'était lui reprocher de créer sa manière, et de rendre les voies de la science agréables et faciles. Il est douteux cependant qu'il eût obtenu ce succès en suivant la marche tracée, c'est-à-dire en composant des genres nouveaux, et en se retranchant dans les systèmes de classifications ; toutes choses faciles à la mémoire, qu'il ne faut pas ignorer pour écrire, mais qu'il faut oublier quand on écrit. Ses vues étaient plus vastes ; aussi furent-elles plus utiles. Le premier il observa le globe dans son ensemble, et les hommes dans leur généralité. Ce n'est point un peuple, ce n'est point un site qu'il représente, ce sont les nations et le monde. S'il peint les détails, c'est pour les rapporter au tout ; s'il rapproche des faits isolés et stériles, c'est pour en faire ressortir des vérités générales et inattendues.

Le caractère de l'esprit est de faire descendre d'une loi universelle à une multitude d'applications particulières ; celui du génie, de remonter d'un fait particulier à la découverte des lois universelles. Jamais ces deux moyens ne furent employés plus heureusement ; tout est lié dans ce bel ouvrage, et les phénomènes les plus éloignés s'y trouvent unis à l'homme par une chaîne de bienfaits. L'auteur excelle à nous en montrer les harmonies, et pour en citer un exemple, quelle lumière brillante une seule de ses observations n'a-t-elle pas jetée sur la botanique ! Avant lui, cette science n'était pas sortie des bornes étroites d'un dictionnaire. Suivons-le un instant, et vous allez la voir devenir une science universelle. D'abord il considère la position des pétales des fleurs dans leur rapport avec le soleil, et cette étude lui dévoile une multitude de relations inconnues entre une petite plante et un astre de feu un million de fois plus grand que la terre. Étendant ensuite ses spéculations à l'ensemble du règne végétal, il montre toutes les plantes dispersées sur le globe, non au hasard, mais avec prévoyance et dans un ordre admirable. Ce sont, si l'on peut s'exprimer ainsi, des peuples de végétaux qui ont leur habitation, leurs mœurs, leurs habitudes.* Les uns, amis de la solitude, s'élèvent aux sommets des montagnes, et refusent d'en descendre, comme si leur vie était dans les tempêtes ; les autres se plaisent dans les vallons et sur le bord des ruisseaux : c'est leur patrie ; ils ne pourraient la quitter sans mourir. Ceux-ci ont reçu des ailes, et voyagent dans les airs ; ceux-là, portés sur des coquilles comme sur de légères pirogues, traversent l'O-

* Voyez Études, tome 1er, page 99 ; tome II, page 319 et suivantes. Ces observations ont été développées par M. de Humboldt dans sa Géographie des Plantes, et dans son Tableau de la végétation des montagnes.

céan, et vont fonder au loin de petites colonies. Il y en a qui vivent seuls, sans vouloir souffrir de voisins; ils répandent des odeurs fétides et portent des poisons : on les croirait destinés à tenir parmi les plantes le rang que les tigres tiennent parmi les animaux. Un plus grand nombre croissent par touffes et se réunissent en société; leurs fleurs sont parfumées, leurs fruits sont délicieux; leurs familles répandent l'abondance : ce sont les abeilles du règne végétal. Voilà sans doute des idées charmantes, des observations pleines de grace et de nouveauté; mais lorsque l'auteur, les ramenant tout-à-coup aux besoins du genre humain, observe que parmi cette multitude de plantes, les plus nécessaires, comme le blé et les graminées, ne sont attachées à aucun site, à aucun climat, qu'elles suivent l'homme dans sa marche autour du monde, pénètrent par-tout où il pénètre, vivent par-tout où il vit, on reste frappé de ce grand dessein de la Providence, et l'on aime l'heureux génie qui lui servit d'interprète. Ainsi donc notre domination est assurée, parce qu'elle était prévue, et les propriétés de quelques plantes nous livrent le globe tout entier.

Pour rendre des observations aussi neuves, il fallait une méthode nouvelle. L'auteur créa la sienne, et sa manière fut si vive, si frappante, qu'elle changea les formes de la science, et donna, pour ainsi dire, d'autres yeux aux voyageurs, une autre ame aux naturalistes. S'il décrit un insecte, un quadrupède, un poisson, il sait, par un rapprochement ingénieux avec nos mœurs ou nos usages, en offrir une image agréable à notre mémoire. Par exemple, les plus longues descriptions des entomologistes caractérisent moins bien le

monocéros (*oryctes nasicornis*) que cette seule ligne :
« Cet insecte se plaît dans le fumier de cheval, et il porte
» sur sa tête un soc dont il remue la terre comme un la-
» boureur. » Souvent aussi ses images tirent leur charme
d'un sentiment qu'elles font naître : c'est la manière de
Virgile portée dans l'histoire naturelle. Ainsi, pendant que
les botanistes disputent sur la question de savoir si dans
les fleurs où les organes sexuels ont une enveloppe unique, cette partie doit porter le nom de calice ou de co-
rolle, M. de Saint-Pierre, se livrant aux plus aimables
observations, remarque d'abord que plus les plantes sont
rameuses, plus le calice de leurs fleurs est épais ; qu'il
est même quelquefois garni de coussinets et de barbes
pour préserver la fleur du choc que les vents lui font
éprouver ; et, charmé de cette prévoyance de la nature,
il ajoute : « C'est ainsi qu'une mère met des bourrelets
» à la tête de ses enfants, lorsqu'ils sont petits, pour les
» garantir des accidents et des chutes. » Qui ne préférera
cette définition du calice, qui en apprend les usages, aux
divisions savantes établies par Linné lui-même, de pé-
rianthe, involucre, chaton, spathe, coiffe, volve et
gloume ? En vérité l'on ne se douterait guère que de
pareils mots sont destinés à peindre les objets les plus
délicats de la création.

Sans doute au milieu des spéculations de Bernardin de
Saint-Pierre il s'est glissé quelques erreurs ; mais quel
livre en est exempt ? Les plus grands génies semblent destinés à donner l'exemple des plus grands écarts ; c'est la
marque de l'humanité. Nous voyons les systèmes des savants changer avec chaque génération ; et, toujours refaits, ils se trouvent, au bout de quelques siècles, tou-

jours à refaire. Pourquoi donc s'étonner de trouver dans Bernardin de Saint-Pierre ce qui est par-tout ? On lui a reproché de s'égarer dans des idées systématiques ; d'inventer des harmonies, des rapprochements, des contrastes, qui cependant ne sont pour lui que des effets visibles d'une Intelligence invisible. Que n'aurait-on pas dit si on l'avait vu, étudiant les rapports qui existent entre les dents, les mamelles ou les extrémités des animaux, y chercher un caractère général, et placer, comme le grand Linné, dans le même ordre, sur la même ligne, l'homme et la chauve-souris ? Déplorable aveuglement du génie ! triste résultat d'une science orgueilleuse ! la création de cet ordre, qui porte le nom imposant de *Primates*, se trouve dans un livre intitulé : *Systema Naturæ*, comme si la nature elle-même avait établi ce bizarre rapprochement ; comme si les lois de Dieu étaient un système ! Nous le répétons, il y a des fautes dans l'ouvrage de Bernardin de Saint-Pierre, mais il n'y en a point de ce genre. Tout ce qu'on peut demander à un homme qui fait un livre, ce n'est pas d'être exempt d'erreurs, c'est de n'en point commettre de dangereuses. Or, nous osons le demander, est-il beaucoup de savants qui puissent dire comme lui : « Quelque » hardies que soient mes spéculations ; il n'y a rien pour » les méchants ? » S'il ne rapporte pas les œuvres de la nature à une classe, il les rapporte à l'homme, et l'homme à Dieu. C'est un tableau des bienfaits et des merveilles, qui vaut bien un tableau des genres et des espèces. Qu'importe d'ailleurs qu'il n'ait pas toujours expliqué avec le même bonheur les vues de la nature, si l'ensemble de ses recherches nous fait bénir la Providence, et sur-tout s'il nous fait aimer la vertu? Ce qui nous semble le fruit d'une belle imagination, est toujours une vérité que son génie a su rendre plus vive et plus frappante. A chaque page, l'observateur nous étonne par la hardiesse de ses spéculations; l'écrivain, par la fraîcheur de ses pensées, la grace de son style; et le moraliste, par la profondeur de ses vues et la bonne foi de sa religion. Semblable à un pilote habile, il cesse de côtoyer le rivage pour se diriger vers des mondes inconnus; ses regards abandonnent la terre, mais il les lève vers le ciel, et c'est là qu'il découvre sa route.

Nous parlerons peu du style des Études; les éloges à ce sujet sont épuisés. Mais comment ne remarquerions-nous pas l'adresse singulière avec laquelle l'auteur sait fondre à propos dans son livre, des morceaux de Virgile et de Plutarque, de manière à ce qu'ils ne forment qu'une seule pièce avec sa pensée? D'abord il dispose ses tableaux, il en prépare les plans, puis tout-à-coup il les éclaire par une citation, avec un art semblable à celui des grands peintres qui jettent sur leur composition un rayon de lumière, pour en relever les effets. Mais le but de M. de Saint-Pierre n'est pas seulement de s'enrichir de ces beautés antiques; il veut encore nous faire entrevoir, dans les auteurs cités, un sentiment exquis, une pensée profonde, qui nous auraient échappé. Il nous apprend à lire Plutarque et Virgile; ses citations sont de véritables découvertes. Voilà, nous osons le dire, les seules obligations qu'il ait aux anciens; car ce n'est pas dans les livres qu'il étudie la nature, mais dans la nature elle-même: aussi se rapproche-t-il souvent de ces génies créateurs, qui n'avaient pas d'autre modèle.

Voyez comme les plus petites circonstances sont pour lui l'origine des plus touchantes observations. Il ne faut ni machine, ni creuset, ni compas pour vérifier ses expériences; il suffit de regarder autour de soi. Les vains systèmes de la science lui apprennent à se méfier des savants; mais il converse avec les gens simples, s'arrête dans les champs, entre dans les cabanes, interroge les vieillards, s'instruit avec un enfant, et raconte naïvement ce qu'il vient d'apprendre avec eux. On voit qu'il aime à surprendre le peuple au moment de son travail et de ses jeux, à épier ses vertus et à les peindre; et cette multitude de petites scènes donnent un charme inexprimable à son ouvrage. Ses personnages savent tout ce que les savants ignorent : c'est une autre expérience, une autre sagesse. Souvent, au milieu des incertitudes de la science, les observations d'un simple villageois nous éclairent; et des vérités inconnues aux académies s'échappent de la bouche d'un berger.

C'est ainsi qu'en écrivant sur les sciences naturelles comme Aristote, Pline et Sénèque, Bernardin de Saint-Pierre est resté original. Essayons de découvrir ce qu'il doit aux modernes. Cet examen nous servira peut-être à montrer le but et le résultat de ses ouvrages. C'est un point de vue qui nous semble avoir échappé à tous ses critiques.

Parmi les écrivains du siècle, Buffon et J.-J. Rousseau se présentent les premiers. Buffon ne peut offrir aucun point de comparaison. Trop souvent il suit les traces de Pline.: sa force est en lui-même; il explique l'univers d'après les lois de sa physique, et les lois de la Providence lui restent inconnues. Son style plein de pompe et d'harmonie, manque de nuances, de sensibilité et de douceur, tandis que celui de Bernardin de Saint-Pierre, simple comme la nature, semble destiné à la peindre dans sa grace et dans sa sublimité. D'ailleurs toute la force de l'auteur des Études vient de conviction : c'est parce qu'il y a un Dieu qu'il est éloquent. Sa foi est dans tout ce qu'il écrit, et ce seul trait prouve, selon nous, que Buffon ne fut ni son maître ni son modèle. Reste donc J.-J. Rousseau, auquel on l'a souvent comparé, peut-être parce qu'il fut son ami et que leurs destinées furent presque semblables.

Tous deux nés dans une condition moyenne, et tous deux sans fortune, ils errèrent long-temps par le monde, et n'écrivirent que vers l'âge de quarante ans, lorsque l'expérience et le malheur eurent mûri leurs pensées. Mais le point de départ mit entre eux une grande différence. Jean-Jacques, n'ayant ni but, ni principe arrêté, promena long-temps son oisive jeunesse entre l'opprobre et la misère. Dénué de toute prévoyance, ne suivant que sa fantaisie, il s'éloigna, par une sorte d'instinct, de tout ce qui aurait pu élever sa condition en lui imposant quelque gêne. Si la lecture de Plutarque lui fit répandre des pleurs sur d'héroïques souvenirs, elle ne le sauva pas toujours du vice, et il commit des fautes que la charité peut seule pardonner au repentir. Il aurait voulu être un Romain, et n'eut pas même la force d'être toujours un honnête homme. D'abord perdu dans les plus basses classes de la société, puis jeté au milieu d'un monde corrompu, il apprit à mépriser les grands et les petits; mais il ne put apprendre à se passer de leur estime. Il crut en Dieu sans y mettre sa confiance, il aima la vertu sans y croire, et la vérité en prêtant sa voix au mensonge. Malheureux de ne pouvoir accorder ses opinions et sa conduite, il éprouva, jusqu'à sa dernière heure, qu'il vaudrait mieux n'être pas né que de ne rien attendre de Dieu, et de ne pas oser se fier aux hommes. Combien le sort de M. de Saint-Pierre fut différent ! Une éducation ambitieuse égara, il est vrai, sa jeunesse ; mais ce fut en lui proposant un but sublime et d'honorables travaux. On sent que le désir de s'élever donnait des vertus à son ame, et de l'énergie à son caractère. Jeté seul dans le monde, il y commit des étourderies, mais point de fautes que l'honneur pût lui reprocher. Un sentiment vif d'indépendance et de dignité rendit sa probité si sûre, qu'un jour il vendit tout ce qu'il possédait, ses meubles, ses habits, son linge, pour acquitter une dette contractée en Pologne. * Toujours ferme dans ses principes, il fut éprouvé et non avili par ses passions. On s'étonne de la folie qui le conduit aux extrémités de l'Europe pour y fonder une république ; mais on l'admire lorsqu'il refuse de se prêter à des projets ambitieux qui pouvaient le placer près du trône, et lorsqu'à la suite de ses refus on le voit rentrer en France, n'emportant de ses courses aventureuses que des regrets et des souvenirs. Sa confiance en Dieu s'accrut par le malheur, et l'abandon des hommes lui apprit à bénir la Providence qui ne l'abandonnait pas. Enfin, quoique dévoré d'ambition, il ignora toute sa vie l'art de composer avec sa conscience pour arriver à la fortune, et celui de s'avilir pour arriver au pouvoir. Telles furent les destinées de ces deux grands écrivains.

---

* Les 2,000 francs que M. Hennin lui avait prêtés à Varsovie.

Lorsqu'ils se rencontrèrent, Jean-Jacques vivait seul, et gémissait d'être devenu célèbre : Bernardin de Saint-Pierre ne l'était point encore, mais il brûlait de le devenir. L'amour de la solitude et de la nature les réunit, et dans les douces relations qui s'établirent entre eux, ils furent toujours d'accord sur les grands principes de la morale, et toujours divisés sur les opinions purement humaines. Bernardin de Saint-Pierre admirait l'éclat et la force entraînante des écrits de Jean-Jacques, mais il condamnait ses paradoxes, et l'on peut dire qu'il ne cessa de les combattre. L'un débuta dans la carrière par attaquer les sciences qui *dépravent* l'homme, et par médire des lettres dont il faisait souvent un si sublime usage. L'autre, applaudissant aux découvertes du génie, montre que tous les maux viennent de notre orgueil, et que la véritable science ne peut être dangereuse, puisqu'elle est l'histoire des bienfaits de la nature. Jean-Jacques Rousseau ne veut pas qu'on parle de Dieu à son élève avant l'âge de quatorze ans ; Bernardin de Saint-Pierre dit que rien n'est plus agréable à la Divinité que les prémices d'un cœur que les passions n'ont point encore flétri. L'un ramène fièrement l'homme à l'état sauvage, et pour lui rendre son innocence le dépouille de son génie ; l'autre cherche les moyens d'assurer notre repos dans l'état de société, et ne veut nous dépouiller que de nos erreurs. Selon Rousseau, tout dégénère entre les mains de l'homme : la nature n'a songé qu'au bonheur des individus, elle n'a rien fait pour les nations. Bernardin de Saint-Pierre nous montre au contraire les plantes et les animaux se perfectionnant sous la main des peuples. L'expérience lui apprend que l'homme, réduit à lui-même, est comme un flambeau sans lumière; son génie s'éteint et tout périt autour de lui. Plus de moissons, plus de fruits savoureux : l'olive reprend son amertume, la pêche devient acide, le grain du blé disparaît dans son épi, il ne nous reste que des glands et des racines; car la nature n'a rien fait pour l'homme seul, elle a attaché notre existence à celle de la société. Enfin Rousseau s'indigne des vices de la civilisation, et la rejette; tandis que toutes les pensées de Bernardin de Saint-Pierre tendent à perfectionner les vertus sociales. Tous deux veulent, il est vrai, vivre au sein de la nature; mais le premier dans un désert, et le second dans un village et au milieu de sa famille.

Quant à la raison, à la vérité, à la sagesse, j'en vois bien les noms dans les écrits de Rousseau; mais j'en cherche en vain les effets. Malheur à ceux qui lui donnent leur ame! car c'est notre ame qu'il nous demande, et pour la précipiter dans un abîme d'illusions et de contradictions. Ennemi de tout ce qui est, il faut le mettre d'accord avec lui-même avant de s'accorder avec lui ; il le faut écouter, non le croire. Si vous êtes sage, songez donc en le lisant aujourd'hui à ce qu'il vous disait hier. Tant de propositions opposées, de paradoxes bizarres, doivent éveiller vos doutes, et vous avertir du danger. L'écrivain qui vous enflamme pour le mensonge, peut vous faire admirer la supériorité de son éloquence; mais il vous prouve en même temps la faiblesse de ses arguments et la nullité de votre raison.

Il est des inspirations presque divines qui ne nous séparent jamais de la vertu, et qui sont entendues de tous les hommes. Si Jean-Jacques Rousseau subjugue la raison et la trompe, Bernardin de Saint-Pierre touche le cœur et cherche à l'éclairer. Chaque émotion lui fait découvrir une vérité, chaque objet de la nature un bienfait. Ce n'est pas la parole d'un maître qui vous reproche vos erreurs; c'est celle d'un ami qui craint lui-même de se tromper, qui vous prévient de son ignorance, qui doute, il est vrai, de la sagesse des philosophes, mais qui doute encore plus de la sienne. Son éloquence est une partie de son ame, elle en a la douceur, elle ne sert qu'à en exprimer les sentiments. Dans la guerre qu'il déclare aux incrédules, son unique but est de les conduire au bonheur: il ne veut pas écraser ses ennemis, il veut les émouvoir et les convaincre. On sent que ce n'est pas pour l'honneur de la victoire qu'il combat, mais qu'il éprouverait une joie infinie s'il ramenait un seul de ses adversaires à la vérité. Il dit : Étudiez la nature! aimez les infortunés! adorez la Providence! soyez heureux!

Jean-Jacques, au contraire, méprise les hommes, que Bernardin de Saint-Pierre veut éclairer : ce qu'il soutient le mieux c'est l'erreur; ce qu'il redoute le plus c'est la vérité. La résistance blesse son orgueil; il ne sait rien apprendre d'elle. Il veut étonner, subjuguer, éblouir; l'ironie amère, l'invective éloquente, la véhémence, le mépris, voilà ses armes. Il faut que son adversaire tombe à ses pieds, qu'il reste muet d'admiration, ou qu'il meure de honte. Dans cette lutte, il vous repousse, il vous outrage, il vous écrase. Sa parole est un ordre; il faut lui céder ou être haï. Il dit : Aimez-moi, honorez-moi, croyez en moi, je suis la vérité!

Le trait caractéristique de leur génie, c'est que Jean-Jacques s'isole, et rapporte toutes ses spéculations à un seul homme, qui est souvent lui-même; tandis que Bernardin de Saint-Pierre étend les siennes à la nature et au genre humain. S'il écrit de l'éducation, ce n'est pas de celle d'un enfant, c'est de celle des peuples; s'il parle de la science, c'est en généralisant ses bienfaits pour le bonheur de tous. Ses vues politiques embrassent le globe entier, qu'il réunit par le commerce, par l'intérêt et par l'amour. Il lui est démontré que les nations sont solidaires, que la sagesse d'une seule pourrait se répandre sur toutes les autres, et que sa patrie doit avoir un jour cette heureuse influence, parce qu'elle règne sur l'Europe, et l'Europe sur le monde. Son livre serait encore utile aux habitants des Indes et de la Chine, à ceux qui errent sur les bords de la Gambie et de l'Amazone. Il n'en est pas de même des ouvrages de Jean-Jacques Rousseau. Comment généraliserez-vous ses idées? fonderez-vous des peuplades de sauvages et d'ignorants? Un homme peut renoncer aux sciences, et se croire sage; mais une nation ne renoncerait pas à ses lumières sans renoncer à sa prospérité. Osez proposer le Contrat social à une ville plus grande que Genève, et ces lois si savamment méditées ne produiront que d'effroyables révolutions. Donnez à un peuple le plan d'éducation de l'Émile, et ce beau traité devient illusoire. Jean-Jacques n'a voulu élever qu'un homme, et ce sont les nations que Bernardin de Saint-Pierre voulait former.

Ce n'est pas qu'il n'y ait dans les ouvrages de Rousseau quelques idées fondamentales qui peuvent servir au bonheur de tous, mais il les trouve en développant des systèmes qui ne peuvent servir qu'au bonheur d'un seul; au contraire, c'est toujours en partant d'une idée utile au genre humain que Bernardin de Saint-Pierre nous enrichit d'une multitude d'observations qui peuvent assurer le bonheur de chacun.

Mais un dernier point de comparaison se présente. Tous deux ont beaucoup parlé des femmes, et tous deux, par des moyens opposés, ont captivé leurs suffrages. Rousseau attaque sans cesse leur frivolité, leur inconstance, leur coquetterie; personne n'en a dit plus de mal et n'en a été plus aimé : il les traite de grands enfants, il se plaît à les montrer faibles; les plus parfaites succombent dans ses écrits. Vainement il emploie des volumes pour former l'épouse d'Émile : à quoi bon tant d'apprêts, tant de soins, tant de sollicitudes? le fruit de ce chef-d'œuvre d'éducation est l'infidélité de Sophie. Cependant toutes ses accusations ne peuvent éteindre l'enthousiasme qu'il inspire; les femmes lisent, malgré lui, au fond de son ame : ce sont les reproches de l'amour et non de la haine; il les décrie et les adore, il les blâme et les rend aimables, il les accable et les déifie, et, dans ses emportements les plus terribles, on reconnaît le langage d'un amant qui veut, mais en vain, rompre ses chaînes. Il est comme ce Sauvage, qui voyant du feu pour la première fois, réjoui de sa chaleur et de sa lumière, s'en approcha pour le baiser; mais en ayant été brûlé, il le maudissait, le priait, l'adorait, ne sachant si c'était un démon ou un dieu.

Bernardin de Saint-Pierre a plus de douceur sans avoir moins de passion. Les femmes apparaissent dans ses écrits telles que nous les voyons dans les rêves de notre adolescence, parées de leur beauté virginale, et ne tenant à la terre que par l'amour. C'est sous leur douce influence qu'il voudrait replacer l'homme pour le ramener à la vertu : il ne voit que leur pureté, il ne peint que leurs graces, il n'aime que leur innocence. Rousseau consume notre ame par l'exemple de Julie oubliant tout dans les bras de son amant ; Bernardin de Saint-Pierre nous pénètre d'un sentiment divin, en nous offrant la douce image de Virginie. Aucun souffle ne ternit cette fleur délicate, qui répand les parfums du ciel. Elle aime de l'amour des anges, et sa dernière action est sublime, car au moment où elle peut espérer d'être heureuse, elle donne sa vie pour ne pas manquer à la pudeur. Ainsi, les tableaux de Bernardin de Saint-Pierre ont toujours quelque chose d'idéal, sans cependant jamais sortir de la nature ; il est comme ces statuaires des temps antiques, qui reproduisaient la figure humaine avec des proportions si parfaites, que sous une forme mortelle on reconnaissait une divinité. Rousseau fut donc l'ami et non le maître de l'auteur des Études.

Un de ces génies privilégiés que Dieu envoie de temps à autre pour faire entendre sa pensée aux hommes, une de ces intelligences supérieures destinées à offrir à la terre le spectacle des vertus antiques sous l'image touchante de la piété et de l'humilité chrétienne, Fénelon, tel fut, selon nous, le divin modèle que choisit Bernardin de Saint-Pierre ; c'était aussi celui de Jean-Jacques, et l'amour du maître ne fut pas le lien le moins fort de l'affection mutuelle des disciples. Tous deux reconnaissaient la supériorité de Fénelon, et l'on voit assez qu'en parlant de ses écrits, ils sont prêts à dire de lui ce que le Tasse disait de Virgile : « Ne cherchons point à l'égaler, conten» tons-nous de le suivre de loin, en baisant ses traces. »

La lecture de Télémaque inspira le premier ouvrage de Bernardin de Saint-Pierre, et il ne lui manqua que d'achever l'Arcadie pour mériter une gloire peut-être égale à celle de Fénelon. Il avait à peindre la même époque et les mêmes malheurs, ceux qui suivirent la chute de Troie; mais il pénétrait chez des peuples à qui ces grands événements étaient restés inconnus, les uns à cause de leur barbarie, les autres à cause de leur innocence, ce qui devait donner une grande nouveauté à son poëme. Les images champêtres de l'Arcadie, le tableau de la Gaule sauvage et de l'Égypte corrompue, lui offraient aussi le moyen de mettre en action toutes les théories qu'on trouve éparses dans le Télémaque, sur l'éducation des enfants et le gouvernement des peuples; théories qu'il développa plus tard dans les Études, comme on peut le voir en rapprochant l'Étude xiv qui traite de l'éducation nationale, d'un passage du Télémaque sur le même sujet. * Forcé par la mauvaise fortune de renoncer à l'Arcadie, et de cueillir, suivant son expression, le fruit encore vert, il réunit les débris de son poëme pour en composer les Études; mais en changeant de dessein, il resta disciple fidèle, car ce dernier ouvrage n'est, pour ainsi dire, que le développement du beau traité de Fénelon sur l'existence de Dieu. L'ame religieuse de Fénelon avait dirigé l'étude de la nature vers son premier principe. Le génie éminemment observateur de Bernardin de Saint-Pierre fut frappé de cette pensée, et il ne tarda pas à reconnaître qu'il y avait plus de véritable savoir dans cet axiome populaire : *Dieu n'a rien fait en vain*, que dans tous les livres des savants. Voyez

* Livre xiv.

en effet combien ce principe s'étend et fructifie sous sa main; comment il conduit l'auteur de découverte en découverte; comment il lui fait en même temps saisir la beauté éternelle des choses les plus communes, et l'heureux rapport de toutes ces choses avec Dieu et les hommes. Non-seulement il puise dans cette source de vérité, mais encore il en enseigne la route à qui sait y puiser : c'est ainsi que son livre nous ouvre un horizon enchanteur qui n'a d'autres bornes pour le génie que celles de la nature.

Mais ce qui rapproche sur-tout Bernardin de Saint-Pierre de Fénelon, c'est la douceur de son langage et celle de sa morale. Il avait appris de son maître que la religion vient de la bonté de Dieu, qu'elle est dans le cœur humain, qu'elle naît de la reconnaissance; et le plus bel éloge qu'on puisse faire de ses écrits, celui-là même qu'on donne à ceux de Fénelon, c'est qu'il est impossible de les lire sans éprouver un goût plus vif pour la vertu, et un redoublement de confiance en Dieu. Ah! sans doute, en traçant l'apologie du christianisme dans un siècle où l'on n'applaudissait qu'aux blasphèmes de l'athéisme, il sentit toute la dignité de sa mission; aussi fut-il sublime, et c'est ainsi qu'il échappa à la condamnation que le siècle menaçait de porter contre lui. Il faut l'entendre parler de cette religion qui, « seule a connu que nos passions infinies étaient » d'institution divine. Elle n'a pas, dit-il, borné dans le » cœur humain, l'amour à une femme et à des enfants, » mais elle l'étend à tous les hommes ; elle n'y a pas cir-» conscrit l'ambition à la gloire d'un parti ou d'une nation, » mais elle l'a dirigée vers le ciel et l'immortalité ; elle » a voulu que nos passions servissent d'ailes à nos vertus.

» Bien loin qu'elle nous lie sur la terre pour nous rendre
» malheureux, c'est elle qui y rompt les chaînes qui nous
» y tiennent captifs. Que de maux elle y a adoucis ! que de
» larmes elle y a essuyées ! que d'espérances elle a fait
» naître quand il n'y avait plus rien à espérer ! que de re-
» pentirs ouverts au crime ! que d'appuis donnés à l'inno-
» cence ! Ah ! lorsque ses autels s'élevèrent au milieu de
» nos forêts ensanglantées par les couteaux des druides,
» que les opprimés vinrent en foule y chercher des asiles,
» que des ennemis irréconciliables s'y embrassèrent en
» pleurant, les tyrans émus sentirent, du haut des tours,
» les armes tomber de leurs mains : ils n'avaient connu que
» l'empire de la terreur, et ils voyaient naître celui de la
» charité. Les amants y accoururent pour y jurer de s'ai-
» mer, et de s'aimer encore au delà du tombeau : elle ne
» donnait pas un jour à la haine, et elle promettait l'éter-
» nité aux amours. Ah ! si cette religion ne fut faite que
» pour le bonheur des misérables, elle fut donc faite pour
» celui du genre humain ! » *

Ne semble-t-il pas que l'ame du maître ait passé dans celle du disciple ? et comment se refuserait-on à reconnaître l'influence de Fénelon dans un livre qui renferme une multitude de morceaux semblables ? Aussi les philosophes ne pardonnèrent à l'auteur ni sa vertu, ni son éloquence, ni sa gloire. Ne pouvant réfuter ses principes, ils essayèrent d'en affaiblir l'effet en publiant que le clergé lui faisait une pension, voulant montrer une ame vénale où l'on voyait une ame religieuse. Il y avait bien quelque chose de vrai dans cette accusation. L'auteur aurait

* Études de la Nature, tome 1ᵉʳ, page 380.

pu obtenir cette pension s'il avait voulu la demander à l'assemblée générale du clergé. On le lui fit même proposer, et pour lui offrir cette honorable récompense on ne demandait que son aveu. Mais loin de le donner cet aveu, il s'opposa aux démarches de l'archevêque d'Aix qui jouissait alors d'une puissante influence. « Je ne veux, disait-il, ni qu'on puisse soupçonner ma plume d'être vénale, ni la mettre à la solde d'aucun corps. » Ainsi, chaque calomnie dont on a tenté de flétrir ce grand écrivain, nous fera découvrir une action honorable. Que les méchants n'espèrent rien de ce qui nous reste à dire ! Caton, le plus sage des hommes, fut accusé quarante-quatre fois ; et ces accusations n'eurent d'autre résultat que de forcer ses ennemis à reconnaître quarante-quatre fois sa vertu.

Si donc il suffisait de toucher et de convaincre pour faire aimer la vérité, il n'y aurait plus d'incrédules : le livre de Bernardin de Saint-Pierre eût anéanti l'erreur. Mais la vérité ne fait plus de prodiges : tout ce qu'on peut en attendre, elle le fit alors. On peut dire que ce livre attira à M. de Saint-Pierre les hommages de l'Europe entière. Les hommes les plus savants de France et d'Angleterre lui écrivirent pour le féliciter de ses découvertes, et l'engagèrent à continuer ses sublimes spéculations. Les grands, dans l'espoir de tourner au profit de leur plaisir son goût pour la campagne, le pressaient de venir habiter leurs châteaux. Plusieurs mères, touchées de ses idées sur le mariage, lui offrirent la main de leurs filles. Les malheureux, attirés par son épigraphe, venaient à lui avec des passages de son livre, et lui demandaient des secours qu'il était hors d'état de leur donner. D'autres, lui croyant du crédit, le suppliaient de solliciter pour eux, ou de leur enseigner les moyens d'acquérir sans peine des honneurs et des richesses; mais voyant qu'il ne voulait leur apprendre qu'à se passer de ces faux biens, ils se retiraient en murmurant, et l'accusaient d'égoïsme et d'insensibilité. Enfin, on lui écrivait de tous côtés: son temps eût à peine suffi à répondre aux lettres de sollicitations ou de compliments; et, dans l'espace d'un an, il paya pour plus de 2000 francs de ports de lettres. Chacun avait la prétention d'établir avec lui une correspondance réglée, et, lorsqu'il tardait à répondre, on ne manquait pas de lui récrire pour se plaindre de son impolitesse. Obligé de fermer sa porte, et de laisser à la poste la plupart de ces lettres, il ne tarda pas à éprouver les atteintes de la calomnie. Ce consolateur, ce bienfaiteur des hommes ne fut plus qu'un être injuste et bizarre, un hypocrite qui ne se disait l'ami de la nature que pour être, plus à son aise, l'ennemi de la société. Ses plus zélés partisans se changèrent en cruels détracteurs; les philosophes aidaient à la médisance, et, n'ayant pu en faire un esclave ou un flatteur, ils essayaient d'en faire un Paria.

Ces tristes efforts de l'envie et de la sottise ne purent cependant détruire sa tranquillité. « Il me semble, disait quelquefois M. de Saint-Pierre, qu'il y ait en moi plusieurs étages où mon ame habite successivement. J'aime naturellement le fond de la vallée, je m'y repose des maux de la vie; mais, lorsqu'on vient m'y troubler, mon ame s'élève par degré au-dessus de tout ce qui voudrait l'atteindre. Si le malheur augmente, je m'élance au sommet de la montagne, et, loin de la vue des hommes; je m'y réfugie dans un monde où je ne suis plus en leur pouvoir. »

O.

Parmi les lettres qu'on lui adressait de toutes parts, il y en avait de si romanesques, qu'on les croirait l'œuvre de l'imagination. Telle est sur-tout celle d'une demoiselle de Lausanne, qui, se laissant charmer à la lecture des Études, écrivit aussitôt à l'auteur pour lui proposer sa main. Ce qu'il y a de plus singulier, c'est que sa mère autorisait sa démarche, et joignait sa prière à la sienne. Cette demoiselle était jeune, belle et riche : elle le disait naïvement; mais elle était protestante et ne voulait point épouser un catholique, ce qu'elle disait avec la même naïveté. *Je veux*, écrivait-elle, *avoir un mari qui n'aime que moi, et qui m'aime toujours. Il faut qu'il croie en Dieu, et qu'il le serve à ma manière..... Je ne voudrais pas être votre femme, si ce n'était pour faire ensemble notre salut.*

Ce dernier sentiment avait quelque chose de délicat, que M. de Saint-Pierre ne manqua pas de remarquer dans sa réponse, mais sans s'expliquer sur l'objet principal. Il terminait sa lettre par ces mots : *Je pense comme vous; et pour aimer, l'éternité ne me paraît pas trop longue. Mais avant tout, il faut se connaître et se voir dans ce monde.*

L'article de la religion n'étant pas réglé, la jeune personne recommença ses sollicitations, en chargeant une de ses amies, qui habitait Paris, de faire expliquer M. de Saint-Pierre. Celle-ci traita la difficulté légèrement, comme si rien ne lui eût paru plus naturel. « Vous avez écrit, lui dit-elle, qu'il y avait douze portes au ciel. — Cela est vrai. — Vous avez dit que les oiseaux chantaient leurs hymnes, chacun dans son langage, et que tous ces hymnes étaient agréables au Créateur : ainsi, vous vous ferez protestant, et vous épouserez mon amie. — Ah ! madame, reprit Bernardin de Saint-Pierre, vous avez beau vouloir me prendre par mes propres paroles, je n'ai jamais dit qu'un rossignol dût chanter comme un merle ; je ne changerai donc ni de religion ni de ramage. » La négociation en demeura là.

Ce ne fut que plus de quatre ans après, en 1788, que M. de Saint-Pierre donna Paul et Virginie. Ce petit ouvrage était depuis long-temps dans son portefeuille, et le mauvais succès d'une lecture de société avait même failli le lui faire jeter au feu avec tous ses papiers. Nous nous arrêterons un instant sur cette circonstance qui nous force de revenir sur nos pas.

Au moment de son départ de Prusse, le prince Dolgorouki, ambassadeur de Russie à Berlin, lui remit une lettre pour le banquier Germany, beau-frère de M. Necker. Cette lettre contenait un si bel éloge du porteur, qu'elle le fit accueillir avec empressement. Dans la suite, malgré les voyages qui l'éloignèrent, et son amour pour la solitude, il continua toujours de voir, de loin à loin, madame Germany, qui l'attirait par les charmes de sa conversation, et par une extrême ressemblance avec la princesse qu'il avait aimée en Pologne. On disait de madame Germany, qui était étrangement bossue, que la nature lui avait donné, avec la tête d'un ange, la langue et la queue d'un serpent : triple allusion qui exprimait fort bien la beauté de ses traits, la difformité de sa taille, et la malice de son esprit. Il est vrai que ses railleries, toujours piquantes, auraient pu passer pour des méchancetés ; mais M. de Saint-Pierre, en écoutant madame Germany, était si préoccupé du souvenir de la princesse, qu'incapable de voir ses défauts, il louait quelquefois jusqu'à sa bonté. Madame Germany se moquait de son aveuglement, dont elle ne laissait pas d'être charmée. Elle disait de M. de Saint-Pierre : « Si je le laissais faire, il me persuaderait que ma bosse rend ma beauté plus touchante. Mais il faut lui pardonner : il croit ce qu'il dit, et ne flatte que ceux qu'il aime. » Ce dernier trait peint admirablement M. de Saint-Pierre : il n'y a que les femmes qui sachent saisir ainsi les nuances délicates de notre cœur.

Un jour qu'après une assez longue absence il rendait visite à madame Germany, une dame, dont la tournure était plus roide qu'imposante, entra sans se faire annoncer. Elle avait une robe de soie nacarat, les bras et le sein découverts, costume qui n'était d'usage qu'à la cour. « Ma sœur, lui dit madame Germany dès qu'elle fut assise, voilà un philosophe que je vous présente. Il ne ressemble en rien à ceux que vous connaissez ; tâchez seulement de l'apprivoiser. Il est plein de mérite, et je me hâte de vous le dire, car il se donne autant de peine à cacher l'esprit qu'il a, que d'autres s'en donnent à montrer celui qu'ils n'ont pas. » Pendant ce discours, la figure de la dame nacarat n'avait rien perdu de sa dignité. M. de Saint-Pierre, un peu piqué de son air froid et protecteur, fit un profond salut et se disposait à se retirer, lorsque madame Germany lui rappela qu'il devait dîner avec elle. Bientôt on servit, et sa place fut désignée à côté de l'inconnue, à laquelle il trouvait plus de beauté que de physionomie, plus d'apprêt que de grace, plus de prétentions que d'esprit. Elle ne conversait pas, elle discourait, et ses discours ressemblaient à une composition dont les effets sont prévus. Point de finesse dans les aperçus ; point de netteté dans l'expression ; dans tout ce qu'elle disait, il y avait quelque chose de personnel, et sa conversation était l'expression de sa vanité plutôt que celle de son esprit. En l'écoutant, on sentait qu'elle voulait être admirée, et l'on cherchait pourquoi. A l'autre bout de la table, il y avait un homme dont les manières étaient lourdes, les traits durs, le regard fixe, et l'air préoccupé. Il parlait peu, n'écoutait pas, mangeait beaucoup, et on le servait avec une attention qui ressemblait à du respect. Vers le milieu du dîner, ce personnage demanda du café, en prit une tasse, et, sans autre façon, il sortit de table avec la dame nacarat, qui pria sa sœur de lui amener M. de Saint-Pierre. Il apprit alors qu'il venait de dîner avec monsieur et madame Necker. A ce nom, il comprit les manières moitié protectrices, moitié dédaigneuses, de ce couple singulier, qui s'enorgueillissait déjà du crédit qu'il n'avait pas encore. On sait que M. de Maurepas, séduit par les vues d'économie du financier de Genève, fut la première cause de son élévation. M. Necker arriva au ministère en écrasant son protecteur ; et l'on peut dater de cette époque funeste les malheurs de la France. Cet homme, qui osa prendre sa présomption pour du génie, éveilla toutes les passions, excita tous les vices, accumula tous les maux ; sans prévoyance pour le jour, sans sagesse pour le lendemain, ses intentions n'eurent rien de perfide, mais il sembla ne chercher dans le pouvoir que des moyens de s'élever jusqu'à la noblesse, ou d'abaisser la noblesse jusqu'à lui. Jamais il ne put comprendre que la vertu est au-dessus des titres. Sa roture fut la plus grande de nos calamités; elle lui apprit à flatter le peuple pour se rendre nécessaire à la cour, et à tromper la cour pour captiver la faveur du peuple. Parvenu au plus haut degré du pouvoir, il n'y sentait que le regret amer de n'y être pas né. Comme ministre, il publia des écrits administratifs qui, par leur ton sentimental et leur charlatanisme, révélaient son incapacité; comme financier, ses hautes conceptions se bornèrent à implorer du peuple des dons patriotiques pour combler le déficit du trésor: c'était montrer la plaie, et non la guérir. Incertain dans sa marche, changeant chaque jour de prétention, il voulut être l'idole de la France, le protecteur du prince, l'ami du peuple; mais, trahissant lui-même tous ses projets, et tombant, par orgueil, jusqu'au dernier degré de l'abjection, il finit; suivant l'expression énergique de Mirabeau, par se faire quelques instants le roi de la canaille.

Son élévation fut cependant regardée comme l'aurore du bonheur. M. de Saint-Pierre aussi se laissa éblouir par cette fausse lumière, et fut entraîné de nouveau dans le tourbillon du monde. Il retrouva, chez M. Necker, une partie de la société qu'il avait laissée pesant les réputations et dirigeant les économistes chez Mlle de Lespinasse. Marmontel, Saint-Lambert, Laharpe, Delille, y parlaient encore littérature; mais déjà Suard, Morellet, et mille autres qui consacraient leur plume aux disputes du jour, ne s'occupaient que des intérêts d'une prochaine révolution. Mme Necker, en habit de cour, bien que la cour fût pour elle un pays inconnu, régentait, avec Thomas, ce cercle de beaux esprits, et croyait le diriger. Seulement si M. de Buffon venait à paraître, il éclipsait tout par la puissance de son beau génie et de sa haute réputation. Mme Necker fière, avec juste raison, de l'amitié de ce grand homme, qu'elle appelait son père, et qui était encore pour elle un grand seigneur, lui cédait le privilége de son fauteuil, et tant qu'il daignait occuper cette place d'honneur, on la voyait, humble disciple, tout empressée à recueillir ses moindres paroles, et à commander le silence et l'admiration. Mais M. de Buffon laissait reposer son éloquence avec sa plume. Sa conversation était simple et pleine de locutions communes, quelquefois même triviales. Il se croyait quitte envers les oisifs du monde dès qu'il leur avait montré sa belle figure et ses habits magnifiques. M. de Saint-Pierre, qui n'avait point encore publié les Études, serait resté ignoré au milieu de tant d'hommes célèbres, si l'abbé Arnaud, qui se ressouvenait de sa noble conduite chez Mlle de Lespinasse, ne s'était mis dans la tête de le faire valoir. Cet abbé aimait à se mettre en scène; c'était, si l'on peut s'exprimer ainsi, un homme à l'effet: il loua donc tout haut M. de Saint-Pierre, parla de ses talents, de sa fermeté, de ses principes, et comme s'il n'eût pas cru lui-même à ses éloges, il alla, dès le lendemain, lui proposer d'écrire pour *la sainte ligue*, c'est-à-dire, de composer des pamphlets en faveur de l'administration de M. Necker, contre l'administration de M. de Maurepas. Notre philosophe lui répondit simplement que « ses principes n'ayant point varié, il ne pouvait ni vendre ni prêter sa plume à aucun parti. » L'abbé Arnaud loua ce nouveau trait de sagesse, mais ni lui ni ses amis ne purent le pardonner. Ce n'étaient point des hommes aussi sages qu'il fallait à Mme Necker, qui cessa aussitôt de faire accueil à M. de Saint-Pierre. Celui-ci ne sachant à quoi attribuer un pareil changement, et se croyant encore victime de quelque calomnie, eut la bonne foi de composer un mémoire justificatif, qui dut bien faire rire cette femme ambitieuse, car on y reconnaît par-tout la sensibilité la plus vraie, et la confiance d'une ame tendre qui ne demande qu'à s'épancher.

Cependant, peu de jours après, Mme Necker écrivit à l'auteur pour lui demander une lecture de ses ouvrages. Elle lui promettait pour auditeurs et pour juges les hommes qu'elle estimait le plus. M. Necker devait, par une faveur insigne, se trouver chez lui ce jour-là. Enfin, Thomas, Buffon, l'abbé Galiani, M. et Mme Germany, et quelques autres encore, furent admis à ce tribunal, où M. de Saint-Pierre comparut le manuscrit de Paul et Virginie à la main. D'abord on l'écoute en silence; peu-à-peu l'attention se fatigue, on se parle à l'oreille, on bâille, on n'écoute plus; M. de Buffon regarde sa montre et demande ses chevaux; le plus près de la porte s'esquive; Thomas s'endort; M. Necker sourit en voyant pleurer les dames; et les dames, honteuses de leurs larmes, n'osent avouer qu'elles ont été intéressées. La lecture achevée, on ne loua rien; Mme Necker critiqua seulement la conversation de Paul et du vieillard. Cette morale lui avait paru ennuyeuse et commune; elle suspendait l'action, et refroidissait le lecteur, c'était *un verre d'eau à la glace*. M. de Saint-Pierre se retira dans un état de découragement impossible à dépeindre. Il crut son arrêt porté. L'effet de son ouvrage sur un pareil auditoire ne lui laissait aucune espérance pour l'avenir. Il ignorait qu'un écrivain inconnu ne peut attendre son succès que du public. Dans la société, les hommes qui ont de la réputation, louent peu, de crainte de se compromettre; les autres ne jugent un livre que sur le nom de son auteur. Il resta donc persuadé que Paul et Virginie, que les Études de la Nature, que tous ses travaux, fruit de quatorze ans de patience et d'observations, n'étaient pas dignes de voir le jour. Dans le premier moment, et c'est ici un trait admirable de caractère, l'idée lui vint de brûler tous ses papiers, de renoncer aux sciences, à la littérature, et de s'appuyer du crédit de M. Necker pour obtenir une portion inculte des domaines du roi, afin de s'y établir avec quelques familles choisies dans la classe du peuple la plus pauvre. C'étaient ses projets de législation qui se reproduisaient sous une forme plus modeste. Son ambition se bornait alors à rendre une terre féconde et des hommes contents de leur sort. Heureusement cette demande n'eut aucun succès, et il fut réduit à faire un roman* de sa colonie, comme il en fit un de sa république.

Il était encore accablé de ce double échec, lorsqu'un homme de génie, le peintre Vernet, vint ranimer son courage, et le rendre à ses études chéries. Cet artiste célèbre montait souvent dans le petit donjon que M. de Saint-Pierre occupait alors, rue Saint-Étienne-du-Mont. Le hasard l'y ayant conduit quelques jours après la funeste lecture de Paul et Virginie, il trouva son ami dans un abattement extrême; et le pauvre solitaire, le cœur plein de sa mésaventure, ne se fit pas prier pour la raconter. Elle surprit Vernet, qui avait entendu plusieurs fragments des Études, et qui voulut juger un ouvrage sorti

* Voyez La Pierre d'Abraham, tome XII.

de la même plume. M. de Saint-Pierre ne cède qu'avec peine à ses instances, mais enfin il prend son manuscrit qui, depuis le jour fatal, était resté roulé sur le coin de sa table, et il commence sa lecture. Vernet l'écoute d'abord avec méfiance, mais le charme ne tarde pas à agir sur lui : à chaque page il se récrie. Jamais il n'entendit rien de si neuf, de si pur, de si touchant ! La description de ces climats lointains développe à ses yeux une nature nouvelle ! Les jardins d'Éden ont moins de fraîcheur ; les amours d'Adam et d'Ève ont moins de grace et d'innocence ! C'est le pinceau de Virgile ! c'est la morale de Platon ! Bientôt il ne loue plus, il pleure. Il partage les transports de Paul au départ de Virginie ; il ne trouve plus d'expressions assez fortes pour rendre ce qu'il éprouve. On arrive au dialogue du vieillard ; M. de Saint-Pierre propose de passer outre, et raconte l'effet qu'il a produit sur Mᵐᵉ Necker. Vernet ne veut rien perdre ; il prête toute son attention, et bientôt son silence devient plus éloquent que ses larmes et ses éloges. Enfin la lecture s'achève ; Vernet transporté, se lève, embrasse son ami, le presse sur son sein : « Heureux génie ! charmante créature ! s'écriait-il ; la beauté de votre ame a passé dans votre ouvrage. Ah ! vous avez fait un chef-d'œuvre ! Gardez-vous bien de retrancher le dialogue du vieillard : il jette dans le poëme de la distance et du temps ; il sépare les détails de l'enfance du récit de la catastrophe, et donne de l'air et de la perspective au tableau : c'est une inspiration de l'avoir placé là ! Mais combien ce site étranger a de charmes par sa beauté naturelle ! et avec quel art l'action se trouve liée au fond du paysage ! Non-seulement on croit avoir vécu avec ces aimables enfants, mais on croit avoir entendu le ramage de leurs oiseaux, cultivé leur jardin, joui de la beauté de leur horizon, parcouru leur univers ! Mon ami, vous êtes un grand peintre, et j'ose vous prédire la plus brillante renommée ! » Ces éloges, qui faisaient entendre d'avance à M. de Saint-Pierre le jugement de la postérité, le pénétrèrent de joie, et lui rendirent cette confiance qu'un excès de modestie fait perdre quelquefois au talent, et qu'une conscience secrète lui rend toujours presque malgré lui. Il disait du fond de son cœur : « Mon Dieu, pardonnez-moi de ne m'être point fié à vous. » Ce jour fut pour lui un jour de bonheur. Après s'être long-temps promené avec Vernet, il le quitta sur les boulevards, à l'entrée de la rue Saint-Victor. Il revenait seul dans cette rue, lorsqu'il fut surpris par une averse ; comme il hâtait sa marche pour chercher un abri, de longs éclats de rire attirèrent son attention. Il ne voyait cependant qu'une petite fille qui accourait à lui, la tête couverte de son jupon, qu'elle avait relevé par derrière. Mais bientôt il s'aperçut que ce jupon servait d'abri à deux têtes charmantes animées par la course et par la joie. On voyait briller sous ce parapluie de leur invention, des regards contents et des joues de roses. En rentrant chez lui, il ajouta cette jolie scène à sa pastorale, et ceci est un trait caractéristique de ce génie observateur. Il ne savait décrire que ce qu'il avait vu ; mais quelle riante imagination ne fallait-il pas pour voir dans les jeux de deux enfants du faubourg Saint-Marceau un tableau digne du pinceau de l'Albane !

Le succès de Paul et Virginie surpassa l'attente même de Vernet. Dans l'espace d'un an, on en fit plus de cin-

quante contrefaçons. Les éditions avouées par l'auteur furent moins nombreuses; mais elles suffirent pour le mettre
en état d'acheter une petite maison avec un jardin, située rue de la Reine-Blanche, à l'extrémité du faubourg
Saint-Marceau : véritable chartreuse, dont aucun bruit,
aucun voisin ne troublait la solitude. C'est du fond de
cette retraite que l'auteur assista, pour ainsi dire, aux
premiers mouvements de cette révolution qui devait faire
tant de mal à sa patrie et au genre humain. Il l'avait vue
de loin sortir de l'antre de l'athéisme, s'élever autour du
trône et des autels, et de là se répandre sur les chaumiè-
res, qu'elle remplit de ses ténèbres. Mais vainement il avait
cherché à ramener sur la France quelques rayons de la
lumière céleste ; leurs clartés brillaient aux yeux inno-
cents, et laissaient la multitude dans l'obscurité. Au moment où le royaume se divisait en deux partis, dont l'un
voulait faire une république, et l'autre conserver la monarchie, il se hâta de rappeler au peuple les anciennes
obligations qu'il avait à son roi. Ces observations furent
publiées dans les journaux ;* mais comment auraient-
elles été entendues au milieu de tant de volontés coupables! Dans les jours de désordre, on ne vous demande pas
de suivre votre conscience, mais de suivre un parti. Il
faut penser comme les autres, sous peine d'être déshonoré. « Que me parlez-vous de modération! s'écrie le soldat en marchant au combat ; ma vertu, en ce moment,
est de tuer mon ennemi. » Telle fut la réponse des factions
à l'écrit de Bernardin de Saint-Pierre. Aussi disait-il que
ce qui l'avait le plus étonné dans la révolution, c'est qu'on

---

* Il les recueillit ensuite dans le Préambule des Vœux d'un Solitaire.

eût fait un crime de la modération. Cependant il persistait dans ses principes. Le duc d'Orléans, qui lui avait accordé une petite pension, voulant mettre sa reconnaissance à l'épreuve, le fit solliciter d'écrire en sa faveur; Bernardin de Saint-Pierre lui répondit en publiant les Vœux d'un Solitaire, qu'il adressait à Louis XVI. La pension fut supprimée.

Cet ouvrage n'est point un traité de politique; ce sont des méditations morales dans le genre de Platon; ce sont les vœux d'une ame pieuse qui fait entendre le langage de la vertu, à une époque où l'on ne voulait plus écouter que celui des passions. Il y avait même alors tant de trouble dans toutes les ames, que le but du livre ne fut saisi que par un très-petit nombre de lecteurs. Ce but était de concilier les idées nouvelles avec les anciennes, afin d'empêcher la destruction totale de tout ce qui avait été. On peut reprocher à l'auteur une grande inexpérience des choses; mais quelle expérience humaine eût pu faire deviner, en 89, ce qui devait arriver en 93? et ne fallait-il pas traverser cette époque pour pouvoir dire des hommes de la révolution : « Ils ne connaissent ni l'amitié, ni » l'égalité, quoiqu'ils en parlent sans cesse : quand on » marche à côté d'eux, on devient leur ennemi; der- » rière eux, leur esclave? »* Ajoutons : et par-tout, leur victime. La forme de cet ouvrage est d'autant plus frappante, que les tableaux de la nature s'y trouvent toujours mêlés aux spéculations de la politique. On voit que les discordes civiles ne peuvent arracher l'auteur à ses douces méditations : tout l'y ramène comme malgré lui. C'est au

* Suite des Vœux d'un Solitaire, page 251.

bout de son jardin, sur un petit banc de gazon et de trèfle, à l'ombre d'un pommier en fleur, vis-à-vis une ruche dont les abeilles voltigent de tous côtés, que, venant à songer aux maux de la France, il s'écrie : « O heureuses les sociétés des hommes, si elles avaient autant de sagesse que celles des abeilles ! » et il se met à faire des vœux pour sa patrie. Le doux repos de la nature lui inspire des pensées pour le repos du peuple ; et les agitations de ce peuple, que tant de maux n'avaient pu encore assagir, le rappellent à la tranquillité de la nature.

Nous n'entrerons dans aucun détail sur cet ouvrage. Le temps n'est pas venu de lui marquer sa place. Quel que fût notre jugement, il trouverait des contradicteurs ; les passions, qui vivent encore, se hâteraient de prononcer à leur tour, et il ne faut pas leur donner cette occasion de juger un livre qui les condamne. Mais en renonçant à parler des Vœux d'un Solitaire, nous ne pouvons nous empêcher d'en détacher une pensée qui devrait, selon nous, être gravée en lettres d'or sur toutes les places publiques : « Si dans un temps de trouble, dit l'auteur, » chaque citoyen rétablissait l'ordre seulement dans sa » maison, l'ordre général résulterait bientôt de chaque » ordre domestique. » Il nous semble qu'il y a plus de raison et de bon sens dans cette seule pensée, que dans les dix millions de brochures que la révolution a fait éclore.

Deux ans après la publication des Vœux d'un Solitaire, en 1791, Bernardin de Saint-Pierre donna la Chaumière indienne. On a dit que ce petit conte était une satire des académies, du clergé et de la religion. Quant à moi, je ne puis y voir que des pages consolantes. Comment l'auteur aurait-il attaqué la religion, lorsqu'il voulait ouvrir un refuge au malheur ? Voyez ce pauvre Paria, vil rebut de la nature, errant parmi les tombeaux, sans patrie, sans famille ; il n'est pas seulement rejeté de la société, c'est un être abject dont la présence déshonore, dont le souffle est une souillure. Il n'ose approcher de ses semblables, il n'ose se montrer au jour ; on peut le tuer comme une bête féroce : c'est l'homme tel que les hommes le font. Courbé sous le poids du mépris, de l'abandon, de l'infamie, il relève son front, et semble dire aux infortunés: Malgré tant de misères, il est encore possible d'être heureux !

Il y avait une chose qu'il désirait passionnément ; c'était de voir quelques villes. Il admirait de loin leurs remparts et leurs tours, les concours prodigieux de barques sur leurs rivières, et de caravanes sur leurs chemins. Il se disait : « Une réunion d'hommes de tant d'états différents, qui mettent en commun leur industrie, leurs richesses et leur joie, doit faire d'une ville un séjour de délices. » Une nuit il pénètre furtivement dans les murs de Delhi ; en quelques heures le hasard le rend témoin des événements les plus tragiques, des crimes les plus inouïs. Il voit le supplice des traîtres, les soucis des grands, les misères du peuple ; et, s'échappant avec peine de cet affreux chaos, il s'écrie douloureusement : J'ai donc vu une ville ! puis, les yeux pleins de larmes, il tombe à genoux, et remercie le ciel qui, « pour lui apprendre à supporter » ses maux, lui en a montré de plus intolérables que les » siens. »

Telle est la grande leçon de ce livre. Il nous invite à vivre avec le malheur comme avec un ami qui doit nous rendre sages. Dans Paul et Virginie, l'auteur cherchait à nous rappeler aux lois de la nature, au bonheur de la famille, par le tableau de l'innocence et de la vertu. Dans la Chaumière indienne, il veut arriver au même but, en nous offrant le spectacle des calamités de toute espèce qui affligent les sociétés. L'un nous enseigne ce que nous devons fuir, et l'autre ce que nous devons rechercher. Paul et Virginie nous fait descendre vers les choses simples et vulgaires, pour y trouver le repos ; la Chaumière nous élève vers les choses du ciel, pour nous y placer au dessus de tous les maux de la vie. C'est le livre qui console, comme Paul et Virginie est le livre qui fait aimer. Ah ! sans doute il a bien mérité des hommes celui qui est venu leur dire : « Il ne faut, pour être sage, qu'un cœur pur ; et, pour être heureux, qu'une simple cabane. »

Ceux qui ne voient dans cet ouvrage qu'une satire ingénieuse, où l'on retrouve la légèreté et la malice de Voltaire, auront sans doute quelque peine à le considérer sous ce nouveau point de vue. Qu'ils lisent donc l'anecdote suivante, et qu'ils apprennent d'un infortuné si l'auteur a bien rempli son épigraphe : *Miseris succurrere disco*.

En 1795, au moment de la plus affreuse disette, un jeune homme, qui ne trouvait point à vivre dans son pays, vint à Paris pour y chercher un emploi. Il fut quelque temps instituteur dans une école publique ; mais bientôt privé de sa place, il tomba dans la plus profonde misère. Perdu dans cette ville immense, où il n'avait pas un ami ; sans argent, sans espérance, il avait conçu le projet criminel de terminer ses jours, lorsque le hasard fit tomber la Chaumière entre ses mains. Il lut ce livre, et en le lisant il se sentit consolé. Étonné de pouvoir encore être heureux, il prit la résolution d'abandonner la ville, et d'aller, à l'exemple du Paria, demander aux champs un peu de nourriture. Le pain était alors d'une si grande rareté, que depuis long-temps il n'avait pu s'en procurer un morceau. L'infortuné erra quelques jours aux environs de Paris, vivant de racines, et se reposant à l'abri des arbres qui n'avaient point alors de fruits. Un jour, exténué de besoin, il entre dans Rambouillet, et s'assied sur le seuil d'une porte où il reste évanoui. On le transporte à l'hospice, et tous les secours lui sont prodigués; mais les sources de la vie étaient épuisées, et vingt-quatre heures après il n'était plus. Au moment d'expirer, il fit appeler le juge de paix; et lui ayant confié ses malheurs, il déposa entre ses mains le petit volume de la Chaumière, en le priant de vouloir bien le renvoyer à son auteur. «Cet ouvrage m'a épargné un crime, dit-il; il m'a donné la force de supporter bien des maux. Je désire que son auteur sache que je lui dois de mourir repentant et consolé.» Ainsi le grand tableau du sage de Rome, s'encourageant à mourir par la lecture de Platon, s'efface devant le tableau si touchant d'un malheureux en proie à toutes les détresses humaines, et qui se décide à vivre en lisant la Chaumière indienne. Il est plus difficile de vivre comme le Paria, que de mourir comme Caton.

Cette anecdote nous a fait anticiper de quelques années sur le récit des événements. Il faut donc revenir sur nos pas, jusques vers le milieu de l'année 1792. L'auteur commençait à recueillir quelques fragments des *Harmonies*, lorsque la sagacité de Louis XVI et la faveur publique le tirèrent de sa solitude, pour ainsi dire, mal-

p.

gré lui. Il fut nommé intendant du Jardin des Plantes et du Cabinet d'Histoire naturelle. On sait que l'infortuné monarque lui dit en le voyant : « J'ai lu vos ouvrages ; ils sont d'un honnête homme, et j'ai cru nommer en vous un digne successeur de Buffon. » Éloge qui ne pouvait être ni plus grand, ni mieux mérité, suivant ces belles paroles de Pope, qu'*un honnête homme est le plus noble ouvrage de Dieu.*

Son premier soin fut de faciliter l'étude des richesses qui lui étaient confiées, en ouvrant tous les jours aux naturalistes le Cabinet d'Histoire naturelle, qui, jusqu'alors, n'avait été ouvert que deux fois la semaine. Il proposa d'y joindre une bibliothèque pour les étudiants, et un journal pour les professeurs : ces divers projets furent réalisés plus tard, ainsi que celui de l'établissement d'une ménagerie, dont Bernardin de Saint-Pierre avait le premier conçu l'idée.* Dans l'espace d'un an, il fit construire deux serres et deux bassins d'arrosage, sur les économies de son administration ; et lorsqu'il abandonna l'intendance, il était pauvre et avait fait le bien.

Au milieu de ses travaux, il éprouvait chaque jour davantage le besoin d'avoir une compagne de ses peines et de sa joie. Sa fortune, jusqu'alors, avait été trop mauvaise pour qu'il pût songer à se marier, et son âge commençait à lui faire craindre de trouver difficilement une femme telle que son cœur la souhaitait. Cependant une jeune personne dont, sans le savoir, il avait troublé le repos, devait bientôt fixer son choix. Mademoi-

* Voyez Mémoire sur la nécessité de joindre une ménagerie au Jardin des Plantes, tome XII.

selle Didot n'avait pu voir l'auteur de tant d'ouvrages qu'elle admirait, sans être profondément touchée ; elle aima cette simplicité unie à un mérite si supérieur, ces vertus domestiques qui naissaient tout naturellement des méditations les plus sublimes. L'amour est un feu qui rayonne de toutes parts : celui de mademoiselle Didot fut bientôt aperçu et partagé. Les parents de cette charmante personne virent ses dispositions avec joie, et accueillirent la demande de Bernardin de Saint-Pierre avec transport. Mais la crainte de n'être pas assez aimé venait souvent troubler le bonheur de ce dernier. Il désirait une femme qui partageât son goût pour l'étude et pour la campagne, car dès lors il songeait à quitter l'intendance. Voici le fragment d'une lettre dans laquelle il exprimait ses craintes et ses espérances à celle même qui les faisait naître : c'est dans les choses les plus simples qu'on doit aimer à lire le secret des grandes ames.

« Plus je vous connais, plus je trouve de raisons de
» vous estimer et de vous aimer. Mais dois-je espérer que
» vous serez heureuse avec un homme qui a presque deux
» fois votre âge ; qui, dans peu d'années, entrera dans la
» carrière des infirmités, et qui regarde comme la plus
» douce perspective de sa vie de la passer à la campagne,
» loin des hommes ? Verrez-vous, sans regrets, vos plus
» beaux jours s'écouler dans la solitude ? J'ai besoin d'un
» ami ; le trouverai-je en vous ? Serez-vous cette moitié de
» moi-même, ce cœur que j'ai tant de fois demandé à
» Dieu, et sur lequel il faut que je puisse reposer mon
» cœur ?

» Consultez-vous vous-même sur tous ces devoirs ; car,
» à votre âge, ce ne sont pas des plaisirs. Vous êtes jeune ;

» vous pouvez trouver aisément un jeune homme aimable.
» Pesez toutes ces considérations, et si vous vous décidez,
» non d'après l'aveu de vos parents, trop faciles à se faire
» illusion sur moi, mais d'après votre propre cœur, à m'ai-
» mer pour moi-même, à épouser tous mes goûts, et à
» partager toutes mes peines, vous serez ma consolation,
» ma joie et le centre de tout mon bonheur. »

La réponse fut telle que M. de Saint-Pierre pouvait la désirer. Il épousa mademoiselle Didot; mais il ne tarda pas à reconnaître qu'il était entré dans une famille divisée par la jalousie et l'intérêt. Tous ses efforts pour y rétablir la paix furent inutiles. Sans cesse il était obligé de réconcilier son beau-père avec la mère de sa femme et avec celui de ses fils qui gérait la papeterie d'Essone. Le seul fruit qu'il retira de tant de sollicitudes, fut de voir troubler son repos par les calomnies des uns et des autres. Tout ce qui, dans la vie habituelle, sort de la route ordinaire, est un objet de scandale pour certains esprits; et une grande supériorité, si elle n'est pas comprise, traîne toujours après elle la haine des ames basses et communes. Telle fut alors la position de M. de Saint-Pierre, que ses actions les plus indifférentes, ses paroles les plus simples étaient interprétées d'une manière odieuse. Son beau-père étant mort, il eut encore à supporter les embarras d'un procès qui lui fut intenté par un des frères de sa femme, celui-là même qu'il avait si souvent et si inutilement réconcilié avec sa famille.* Ce misérable,

* Ce procès fut l'origine de tant de calomnies, qu'il est nécessaire d'en rappeler ici quelques circonstances. Lorsque M. Didot, le père, mourut, un de ses fils, le sieur *Léger Didot*, devint propriétaire de la papeterie d'Essone, qu'il gérait depuis long-temps, à la charge de payer

dans l'espérance de ruiner plus facilement M. de Saint-Pierre, ne cessait de lui susciter des tracasseries qui remplissaient sa vie de trouble et d'amertume. Ce n'était pas assez de le dépouiller, on voulait encore le déshonorer. Nous ne rappellerons point ici les indignes calomnies dont ce procès fut l'occasion. On osa accuser M. de Saint-Pierre de faire le malheur de la mère de ses enfants! L'envie croit tout, et, ce qu'il y a de pire, elle fait tout croire. Plus ses inventions sont absurdes, plus elles ont de succès. Celles-ci furent accueillies avec une espèce de fureur, et la mort même de celui qui en fut l'objet n'a pu en effacer les traces. Il est encore aujourd'hui des personnes qui vous disent sérieusement que l'auteur de Paul et Virginie, le peintre des Harmonies de la Nature, fit le malheur de sa femme. Si le mépris le plus profond ne devait pas être notre seule réponse, il nous suffirait, pour fermer la bouche aux calomniateurs, de publier les lettres si tendres, si touchantes, que ces deux époux s'adressaient pendant les plus petites absences; mais il faut craindre de

---

à chacun des héritiers sa part de la succession. La dot de mademoiselle Didot était de 30,000 francs; cette dot n'avait pas été payée, et M. de Saint-Pierre crut devoir acheter sa tranquillité, en acceptant, tant pour l'acquit de la dot que pour ses droits dans la succession, une partie de papier estimée 40,000 francs. La qualité de ce papier se trouva si mauvaise, que M. de Saint-Pierre, après dix ans de réclamations inutiles, fut obligé de le vendre, avec une perte de 75 pour cent. Mais Léger Didot ne se contenta pas de s'être libéré à si bon marché; au bout de quatre ans, après avoir dilapidé la succession, le regret d'en avoir laissé échapper une si petite partie, lui fit intenter un procès à M. de Saint-Pierre, et à son propre frère, Henri Didot, qui avait traité aux mêmes conditions. Il voulait les forcer à rapporter les 40,000 francs qu'ils n'avaient pas reçus. Les tribunaux reconnurent l'iniquité de sa demande, et le condamnèrent.

faire un grand mal en voulant produire un petit bien, et ce serait un mal que de révéler des secrets intimes de famille, qui, d'ailleurs, ont peu d'intérêt pour le public. Les lettres de ces heureux époux resteront la propriété de leurs enfants; et si, dans la famille de leur mère, il se trouve un seul calomniateur, ce sera à eux de répondre.

Qu'on nous permette cependant, à l'occasion de ce procès, de rapporter une anecdote qui nous semble peindre d'une manière piquante le caractère de notre auteur. Son beau-frère Henri Didot, * qui se trouvait, comme nous l'avons dit, dans la même position que lui, vint, quelques jours avant le jugement du procès, l'avertir qu'il était d'usage de faire une visite aux juges. Cette formalité n'était guère du goût de M. de Saint-Pierre; cependant il y consentit, et le voilà cheminant avec Henri, l'un devisant des sciences, l'autre des beaux-arts, et tous deux oubliant leur procès. Arrivés à la porte du juge, M. de Saint-Pierre dit à son beau-frère : « Vous m'avez amené ici, mais c'est vous qui parlerez. » Henri Didot se récrie; le juge arrive pendant la discussion, et M. de Saint-Pierre tâche de faire bonne contenance, et d'expliquer les motifs de leur visite. Dès les premiers mots, il s'embrouille; Henri Didot, qui s'en aperçoit, vient à son secours, et ne parle pas plus clairement; bref, tous deux sortent de chez leur juge, assez peu satisfaits de leur éloquence, mais fort contents d'en être quittes. On voit par ce trait que M. de Saint-Pierre était l'homme du monde le moins propre aux affaires. Il ne les considérait

* Artiste distingué, à qui l'on doit l'invention de la fonderie polyamatype.

jamais que sous deux points de vue, le juste et l'injuste : toutes les nuances intermédiaires lui échappaient; et le plus souvent ce sont celles-là qui font triompher au barreau. Mais Dieu lui envoya un ami généreux qui défendit ses intérêts, et le délivra du soin de lire et de composer des mémoires. M. Bellart fut son défenseur. Qu'il nous soit permis de consacrer ici la reconnaissance de M. de Saint-Pierre, qui voulait en éterniser le souvenir, en plaçant le nom de cet ami auprès de ceux de Taubenheim et de Duval, dans son roman de l'Amazone; comme Homère, au rapport de Plutarque, plaça le nom de ses hôtes dans les pages de son Odyssée.

Au moment du mariage de M. de Saint-Pierre, la tempête révolutionnaire éclatait de toutes parts, le règne des factieux venait de commencer. Ils s'avançaient en poussant des cris de liberté, ne s'apercevant pas de l'horrible destinée qui les pressait de frayer le chemin à leurs propres bourreaux. Dès que M. de Saint-Pierre vit leur marche ambitieuse, il rompit avec eux, et ils devinrent ses ennemis. Le plus dangereux de tous fut le marquis de Condorcet : ce philosophe était en même temps géomètre, académicien, journaliste, représentant du peuple, et président du comité d'instruction publique, le tout par amour pour l'égalité. Il fit à M. de Saint-Pierre le plus grand mal qu'un homme puisse faire à un autre homme, en l'empêchant de faire le bien. A cette époque on parlait de détruire la ménagerie de Versailles; M. de Saint-Pierre demanda qu'elle fût transportée à Paris; il prouva qu'il n'y avait qu'un semblable établissement à portée des naturalistes qui pût offrir à la fois des moyens d'étudier les mœurs des animaux et les plantes qui leur conviennent; car on ne peut trouver aucune instruction sur leur instinct et leur sociabilité dans les relations des voyageurs, qui ne les observent qu'en les couchant en joue. Condorcet répondit à ces projets d'utilité publique par la destruction de la ménagerie de Versailles : tous les animaux rares furent tués : cet établissement eut aussi ses septembriseurs. Mais le savant géomètre ne s'en tint pas là, et il est curieux de rappeler de pareils faits pour l'instruction de la postérité. L'Europe l'entendit avec surprise demander à la tribune nationale de faire reconnaître comme incontestables les opinions scientifiques adoptées par l'académie. Un des motifs de cette singulière proposition était d'obliger M. de Saint-Pierre d'approuver, au nom de la loi, les systèmes combattus dans les Études. Le philosophe voulait appuyer l'autorité de Newton par celle de la république, mais il n'eut pas le bonheur de réussir, et la France put penser, sans demander l'avis de l'académie. Ce n'est pas un des traits les moins piquants de notre histoire que le même siècle qui se vantait de vouloir affranchir les hommes des préjugés de la société, ait voulu couvrir de chaînes ceux qui étudiaient les lois de la nature. Un décret de plus, et la philosophie n'avait rien à envier à ces jours si souvent rappelés où le parlement défendait, sous peine des galères, de s'écarter de la doctrine d'Aristote !

Si l'esprit de philosophie avait perverti les philosophes, il n'avait pas agi avec moins de succès sur la multitude. Les lettres de M. de Saint-Pierre en offrent des exemples que la postérité aura peine à croire. Dans le nombre de ces lettres il en est une adressée au ministre de l'intérieur pour implorer sa protection en faveur des plantes et des arbres du Jardin *national*. On y voit que le peuple, jaloux de jouir de ce qu'on appelait sa souveraineté, rompait les arbres, arrachait les fleurs, enlevait les clôtures, en disant qu'il reprenait son bien, le Jardin appartenant à la nation. En vain les gardes disaient que si chaque citoyen enlevait une plante, la nation n'y aurait bientôt plus rien; le peuple, qui avait aussi sa manière d'entendre les droits de l'homme, n'en était que plus ardent au pillage. Enfin ce bel établissement était menacé de sa ruine, lorsque le ministre invita les citoyens du faubourg Saint-Marceau à faire dans le Jardin une *garde fraternelle la baïonnette au bout du fusil :* ce moyen rétablit un peu l'ordre, et dans cet intervalle l'intendance fut supprimée. Heureux d'abandonner une place qui, dans un meilleur temps, aurait comblé tous ses vœux, M. de Saint-Pierre ne songea plus qu'à fuir une ville où le devoir seul avait pu le retenir si long-temps; il se hâta donc de se retirer à Essone, dans une île délicieuse où, de ses économies, il avait fait construire une jolie maison, simple, petite, et cependant assez grande, comme celle de Socrate, pour contenir ses vrais amis.

Il sortit du Jardin des Plantes dans un état si voisin de la pauvreté, qu'il fut obligé de solliciter une légère gratification pour achever de payer les deux arpents de terre qu'il possédait. « Je ne souhaite, disait-il au ministre, au
» sortir d'une intendance que de pouvoir vivre dans une
» chaumière. Que les murs de la mienne ne s'élèvent pas
» sur un sol que je n'ai point encore payé! peut-être se-
» ront-ils un jour utiles à mon infortunée patrie; c'est dans
» leur humble et paisible enceinte que, préservé des am-
» bitions qui la déchirent, je recommencerai des études
» que je n'aurais jamais dû quitter. »

C'était au mois de septembre 1793 que M. de Saint-Pierre s'exprimait avec tant de simplicité et de noblesse. Qu'on se reporte à cette époque, et l'on jugera s'il y avait quelque courage à parler devant un ministre du malheur de la patrie, et des ambitieux qui la déchiraient. Mais ce n'était point assez de vouloir fuir les hommes, il fallait encore le pouvoir, et dans ces temps de liberté, il n'était pas permis de faire un pas sans l'autorisation du gouvernement. Arrivé à Essone, M. de Saint-Pierre fut accueilli par des hommes armés de piques, qui lui demandèrent un *certificat de civisme*. Il fallut écrire, solliciter, pour obtenir la permission de coucher dans sa propre maison. On vit alors l'auteur des Études, suivi de sa femme, grosse de plusieurs mois, demander l'hospitalité à de pauvres villageois qui n'osaient l'accueillir. Conduit dans le lieu des assemblées populaires, il leur dit avec cette bonhomie du vieux temps : « Je suis sans fortune, » ma santé est altérée, je ne puis vous servir comme ca- » pitaliste, laboureur, commerçant, fonctionnaire public ; » mais je tâcherai de vous être utile comme homme de » lettres : lorsque vous aurez quelques pétitions à rédiger » pour le bien de votre canton, j'y emploierai l'affection » que j'ai vouée à des hommes avec lesquels j'ai désiré » de vivre et de mourir. »*

Il est impossible de n'être pas ému en voyant l'un des premiers écrivains du siècle proposer humblement de rédiger les pétitions de ceux dont il implorait un asile. Les anciens, qui semblaient avoir épuisé tous les genres d'infortune, n'offrent point de scène plus touchante. Aris-

---

* Ce passage terminait son Discours, que nous avons sous les yeux.

tide, il est vrai, fut exilé de sa patrie ; mais on ne le vit pas, au sein même de sa patrie, réduit à demander un abri dans une pauvre chaumière !

Enfin, après plus d'un mois de sollicitations, il obtint la permission de vivre chez lui ; et comme dans ce siècle tout devait être atroce ou ridicule, le chef de bureau qui fut chargé de lui envoyer son certificat, lui écrivit avec un ton de triomphe, en le tutoyant, suivant l'usage de cette époque : « Tu trouveras ci-joint ton » certificat. Te voilà donc avec un motif de plus pour » reconnaître la Providence et pour la bénir. » Ainsi parlaient les bourreaux : Tu béniras la Providence, parce que je ne fais pas tomber ta tête ! Sans doute il dut la bénir lorsque, du fond de sa solitude, il vit disparaître l'un après l'autre, ces ennemis du genre humain. Dieu était devenu visible, et les factieux qui bouleversaient les peuples, le lui montraient dans sa justice, comme les ouvrages de la nature le lui avaient montré dans ses bienfaits.

Jour heureux où il apprit enfin qu'il était libre de se retirer loin du monde ! Qui peindra son ravissement en abordant cette île où il allait reprendre ses douces études ? Après avoir éprouvé toutes les douleurs, échappé à tous les dangers, il s'écriait, comme les Dix-Mille à la vue de la mer éclairée des feux du soleil couchant : « La patrie ! la patrie ! » car depuis le règne du crime, il n'avait plus d'autre patrie que la nature. On dit que Newton, retiré à la campagne, dans le temps d'une peste qui désolait Londres, trouva les lois harmoniques des mondes en voyant tomber une pomme ; ainsi Bernardin de Saint-Pierre, loin des tempêtes révolutionnaires, cherchait dans son cœur les harmonies qui devraient rapprocher les

hommes. Il se reposait au sein de la nature, comme un fruit abattu par les vents se repose sur la terre qui l'a nourri. Ce ne sont plus cependant ces douces émotions qu'il reproduisait dans ses Études; au contraire, il lui semblait toujours qu'un bruit sourd et lointain troublait sa retraite et ses méditations. Assis sous les peupliers de son île solitaire, il voudrait goûter le repos, jouir de la paix qui l'environne; mais encore tout ému de tant de malheurs, il croit reconnaître nos passions dans chaque objet qui le frappe. Les végétaux mêmes lui rappellent le monde qu'il vient de quitter. « Il contemple le sapin qui
» balance sa haute pyramide, le peuplier qui agite en
» murmurant son feuillage, et le bouleau qui laisse flotter
» le sien comme une longue chevelure. L'un s'incline pro-
» fondément auprès de son voisin comme devant un su-
» périeur; l'autre semble vouloir l'embrasser comme un
» ami; un autre s'agite en tout sens comme auprès d'un
» ennemi. Le respect, l'amitié, la colère, semblent pas-
» ser tour-à-tour de l'un à l'autre, comme dans le cœur
» des hommes; et ces passions versatiles ne sont au fond
» que les jeux des vents. Quelquefois un vieux chêne
» élève au milieu d'eux ses longs bras dépouillés de
» feuilles, et immobiles. Comme un vieillard, il ne prend
» plus de part aux agitations qui l'environnent : il a vécu
» dans un autre siècle. » *

Ces essais servirent dans la suite à la composition des Harmonies, livre qui se ressent des douleurs de son siècle. La composition des Études avait consolé M. de Saint-Pierre de ses propres malheurs : mais aujourd'hui comment se

---

* Harmonies de la Nature, tome 1ᵉʳ, page 376.

consolerait-il des maux de sa patrie? Il ne peut jeter les regards autour de lui sans être saisi de terreur. Son cœur se serre en présence même de la nature; il semble se reprocher de la trouver si belle, lorsque tant de victimes sont condamnées à ne la plus revoir; et cette impression pénible nuit à ses plus charmants tableaux. Un autre effet des inquiétudes qui le troublent, c'est d'absorber son ame au point que les émotions douces lui échappent. Pour écrire il a besoin de s'exalter, de s'inspirer; autrefois il lui suffisait d'être touché. On peut donc reprocher aux Harmonies un style souvent trop poétique : les invocations qui commencent la plupart des livres, ont ce défaut. Dans son premier ouvrage il était plus simple, il peignait la nature et ne la louait pas; dans ses Harmonies il est panégyriste, il s'élève au ton de l'ode, il songe plus à louer qu'à peindre. On sent le poids qui l'oppresse, et qu'au milieu des scènes de la campagne il entrevoit dans le lointain les plus tristes ravages. Il ne faut point cependant étendre cette critique à l'ouvrage entier : on y trouve une multitude de passages qu'on croirait dérobés à Virgile ou à Fénelon. Il semble alors qu'il ait le talent de faire aimer tout ce que Dieu a le pouvoir de créer. C'est toujours le peintre de la nature, l'interprète de la Providence, le consolateur de l'infortune.

Occupé de ces douces études, Bernardin de Saint-Pierre traversa la révolution en conservant la pureté de son cœur, comme les poëtes disent que la fontaine Aréthuse traverse la mer de Sicile sans contracter l'amertume de ses eaux. S'il échappa aux horreurs de la proscription, s'il échappa aux dangers plus grands des places dont il fut menacé plusieurs fois, c'est qu'il sut, pour ainsi dire, se faire oublier. Comme le Paria de la Chaumière, il se comparait à l'oiseau-mouche qui, dans les jours d'orage, n'a besoin que d'une feuille pour se mettre à l'abri. On lui annonce que la forêt est inondée, que la tempête le menace : « Qu'importe ? répond le petit oiseau ; quelque grande que soit la pluie, je ne puis en recevoir qu'une goutte à-la-fois. »

Pendant qu'il jouissait de cette espèce de sécurité, il apprit la création de l'École Normale, et sa nomination à la place de professeur de morale. Vainement il voulut se soustraire à ce décret qui l'arrachait à son obscurité ; des gendarmes lui apportèrent l'ordre d'obéir, et il fallut se résigner. Mais quel allait être son langage devant un auditoire animé de toutes les haines du siècle ? quelle serait la morale permise en 1794 ? Le simple exposé des principes devenait une satire violente des hommes, des choses, et du gouvernement ; ne point mentir à sa conscience, c'était troubler presque toutes les autres : il fallait donc s'attendre au sort de Socrate, ou plutôt il fallait mériter sa gloire. « Je dirai la vérité, écrivait M. de Saint-Pierre, au ministre, et l'on ne voudra pas l'entendre. » Il se trompait : l'impiété avait fatigué les âmes, et pour se reposer de tant de maux, on sentait le besoin de revenir à ce qu'on avait tenté d'oublier. Ce moment de la vie de Bernardin de Saint-Pierre fut remarquable par une circonstance inattendue ; c'est l'enthousiasme que fit éclater tout l'auditoire, lorsque, dans une phrase très-simple, cet homme vénérable prononça le nom de Dieu. On le vit alors passer tout-à-coup d'une extrême surprise à une émotion qui fit couler ses larmes. Que de réflexions à faire sur cet instant ! Quelle révolution inopinée venait de s'opérer dans l'ame de tant d'auditeurs de tout âge et de toutes conditions! Ce n'était pas là le triomphe d'une artificieuse éloquence; c'était celui de la foi d'un simple solitaire, resté pur au milieu des iniquités du siècle. *

M. de Saint-Pierre ne fit qu'un très-petit nombre de leçons; il lui fallait du temps pour les préparer, et dans cet intervalle on supprima l'École. Les institutions de cette époque ne duraient pas plus que les hommes, et les hommes ne duraient qu'un moment. Chaque jour avait son héros, son souverain, son tyran; et tous, éblouis des grandeurs de ce siècle d'égalité, couraient en aveugles dans une route qui se terminait à l'échafaud. Nous ne donnerons aucun détail sur les leçons du nouveau professeur; comme elles n'étaient que des fragments des Harmonies, elles ont retrouvé leur place dans cet ouvrage.

L'année suivante fut remarquable par la création de l'Institut. Bernardin de Saint-Pierre fut appelé à la classe de morale, avec des hommes dont la plupart professaient des opinions qu'il n'avait cessé de combattre. Devait-il accepter? le pouvait-il sans manquer à ses principes? En entrant dans une académie, allait-il en adopter les passions, les systèmes et les injustices? Partagerait-il cet esprit de corps, cette intolérance fanatique qu'il avait signalée dans tous ses ouvrages? Faible une fois, ne devait-il pas craindre de l'être toujours, et de se voir arracher des concessions qui détruiraient le repos de sa conscience? Telle était alors la situation de M. de Saint-Pierre, telles devaient être ses réflexions; mais soit qu'il

* Nous devons ces détails à M. Stévenard, élève distingué de l'École Normale.

ne pût apprécier la grandeur du péril ; soit qu'il se berçât de l'espérance de mêler un peu de bien à tant de mal, son consentement fut donné. Faute heureuse, qui le jeta au milieu des méchants et servit à donner plus d'éclat à sa vertu ! Que ceux qui seraient tentés de le blâmer lisent les pages suivantes, et qu'ils jugent après.

Dès sa première apparition à l'Institut, une partie de ses collègues se liguèrent contre lui : ses principes semblaient peser sur leur conscience, et ils commencèrent l'attaque en lui reprochant de croire à Dieu. Encore s'ils eussent été sûrs qu'il n'y a point de Dieu, ils eussent joui d'une horrible tranquillité ! mais ceux qui avaient des crimes à se reprocher, doutaient, malgré eux, de leur néant, et leur opposition était d'autant plus vive, qu'ils sentaient plus de doute dans leur esprit. Ils avaient fait une passion de l'athéisme pour se sauver du remords ; et comme toutes les passions sont mêlées de craintes, elles croient se rassurer par l'exagération. M. de Saint-Pierre résista longtemps avec douceur, n'opposant que la constance à ses adversaires, sans les combattre, mais non sans les plaindre. « L'athéisme, disait-il, est la punition de l'athée ; c'est le seul de tous les crimes qui nous ôte en même temps l'espérance et le repentir. » Dans les commencements il croyait à leur bonne foi ; mais bientôt il fallut perdre cette dernière illusion, et leur haine s'en accrut : les hommes pardonnent tout, excepté les vertus qu'ils n'ont pas, et le mépris qu'ils ont mérité. Bientôt les persécutions prirent un caractère de violence qui ne lui permit plus de se taire ; il opposa la défense à l'attaque, la raison aux insultes ; et cette honorable fermeté ne fit que rendre sa situation plus déplorable. Nous avons sous les yeux un fragment

manuscrit dans lequel il exprimait sa douleur, et dont
nous citerons un passage : « Que je me trouvai à plaindre!
» disait-il; mon sort était d'autant plus triste, que c'était des
» collègues, dont je devais espérer le plus de support, que
» j'éprouvais le plus de traverses. Comme les plus accré-
» dités d'entre eux n'avaient pas rougi de se déclarer pu-
» bliquement athées, je me suis trouvé dans la nécessité
» de combattre leur système destructeur de toute morale
» et de toute société. De leur côté, ils ont toujours empê-
» ché qu'on n'insérât aucun de mes rapports dans les Mé-
» moires de l'Institut. Le nom de Dieu, dans tout ou-
» vrage qui concourait à ses prix, était pour eux un signe
» de réprobation. Enfin l'athéisme, accroissant son audace
» par ses succès, faisait des prosélytes jusque parmi les
» gens de bien effrayés de leur ruine future, et bannissait
» de toutes les grandes places de l'état ceux des acadé-
» miciens qui osaient croire publiquement en Dieu. »

Ici commence une des scènes les plus scandaleuses de
la révolution. Que ne nous est-il permis de nous arrêter?
pourquoi sommes-nous entrés dans cette fatale carrière,
et ne devions-nous pas prévoir tout ce qu'il pouvait nous
en coûter pour achever de la parcourir? Mais le choix
du silence ne nous est pas laissé; et lors même qu'il
nous serait permis d'arracher cette page de notre livre,
nous ne pourrions l'effacer de notre histoire.

On était alors en 1798. Bernardin de Saint-Pierre avait
été chargé par la classe de morale de faire un rapport sur
les mémoires qui avaient concouru pour le prix. Il s'agissait de résoudre cette question : *Quelles sont les institu-*
tions les plus propres à fonder la morale d'un peuple?
Tous les concurrents l'avaient traitée dans l'esprit de leurs

juges. Effrayé d'une perversité qu'il ne pouvait croire sincère, l'auteur des Études voulut ramener le siècle à des idées plus justes et plus consolantes, et il termina son rapport par un de ces morceaux d'inspiration * où son ame répandait les douces lumières de l'Évangile. Au jour désigné, il se rend à l'Institut pour y faire approuver son travail. La plupart de ses collègues étaient assemblés autour d'un ministre qui avait à sa solde des écrivains mercenaires chargés de retrancher des poëtes latins tout ce qui concernait la Divinité, afin de les rendre classiques pour les écoles républicaines. C'est en présence de cet auditoire que Bernardin de Saint-Pierre commença la lecture de son rapport. L'analyse des mémoires fut écoutée assez tranquillement; mais, aux premières lignes de la déclaration solennelle de ses principes religieux, un cri de fureur s'éleva de toutes les parties de la salle. Les uns le persiflaient, en lui demandant où il avait vu Dieu, et quelle figure il avait; les autres s'indignaient de sa crédulité; les plus calmes lui adressaient des paroles méprisantes. Des plaisanteries on en vint aux insultes : on outrageait sa vieillesse; on le traitait d'homme faible et superstitieux; on menaçait de le chasser d'une assemblée dont il se rendait indigne, et l'on poussa la démence jusqu'à l'appeler en duel, afin de lui prouver, l'épée à la main, qu'il n'y avait pas de Dieu. Vainement, au milieu du tumulte, il cherchait à placer un mot : on refusait de l'entendre, et l'idéologue Cabanis (c'est le seul que nous nommerons), emporté par la colère, s'écria : « Je jure qu'il n'y a pas de Dieu! et je demande

---

* Voyez ce morceau curieux, tome vii des OEuvres.

que son nom ne soit jamais prononcé dans cette enceinte! »
Bernardin de Saint-Pierre n'en veut pas entendre davantage; il cesse de défendre son rapport, et se tournant vers ce nouvel adversaire, il lui dit froidement : « Votre maître Mirabeau eût rougi des paroles que vous venez de prononcer. » A ces mots il se retire sans attendre de réponse, et l'assemblée continue de délibérer, non s'il y a un Dieu, mais si elle permettra de prononcer son nom.

Cependant M. de Saint-Pierre était entré dans la bibliothèque. Épouvanté d'une scène sans exemple dans l'histoire des sociétés humaines, il se persuade qu'il doit tenter un dernier effort, et se hâte d'écrire quelques pensées qui doivent porter la conviction dans l'ame de ses auditeurs. Cette espèce de mémoire fut fait d'inspiration; il n'y a que peu de mots d'effacés dans le brouillon, qui est sous nos yeux, et que l'auteur ne recopia jamais. C'est un mélange touchant de douceur et d'énergie, et un modèle de la plus haute éloquence. Il prie, il console, il cherche à ramener à lui; voilà toute sa réponse aux insultes dont on l'accable. Il ne veut pas se faire à lui-même l'injure de prouver un Dieu; il dédaigne d'en appeler au spectacle de la nature : ce spectacle ne serait pas aperçu de ses adversaires, flétris par l'aspect de la société; mais il espère les faire rougir de leur égarement, en les ramenant aux lois fugitives de cette époque. Il oppose à l'athéisme réfléchi de ses collègues, l'assentiment involontaire des *représentants du peuple*, de ces hommes couverts de crimes, qui n'osèrent pas nier le Dieu vengeur qui les attendait. Il pousse enfin ce terrible argument jusqu'à invoquer ce nom que nul être ne prononce sans effroi, Robespierre, au-dessous duquel la classe de morale aspirait à descendre. Ainsi parlait le juste! et Dieu permit que ces lignes, inspirées par l'amour du genre humain, fussent au-dessus de tout ce que l'auteur de tant d'ouvrages éloquents avait écrit jusqu'alors, afin que, dans sa plus belle page, la postérité pût lire sa plus belle action.

M. de Saint-Pierre rentre alors dans la salle des séances. Ses collègues, encore assis autour de la table verte, s'étonnent de le revoir; mais il reprend sa place malgré leurs clameurs, et demande à être entendu. Heureux d'obtenir un moment de silence, il rappelle tout son courage, et dit:

« Après avoir porté votre jugement sur les mémoires
» qui ont concouru pour le prix de morale, vous exami-
» nerez sans doute la fin de mon rapport, qui a excité de si
» étranges réclamations. On vous a proposé de ne jamais
» prononcer le nom de Dieu à l'Institut. Je ne vous rap-
» pellerai point ce qu'on vous a dit personnellement d'in-
» jurieux à cette occasion; je ne désire ici que de rappro-
» cher tous les esprits de leur intérêt commun; mais, en
» qualité de rapporteur de votre commission, de mem-
» bre de votre section de morale, et de citoyen, je suis
» obligé de vous dire que dans un rapport public sur les
» institutions qui peuvent fonder la morale d'un peuple,
» il y va de votre devoir de manifester le principe d'où
» dérive toute morale privée ou publique. Je ne vous citerai
» point à ce sujet le consentement universel des nations,
» l'autorité des hommes de génie dans tous les temps, et
» notamment celle des législateurs. Je ne vous dirai point
» qu'il faut nécessairement une cause ordonnatrice et in-
» telligente à tant de créatures organisées et intelligentes

» qui ne se sont rien donné. Si je voulais vous prouver
» l'existence de l'Auteur de la nature, je croirais man-
» quer à vous et à moi-même; je me croirais aussi in-
» sensé que si je voulais vous démontrer en plein midi
» l'existence du soleil. Il s'agit seulement de décider si,
» pour quelques ménagements particuliers, vous rejet-
» terez de mon rapport sur la morale, dans une séance
» publique, l'idée d'un Être suprême rémunérateur et
» vengeur. Pour moi, je rougirais de voiler cette vérité,
» pour complaire à une faction qui flatte les puissants,
» en tâchant de leur persuader qu'ils n'ont point d'autres
» juges de leur conscience que les hommes, c'est-à-dire
» qu'ils n'en ont point. Je n'ai point été coupable d'une si
» criminelle complaisance sous le régime même de la ter-
» reur. Robespierre, qui cherchait à couvrir le sang qu'il
» versait du manteau de la philosophie, sachant que je
» demandais à son comité la restitution d'une pension,
» mon unique revenu, me fit dire qu'il n'y avait point de
» fortune où je ne pusse prétendre, si je voulais repré-
» senter sa conduite comme le résultat d'une mesure phi-
» losophique. Je répondis à son agent, que j'avais étudié
» les lois de la nature, mais que j'ignorais celles de la po-
» litique. Mon refus d'écrire en sa faveur pouvait être suivi
» de ma mort; mais j'étais résolu de perdre la tête plutôt
» que ma conscience; et si le pouvoir et les bienfaits de ce
» despote, qui voyait à ses pieds la république consternée
» le combler d'adulations, et qui avait entre ses mains ma
» fortune et ma vie, n'ont pu me faire parler pour manquer
» à l'humanité, il n'est aucune puissance qui pût me faire
» taire, pour manquer à la Divinité, qui m'a donné le cou-
» rage de ne pas fléchir le genou devant un tyran.

» Si je lis donc à la tribune de l'Institut mon rapport
» sur les mémoires du concours, j'y serai sans doute l'in-
» terprète de vos jugements; mais je ne changerai rien à
» sa péroraison. C'est ma profession de foi en morale, et
» ce doit être la vôtre. Elle est celle du genre humain; elle
» est celle des hommes que vous avez honorés par des fêtes
» publiques; de Jean-Jacques, qu'une faction vindicative
» a persécuté pendant sa vie, et poursuit encore aujour-
» d'hui, après sa mort, jusque dans ses amis. Si vous re-
» doutez son crédit, chargez quelque autre que moi de faire
» un discours qui lui convienne : je ne peux dissimuler sur
» de si grands intérêts. Ma morale est toute d'une pièce;
» je ne saurais ni contrefaire l'athée à l'Institut, ni le
» bigot dans un village. Rendez-moi à mes propres tra-
» vaux, à ma solitude, à mon bonheur, à la nature; en
» rejetant le travail dont vous m'avez chargé, il y va non
» de mon honneur, mais du vôtre. Vous devez être cer-
» tains que si vous flattez cette secte insensée, elle vous sub-
» juguera, elle vous ôtera jusqu'à la liberté de vos élec-
» tions, de vos choix, de vos opinions, comme elle a déjà
» tenté de le faire. Elle forcera chacun de vous de professer
» l'erreur sur laquelle elle fonde son ambition. Mais pour-
» quoi la craindriez-vous ? la république vous donne à tous
» la liberté de parler : l'accorderait-elle aux uns pour nier
» publiquement la Divinité ? et la refuserait-elle aux autres
» pour en faire l'aveu ? Nos gouvernants ne propagent-ils
» pas eux-mêmes la théophilanthropie ? La déclaration de
» l'existence d'un Être suprême n'est-elle pas inscrite
» sur tous les anciens monuments religieux de la France ?
» On vous a dit qu'elle était l'ouvrage du régime de Ro-
» bespierre, et qu'elle avait été abrogée avec lui. Voyez

» comme l'esprit de parti aveugle les hommes, et leur fait
» méconnaître jusqu'aux faits qui sont sous leurs yeux :
» non-seulement cet hommage rendu à la Divinité, existe
» au frontispice des anciennes églises qui servent aujour-
» d'hui à rassembler les citoyens ; mais il est à la tête même
» de notre constitution ; il en est le début, le témoignage,
» la sanction sacrée, c'est sous ses auspices qu'elle est
» faite. « Le peuple français, y est-il dit, proclame *en
» présence de l'Être suprême,* la déclaration des droits
» et des devoirs de l'homme et du citoyen. » La classe des
» sciences morales et politiques rougirait-elle de terminer
» un rapport sur ces mêmes droits et ces mêmes devoirs,
» par un hommage dont l'assemblée nationale s'est ho-
» norée à la tête de la constitution ?

» Mais j'ai honte moi-même de vous exciter à votre
» devoir, chers confrères, vous dont les lumières m'é-
» clairent et dont les vertus m'animent : décidez-vous donc
» à l'exemple des représentants du peuple, vous qui êtes
» les représentants permanents des lois et des mœurs. Il
» y va de la vérité fondamentale de toute société hu-
» maine, du frein à imposer aux méchants qui se feraient
» une autorité de votre silence, et du repos des gens de
» bien qui en frémiraient. Vous rappellerez par vos aveux
» des frères égarés, mais estimables même dans leur misan-
» thropie, au centre commun de toutes les lumières et
» de tous les sentiments. C'est la méchanceté des hommes
» qui leur fait méconnaître une Providence dans la na-
» ture ; ils sont comme les enfants qui repoussent leur
» mère parce qu'ils ont été blessés par leurs compagnons ;
» mais ils ne se débattent qu'entre ses bras. Votre con-
» fiance ranimera leur confiance. Déclarez donc à l'Ins-

» titut que vous regardez l'existence de Dieu comme la
» base de toute morale ; si quelques intrigants en murmu-
» rent, le genre humain vous applaudira. »

Ame sublime ; reçois-les donc ces hommages du genre humain ! que ton courage soit admiré ! que ton dévouement soit béni ! par toi se sont conservés, dans ce siècle de destruction, nos titres à la véritable grandeur. Tu es le juste dont l'intégrité doit faire pardonner à tant de coupables. En t'écoutant, j'oublie les criminels, et ne vois plus que ta vertu. Ah ! je rends grace au ciel, qui m'a permis de presser la main qui traça ces lignes courageuses ! de contempler ces cheveux blancs, honorés des insultes de l'impiété ! d'entendre enfin celui que les promesses ne purent séduire ; que la pauvreté ne put corrompre, et que les menaces trouvèrent insensible !

Cependant, qui le croirait ? une si éloquente réclamation ne put triompher de l'endurcissement des cœurs : le nom de Dieu ne fut pas prononcé ! Condamné au silence, dans le sein de l'Institut, M. de Saint-Pierre fit imprimer la fin de son rapport ; elle fut distribuée à la porte de la salle des séances ; mais l'auteur conservant cette modération, marque certaine de la force, ne voulut point faire connaître les motifs de sa publication. Il lui suffisait d'apprendre à sa patrie que ses opinions ne changeaient point avec les circonstances, et qu'il était resté immuable au milieu des bouleversements du siècle. Peu de temps après, la classe de morale fut supprimée, et l'Institut put aspirer à la gloire de redevenir le premier corps littéraire de l'Europe.

La Providence, qui venait de soumettre la vertu de M. de Saint-Pierre à de si tristes épreuves, allait bientôt lui faire connaître de plus vives douleurs. Cette épouse chérie, qui deux fois l'avait rendu père, fut attaquée d'une maladie de poitrine. Effrayé de l'état où il la voyait, M. de Saint-Pierre revint avec elle à Paris, pour consulter les médecins. Le mal était sans remède. Après quelques mois de souffrances, elle expira à la fleur de son âge, regrettant la vie ; et ne pouvant se consoler de laisser celui dont elle avait voulu faire le bonheur, seul avec deux enfants, l'un âgé de quatre ans, et l'autre de huit mois.

Cependant la retraite d'Essone, où il avait passé avec elle de si heureux jours, lui était devenue insupportable. Il s'était flatté, mais en vain, d'y trouver quelque soulagement à sa peine : ces vergers qu'il avait plantés, cette petite rivière qui les environnait de ses eaux limpides, ces îles collatérales couvertes de grands saules et d'aunes touffus, et la colline qui abrite au nord ce fortuné séjour, et ce vallon paisible qui ouvre au loin les plus charmantes perspectives, tout ce qu'il avait aimé autrefois, faisait alors couler ses larmes, en lui rappelant celle qu'il avait perdue. Il croyait la voir encore à l'ombre d'un arbre, assise à ses côtés, sa fille Virginie à ses pieds, son petit Paul sur son sein, le contentement dans les yeux, et faisant retentir de ses chants ces rives solitaires. Mais plus souvent il se la représentait sur un lit de douleur, se reprochant, malgré les plus douces consolations, d'être la cause de toutes ses peines, et, dans sa longue agonie, se livrant à de tendres sollicitudes sur le sort à venir de son mari et de ses chers nourrissons.

Il revint donc à Paris, où, depuis plusieurs années, il jouissait d'un logement au Louvre ; et c'est là qu'il voulut commencer l'éducation de ses enfants. Mais il sentit bientôt les embarras de cette tâche : âgé de soixante-trois ans, il ne pouvait se livrer à ces soins minutieux, qui sont réservés à la patience maternelle. A cette époque, il allait souvent chez madame la comtesse Le G...., femme aussi distinguée par son esprit que par les rares qualités de son ame, et que les circonstances avaient placée à la tête d'un pensionnat de demoiselles. Environné de ces jeunes personnes, M. de Saint-Pierre se plaisait à les suivre dans leurs promenades champêtres, et quelquefois il leur dictait de petits sujets de composition, qu'il revoyait ensuite avec intérêt. Parmi ces compositions, il ne put s'empêcher de remarquer celles de mademoiselle de Pelleporc. Déjà charmé de ses graces et de son esprit, il étudia ses goûts, et désira la donner pour mère à ses enfants. « J'ai trouvé, disait-il dans » une de ses lettres, une jeune personne également propre » à prendre soin du bas âge de mes enfants et des vieux » jours de leur père, à supporter avec moi la bonne et la » mauvaise fortune, à faire par son éducation et par ses » graces les honneurs d'un palais, et par ses sentiments » et sa vertu le bonheur d'une cabane. »

Mademoiselle de Pelleporc, captivée par l'admiration que lui inspirait l'auteur de Paul et Virginie, devint sa compagne, et, comme il le disait, la mère de ses enfants. Ce sacrifice ne fut pas seulement celui de l'enthousiasme, il fut encore celui de la réflexion : en épousant un vieillard, mademoiselle de Pelleporc savait tous les devoirs qu'elle allait s'imposer : mais elle mit son bonheur à les remplir, et ils eurent encore pour elle tous les charmes de la vertu.

Vers ce temps, M. de Saint-Pierre était parvenu à recueillir toutes ses économies, et pour les soustraire aux créanciers de son beau-père, dont les biens étaient grevés d'hypothèques, il les plaça secrètement chez un banquier, qui, trois mois après, fit banqueroute.

Cette perte dût lui être sensible, c'était sa fortune entière, et à son âge, l'avenir sans fortune ne présente qu'une bien triste perspective. Mais il s'était promis en publiant ses Études, de n'avoir jamais recours qu'à la Providence; il fut fidèle à cet engagement, et la Providence ne l'abandonna pas. Sa jeune femme, dont il craignait le chagrin, lui donna l'exemple de la résignation, et il en fut si touché, qu'il ne put s'empêcher d'en témoigner sa joie dans une lettre que nous avons sous les yeux :
« Je sentis, dit-il, que mes forces morales étaient dou-
» blées par les siennes, et que j'avais une véritable amie.
» Son extrême jeunesse m'avait empêché de lui révéler ce
» dépôt; mais résolu de le réclamer par la voie des tribu-
» naux, je ne pouvais lui en dissimuler la perte. Elle ne fut
» sensible qu'au mystère que je lui avais fait, et me dit
» avec une fermeté touchante : Nous avons vécu sans cet
» argent, nous nous en passerons bien encore; quoi qu'il
» arrive, je me sens assez de courage pour te soutenir, toi,
» ma mère, et mes enfants, du travail de mes mains. Je
» rendis donc grace au ciel de mon malheur; en perdant
» mon trésor, j'en découvrais un autre plus précieux
» que tous ceux que la fortune peut donner : quelles
» dignités, quels honneurs égaleront jamais pour un
» père de famille les vertus d'une épouse ! » Tels sont les jeux de la vie, que la perte de sa fortune, qui lui avait d'abord paru si pénible, fut l'origine de la plus grande joie qu'ait goûtée sa vieillesse.

Cependant comme il avait refusé de signer les conditions faites aux autres créanciers, son débiteur lui fit offrir une maison de campagne située sur les bords de l'Oise, dans le petit village d'Éragny. Cette offre le remplit de joie; il se hâta de l'accepter, et c'est dans cet asile qu'il passa les dernières années de sa vie.

Dès les premiers temps de son second mariage, il sentit qu'il allait être heureux. Le cœur plein des plus tendres sentiments, riche d'ordre et de modération, sa vie s'écoulait dans un agréable repos. Que de fois, en voyant son petit Paul endormi dans les bras de sa nouvelle mère, Virginie assise devant elle et lisant sa leçon dans un volume de Télémaque, que de fois il quittait sa plume, environnait sa jeune famille de ses bras paternels, et bénissait la Providence de se voir revivre dans ses enfants! puis il leur donnait un baiser; et plein d'émotion, retournait à son travail. Déjà soixante-sept hivers avaient rendu son aspect vénérable, mais son ame n'éprouvait point les atteintes de l'âge. A voir comment il aimait sa femme, ses enfants, on eût dit que le temps l'avait épargné à son passage.

Ducis était son ami, et jamais sentiment plus vif ne donna plus de bonheur. Une amitié formée si tard entre deux hommes ordinaires, n'aurait présenté que le triste spectacle de deux victimes déjà assises sur le bord d'un tombeau; mais il y avait dans ces deux illustres vieillards quelque chose d'auguste, qui écartait toute idée d'une vie passagère, pour ne laisser penser qu'à leur immortalité. Leurs demeures, situées vis-à-vis l'une de l'autre, n'étaient séparées que par la cour du Louvre. Chaque matin, en s'éveillant, Bernardin de Saint-Pierre courait à sa fenêtre, et il était presque sûr de voir Ducis accourir à la sienne. Des signes d'affection les rassuraient d'abord sur leur santé, et un instant après ils étaient réunis. Ces deux amis se prêtaient un charme mutuel par l'opposition même de leur caractère. La physionomie de Bernardin de Saint-Pierre était naturellement calme. Une sensibilité profonde et les graces d'un esprit délicat se peignaient tour-à-tour dans le mouvement de ses lèvres, et dans la finesse de ses regards. Sa voix était douce, son élocution lente, sa pensée naturelle. Quelquefois aussi on découvrait avec surprise un peu de malice dans son sourire, car, comme Socrate, il avait l'humeur railleuse. Ducis, au contraire, se perdait sans cesse dans les hautes régions de la poésie : il ne parlait de rien tranquillement, et son enthousiasme lui inspirait de grandes pensées. Sa voix était forte, son regard franc et plein de feu, sa beauté mâle et même un peu sauvage. Il parlait bien de Corneille; mais par un contraste charmant, il aimait La Fontaine avec passion, et pour le louer il semblait adoucir sa voix. Ainsi le Polyphème de Théocrite amollissait son langage en célébrant les graces légères de Galatée. Tels étaient ces deux vieillards. Cependant, malgré nos souvenirs, il serait difficile de donner une idée juste de leurs belles physionomies, si les pinceaux de Gérard et le génie de Girodet ne les avaient heureusement conservées à la postérité.

Parfois de légères discussions donnaient plus de vie à leur amitié; sans jamais en troubler le charme. Ducis, comme tous ceux qui ont une imagination vive et mobile, s'engouait facilement. On était sûr de lui voir prêter à son héros du jour, les nobles pensées qui élevaient son ame. A cette époque Buonaparte, parvenu au consulat, recherchait la société des poëtes, dont la voix, comme l'a si bien dit un ancien, peut entraîner les nations. Ducis, sur-tout, lui plaisait par ses idées gigantesques, par sa fougue et par son débit poétique. Il le recevait familièrement, et s'étudiait à montrer avec lui des goûts simples et une ame désintéressée. Il parlait comme Cincinnatus, afin de commander un jour comme César. Aussi le vainqueur de l'Italie n'était pas seulement l'ami du poëte, il était son idole. Bernardin de Saint-Pierre, moins facile à tromper, avait découvert les germes d'une vaste ambition, sous cette simplicité affectée : il le disait à son ami, en l'engageant à diriger vers les choses nobles et utiles cette ambition, qui s'était, pour ainsi dire, livrée à lui. «C'est le seul moyen qui vous reste, ajoutait-il ; inspirez-lui quelque pitié des hommes, afin qu'il soit notre maître, et non notre tyran. La société touche à sa dissolution, et vous la verrez, épouvantée de ses propres fureurs, se jeter dans les bras du premier qui aura la force de la protéger. Buonaparte le sait, et il se fera à Paris l'homme de la Providence, comme il s'est fait en Égypte l'envoyé du Prophète. » Dominés par ces idées différentes, les deux amis discutaient, se disputaient, et, comme cela arrive toujours, chacun gardait son opinion. Un matin Ducis accourt chez M. de Saint-Pierre, et sans se donner le temps de prendre haleine, il s'écrie de la porte : « Eh bien ! j'espère que vous voilà convaincu ? — Qu'est-il donc arrivé ? — Quoi ! vous ne le savez pas ? Buonaparte rappelle les Bourbons et quitte les affaires ; il ne veut plus être qu'un simple citoyen ! Oui, mon ami, continuait Ducis avec l'accent de l'enthousiasme ; il viendra chez vous, il viendra chez moi, il nous racontera ses victoires et nous les chanterons!—Voilà qui est admirable! reprit M. de Saint-Pierre, en riant; mais ne vous semble-t-il pas que notre premier consul fait comme les matelots qui tournent le dos au rivage où ils veulent aborder? —Quoi! serez-vous toujours incrédule?—Oh non! reprit doucement M. de Saint-Pierre, mais seulement pas crédule. » Cette saillie les fit rire, et sans plus disputer, ils convinrent que les destinées des nations reposent entre les mains de Dieu, et que, seul, il sait s'il doit envoyer un sage pour les gouverner, ou choisir, dans sa colère, un tyran pour les punir.

Le caractère de Ducis était un composé des plus bizarres contradictions. Chrétien et républicain, il allait à la messe, adorait Brutus, et voulait impérieusement qu'on rendît la France à ses rois légitimes. On le voyait s'enfermer le matin avec son confesseur, le même jour dîner avec Buonaparte, et le soir au spectacle prendre amicalement la main de ceux qu'il avait vus naguère renier Dieu, chanter Robespierre, et condamner Louis XVI. C'était moins par faiblesse que par un sentiment de pitié : il regardait les crimes politiques comme des actes de démence, plaignait les criminels, et ne pouvait croire à leur perversité. Bernardin de Saint-Pierre admirait la vertu de son ami, sans y atteindre, sans y prétendre. Doué d'une sensibilité exquise, il ne connaissait point les affections légères qui rendent si aimable et si facile. Jamais on ne le vit presser la main de celui qu'il méprisait, ni supporter de sang-froid la vue d'un lâche ou d'un perfide. L'aspect des méchants l'effarouchait; il était obligé de les fuir pour ne pas leur rompre en visière, et cette disposition le faisait souvent accuser d'injustice et de bizarrerie, car il n'était pas exempt de préventions. Ducis lui disait quelquefois : « C'est une trop rude tâche que de réformer les hommes ; j'aime mieux les supporter tels qu'ils sont. Vous avez raison, lui répondait Bernardin de Saint-Pierre, mais il m'est plus facile de vous croire que de vous imiter. — Ils diront que vous êtes un ours. — A la bonne heure, je consens à tout plutôt que d'être leur ami. » D'après ces maximes, Ducis accueillait sans distinction les hommes de tous les partis. La société lui était nécessaire, il en aimait le bruit et le mouvement, et cependant tout chez lui annonçait une ame mélancolique. La gravure anglaise d'Ugolin, le buste de Shakespeare et celui de Corneille, étaient les seuls ornements de son cabinet. On y voyait encore un crucifix, et un tableau mystérieux retourné contre le mur. Ce tableau lui rappelait la plus grande affliction de sa vie ; et ses amis, qui savaient son secret, ne portaient jamais leurs regards de ce côté. C'est dans ce lieu qu'il se livrait tour-à-tour à des exercices de piété et à ses méditations poétiques. Souvent le soir un cercle nombreux se rassemblait auprès de lui. Le peintre David venait y chercher des inspirations ; le poëte Le Brun y récitait ses vers fougueux d'une voix déjà mourante. Legouvé, Lemercier, Arnault, Chénier, Collin-d'Harleville, Andrieux, y lisaient leurs ouvrages ; jeunes encore, ils étaient les amis de Ducis et le nommaient leur père. Quelquefois aussi Bitaubé charmait cette réunion. Traducteur d'Homère, il savait mieux apprécier ses beautés que les rendre. C'était un petit homme doux, modeste, accueillant, dont le ménage rappelait celui de Philémon et Baucis. Il parlait toujours de sa femme, qui ne pouvait plus sortir de son fauteuil, et qu'il quittait rarement. Modèle de l'amour conjugal, elle avait été la compagne de ses beaux jours et celle de ses jours d'infortune. Il racontait comment, malgré les souffrances d'une maladie aiguë, elle l'avait suivi dans les cachots infects de la terreur; comment elle avait voulu mourir avec lui,* et comment enfin il n'aurait pu vivre sans elle. Quelquefois ces deux victimes échappées à la hache révolutionnaire, étaient environnées des mêmes hommes qui naguère avaient failli d'être leurs bourreaux; mais ce couple vertueux ne voyait dans le mal passé qu'un motif de s'aimer davantage, et jamais on ne lui eût fait comprendre cette maxime des poissons de La Fontaine :

> Que l'on ne doit jamais avoir de confiance
> En ceux qui sont mangeurs de gens.

Ce ménage charmant offrait un contraste parfait avec celui de Ducis, qui ressemblait, comme il le disait lui-même, au camp des Grecs. Madame Ducis, semblable à la Discorde, ne cessait, par son avidité et ses idées vulgaires, d'irriter le caractère le plus irritable. Cette pauvre femme n'entendait rien ni aux vers, ni à la tendre dévotion, ni au désintéressement de son mari. Elle n'aimait de ses ouvrages que l'argent qu'ils rapportaient, et recommençait chaque jour ses lamentations sur la place de sénateur que Ducis venait de refuser. Ne sachant à qui s'en prendre de ce refus, elle en accusait tous les amis

---

* Bitaubé était condamné, il allait être envoyé à l'échafaud; mais sa femme s'étant procuré du charbon, résolut de s'asphyxier avec lui. Le réchaud était allumé, lorsque la nouvelle de la chute de Robespierre vint leur sauver la vie.

r.

de son mari, et particulièrement M. de Saint-Pierre. Mais Ducis n'avait pas eu besoin des conseils de l'amitié pour s'honorer par une action généreuse. Buonaparte, ne voyant autour de lui que des hommes qui, en parlant de liberté, cherchaient à se vendre et s'affligeaient de ne pas trouver un maître, avait résolu de leur en donner un. Cette fois Ducis entrevit ses projets, et voici quelques lignes de la lettre qu'il écrivit à Bernardin de Saint-Pierre :

« Mon ami, on m'a dit que vous veniez d'être nommé » membre du sénat conservateur; j'en suis bien aise pour » ma patrie, et si cela vous convient, recevez-en mon » compliment. Quant à moi, si on me fait l'honneur de » me nommer, ma lettre de remerciment est déjà prête. » Je puis dire comme Corneille, en reconnaissant la dis- » tance infinie qui me sépare de lui comme poëte :

> Mon génie au théâtre a voulu m'attacher;
> Il en a fait mon fort, je dois m'y retrancher :
> Par-tout ailleurs, je rampe, et ne suis plus moi-même !

» Il m'est impossible de m'occuper d'affaires ; elles me » répugnent, j'en ai l'horreur. Le mot de devoir me fait » frémir. Enfin il y a dans mon ame, naturellement douce, » quelque chose d'indompté qui brise avec fureur les » chaînes misérables de nos institutions humaines. Je sais » bien que ma femme ne peut concevoir mon refus ; mais » elle est femme : la richesse, les titres, les honneurs, » son intérêt personnel, tout cela agit sur elle, et cela ne » m'étonne point.... Vous voyez bien, mon cher ami, » que c'est dans moi-même, au fond de moi-même, et » par moi-même, que je dois chercher mon bonheur. »

La noble simplicité de ces paroles est remarquable.

Point de violence, point de protestation : il semble que le caractère du poëte et du républicain se soit adouci pour donner à son action tout le calme de la vertu. Deux jours après cette lettre, Ducis refusa la place de sénateur. Buonaparte en fut plus fâché que surpris, et il répondit à quelques courtisans qui en murmuraient : « Je sais bien que vous auriez tous accepté. » Cependant voulant tenter une dernière épreuve, il fit venir Ducis et s'enferma avec lui. Mais Ducis, au lieu d'entrer dans les idées du maître, lui conseilla de tout quitter, et de redescendre dans la vie commune. Il parla pendant plus d'une heure sans que Buonaparte songeât à l'interrompre, après quoi le futur empereur fit avancer sa voiture, et, sans prononcer un mot, le renvoya, et l'oublia. Peu de jours après, un grand personnage vint proposer à Bernardin de Saint-Pierre d'écrire les campagnes d'Italie. L'auteur des Études répondit, comme il avait fait dans une autre occasion, qu'il avait étudié les lois de la nature, et qu'il ignorait celles de la politique et de la guerre. Aussitôt son nom fut effacé de la liste des sénateurs, et il s'en réjouit, car il n'avait pas moins que Ducis l'horreur des affaires. Quelques années après ces événements, les artistes et les gens de lettres furent renvoyés du Louvre ; leur société se trouva brisée, mais Ducis et Bernardin de Saint-Pierre restèrent toujours unis. Souvent, après les séances de l'Institut, les deux amis dînaient en famille. Ducis récitait ses vers, qui faisaient le charme de ces petites fêtes; il aimait aussi à entendre répéter à Virginie et à Paul les fables de La Fontaine, et parmi ces fables, celle des deux Pigeons ou celle de Philomèle et Progné. Pleins de ravissement, les deux vieillards interrompaient à chaque vers ces aimables enfants; Ducis, par des cris d'admiration, Bernardin de Saint-Pierre, par des remarques pleines de goût et de finesse. Tout ce qu'avait senti La Fontaine, il le sentait; l'ame de ce poëte lui était familière, il y lisait en lisant ses fables, et jamais peintre plus naïf n'eut un plus naïf commentateur. Quelquefois aussi il prenait Virgile, et à la manière dont il en analysait certains passages, on croyait ne les avoir point encore entendus, tant il excellait à en faire ressortir les pensées et sur-tout les sentiments!

Dans ces entretiens les heures s'écoulaient avec rapidité, et le bon Ducis en se retirant disait à son ami: «La fortune ne donne pas des moments comme ceux-ci. C'est nous, c'est nous, croyez-moi, qui sommes les riches du siècle;» puis il ajoutait par réflexion: «Je sais bien que vous avez deux enfants et une jeune femme, et qu'il faut pourvoir et prévoir; mais il vous arrivera quelque chose d'heureux: la Providence se rend visible sur les berceaux.» Cette prédiction ne tarda pas à se vérifier. Joseph Buonaparte fit, de son propre mouvement, offrir auprès de sa personne une place à l'auteur des Études, qui la refusa, et qui reçut aussitôt le brevet d'une pension de six mille francs, avec une lettre pleine des plus touchants témoignages d'affection. Ces six mille francs joints aux six mille que Bernardin de Saint-Pierre possédait déjà, le rendirent riche, et il ne formait plus de désirs, lorsqu'il reçut encore du chef du gouvernement une pension de deux mille francs et la Croix de la légion d'honneur.

Jusqu'alors ses charges particulières l'avaient forcé de concentrer ses bienfaits autour de lui: il avait ouvert sa maison à la mère de sa femme, madame la marquise de Pelleporc, dont tous les biens avaient été perdus pendant l'émigration ; il faisait une pension à madame Didot, grand'mère de ses enfants ; et il pourvoyait aux besoins de sa sœur, qui ne mourut que trois ans avant lui. Mais dès qu'il se vit à son aise, il voulut, pour ainsi dire, que tout le monde eût part à son bonheur, et il semblait n'avoir que pour donner. Il était heureux, il faisait des heureux, et rien n'eût été plus doux que sa vie, s'il n'avait senti chaque jour diminuer ses forces. Déjà ses promenades devenaient plus rares, et il aurait pu dire comme le bon La Fontaine parvenu au même âge : « Je ne sors point » si ce n'est pour aller un peu à l'académie, afin que cela » m'amuse. » Dès lors ses pensées se dirigèrent vers la campagne, et il se retira avec sa famille dans sa petite maison d'Éragny, qu'il se plaisait à embellir du fruit de ses économies. Si l'agriculture charmait les heures de sa vieillesse, les muses n'étaient pas oubliées. Suivant cette maxime d'Apelle : *nulla dies sine lineâ*, il se faisait une loi de ne pas laisser écouler un seul jour sans écrire quelques observations sur la nature, ne fût-ce qu'une simple ligne. Il en était résulté à la longue une multitude de brouillons, à peine lisibles, écrits sur des chiffons de papier qu'il comparait aux feuilles de la Sibylle bouleversées par le vent, et dont, suivant les intentions de l'auteur, nous avons réuni les plus beaux morceaux dans ses *Harmonies*. Telles étaient ses occupations à la campagne. Si des affaires obligeaient sa femme de s'éloigner pour quelques jours, il prenait sur lui seul tous les soins du ménage ; ses enfants travaillaient à ses côtés, et souvent il était témoin de petites scènes de famille qui remplissaient de joie son cœur paternel. Voici comment il faisait à sa femme le récit d'une de ces journées passées loin d'elle :

« Virginie et Paul sont entrés à neuf heures dans ma
» chambre ; ils m'ont récité leur leçon, qu'ils n'ont pas mal
» dite. Virginie a servi le déjeuner, et en sortant de table
» j'ai vu avec surprise Paul sauter au col de sa sœur, et tous
» deux s'embrasser avec tendresse, bras dessus, bras des-
» sous, s'appelant mon cher petit frère, ma bonne petite
» sœur ; ils m'ont dit que tu leur avais bien recommandé
» de s'aimer, et qu'ils n'auraient plus de querelles à l'avenir.
» J'ai été ému de ce mouvement d'amitié produit dans
» l'intention de te plaire. Ils m'ont demandé des plumes,
» et ils sont occupés à présent à écrire. J'ai recommandé à
» ma fille de se ressouvenir que pendant ton absence, elle
» représentait la mère de famille ; qu'elle en devait servir
» sur-tout à son frère, et en revêtir la douceur, la bonté et
» la dignité, dont tu es un si parfait modèle. Vraiment elle
» cherche à t'imiter, etc. » — Ainsi le seul souvenir de la
vertu d'une mère donne des vertus à sa famille, et quoique
absente, on reconnaît par-tout sa pensée, comme ces divi-
nités d'Homère dont on devinait le passage au parfum
qu'elles laissaient sur leurs traces.

Cependant la santé de M. de Saint-Pierre s'affaiblissait
chaque jour, et bientôt il sentit l'impossibilité de continuer lui-même l'éducation de ses enfants. C'est alors qu'on
lui accorda une place à Écouen pour sa fille, et que les
portes d'un lycée s'ouvrirent pour son fils. Il accepta la
première de ces faveurs ; et il sollicita l'autre, voulant
autant qu'il était en lui rendre égal le sort de ses enfants.
Mais il ne céda à la nécessité de cette séparation qu'avec
une extrême répugnance, et ce fut un des plus grands
chagrins de sa vieillesse ; car il se voyait obligé de livrer
lui-même ses enfants aux influences de cette éducation pu-

blique contre laquelle il n'avait pas cessé de s'élever dans tous ses ouvrages.

Demeuré seul avec sa femme, il consacrait chaque jour une heure ou deux à rédiger l'Amazone, ou à mettre en ordre sa Théorie de l'univers. Le système des marées était devenu son idée habituelle, et le point où il ramenait toujours la conversation; semblable au bon La Fontaine, qui, au rapport de Louis Racine, ne parlait jamais en société, ou voulait toujours parler de Platon.

Ses goûts ne varièrent jamais : à soixante-dix-sept ans comme à dix la présence du soleil le ravissait. Une belle soirée, un clair de lune, l'aspect des eaux et des bois, étaient ses plus doux spectacles. Jusqu'au déclin de ses jours les beautés naturelles le trouvèrent sensible; elles touchaient, elles saisissaient son ame, et c'était par elles sur-tout qu'il aimait à se rappeler les époques de sa vie et les pays qu'il avait parcourus.

Les livres qu'il aimait le mieux, et les passages qui dans ces livres le touchaient le plus, étaient ceux où il découvrait des aperçus nouveaux des harmonies de la nature. Homère, Racine, Virgile et La Fontaine étaient ses poëtes; Plutarque était son philosophe, l'Évangile son livre de morale, et les Voyageurs ses naturalistes.

Il préférait la campagne à la ville, une maison retirée à une maison située au village, et dans cette maison une chambre éloignée du bruit. Sous ses fenêtres croissaient des arbres étrangers, dont il mariait les ombrages avec les arbres de nos climats. On y voyait le vernis du Japon environné des pampres de la vigne, et le pommier de Normandie tout couvert des grandes fleurs rouges du Bignonia. Donner une plante nouvelle à la patrie lui paraissait la plus belle gloire où l'homme pût aspirer.

Après les temps heureux de sa première enfance, dont il n'avait rien oublié, les jours les plus agréables de sa vie furent ceux qui s'écoulèrent depuis son second mariage auprès de son épouse et de ses enfants. Il connut avant de mourir ce doux repos de l'ame qu'il avait tant désiré, et qu'on ne trouve que dans la famille.

En songeant aux désirs ambitieux de sa jeunesse, il aimait à répéter cette pensée des Sages de l'Inde : L'homme a toujours soif; mais soit que nous soyons sur les bords d'une fontaine, ou sur les bords du Gange, nous ne pouvons emporter qu'un vase de leur eau.

Il ne dissimulait pas le sentiment que lui inspiraient ses ennemis : « Il m'a toujours fallu du courage, disait-il, pour pardonner une injure. J'ai beau faire, la cicatrice reste, à moins que je n'aie trouvé l'occasion de rendre le bien pour le mal, car un obligé m'est aussi sacré qu'un bienfaiteur. »

Il disait encore : « Je me communique à tout le monde et je ne me livre à personne. » Aussi son cabinet était ouvert à chacun, et sa maison ne l'était qu'à ses amis.

Nous avons trouvé dans ses papiers plusieurs lettres adressées à de grands personnages; elles prouvent son embarras et sa stérilité lorsque son cœur n'avait rien à dire. De simples billets sont refaits jusqu'à dix fois sur la même page sans que l'auteur ait réussi à exprimer sa pensée. A ce sujet, on peut dire de Bernardin de Saint-Pierre ce que Montaigne disait de lui-même : « A bienven-
» ner, * à remercier, à saluer, à présenter mon service, je

---

* *Bienvenner*, féliciter quelqu'un sur son heureuse arrivée, Mot ex-

» ne connois personne si sottement stérile de langage que moi... je n'en crois pas tant, et me déplaist d'en dire guère outre ce que j'en crois. » Mais lorsqu'il écrivait à ses amis, lorsqu'il pouvait montrer toute son ame, il redevenait un écrivain pur, facile et harmonieux.

On lui demandait comment il pouvait passer sa vie à la campagne, loin de la société, et presque sans livres. « Je ne saurais vous répondre, dit-il, mais écoutez ce que dit le bon ermite saint Antoine à un philosophe qui lui faisait la même question : « Mon livre c'est le monde, ma contemplation celle de la nature ; j'y lis sans cesse la gloire de Dieu, et je n'en puis trouver la fin. »

Il disait de lui : « Ma réputation n'est qu'une petite flamme agitée par tous les vents ; si elle attire quelques regards de mes contemporains, si elle éclaire les infortunés, c'est que je l'ai allumée au pied de l'image sainte de la Providence. »

Un jeune homme qui se destinait aux lettres, se plaignait un jour d'être né sans fortune ; Bernardin de Saint-Pierre lui dit : « J'ai souvent adressé la même plainte au ciel, et cependant le peu de gloire que j'ai recueillie, je la dois à l'adversité. Mais si j'avais été véritablement sage, l'obscurité m'aurait donné l'indépendance et la liberté qu'elle ne refuse à personne. »

Il disait encore : « Le malheur inspire la confiance en Dieu, qui surpasse tous les biens. »

Ami des véritables savants, il ne pouvait souffrir ces hommes qui sont toujours prêts à adopter les erreurs de physique qui obscurcissent les vérités morales.

cellent, indispensable à la langue, qu'on ne peut remplacer que par une longue phrase, et qu'on a laissé perdre comme beaucoup d'autres.

A ce propos, il appliquait aux sciences ce mot de Montaigne sur la religion : *Ce n'est pas l'étude de tout le monde, les méchants et les ignorants s'y empirent.* Pensée empruntée au bon Philippe de Comines qui avait si bien dit : *Les mauvais empirent de beaucoup savoir, et les bons en amendent.*

Il connaissait la nature par expérience, et les hommes par théorie. Aussi dans le commerce habituel de la vie, se laissait-il tromper comme un enfant. « Il n'y a rien à faire dans le monde pour l'homme sage, disait-il. Les grands veulent des complaisants; les médiocres des admirateurs, les petits des maîtres; on n'est libre que dans la solitude. »

Vers les derniers temps de sa vieillesse, il disait de la mort « que toutes les terreurs qu'elle nous inspire, viennent de ce que sa pensée n'entre pas assez familièrement dans notre éducation. On nous en parle toujours comme d'une chose étrangère, comme d'un malheur arrivé à autrui; on s'en étonne même, en sorte qu'il semble qu'il n'y ait rien de naturel dans un acte qui s'accomplit sans cesse. Écoutez l'histoire d'une maladie : je ne crois pas en avoir ouï une seule où la mort ne soit venue par la faute du malade ou du médecin. Jamais rien dans l'ordre de la nature; jamais rien dans l'ordre de Dieu. De manière qu'en nous promettant bien de ne pas faire la même faute, il semble qu'il ne tiendrait qu'à nous d'être immortels. »

Tels furent les pensées, les opinions et les goûts de toute sa vie.

Frappé successivement de plusieurs attaques d'apoplexie, il sentit dans les premiers jours de novembre de 1813 qu'il allait abandonner la vie, et il se hâta de quitter Paris, où ses affaires l'avaient amené, pour jouir à la campagne des derniers beaux jours de l'automne. Quelques promenades dans la forêt de Saint-Germain et sur les bords de l'Oise, furent ses derniers plaisirs. Tranquille sur lui-même, il comparait la vieillesse à un fruit mûr qui repose sur l'herbe, et qui renferme la semence qui doit le faire revivre. Cependant sa douce philosophie ne le rendait point insensible à l'idée de se séparer d'une femme qu'il aimait, et dont il disait avec attendrissement : « Je la vois sans cesse occupée à retenir mon ame prête à s'échapper. » Elle l'avait décidé à recevoir les conseils d'un de ses amis, le docteur Alibert; mais en les recevant, il lui disait : « Je sens que vos soins sont inutiles, et vous allez me faire boire la ciguë comme à Socrate; aussi-bien dans peu je visiterai comme lui *Phthia la fertile*. »

La dernière fois qu'il se fit porter dans son jardin, il remarqua un rosier du Bengale tout chargé de fleurs, mais dont une partie des feuilles étaient jaunies par le vent. Il le regarda un instant, et le montrant à sa femme, il lui dit : « Demain les feuilles jaunes n'y seront plus; » et comme il vit que ces paroles lui faisaient répandre un torrent de larmes, il ajouta doucement : « Pourquoi te livrer à d'inutiles regrets ? ce qui t'aime en moi vivra toujours. Souviens-toi des diverses périodes de notre vie, et tu verras qu'il doit encore me revenir quelque chose. N'ai-je pas été petit enfant entre les bras de ma nourrice ? N'ai-je pas ensuite balbutié des mots et répondu par mes caresses aux caresses de mes parents ? Jeune, j'ai parcouru le globe avec des plans de république ; j'étais alors plein d'ambition et malheureux. Ensuite ma raison s'est éclairée ; je me suis approché de la nature et de Dieu, et voilà que mon ame est prête à se rejoindre à lui. Tu le vois, la fin d'une période a toujours été le commencement d'une autre, comme la fin du jour est l'annonce d'une nouvelle aurore. Ainsi la mort est suivie d'une existence immortelle. Mais toi, chère amie, toi qui n'as pas été ici-bas la compagne de mes beaux jours, mais qui as supporté les infirmités de ma vieillesse, ne te laisse point abattre ; ta tâche ne finit pas avec moi : je te confie en mourant ma gloire, mes ouvrages, et le sort de mes enfants. »

Ces paroles restèrent profondément gravées dans la mémoire de sa femme et de sa chère Virginie. Combien de fois je les ai vues fondre en larmes en les répétant, avec les circonstances les plus touchantes des derniers moments de cet illustre vieillard !

Quelques heures avant sa mort, en sortant d'une longue faiblesse, comme il les vit tout en pleurs autour de son lit, il leur tendit la main ; sa voix n'était plus qu'un souffle ; à peine il put leur dire : « Ce n'est qu'une séparation de quelques jours ; ne me la rendez pas si douloureuse ! Je sens que je quitte la terre et non la vie ! » Et, comme s'il eût cédé à la plus tendre conviction, il ajouta : « *Que ferait une ame isolée dans le ciel même?* » Ces mots touchants furent presque les derniers qu'il prononça : peu d'heures après, il n'était plus !

Il mourut dans sa maison d'Éragny, entre les bras de sa femme et de sa fille, le 21 janvier 1814. La terre était couverte de neige ; un vent froid agitait quelques arbrisseaux placés sous sa fenêtre ; tout était triste dans la nature. A midi, le soleil parut à travers les brouillards ; un de ses rayons tomba sur le visage décoloré du mourant, qui prononça le nom de Dieu, et rendit le dernier soupir!

Ainsi s'accomplissent les destinées humaines! La mort termine tout; elle effacerait jusqu'au souvenir du passé, et le genre humain serait comme né d'hier, si des génies supérieurs n'apparaissaient de loin à loin pour former la chaîne immortelle qui unit ceux qui ont été à ceux qui sont, et les temps présents aux temps à venir. Heureux celui qui dans le passage de la vie peut attacher un anneau à cette chaîne brillante! Ses pensées lui survivent : c'est un héritage qu'il lègue à la terre. Il fait le bien long-temps après avoir cessé d'être, et son nom, béni d'âge en âge, est souvent invoqué par les malheureux. O gloire! que tu es belle! ta seule espérance fait tressaillir mon ame! Combien de fois, dans les rêves de ma jeunesse, ne me suis-je pas tracé un chemin auprès de ceux dont tu éternises la mémoire! J'apprenais d'eux à dédaigner les ambitions vulgaires, qui ne mènent qu'à la fortune; mais c'était pour m'élever plus haut! Leur génie, trompant le mien, me faisait oublier ma faiblesse : j'aurais voulu être Socrate, Virgile, Fénelon, Bernardin de Saint-Pierre! j'aurais donné ma vie pour une de ces inspirations qui les rapprochaient du ciel; et mes nuits s'écoulaient dans la méditation de leurs chefs-d'œuvre et dans la contemplation de leur gloire. Mais tant d'espérances n'auront point été vaines! si mes propres ouvrages ne doivent point un jour consacrer mon souvenir, le monument que j'élève suffit pour me faire bien mériter des hommes. Je puis aussi prononcer le *non omnis moriar* d'Horace, car je viens de graver mon nom à côté d'un nom qui ne doit pas mourir!

PRÉFACE

DE LA PREMIÈRE ÉDITION.

Ces Lettres et ces Journaux ont été écrits à mes amis. A mon retour je les ai mis en ordre et je les ai fait imprimer, afin de leur donner une marque publique d'amitié et de reconnaissance. Aucun de ceux qui m'ont rendu quelque service dans mon voyage n'y a été oublié. Voilà quel a été mon premier motif.

Voici le plan que j'ai suivi. Je commence par les plantes et les animaux naturels à chaque pays. J'en décris le climat et le sol tel qu'il était sortant des mains de la nature. Un paysage est le fond du tableau de la vie humaine.

Je passe ensuite aux caractères et aux mœurs des habitants. On trouvera, peut-être, que j'ai fait une satire. Je puis protester, qu'en parlant des hommes, j'ai dit le bien avec facilité et le mal avec indulgence.

Après avoir parlé des colons, j'entre dans quelques détails sur les végétaux et les animaux dont ils ont peuplé la colonie. L'industrie, les arts et le commerce de ces pays sont renfermés dans l'agriculture. Il semble que cet art simple devrait n'offrir que des mœurs aimables; mais il s'en faut bien qu'on mène dans ces contrées une vie patriarcale. J'en excepte les Hollandais. La mort vient d'enlever M. de Tolback, gouverneur du Cap, qui m'avait obligé. Si les lignes que je lui consacre dans ces Mémoires ne peuvent plus servir à ma reconnaissance, puisse, du moins, l'exemple de sa conduite être utile à ceux qui gouvernent des Français dans l'Inde! J'aurai rendu un grand hommage à sa vertu, si je peux la faire imiter.

Ces Lettres sont accompagnées d'un Journal de Marine, d'un Voyage autour de l'Ile-de-France, des événements particuliers de mon retour, d'une explication abrégée de quelques termes de marine, et d'entretiens contenant des observations nouvelles sur la végétation.

Il me reste à m'excuser sur les sujets mêmes que j'ai traités, qui paraissent étrangers à mon état. J'ai écrit sur les plantes et les animaux, et je ne suis point naturaliste. L'histoire naturelle n'étant point renfermée dans des bibliothèques, il m'a semblé que c'était un livre où tout le monde pouvait lire. J'ai cru y voir les caractères sensibles d'une Providence; et j'en ai parlé, non comme d'un système qui amuse mon esprit, mais comme d'un sentiment dont mon cœur est plein.

Au reste, je croirai avoir été utile aux hommes, si le faible tableau du sort des malheureux noirs peut leur épargner un seul coup de fouet, et si les Européens qui crient en Europe contre la tyrannie, et qui font de si beaux traités de morale, cessent d'être aux Indes des tyrans barbares.

Je croirai avoir rendu service à ma patrie, si j'empêche un seul honnête homme d'en sortir, et si je peux le déterminer à y cultiver un arpent de plus dans quelque lande abandonnée.

Pour aimer sa patrie, il faut la quitter. Je suis attaché à la mienne, quoique je n'y tienne ni par ma fortune ni par mon état;

mais j'aime les lieux où, pour la première fois, j'ai vu la lumière, j'ai senti, j'ai aimé, j'ai parlé.

J'aime ce sol que tant d'étrangers adoptent, où tous les biens nécessaires abondent, et qui est préférable aux deux Indes par sa température, par la bonté de ses végétaux et par l'industrie de son peuple.

Enfin, j'aime cette nation où les relations sont plus nombreuses, où l'estime est plus éclairée, l'amitié plus intime, et la vertu même plus aimable.

Je sais bien qu'on trouve en France, ainsi qu'autrefois à Athènes, ce qu'il y a de meilleur et de plus dépravé. Mais enfin, c'est la nation qui a produit Henri IV, Turenne et Fénelon. Ces grands hommes qui l'ont gouvernée, défendue et instruite, l'ont aussi aimée.

VOYAGE

A L'ILE-DE-FRANCE.

LETTRE I.

De Lorient, le 4 janvier 1768.

JE viens d'arriver à Lorient après avoir éprouvé un froid excessif. Tout était glacé depuis Paris jusqu'à dix lieues au delà de Rennes. Cette ville, qui fut incendiée en 1720, a quelque magnificence, qu'elle doit à son malheur. On y remarque plusieurs bâtiments neufs, deux places assez belles, la statue de Louis XV, et sur-tout celle de Louis XIV. L'intérieur du Parlement est assez bien décoré, mais, ce me semble, avec trop d'uniformité. Ce sont par-tout des lambris peints en blanc, relevés de moulures dorées. Ce goût règne dans la plupart des églises et des grands édifices. D'ailleurs, Rennes m'a paru triste. Elle est au confluent de la Vilaine et de l'Ille, deux petites rivières qui n'ont point de cours. Ses faubourgs sont formés de petites maisons assez sales, ses rues mal pavées. Les gens du peuple s'habillent d'une grosse étoffe brune, ce qui leur donne un air pauvre.

J'ai vu en Bretagne quantité de terres incultes. Il n'y croît que du genêt, et une plante à fleurs jaunes qui ne paraît composée que d'épines : les paysans l'appellent lande ou jan; ils la pilent et la font manger aux bestiaux. Le genêt ne sert qu'à chauffer les fours : on pourrait en tirer un meilleur parti, sur-tout dans une province maritime. Les Romains en faisaient d'excellents cordages, qu'ils préféraient au chanvre pour le service des vaisseaux. C'est à Pline que je dois cette observation ; on sait qu'il commanda les flottes de l'empire.

Ne pourrait-on pas, dans ces landes, planter avec succès la pomme de terre, subsistance toujours assurée, qui ne craint ni l'inconstance des saisons, ni les magasins des monopoleurs?

L'industrie paraît étouffée par le gouvernement aristocratique ou des États. Le paysan, qui n'y a point de représentants, n'y trouve aucune protection. En Bretagne, il est mal vêtu, ne boit que de l'eau, et ne vit que de blé noir.

La misère des hommes croît toujours avec leur dépendance. J'ai vu le paysan riche en Hollande, à son aise en Prusse, dans un état supportable en Russie, et dans une pauvreté extrême en Pologne. Je verrai donc le nègre, qui est le paysan de nos colonies, dans une situation déplorable. En voici, je crois, la raison. Dans une république il n'y a point de maître, dans une monarchie il n'y en a qu'un; mais le gouvernement aristocratique donne à chaque paysan un despote particulier.

De la liberté naît l'industrie. Le paysan suisse est ingénieux, le serf polonais n'imagine rien. Cette stupeur de l'ame, plus propre que la philosophie à supporter les grands maux, paraît un bienfait de la Providence. *Quand Jupiter*, dit Homère, *réduit un homme à l'esclavage, il lui ôte la moitié de son esprit.*

Passez-moi ces réflexions. Il est difficile de voir de grandes misères, sans en chercher le remède ou la cause.

Vers la Basse-Bretagne, la nature paraît, en quelque sorte, rapetissée. Les collines, les vallons, les arbres, les hommes et les animaux y sont plus petits qu'ailleurs. Là campagne, divisée en champs de blé, en pâturages entourés de fossés, et ombragés de chênes, de châtaigniers et de haies vives, a un air négligé et mélancolique qui me plairait, sans la saison qui rend tous les paysages tristes.

On trouve, en plusieurs endroits, des carrières d'ardoise, de marbre rouge et noir; des mines de plomb mêlé d'un argent très-ductile. Mais les véritables richesses du pays sont ses toiles, ses fils et ses bestiaux. L'industrie renaît avec la liberté, par le voisinage des ports de mer. C'est peut-être le seul bien que produise le commerce maritime, qui n'est guère qu'une avarice dirigée par les lois. Singulière condition de l'homme de tirer souvent de ses passions plus d'avantages que de sa raison !

Le paysan bas-breton est à son aise. Il se regarde comme libre dans le voisinage d'un élément sur lequel tous les chemins sont ouverts. L'oppression ne peut s'étendre plus loin que sa fortune. Est-il trop pressé? il s'embarque. Il retrouve sur le vaisseau où il se réfugie, le bois des chênes de son enclos, les toiles que sa famille a tissues, et le blé de ses guérets, dieux de ses foyers qui l'ont abandonné. Quelquefois dans l'officier de son vaisseau, il reconnaît le seigneur de son village. A leur misère commune, il voit que ce n'est qu'un homme souvent plus à plaindre que lui. Libre sur sa propre réputation, il devient le maître de la sienne; et, du bout de la vergue où il est perché, il juge, au milieu du feu et de l'orage, celui qu'aux États il n'eût osé examiner.

Je n'ai point encore vu Lorient. Une demi-lieue avant d'arriver, nous avons passé, en bac, un petit bras de mer; voilà tout ce que j'ai pu distinguer. Un brouillard épais couvrait tout l'horizon : c'est un effet du voisinage de la mer; aussi l'hiver y est moins rude.

Cette observation a encore lieu le long des étangs et des lacs. Ne serait-ce point pour favoriser, même en hiver, la génération d'une multitude d'insectes et de vermisseaux aquatiques qui habitent le sable des rivages? Quoi qu'il en soit, la facilité d'y vivre et la température y attirent, du nord, un nombre infini d'oiseaux de mer et de rivière. La nature peut bien leur réserver quelques lisières de côte, quelque portion d'air tempéré, elle qui a destiné plus de la moitié de ce globe aux seuls poissons.

Je suis, etc.

LETTRE II.

De Lorient, ce 18 janvier 1768.

Lorient est une petite ville de Bretagne, que le commerce des Indes rend de plus en plus florissante. Elle est, comme toutes les villes nouvelles, régulière, alignée et imparfaite : ses fortifications sont médiocres. On y distingue de beaux magasins, l'Hôtel des Ventes qui n'est point fini, une tour qui sert de découverte, des quais commencés, et de grands emplacements où l'on n'a point bâti. Elle est située au fond d'une baie où se jettent la rivière de Blavet et celle de Ponscorf, qui déposent beaucoup de vase dans le port. Cette baie ou rade est défendue à son entrée, qui est étroite, par le Port-Louis ou Blavet, dont la citadelle a le défaut d'être trop élevée ; ce qui rend ses feux plongeants. Ses flancs, déjà trop étroits, ont des orillons, dont l'usage n'est avantageux que pour la défense du fossé ; or, elle n'en a point d'autre que la mer qui baigne le pied de ses remparts.

Le Port-Louis est une ville ancienne et déserte. C'est un vieux gentilhomme dans le voisinage d'un financier. La noblesse demeure au Port-Louis; mais les marchands, les mousselines, les soieries, l'argent, les jolies femmes se trouvent à Lorient. Les mœurs y sont les mêmes que dans tous les ports de commerce. Toutes les bourses y sont ouvertes : mais on ne prête son argent qu'à la grosse ; ce qui, pour les Indes, est à vingt-cinq ou trente pour cent par an. Celui qui emprunte est plus embarrassé que celui qui prête ; les profits sont incertains, et les obligations sont sûres. Les lois autorisent ces emprunts par des contrats de grosse, qui donnent aux créanciers une sorte de propriété sur toute la cargaison du vaisseau, pouvoir qui s'étend, pour la plupart des marins, sur toute leur fortune.

Il y a trois vaisseaux prêts à appareiller pour l'Ile-de-France : *la Digue*, *le Condé* et *le Marquis de Castries*. Il y en a d'autres en armement, et quelques-uns en construction. Le bruit des charpentiers, le tintamarre des calfats, l'affluence des étrangers, le mouvement perpétuel des chaloupes en rade, inspirent je ne sais quelle ivresse maritime. L'idée de fortune qui semble accompagner l'idée des Indes, ajoute encore à cette illusion. Vous croiriez être à mille lieues de Paris. Le peuple de la campagne ne parle plus français ; celui de la ville ne connaît d'autre maître que la

Compagnie. Les honnêtes gens s'entretiennent de l'Ile-de-France et de Pondichéry, comme s'ils étaient dans le voisinage. Vous pensez bien que les tracasseries de comptoirs arrivent ici avec les pacotilles de l'Inde ; car l'intérêt divise encore mieux les hommes qu'il ne les rapproche.

 Je suis, etc.

LETTRE III.

De Lorient, le 20 février 1768.

Nous n'attendons, pour partir, que les vents favorables. Mon passage est arrêté sur le vaisseau *le Marquis de Castriés*. C'est un navire de huit cents tonneaux, de cent quarante-six hommes d'équipage, chargé de mâtures pour le Bengale. Je viens de voir le lieu qui m'est destiné. C'est un petit réduit en toile dans la grande chambre. Il y a quinze passagers. La plupart sont logés dans la sainte-barbe. C'est le lieu où l'on met les cartouches et une partie des instruments de l'artillerie. Le maître canonnier a l'inspection de ce poste, et y loge, ainsi que l'écrivain, l'aumônier et le chirurgien-major. Au-dessus est la grande chambre, qui est l'appartement commun où l'on mange. Le second étage comprend la chambre du conseil, où communique celle du capitaine. Elle est décorée, au dehors, d'une galerie; c'est la plus belle salle du vaisseau. Les chambres des officiers sont à l'entrée, afin qu'ils puissent veiller aux manœuvres qui se font sur le pont. Le premier pilote et le maître des matelots sont logés avec eux pour les mêmes raisons.

L'équipage loge sous les gaillards, et dans l'entrepont, prison ténébreuse où l'on ne voit goutte. Les gaillards comprennent la longueur du navire, qui est de niveau avec la grande chambre, lorsqu'il y a un passe-avant, comme dans celui-ci; les cuisines sont sous le gaillard d'avant, les provisions dans des compartiments au-dessous, les marchandises dans la cale, la soute aux poudres au-dessous de la sainte-barbe.

Voilà, en gros, l'ordre de notre vaisseau; mais il serait impossible de vous en peindre le désordre. On ne sait où passer. Ce sont des caisses de vin de Champagne, des coffres, des tonneaux, des malles, des matelots qui jurent, des bestiaux qui mugissent, des oies et des volailles qui piaulent sur les dunettes; et, comme il fait gros temps, on entend siffler les cordes et gémir les manœuvres, tandis que notre lourd vaisseau se balance sur ses câbles. Près de nous sont mouillés plusieurs vaisseaux dont les porte-voix nous assourdissent : *évite à tribord; largue l'amarre......* Fatigué de ce tumulte, je suis descendu dans ma chaloupe, et j'ai débarqué au Port-Louis.

Il faisait très-grand vent. Nous avons traversé la ville sans y rencontrer personne. J'ai vu, des murs de la citadelle, l'horizon bien noir, l'île de Grois couverte de brume, la pleine mer fort agitée; au loin, de gros vaisseaux à la cape, de pauvres chasse-marées à la voile, entre deux lames; sur le rivage, des troupes de femmes transies de froid et de crainte; une sentinelle à la pointe d'un bastion, tout étonnée de la hardiesse de ces malheureux qui pêchent, avec les mauves et les goëlands, au milieu de la tempête.

Nous sommes revenus bien boutonnés, bien mouillés, et la main sur nos chapeaux. En traversant Lorient, nous avons vu toute la place couverte de poisson : des raies blanches, violettes, d'autres tout hérissées d'épines ; des chiens de mer, des congres monstrueux qui serpentaient sur le pavé ; de grands paniers pleins de crabes et de homards; des monceaux d'huîtres, de moules, de pétoncles ; des merlus, des soles, des turbots....... enfin une pêche miraculeuse comme celle des apôtres.

Ces bonnes gens en ont la bonne foi et la piété : quand on pêche la sardine, un prêtre va avec la première barque, et bénit les eaux. C'est l'amour conjugal des vieux temps : à mesure qu'ils arrivaient, leurs femmes et leurs enfants se pendaient à leurs cous. C'est donc parmi les gens de peine que l'on trouve encore quelques vertus; comme si l'homme né conservait des mœurs, qu'en vivant toujours entre l'espérance et la crainte.

Cette partie de la côte est fort poissonneuse.

Les mêmes espèces de poissons y sont, pour la plupart, plus grandes qu'aux autres endroits; mais elles sont inférieures pour le goût. On m'a assuré que la pêche de la sardine rapportait quatre millions de revenu à la province. Il est assez singulier qu'il n'y ait point d'écrevisses dans les rivières de Bretagne ; ce qui vient peut-être de ce que les eaux n'y sont pas assez vives.

Nous sommes rentrés dans notre auberge, les oreilles tout étourdies du bruit et du vent de la mer. Il y avait avec nous deux Parisiens, les sieurs B**** père et fils; qui devaient s'embarquer sur notre vaisseau; ils ont, sans rien dire, fait atteler leur chaise, et sont retournés à Paris.

LETTRE IV.

À bord du Marquis de Castries, le 3 mars 1768, à onze heures du matin.

Je n'ai que le temps de vous faire mes adieux ; nous appareillons. Je vous recommande les cinq lettres incluses ; il y en a trois pour la Russie, la Prusse et la Pologne. Par-tout où j'ai voyagé, j'ai laissé quelqu'un que je regrette.

Mais le vaisseau est à pic. J'entends le bruit des sifflets, les hissements du cabestan, et les matelots qui virent l'ancre.... Voici le dernier coup de canon. Nous sommes sous voiles ; je vois fuir le rivage, les remparts et les toits du Port-Louis. Adieu, amis plus chers que les trésors de l'Inde !... Adieu, forêts du nord, que je ne reverrai plus ! Tendre amitié ! sentiment plus cher qui la surpassiez ! temps d'ivresse et de bonheur qui s'est écoulé comme un songe ! adieu.... adieu.... On ne vit qu'un jour pour mourir toute la vie.

Vous recevrez mon journal, mes lettres et mes regrets. Je vous aimerai toujours.... je ne peux vous en dire davantage.

Je suis, etc.

JOURNAL.

EN MARS, 1768.

Nous sortîmes le 3, à onze heures et un quart du matin. Le vent était au nord-est, la marée pas assez haute; peu s'en fallut que nous ne touchassions sur un rocher à droite dans la passe. Quand nous fûmes par le travers de l'île de Grois, nous mîmes en panne pour attendre quelques passagers et officiers. Un seul rejoignit le vaisseau, dans le temps que nous mettions en route.

Le 4, le temps fut assez beau; sur le soir, cependant, la mer grossit et le vent augmenta.

Le 5, il s'éleva un très-gros temps. Le vaisseau était en route sous ses deux basses voiles. J'étais très-fatigué du mal de mer. A dix heures et demie du matin, étant sur mon lit, j'éprouvai une forte secousse. Quelqu'un cria que le vaisseau venait de toucher. Je montai sur le pont, où je vis tout le monde consterné. Une lame, venant de tribord, avait enlevé à la mer la yole ou petite chaloupe, le maître des matelots, et trois hommes. Un seul d'entre eux resta accroché dans les haubans du grand mât, d'où on le tira, l'épaule et la main fracassées. Il fut impossible de sauver les autres, que l'on ne revit plus.

Ce malheur vint de la faute du vaisseau, qui gouvernait mal. Sa poupe était trop renflée dans l'eau, ce qui détruisait l'action du gouvernail. Le mauvais temps dura tout le jour, et l'agitation du vaisseau fit périr presque toutes nos volailles. J'avais un chien, qui ne cessa de haleter de malaise. Les seuls animaux que j'y vis insensibles, furent des moineaux et des serins, accoutumés à un mouvement perpétuel. On porte ces oiseaux aux Indes par curiosité.

Je fus très-incommodé, ainsi que les autres passagers. Il n'y a point de remède contre ce mal, qui excite des vomissements affreux. Il est utile cependant de prendre quelques nourritures sèches, et sur-tout des fruits acides.

Le 6, le temps se mit au beau. On pria Dieu pour ces pauvres matelots. Le maître était un fort honnête homme. On répara le désordre de la veille. La lame, en tombant sur le vaisseau, avait brisé la poutre qui borde le caillebotis, quoiqu'elle eût dix pouces de diamètre. Elle enfonça une des épontilles ou supports du gaillard d'avant-

dans le pont inférieur, et en rompit une des traverses.

Le 7, nous nous estimions par le travers du cap Finistère, où les coups de vent sont fréquents et la mer grosse, ainsi qu'à tous les caps.

Le 8, belle mer et bon vent. Nous vîmes voler des manches-de-velours, oiseaux marins blancs dont les ailes sont bordées de noir.

Le 9 et le 10, l'air me parut sensiblement plus chaud, et le ciel plus intéressant. Nous approchons des îles *Fortunées*, s'il est vrai que le Ciel ait mis le bonheur dans quelque île.

Le 11, le vent calma; la mer était couverte de bonnets-flamands, espèce de mucilage organisé, de la forme d'une toque, ayant un mouvement de progression. Le matin nous vîmes un vaisseau.

Le 12 et le 13, on fit quelques réglements de police. Il fut décidé que chaque passager n'aurait qu'une bouteille d'eau par jour. Le repas du matin fut fixé à dix heures, et consistait en viandes salées et en légumes secs. Celui du soir, à quatre heures, était un peu meilleur. On éteignait tous les feux passé huit heures.

Le 14, on avait compté voir l'île Madère, mais nous étions trop dérivés à l'ouest; il fit calme tout le jour. Nous vîmes deux oiseaux de la grosseur d'un pigeon, d'une couleur brune, volant vers l'ouest à la hauteur des mâts; nous les prîmes pour des oiseaux de terre, ce qui semblait nous indiquer qu'il y avait quelque île sur notre gauche. Ces signes sont importants, mais les marins ont des observations peu sûres sur les oiseaux. Ils confondent presque toutes les espèces des côtes de l'Europe, sous le nom de mauves et de goëlands.

Le 15, le calme continua : cependant, vers la nuit, nous eûmes un peu de vent. Un brigantin anglais passa près de nous dans l'après-midi, et nous salua de son pavillon.

Le 16, au lever du soleil, nous vîmes l'île de Palme devant nous; à gauche, l'île de Ténériffe, avec son pic, qui a la forme d'un dôme surmonté d'une pyramide. Ces îles furent couvertes de brume tout le jour, et la nuit d'éclairs et d'orages; spectacle qui effraya les premiers marins qui les découvrirent de nos temps. On sait que les Romains en avaient ouï parler, puisque Sertorius voulut s'y retirer. Les Carthaginois, qui trafiquaient en Afrique, les connaissaient. L'historien Juba en compte cinq, et en fait une description détaillée : il en appelle une, l'île de Neige, parce que, dit-il, elle s'y conserve toute l'année. Nous vîmes, en effet, le pic couvert de neige, quoique l'air fût chaud. Ces îles sont, dit-on, les débris de cette grande île Atlantide dont parle Platon. A la profondeur des ravins dont leurs montagnes sont creusées, on peut croire que ce sont les débris de cette terre originelle, bouleversée par un événement dont la tradition s'est conservée chez tous les peuples. Selon Juba, l'île Canarie prit son nom de la grandeur des chiens qu'on y élevait. Les Espagnols, à qui elles appartiennent, en tirent d'excellente malvoisie.

Les 17, 18 et 19, nous passâmes au milieu des îles, laissant Ténériffe à gauche et Palme à droite; Gomère nous resta à l'est. Je dessinai la vue de ces îles, qui sont sillonnées de ravins très-profonds, entr'autres l'île de Palme.

Nous vîmes un poisson-volant. Une huppe vint se reposer sur notre vaisseau, et prit son vol à l'ouest : elle était d'un rouge couleur d'orange; ses ailes et son aigrette marbrées de blanc et de noir, son bec noir comme l'ébène et un peu recourbé.

Le 20, nous laissâmes l'île de Fer à l'ouest, et nous perdîmes de vue toutes ces îles. La vue de ces terres, situées sous un si beau climat, nous inspira bien des vœux inutiles. Nous comparions le repos, l'abondance, l'union et les plaisirs de ces insulaires, à notre vie inquiète et agitée. Peut-être, en nous voyant passer, quelque malheureux Canarien, sur un rocher brûlé, faisait des vœux pour être à bord d'un vaisseau qui cinglait à pleines voiles vers les Indes orientales.

Le 21, nous vîmes une hirondelle de terre, ensuite un requin. Tant que nous fûmes dans le

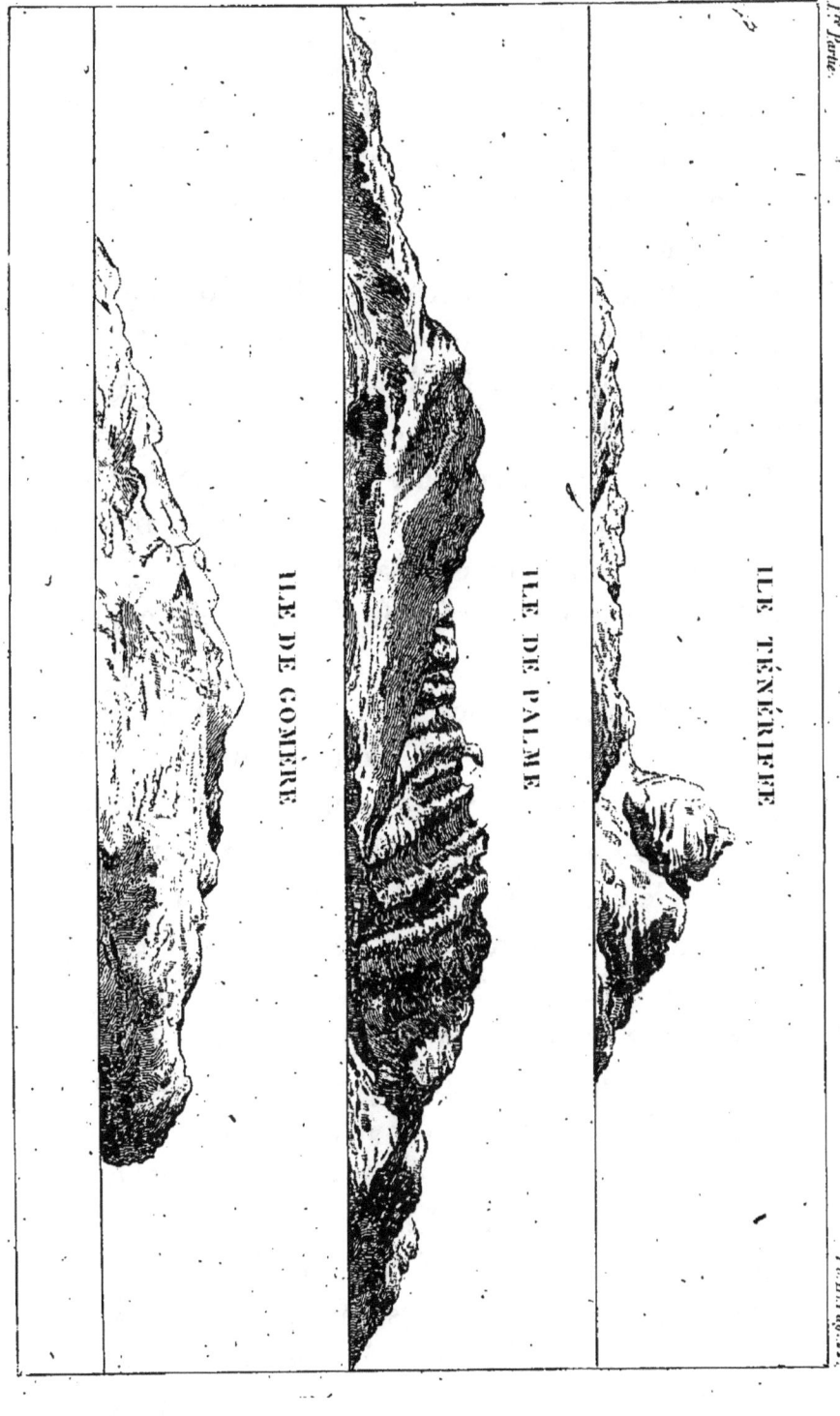

parage de ces îles, nous eûmes du calme le jour, et le vent ne s'élevait qu'au soir.

Le 22, la chaleur fut si forte, qu'elle fit casser une quantité de bouteilles de vin de Champagne, quoiqu'elles fussent encaissées dans du sel : c'est une pacotille que font beaucoup d'officiers pour les Indes : chaque bouteille s'y vend une pistole. Cette inondation, qui pénétrait tout, détruisit des laitues et du cresson que j'avais semés dans du coton mouillé, où ces plantes croissaient à merveille ; cette liqueur salée était si corrosive, qu'elle gâta absolument ceux de mes papiers qui en furent mouillés.

Le 23, nous eûmes grand frais ; la mer me parut grise et verdâtre, comme sur les hauts-fonds : on prétend qu'on trouve la sonde à plus de quatre-vingts lieues de la côte d'Afrique, qui est peu élevée dans ces parages. Nous vîmes un vaisseau faisant route au Sénégal.

Le 24, nous trouvâmes les vents alizés ou de nord-est ; le vaisseau roulait beaucoup.

Le 25 et le 26, beau temps et bon vent ; nous dépassâmes la latitude des îles du Cap-Vert, que nous ne vîmes point : elles sont aux Portugais. On y trouve des rafraîchissements ; mais le premier de tous, l'eau, s'y fait difficilement. Nous vîmes des poissons-volants, et une hirondelle de terre : on s'aperçut que le blé sarrasin s'échauffait dans la soute, au point de n'y pouvoir supporter la main; on le mit à l'air. Il est arrivé que des vaisseaux se sont embrasés par de pareils accidents. Il y eut, en 1760, un vaisseau anglais chargé de chanvre, qui brûla dans la mer Baltique. Le chanvre s'était enflammé de lui-même; j'en vis les débris sur les côtes de l'île de Bornholm.

Le 27, on dressa une tente de l'avant à l'arrière, pour préserver l'équipage de la chaleur. Nous vîmes des galères, espèce de mucilage vivant.

Les 28 et 29, nous vîmes des poissons-volants, et une quantité considérable de thons.

Le 30, on se prépara à la pêche; et nous prîmes dix thons, dont le moindre pesait soixante livres : nous vîmes un requin. La chaleur augmentait, et l'équipage souffrait impatiemment la soif.

Le 31, on prit une bonite; des matelots altérés percèrent et ouvrirent, pendant la nuit, les jarres de plusieurs passagers, qui, par-là, se trouvèrent, comme les gens de l'équipage, réduits à une pinte d'eau par jour.

OBSERVATIONS SUR LES MŒURS DES GENS DE MER.

Je ne vous parlerai que de l'influence de la mer sur les marins, afin d'inspirer quelque indulgence sur des défauts qui tiennent à leur état:

La promptitude qu'exige la manœuvre, les rend grossiers dans leurs expressions. Comme ils vivent loin de la terre, ils se regardent comme indépendants : ils parlent souvent des princes, des lois et de la religion, avec une liberté égale à leur ignorance. Ce n'est pas que, suivant les circonstances, ils ne soient dévots, même superstitieux. J'en ai connu plus d'un, qui n'aurait pas voulu appareiller un dimanche ou un vendredi. En général, leur religion dépend du temps qu'il fait.

L'oisiveté où ils vivent, leur fait aimer la médisance et les contes. Le banc de quart est le lieu où les officiers débitent les fables et les merveilles.

L'habitude de faire sans cesse de nouvelles connaissances, les rend inconstants dans leurs sociétés et dans leurs goûts : sur mer ils désirent la terre, à terre ils regrettent la mer.

Dans une longue traversée, il est prudent de se livrer peu et de ne disputer jamais. La mer aigrit naturellement l'humeur. La plus légère contestation y dégénère en querelle. J'en ai vu naître pour des questions de philosophie. Il est vrai que ces questions ont quelquefois brouillé des philosophes à terre.

En général, ils sont taciturnes et sombres. Peut-on être gai au milieu des dangers, et privé des premiers besoins de la vie ?

Il ne faut pas oublier leurs bonnes qualités. Ils sont francs, généreux, braves, et sur-tout bons maris. Un homme de mer se regarde comme étranger à terre, et sur-tout dans sa propre maison. Étonné de la nouveauté des meubles, du logement, des usages, il laisse à sa femme le pouvoir de le gouverner dans un monde qu'il connaît peu.

Les matelots ajoutent à ces bonnes et mauvaises qualités les vices de leur éducation. Ils sont adonnés à l'ivrognerie. On leur distribue, chaque jour, une ration de vin ou d'eau-de-vie. Ils sont sept hommes à chaque plat; j'en ai vu s'arranger entre eux pour boire alternativement la ration des sept. Quelques-uns sont adonnés au vol. Il y en a d'assez habiles pour dépouiller leurs camarades pendant le sommeil. Dans cette classe d'hommes si malheureux, il s'en trouve d'une probité rare. Ordinairement, le maître et le canonnier sont des hommes de confiance sur lesquels roule toute la police de l'équipage. On peut y joindre le premier pilote, dont l'état chez nous est déchu; je ne sais pourquoi, de la distinction qu'il mérite; ce n'est que le premier officier marinier. De ces trois hommes dépend la bonté de l'équipage, et souvent le succès de la navigation.

Le dernier homme du vaisseau est le coq, *coquus*, le cuisinier. Les mousses sont des enfants, traités souvent avec trop de barbarie. Il n'y a guère d'officier ou de matelot qui ne leur fasse éprouver son humeur. On s'amuse même, sur quelques vaisseaux, à les fouetter quand il fait calme, pour faire, dit-on, venir le vent. Ainsi l'homme, qui se plaint si souvent de sa faiblesse, abuse presque toujours de sa force.

Vous conclurez de tout ceci qu'un vaisseau est un lieu de dissension; qu'un couvent et une île, qui sont des espèces de vaisseaux, doivent être remplis de discorde, et que l'intention de la nature, qui d'ailleurs s'explique si ouvertement, est que la terre soit peuplée de familles, et non de sociétés et de confréries.

Après avoir porté ma censure sur les mœurs des gens de mer, il est bon aussi que je l'étende sur les miennes.

J'ai fait une faute essentielle dans le journal de ce mois, en oubliant de rapporter les noms du maître des matelots, et des deux autres infortunés qui furent enlevés d'un coup de mer de dessus le pont du vaisseau, le 5 du mois précédent, vers la hauteur du cap Finistère. A la vérité, ils n'étaient que matelots, mais ils étaient hommes, compagnons, et, qui plus est, coopérateurs de mon voyage sur un vaisseau où je n'étais moi-même qu'un spéculateur oisif et fort inutile à la manœuvre.

J'ai observé souvent dans les relations de

voyage des vaisseaux hollandais et anglais, que s'il vient à y périr le moindre matelot, on y tient note de ses noms de famille et de baptême, de son âge, du lieu de sa naissance, à quoi l'on ajoute presque toujours quelque trait de ses mœurs qui le caractérise. On en trouve des exemples fréquents, dans des relations même faites par des vice-amiraux, commodores, commandants, etc. Le capitaine Cook, sur-tout, y est fort exact dans ses voyages autour du monde. Cet usage est une preuve du patriotisme et du fonds d'humanité qui règnent parmi ces nations. D'ailleurs, dans le journal d'un vaisseau, le nom, les mœurs et la famille d'un matelot qui périt à son service, doivent être au moins aussi intéressants, pour des hommes, que le nom, les mœurs et la famille d'un poisson ou d'un oiseau de marine, pris en pleine mer, dont nos marins ne manquent pas d'enrichir leurs journaux, quand ils en trouvent l'occasion. Bien plus, il n'y a pas une vergue cassée, ou une manœuvre rompue sur le vaisseau, dont ils ne vous tiennent compte, le tout pour se donner un air savant et entendu aux choses de la mer. Voilà ce que j'ai tâché moi-même d'imiter dans mon journal, séduit par les exemples nationaux, et par l'éducation de mon pays, qui ramène chacun de nous à être le premier par-tout où il se trouve, et, par conséquent, à mépriser tout ce qui est au-dessous de soi, et à haïr souvent ce qui est au-dessus. Comme j'avais l'honneur d'être officier de sa majesté, dans le grade de capitaine-ingénieur, je n'ai pas cru que des matelots fussent des êtres assez importants pour en faire une mention particulière, lorsqu'ils venaient à mourir. Et, quoique je puisse me rendre cette justice, que j'avais le cœur constamment occupé d'un grand objet d'humanité, dans un voyage que je n'avais entrepris que pour concourir au bonheur des noirs de Madagascar; il est probable que je me faisais illusion à moi-même, et que je ne me proposais, au bout du compte, que la gloire d'être le premier, même parmi des sauvages. J'étais comme beaucoup d'hommes que j'ai connus, qui se proposent de faire des républiques, et qui se gardent bien d'en établir dans les sociétés où ils vivent. Ils veulent faire des républiques pour en être les législateurs; mais ils seraient bien fâchés d'y vivre comme simples membres. Nous ne sommes dressés qu'à la vanité.

Pour moi, à qui l'adversité a dit tant de fois que je n'étais qu'un homme souvent plus misérable qu'un matelot, par le désordre de ma santé, et par mes préjugés, qui m'ont, dès l'enfance, fait poser les bases de mon bonheur sur l'opinion inconstante d'autrui; si je refaisais la relation d'un pareil voyage de long cours, j'y mettrais, non les mesures d'un vaisseau mal construit, tel qu'était le nôtre (à moins que celui où je serais ne fût remarquable par sa vitesse ou quelque autre bonne qualité), mais les noms de tous les gens de l'équipage. Je n'y oublierais pas le moindre mousse ; et, au lieu d'observer les mœurs des poissons et des oiseaux qui vivent hors du vaisseau, j'étudierais et noterais celles des matelots qui le font mouvoir ; car des caractères humains seraient plus intéressants à décrire, non-seulement que ceux des animaux, mais même que ceux des hommes qui habitent constamment le même coin de terre, et sur-tout que ceux des gens du monde, vers lesquels se dirigent sans cesse les observations de nos philosophes.

Les mœurs des gens de mer sont beaucoup plus variées par leur vie cosmopolite et amphibie, et plus apparentes par la rudesse de leur métier et leur franchise, que celles des princes. C'est là que l'on peut connaître l'homme tout brut, luttant sans cesse et sans art, avec ses vices et ses vertus, contre ses passions et celles des autres, contre la fortune et les éléments. Malgré ses défauts, par lesquels il serait injuste de la désigner, je voudrais rendre toute cette classe d'hommes intéressante. D'ailleurs, il n'y a point de caractère si dépravé, qu'il n'y ait quelques bonnes qualités qui en compensent les vices. Souvent, sous les plus grossiers, comme l'ivrognerie, le jurement, les marins cachent d'excellentes qualités. Il s'en trouve d'intrépides, de généreux, qui, sans balancer, se jettent à la mer pour porter du secours au malheureux prêt à périr; d'autres sont remarquables par quelque industrie particulière. Il y en a qui ont beaucoup d'imagination, et qui, pendant la durée d'un quart de six heures, racontent à leurs camarades rassemblés autour d'eux, des histoires merveilleuses, dont ils entrelacent les événements avec autant d'art et d'intérêt que ceux des Mille et une Nuits; d'autres, fort taciturnes, écoutent toujours, ne s'expriment que par signes, et sont des jours entiers sans proférer un mot. La plupart intéressent par leurs infortunes, leurs naufrages; d'autres par les malheurs de leurs familles; tous par leur manière de voir, par leur religion, leurs opinions des sciences, de la guerre, de la cour et du gouvernement des pays qu'ils ont vus, ou par les combats où ils se sont trouvés, ou par leurs amours, si différentes de celles des bergers. Mais si, au lieu de se borner à étudier leurs mœurs, on s'occupait du soin de les adoucir, on trouverait des amis parmi eux; car ils sont très-reconnaissants. Je crois qu'un voyageur, en se mettant comme observateur de la société avec les compagnons de son voyage, bannirait, pour lui-même et pour ses lecteurs, la monotonie des voyages de long cours. Mais nous sommes si accoutumés à mépriser ce qui est au-dessous de nous, que je puis dire que dans un voyage de quatre mois et demi, où l'on ne voyait que le ciel et l'eau, il n'y avait pas la moitié de nos simples matelots dont les noms fussent connus des passagers, et même de leurs officiers, et que quand quelqu'un d'eux venait pour quelque service dans la chambre, ou sur l'arrière, nous y faisions moins d'attention que si c'eût été un chat ou un chien : tant l'homme pauvre et misérable est rendu étranger à l'homme, son semblable, par nos institutions ambitieuses !

Je reprends le fil de mon journal.

AVRIL, 1768.

Le 1er, nous vîmes des requins, et on en prit un, avec une bonite. Je compte réunir mes observations sur les poissons à la fin du journal de ce mois.

Le 2, nous eûmes du calme mêlé d'orage. Nous sommes sur les limites des vents généraux du pôle austral. L'après-midi, nous essuyâmes un grain qui nous fit amener toutes nos voiles.

Nous approchons de la Ligne. Il y a très-peu de crépuscule le soir et le matin.

Le 3, nous prîmes des bonites et un requin. Nous étions constamment entourés de la même troupe de thons.

Le 4, nous eûmes un ciel orageux. Nous entendîmes le tonnerre, et nous essuyâmes un grain.

On jeta à la mer un matelot mort du scorbut ; plusieurs autres en sont affectés : cette maladie, qui se manifeste de si bonne heure, répand la terreur dans l'équipage. Nous prîmes des bonites et des requins.

Du 5 et du 6. Hier, à trois heures de nuit, il fit un orage épouvantable qui nous obligea de tout amener, hors la misaine. Je remarquai constamment que le lever de la lune dissipe les nuages d'une manière sensible. Deux heures après qu'elle est sur l'horizon, le ciel est parfaitement net. Nous eûmes, ces deux jours, du calme mêlé de grains pluvieux.

Le 7, nous prîmes des bonites. Je vis couper, avec des ciseaux, du verre dans l'eau, avec une grande facilité, effet dont j'ignore la cause.

Le 8 et le 9, on prit un requin, des sucets et deux thons. Quoique près de la Ligne, la chaleur ne me parut pas insupportable ; l'air est rafraîchi par les orages.

Le 10, on annonça le baptême de la Ligne, dont nous étions à un degré. Un matelot, déguisé en masque, vint demander au capitaine à faire observer l'usage ancien. Ce sont des fêtes imaginées pour dissiper la mélancolie des équipages. Nos matelots sont fort tristes, le scorbut gagne insensiblement, et nous ne sommes pas au tiers du voyage.

Le 11, on fit la cérémonie du baptême. On

rangea les principaux passagers le long d'un cordon, les pouces attachés avec un ruban. On leur versa quelques gouttes d'eau sur la tête. On donna ensuite quelque argent aux pilotes.

Le vent fut contraire, le ciel et la mer belle.

Le 12, nous ne passâmes point encore la Ligne. Les courants portaient au nord. On cessa de voir l'étoile polaire. Nous vîmes un vaisseau à l'est.

Le 13, nous passâmes la Ligne. La mer paraissait, la nuit, remplie de grands phosphores lumineux. On purifiait l'entrepont tous les dimanches; on montait en haut les coffres et les hamacs de l'équipage, ensuite on brûlait du goudron. On s'aperçut que le tiers des barriques d'eau était vide, quoiqu'on ne fût pas au tiers du voyage.

Les 14, 15 et 16, les vents varièrent. Il fit de grandes chaleurs. On roidit les haubans et les cordages. Nous fûmes toujours environnés de bonites, de thons, de marsouins et de bonnets-flamands. Nous vîmes un très-grand requin. Calme mêlé d'orage.

Les 17, 18 et 19, les calmes continuèrent avec la chaleur. Le goudron fondait de toutes les manœuvres. L'ennui et l'impatience croissent sur le vaisseau. On en a vu rester un mois en calme sous la Ligne.

Je vis une baleine allant vers l'ouest.

Les 20, 21 et 22, continuation de calme et d'ennui. Le vaisseau était entouré de requins.

Nous en vîmes un attaché à un paillasson, dans un large banc d'écume, courant de l'est à l'ouest : il était vivant; sans doute quelque vaisseau venait de passer là. Nous prîmes des thons, des bonites, cinq ou six requins, et un marsouin dont la tête était fort pointue. Les matelots disent que le marsouin présage le vent; en effet, à minuit il s'est levé. Nous revîmes des galères.

Le 23, nous entrons enfin dans les vents généraux du sud-est, qui doivent nous conduire au delà de l'autre tropique. On prit des bonites et des thons. Comme on tirait de l'eau un de ces poissons, un requin le prit par la queue et fit casser la ligne. Nous vîmes une frégate, oiseau noir et gris approchant de la forme de la cigogne : son vol est très-élevé.

Le 24 et le 25, nous eûmes des grains qui firent varier le vent. Vers le soir, la lune parut entourée d'un grand cercle sans couleurs.

Nous prîmes des bonites et des thons.

Le 26, nous vîmes des frégates, des poissons-volants, des thons, des bonites, et un oiseau blanc qu'on dit être un fou. Le soir, ayant toutes nos voiles dehors, nous fûmes chargés d'un grain violent qui nous mit sur le côté pendant quelques minutes. Notre vaisseau porte fort mal la voile, et il ne fait guère plus de deux lieues par heure, avec le vent le plus favorable.

Le 27, grosse mer et grand frais mêlé de grains

3.

pluvieux. Nous vîmes les mêmes poissons et un alcyon, hirondelle de mer, que les Anglais appellent *l'oiseau de la tempête*. Je consacrerai un article de mon journal aux oiseaux marins.

Le 28, nous eûmes grand frais et des grains mêlés de pluie. On porta six canons de l'arrière dans la cale de l'avant, afin que le vaisseau étant plus chargé sur le devant, gouvernât mieux. Nous éprouvâmes des temps orageux, qui sont rares dans ces parages. Vu les mêmes thons.

Le 29, beau temps mêlé de quelques grains. Nous vîmes des frégates, et un oiseau blanc avec les ailes marquées de gris. Au soleil couchant, nous vîmes un vaisseau sous le vent, faisant même route que nous.

Le 30, bon frais, belle mer : l'air n'est plus si chaud. Nous vîmes le vaisseau de la veille un peu au vent; il avait forcé de voiles : nous fîmes la même manœuvre. Il mit pavillon anglais; nous mîmes le nôtre. Nous prîmes des thons, et nous vîmes des poissons-volants.

OBSERVATIONS SUR LA MER ET LES POISSONS.

Il n'y a guère de vue plus triste que celle de la pleine mer. On s'impatiente bientôt d'être toujours au centre d'un cercle dont on n'atteint jamais la circonférence. Elle offre cependant des scènes intéressantes : je ne parle pas seulement des tempêtes ; pendant le calme, et sur-tout la nuit dans les climats chauds, on est surpris de la voir étincelante. J'ai pris, dans un verre, de ces points lumineux dont elle est remplie ; je les ai vus se mouvoir avec beaucoup de vivacité. On prétend que c'est du frai de poisson. On en voit quelquefois des amas semblables à des lunes. La nuit, lorsque le vaisseau fait route, et qu'il est environné de poissons qui le suivent, la mer paraît comme un vaste feu d'artifice tout brillant de serpenteaux et d'étincelles d'argent.

Je vous laisse méditer sur la quantité prodigieuse d'êtres vivants dont cet élément est la patrie. Je me borne à quelques observations sur différentes espèces de poissons que nous avons rencontrés en pleine mer.

Le bonnet-flamand, que les anciens appelaient, je crois, *poumon marin*, est une espèce d'animal formé d'une substance glaireuse : il ressemble assez à un champignon. Son chapiteau a un mouvement de contraction et de dilatation par le moyen duquel il avance fort lentement. Je ne lui connais aucune propriété. Cet animal est si commun, que nous en avons trouvé la mer couverte pendant plusieurs journées. Ils varient beaucoup pour la grosseur et la couleur, mais la forme est la même. On en trouve de fort gros, en été, sur les côtes de Normandie.

La galère est de la même substance, mais cet

animal paraît doué de plus d'intelligence et de malignité. Son corps est une espèce de vessie ovale, surmontée, dans sa longueur, d'une crête ou voile qui est toujours hors de la mer, dans la direction du vent. Quand le flot le renverse, il se relève fort vite, et présente toujours au vent la partie la plus ronde de son corps. J'en ai vu beaucoup à-la-fois rangées, comme une flotte, dans la même direction. Peut-être construirait-on quelque voilure sur ce mécanisme, au moyen de laquelle une barque avancerait dans le vent contraire. De la partie inférieure de la galère pendent plusieurs longs filets bleus, dont elle saisit ceux qui croient la prendre. Ces filets brûlent sur-le-champ comme le plus violent caustique. J'ai vu un jour un jeune matelot qui, s'étant mis à la nage pour en prendre une, en eut les bras tout brûlés, et, de frayeur, pensa se noyer. La galère a de belles couleurs pendant qu'elle est en vie. J'en ai vu de bleu céleste et de couleur de rose. Le bonnet-flamand se trouve dans nos mers, et la galère en approchant des tropiques.

Dans le parage des Açores, j'ai vu une espèce de coquillage flottant et vivant dans l'écume de la mer, de la forme du fer d'une flèche ou d'un bec d'oiseau : il est petit, transparent, et très-aisé à rompre ; c'est peut-être celui qu'on trouve dans l'ambre gris.

A cette même latitude, nous trouvâmes des

limaçons bleus, flottants à la surface de l'eau, au moyen de quelques vessies pleines d'air : leur coque était fort mince et très-fragile ; ils étaient remplis d'une liqueur d'un beau bleu purpurin. Ce n'est pas cependant le coquillage appelé pourpre par les anciens.

Une espèce de coquillage beaucoup plus commun, est celui qui s'attache à la carène même du vaisseau, au moyen d'un ligament qu'il raccourcit dans le mauvais temps. Il est blanc, de la forme d'une amande, et composé de quatre pièces. Il met dehors plusieurs filaments qui ont un mouvement régulier. Il se multiplie en si grande quantité, que la course du vaisseau en est sensiblement retardée.

Le poisson-volant est fort commun entre les deux tropiques ; il est de la grosseur d'un hareng ; il vole en troupe et d'un seul jet aussi loin qu'une perdrix ; il est poursuivi dans la mer par les poissons, et dans l'air par les oiseaux. Sa destinée paraît fort malheureuse de retrouver dans l'air le danger qu'il a évité dans l'eau ; mais tout est compensé, car souvent aussi il échappe comme poisson aux oiseaux, et comme oiseau aux poissons. C'est dans les orages qu'on le voit devancer les frégates et les thons qui font après lui des sauts prodigieux.

L'encornet est une petite sèche qui fait à-peu-près la même manœuvre. Elle a, de plus, la faculté d'obscurcir l'eau en y versant une encre fort noire. Peut-être aussi ne nage-t-elle pas si bien. Elle est de la forme d'un cornet. Ces deux espèces de poissons tombent souvent à bord des vaisseaux. Ils sont bons à manger.

Le thon de la pleine mer m'a paru différer, pour le goût, de celui de la Méditerrannée. Il est fort sec, et n'a de graisse qu'à l'orbite de l'œil. Il a peu d'intestins, sa chair paraît à l'étroit dans sa peau. Huit muscles, quatre grands et quatre petits, forment son corps, dont la coupe transversale ressemble à celle de plusieurs arbres sciés. On le pêche au lever et au coucher du soleil, parce qu'alors l'ombre des flots lui déguise mieux l'hameçon, qui est figuré en poisson-volant.

Cette flotte de thons nous accompagne depuis six semaines. Il est facile de les reconnaître. Il y en a un, entr'autres, qui a une plaie rouge sur le dos pour avoir été harponné il y a quinze jours. Sa course n'en est pas retardée.

Le poisson peut-il vivre sans dormir, et l'eau marine serait-elle favorable aux plaies? J'ai lu, quelque part, que M. Chirac guérit M. le duc d'Orléans d'une blessure au poignet, en le lui faisant mettre dans des eaux de Balaruc.

La chair du thon est saine, mais elle altère. On m'assura qu'il était dangereux d'user du thon de ces parages, qui a été salé. J'en vis l'expérience sur un matelot qui s'y exposa. Sa peau devint rouge comme l'écarlate, et il eut une fièvre de vingt-quatre heures.

Nous prenons aussi, avec les thons, beaucoup de bonites. C'est une sorte de maquereau, dont quelques-uns approchent de la grosseur des thons. Je leur ai trouvé, à-la-fois, de la laite et des œufs, et dans la chair de plusieurs, des vers vivants de la grosseur d'un grain d'avoine. Ce poisson n'en paraissait pas incommodé.

La grande-oreille est une espèce de bonite.

Les requins se trouvent en grande quantité aux environs de la Ligne. Dès qu'il fait calme, le vaisseau en est entouré. Ce poisson nage lentement et sans bruit. Il est devancé par plusieurs petits poissons appelés *pilotins*, bariolés de noir et de jaune. S'il tombe quelque chose à la mer, en un clin d'œil ils viennent le reconnaître, et retournent au requin qui s'approche de sa proie, se tourne, et l'engloutit. Si c'est un oiseau, il n'y touche point : mais lorsque la faim le presse, il avale jusqu'à des clous.

Le requin est le tigre de la mer. J'en ai vu de plus de dix pieds de longueur. La nature lui a donné une vue très-faible. Il nage fort lentement par la forme arrondie de sa tête, ce qui, joint à la position de sa gueule qui l'oblige de se tourner sur le dos pour avaler, préserve la plupart des poissons de sa voracité. Il n'a ni os, ni arêtes, mais des cartilages, ainsi que tous les poissons de mer voraces, comme le chien de mer, la raie, le polype, qui, comme lui, voient mal, sont mauvais nageurs, et ont la gueule placée en bas; ils sont, de plus, vivipares. Ainsi leur gloutonnerie a été compensée dans leur vitesse, leur vue, leur forme et leur génération.

Les mâchoires du requin sont armées de cinq ou six rangs de dents en haut et en bas. Elles sont plates, tranchantes sur les côtés, aiguës et taillées comme des lancettes. Il n'en a que deux rangs perpendiculaires; les autres sont couchées et disposées de manière qu'elles remplacent, par un mécanisme admirable, celles qu'il est souvent exposé à rompre. On l'amorce avec une pièce de chair embrochée d'un croc de fer. Avant de le tirer de l'eau on lui passe à la queue un nœud coulant, et lorsqu'il est sur le pont et qu'il s'efforce d'estropier les matelots, on la lui coupe à coups de hache. Cette queue n'a qu'un aileron taillé comme une faux. Les Chinois en font cas comme d'un remède aphrodisiaque. Au reste, la pêche de ce poisson n'est d'aucune utilité. J'ai goûté de sa chair qui a un goût de raie, avec une forte odeur d'urine. On dit qu'elle est fiévreuse. Les marins ne pêchent ce poisson que pour le mutiler. On lui crève les yeux, on l'éventre, on en attache plusieurs par la queue et on les rejette à la mer, spectacle digne d'un matelot. Le requin est si vivace que j'en ai vu remuer long-temps après qu'on leur avait coupé la tête. Cependant j'en ai vu noyer fort vite, en les plongeant plusieurs fois lorsqu'ils sont accrochés à l'hameçon.

On trouve presque toujours sur le requin un poisson appelé sucet. Il est gros comme un hareng. Il a sur la tête une surface ovale un peu concave avec laquelle il s'attache en formant le vide, au moyen de dix-neuf lames qui y sont disposées comme les tringles d'une jalousie. J'en ai mis de vivants sur un verre uni, d'où je ne pouvais les arracher. Ce poisson a cela de très-singulier qu'il nage le ventre et les ouïes en l'air. Sa peau est grenelée, et sa gueule armée de plusieurs rangs de petites dents. Nous avons plusieurs fois mangé des sucets, et nous leur avons trouvé le goût d'artichauts frits.

Outre le pilotin et le sucet, le requin nourrit encore sur sa peau un insecte de la forme d'un demi-pois, avec un bec fort alongé. C'est une espèce de pou.

Le marsouin est un poisson fort connu. J'en ai vu une espèce dont le museau était fort pointu. Les matelots l'appellent *la flèche de la mer*, à cause de sa vitesse. J'en ai vu caracoler autour du vaisseau, tandis qu'il faisait deux lieues à l'heure. On darde cet animal, qui souffle lorsqu'il est pris, et semble se plaindre ; c'est une mauvaise pêche ; sa chair est noire, dure, lourde et huileuse.

J'ai vu aussi une dorade, le plus léger, dit-on, des poissons. On prétend, mais à tort, que c'est le dauphin des anciens, dont Pline nous a donné une ample description : quoi qu'il en soit, nous n'éprouvâmes point son amitié pour les hommes. Nous vîmes, à une grande profondeur, briller ses ailerons dorés et son dos du plus bel azur.

Quelquefois nous avons vu, à une demi-lieue, des baleines lancer leur jet d'eau. Elles sont plus petites que celles du nord. Elles me paraissaient, de loin, comme une chaloupe renversée.

Telles sont les espèces de poissons que j'ai vus jusqu'à présent. On voit des requins dans le calme ; ordinairement les dorades les suivent ; les marsouins paraissent quand le vent fraîchit. Pour les thons, nous les avons depuis six semaines. Si ce détail vous a ennuyé, songez quels doivent être mes plaisirs. Il n'en est point pour l'homme sur un élément étranger dont aucun des habitants n'a de relation avec lui.

MAI, 1768.

Du 1er. Au lever du soleil, un vaisseau se trouva dans nos eaux, et nous ayant gagnés insensiblement, vers les dix heures du matin il était par notre travers. Nous remarquâmes que toutes ses voiles étaient fort vieilles, et qu'il avait fait branle-bas, c'est-à-dire, que les coffres et les lits de l'équipage étaient sur son pont. Il nous questionna en anglais: *Bonjour; comment s'appelle le vaisseau? D'où vient-il? Où va-t-il?* Nous lui répondîmes et l'interrogeâmes dans la même langue. Il venait de Londres, d'où il était parti il y avait soixante-quatre jours; il allait en Chine. Le vent nous empêcha d'en entendre davantage. Il était percé à vingt-quatre canons, et paraissait du port de cinq cents tonneaux. Il nous souhaita bon voyage, et continua sa route.

Vu des frégates, thons et bonites.

Les 2 et 3, nous vîmes encore le vaisseau anglais. Les thons, qui nous accompagnaient depuis si long-temps, nous abandonnèrent et le suivirent. Nous eûmes des grains violents de l'ouest. Ces variations viennent, à mon avis, du voisinage de la baie de Tous-les-Saints. J'estime que les courants et la dérive nous ont portés plus près que nous ne croyions de l'Amérique.

Les 4 et 5, le vent fut violent et variable. Nous vîmes un fouquet, oiseau gris et noir, des frégates et des fous qui plongeaient pour attraper du poisson.

Les 6 et 7, bon frais et belle mer. La nuit dernière nous eûmes des grains violents. Nous vîmes des frégates prenant, le soir, leur route au nord-est.

Du 8 et du 9. Hier, le vent fut très-violent, la mer grosse. On amena les perroquets et les petites voiles. On prit un ris dans les huniers. Ce matin, pendant le déjeuner, nous fûmes chargés d'un grain très-violent avec toutes les voiles dehors. Le vaisseau se coucha et l'eau entra dans les sabords. Vers le soir, le temps se calma, ce qui arrive d'ordinaire lorsque le soleil se trouve dans la partie opposée au vent. Nous vîmes une quantité considérable de goëlettes blanches et de fouquets, signes du voisinage de la terre, d'où viennent ces orages.

Les 10, 11 et 12, bon frais et belle mer. Vu des fouquets ou taille-vents, des goëlettes et des bonites.

Le 13, il fit calme. On calfeutra la chaloupe. A neuf heures du soir, étant en conversation avec le capitaine dans la galerie, je vis tout l'horizon éclairé d'un feu très-lumineux, courant de l'est au nord, et répandant des étincelles rouges. Pendant le jour, les nuages étaient arrêtés, et représentaient une terre du côté du sud.

Le 14, nous eûmes des grains violents et un peu de tonnerre. Ici finissent communément les vents de sud-est, qui, quelquefois, vont jusqu'au 28e degré de latitude. Nous attendons les vents d'ouest, avec lesquels on double le cap de Bonne-Espérance.

Nous vîmes des fauchets ou taille-vents.

Les 15 et 16, grosse mer et grains pluvieux. Nous vîmes les mêmes oiseaux.

Les 17, 18 et 19, le temps fut beau, quoique mêlé de brume. Nous distinguons une lame venant de l'ouest, qui présage ordinairement que le vent doit en venir. Nous vîmes, hier au soir, un second météore lumineux, et, dans l'après-midi, une baleine au sud-ouest, à une lieue et demie. On prétendit, le matin, avoir vu un oiseau de mer appelé mouton-du-Cap. Cet oiseau se trouve dans les parages du cap de Bonne-Espérance.

Les 20 et 21, temps pluvieux, vent variable. L'air est froid. Nous vîmes une baleine à portée de pistolet. On prétendit avoir vu des damiers, oiseaux voisins du Cap. Nous vîmes des taille-vents.

Les 22 et 23, vent froid et violent. Grosse mer. Le vent déchira les huniers lorsqu'on y voulait prendre des ris. On en mit de neufs, ce qui nous tint plus de trois heures sous nos grandes voiles. Je vis distinctement des damiers et quantité de taille-mers.

Le 24, nous vîmes une envergure, autre oiseau marin. Grosse mer, bourrasques fréquentes mêlées de pluie. On prétend que ces orages viennent du voisinage de l'île de Tristan-da-Cunha.

Le 25, je vis un mouton-du-Cap. Les vents tournèrent à l'ouest, mais furent toujours orageux.

Le 26, vent violent. Vers le soir, un grain nous surprit avec toutes nos voiles dehors. Le vaisseau ne put arriver, il vint au vent et fut coiffé. Vous ne sauriez imaginer notre désordre. Enfin, on manœuvra si heureusement, qu'on échappa de ce danger, où il pouvait nous en coûter, au moins, nos mâts. Nous vîmes les mêmes oiseaux. Nos pauvres matelots sont bien fatigués : après un orage, on ne leur donne aucun rafraîchissement.

Les 27 et 28, les vents furent variables et froids. La carène du vaisseau est couverte d'une herbe verte, qui n'a gardé sa couleur que du côté exposé au soleil.

Les 29 et 30, temps frais mêlé de grains violents. Nous prîmes des ris dans les huniers.

Nous vîmes les mêmes oiseaux, des alcyons et des marsouins. Ils étaient petits, marbrés de brun sur le dos, et de blanc sous le ventre.

Le 31, les vents tournèrent à l'ouest. On s'estime à deux cents lieues du Cap, et par notre point à trois cents. Nous vîmes les mêmes oiseaux.

OBSERVATIONS SUR LE CIEL, LES VENTS ET LES OISEAUX.

Les étoiles m'ont paru plus lumineuses dans la partie australe que dans la partie septentrionale. On distingue, outre la croix-du-sud, les magellans, qui sont deux nuages blancs, formés d'un amas de petites étoiles. On aperçoit, à côté, deux espaces plus sombres qu'aucune des autres parties du ciel.

Le crépuscule diminue en approchant de la Ligne, en sorte que la nuit est presque entièrement séparée du jour. On explique assez bien comment le crépuscule augmente avec la réfraction des rayons vers les pôles. Dans ces régions, à peine habitées, la lumière est mêlée avec les ténèbres, sur-tout dans les aurores boréales, qui sont d'autant plus grandes, que le soleil est moins élevé sur l'horizon. Quel inconvénient y eût-il eu, que la nuit, entre les deux tropiques, eût eu aussi quelque portion du jour? La nuit semble faite pour les noirs de l'Afrique, qui attendent la fin de leurs jours brûlants pour danser et se réjouir : c'est dans ce temps que les bêtes sauvages de ces contrées viennent se rafraîchir dans les rivières, et que les tortues montent au rivage pour y faire leur ponte. Ne serait-ce point que les rayons du soleil, quoique réfractés, donnent une chaleur sensible? Ainsi de longs crépuscules eussent rendu la zone torride inhabitable. Au reste les nuits, dans ces climats, sont plus belles que les jours. La lune dissipe, à son lever, les vapeurs dont le ciel est couvert. J'ai réitéré tant de fois cette observation, que je me range en cela de l'avis des marins, qui disent que *la lune mange les nuages*. D'ailleurs, peut-on rejeter l'influence de la lune sur notre atmosphère, lorsqu'on lui en suppose une si grande sur l'Océan ?

En deçà de la Ligne, on trouve les vents du nord-est ou alizés, et au delà les vents de sud-est ou généraux. Ces vents paraissent produits par l'air dilaté par le soleil, et réfléchi par les pôles. Les vents de sud-est s'étendent plus loin que les vents de nord-est, comme vous le pourrez voir dans le journal des vents. On les trouve ordinairement aux 3e et 4e degrés de latitude nord. Aussi le pôle sud est-il plus froid que le pôle nord ; ce qui vient, peut-être, de ce que le soleil est plus long-temps dans la partie septentrionale. Les navigateurs qui ont tâché d'aborder aux Terres australes, ont découvert des glaces au 45e degré sud.

Ces vents portent continuellement en Amérique les vapeurs que le soleil élève sur la mer Atlantique. Celles de la mer du Sud servent à féconder une partie de l'Asie et de l'Afrique. En général, les vents sont plus forts le jour que la nuit.

Sans les nuages, il n'y aurait point de rivières ; mais ils ne servent pas moins à la magnificence du ciel qu'à la fécondité de la terre.

J'ai admiré souvent le lever et le coucher du soleil. C'est un spectacle qu'il n'est pas moins difficile de décrire que de peindre. Figurez-vous, à l'horizon, une belle couleur orange qui se nuance de vert, et vient se perdre au zénith dans une teinte lilas, tandis que le reste du ciel est d'un magnifique azur. Les nuages, qui flottent çà et là, sont d'un beau gris de perle. Quelquefois ils se disposent en longues bandes cramoisies, de couleur ponceau et écarlate ; toutes ces teintes sont vives, tranchées, et relevées de franges d'or.

Un soir les nuages se disposèrent vers l'occident, sous la forme d'un vaste réseau, semblable à de la soie blanche. Lorsque le soleil vint à passer derrière, chaque maille du réseau parut relevée d'un filet d'or. L'or se changea ensuite en couleur de feu et en ponceau, et le fond du ciel se colora de teintes légères, de pourpre, de vert et de bleu céleste.

Souvent il se forme au ciel des paysages d'une variété singulière, où se rencontrent les formes les plus bizarres. On y voit des promontoires, des rochers escarpés, des tours, des hameaux. La lumière y fait succéder toutes les couleurs du prisme. C'est peut-être à la richesse de ces couleurs qu'il faut attribuer la beauté des oiseaux de l'Inde et des coquillages de ces mers. Mais, pourquoi les oiseaux marins de ces contrées ne sont-ils pas plus beaux que les nôtres ? Je réserverai l'examen de ce problème à quelqu'autre article. Je vais vous décrire ceux que j'ai vus voler autour du vaisseau, avec les noms que leur donnent les gens de mer. Vous jugez bien que cette description ne peut guère être juste.

4.

En partant de France, nous vîmes plusieurs espèces d'oiseaux, que les marins confondent sous le nom général de mauves et de goëlands.

L'oiseau le plus commun, et que nous avons rencontré dans tous les parages, est une espèce d'hirondelle ou d'alcyon, que les Anglais nomment *l'oiseau de la tempête*. Il est d'un brun noirâtre, vole à fleur d'eau, et suit, dans les gros temps, le sillage du vaisseau. Il y a apparence qu'il est déterminé à suivre alors les navires, afin de trouver un abri contre la violence du vent. C'est par la même raison qu'il vole entre les lames en rasant l'eau.

A la hauteur du cap Finistère, nous vîmes des manches-de-velours, dont les ailes sont bordées de noir; ils sont de la grosseur d'un canard, et volent à la surface de la mer en battant des ailes; ils ne s'éloignent guère de terre, où ils se retirent tous les soirs.

Nous vîmes les premières frégates par les deux degrés et demi de latitude nord. On présuma qu'elles venaient de l'île de l'Ascension, située par les huit degrés de latitude sud. Elles ressemblent, pour la forme et la grosseur, à la cigogne; elles sont noires et blanches; elles ont des ailes très-étendues, de longues jambes et un long cou. Les mâles ont, sous le bec, une peau enflée, ronde comme une boule, et rouge comme l'écarlate. C'est le plus léger de tous les oiseaux marins;

jamais il ne se repose sur l'eau. On en rencontre à plus de trois cents lieues de terre, où on assure qu'elles vont reposer tous les soirs. Elles s'élèvent fort haut. J'en ai vu souvent tourner autour du vaisseau, s'éloigner à perte de vue, et se rapprocher dans l'espace de quelques secondes.

Le fou est un peu plus gros, mais plus raccourci; il est blanc mêlé de gris; il pêche le poisson en plongeant. La pointe de son bec est recourbée, et les côtés en sont bordés de petites pointes qui lui aident à saisir sa proie. La frégate lui fait la guerre. Celui-là a de meilleurs instruments; mais celle-ci plus de légèreté et de finesse. Lorsque le fou a rempli son jabot de poisson, elle l'attaque et lui fait rendre sa pêche, qu'elle reçoit en l'air.

Nous vîmes le premier fou vers le treizième dégré de latitude sud.

A-peu-près à cette hauteur, nous aperçûmes, pour la première fois, l'oiseau que les marins appellent fauchet, fouquet, taille-vent, taille-mer ou cordonnier. C'est un oiseau qui, dans son vol, semble faucher la surface de l'eau.

Les goëlettes, que l'on trouve en grandes troupes, dénotent les hauts-fonds et le voisinage des côtes : elles sont blanches, et de loin ressemblent, pour le vol et la forme, à des pigeons.

L'envergure est un oiseau un peu plus gros que les fauchets; de la taille d'un fort canard; il est blanc sous le ventre, d'un gris brun sur les ailes et le dos : il tire son nom de la grande étendue de ses ailes ou de son envergure.

Les damiers ne se trouvent qu'aux approches du cap de Bonne-Espérance ; ils sont gros comme des pigeons, ont la tête et la queue noires, le ventre blanc, le dos et les ailes marqués régulièrement de noir et de blanc comme les cases d'un jeu de dames.

Après les damiers, nous vîmes le mouton-du-Cap. C'est un oiseau plus gros qu'une oie, au bec couleur de chair, aux ailes très-étendues, mêlées de gris et de blanc. On ne le trouve guère qu'à la latitude du cap de Bonne-Espérance. J'ai vu tous ces oiseaux se reposer sur l'eau, excepté la frégate et l'envergure. Leur vue peut servir à indiquer les parages où l'on se trouve, lorsqu'on a été plusieurs jours sans prendre hauteur, ou lorsque les courants ont fait dériver en longitude. Il serait à souhaiter que les marins expérimentés donnassent là-dessus leurs observations. Il y a des espèces qui ne s'éloignent point de terre, où elles vont reposer tous les soirs. Des goëlettes blanches, vues en pleine mer, désigneraient quelque terre ou récif inconnu, dans le voisinage : mais les manches-de-velours en seraient une preuve infaillible.

Il y a aussi quelques espèces de glaïeuls, ou algues flottantes, auxquelles on doit faire attention. Ces différents indices peuvent suppléer au moyen qui nous manque de déterminer les longitudes. On observe la variation matin et soir; mais ce moyen n'est point sûr. On ne voit pas tous les jours le soleil se lever et se coucher. D'ailleurs la variation, qui est, comme vous savez, la déclinaison de l'aiguille, varie d'une année à l'autre, sous le même méridien. La propriété qu'elle a de s'incliner vers la terre par sa partie aimantée, pourrait être d'une plus grande utilité. C'est ce que l'expérience fera connaître.

JUIN, 1768.

Le 1er, les vents d'ouest s'étant enfin déclarés, nous nous flattâmes de doubler bientôt le Cap.

Le 2, on prit des précautions pour ce passage. On amena les vergues de perroquet et la corne d'artimon. On mit de nouveaux cordages à la roue du gouvernail; quelques-uns furent ajoutés aux haubans pour assurer les mâts. On mit quatre grandes voiles neuves. On lia fortement les chaloupes et tout ce qui pouvait prendre quelque mouvement sur le vaisseau. On attacha deux haches à l'arrière, en cas qu'il fallût couper le mât d'artimon. Le vent fut très-frais. Nous vîmes quelques oiseaux, mais les frégates avaient disparu.

Des 3, 4 et 5. Tous ces jours, le vent fut très-frais, excepté hier matin où il calma un peu. On vit tous ces jours-ci une quantité prodigieuse de goëlettes, de moutons et de damiers. Nous vîmes du goêmon du Cap. Il ressemble à ces longues trompes de bergers. Les matelots font, de ses tiges creuses, des espèces de trompettes. La mer était couverte de brume, autre indice du voisinage du Cap. Les maladies augmentent. Nous avons quinze scorbutiques hors de service.

Le 6, le vent était très-frais. Nous vîmes beaucoup de moutons et peu de goëlettes.

Le 7, à midi, un oiseau de la grosseur d'une oie, aux ailes courtes, d'une couleur tannée et brune, à la tête de la forme d'une poule, à la queue courte et formant le trèfle, a plané longtemps au-dessus de nos mâts. Par tous les points nous devrions trouver ici le Cap. Vu les mêmes oiseaux.

Le 8, vent violent suivi de calme.

Le 9, les maladies et l'ennui augmentent sur le vaisseau. On jeta à la mer un contre-maître mort scorbutique.

Les 10 et 11, calme mêlé de coups de vent, grosse mer. C'est un indice des approches du banc des Aiguilles. Vu un vaisseau sous le vent, faisant route au nord-ouest. Vu les mêmes oiseaux.

Le 12, comme la mer paraissait verdâtre, on

sonda, mais sans trouver fond. Vent très-frais et grosse mer. Nos inquiétudes augmentent sur notre distance du Cap.

Le 13, enfin on trouva la sonde à quatre-vingt-quinze brasses : fond vaseux et verdâtre. Ce fut une grande joie. Cette profondeur nous prouva que nous étions dérivés à l'ouest. Vu deux vaisseaux; l'un de l'arrière, l'autre par notre bossoir de tribord. La sonde assure notre position, mais nous a fait connaître que nous errions de plus de deux cents lieues par nos journaux.

Le 14, on sonda encore, et nous trouvâmes, à quatre-vingts brasses, un fond de sable et de vase verte. Il fit calme. Vu les mêmes vaisseaux et les mêmes oiseaux.

Le 15, vent frais. Le vaisseau de l'arrière mit pavillon anglais, et nous dépassa bientôt d'une lieue et demie sous le vent. Celui de l'avant mit pavillon français, et comme il était sous le vent, il cargua ses basses voiles pour nous joindre en tenant le plus près. Notre capitaine ne jugea pas à propos d'arriver. Nous reconnûmes ce vaisseau pour *la Digue*, flûte du roi, partie un mois avant nous. Vers le soir, elle appareilla toutes ses voiles, et se mit dans nos eaux.

Le 16, nous vîmes *la Digue* deux lieues de l'avant, qui, à son tour, refusa de nous parler. Il y a apparence qu'elle a relâché au Cap. Les oiseaux deviennent rares; bon vent, belle mer.

Le 17, il fit calme. On vit des souffleurs et des dorades. La lune se coucha à huit heures, elle était fort rouge. Le 18, au matin, nous essuyâmes un coup de vent de l'arrière, qui nous obligea de rester jusqu'à onze heures du soir sous la misaine. Il s'élevait de l'extrémité des flots une poudre blanche comme la poussière que le vent balaye sur les chemins. A sept heures du soir, nous reçûmes un coup de mer par les fenêtres de la grande chambre. A huit heures, il tomba de la grêle. Le temps s'est mis au beau vers minuit. On ne voit plus que quelques damiers et taille-vents.

Les 19, 20 et 21 : bon frais, grosse mer. Un poisson-volant de plus d'un pied de long, sauta à bord.

Le 22, vent très-frais et mer houleuse. Les anciens prétendaient, à tort, que les temps des solstices étaient des temps de calme. J'ai lu, cette après-midi, un article du voyageur Dampier, qui observe que lorsque le soleil disparaît vers les trois heures après midi, et se cache derrière une bande de nuages fort élevés et fort épais, c'est signe d'une grande tempête. En montant sur le pont, je vis au ciel tous les signes décrits par Dampier.

Le 23, à minuit et demi, un coup de mer affreux enfonça quatre fenêtres des cinq de la grande chambre, quoique leurs volets fussent fermés par des croix de Saint-André. Le vaisseau fit un mouvement de l'arrière, comme s'il s'acculait. Au bruit, j'ouvris ma chambre, qui, dans l'instant, fut pleine d'eau et de meubles qui flottaient. L'eau sortait par la porte de la grande chambre comme par l'écluse d'un moulin; il en était entré plus de trente barriques. On appela les charpentiers, on apporta de la lumière, et on se hâta de clouer d'autres sabords aux fenêtres. Nous fuyons alors sous la misaine; le vent et la mer étaient épouvantables.

A peine ce désordre venait d'être réparé, qu'un grand caisson qui servait de table, plein de sel et de bouteilles de vin de Champagne, rompit ses attaches. Le roulis du vaisseau le faisait aller et venir comme un dé. Ce coffre énorme pesait plusieurs milliers, et menaçait de nous écraser dans nos chambres. Enfin il s'entr'ouvrit, et les bouteilles qui en sortaient, roulaient et se brisaient avec un désordre inexprimable. Les charpentiers revinrent une seconde fois, et le remirent en place après bien du travail.

Comme le roulis m'empêchait de dormir, je m'étais jeté sur mon lit en bottes et en robe de chambre : mon chien paraissait saisi d'un effroi extraordinaire. Pendant que je m'amusais à calmer cet animal, je vis un éclair par un faux jour de mon sabord, et j'entendis le bruit du tonnerre. Il pouvait être trois heures et demie. Un instant après, un second coup de tonnerre éclata, et mon chien

se mit à tressaillir et à hurler. Enfin un troisième éclair, suivi d'un troisième coup, succéda presque aussitôt, et j'entendis crier sous le gaillard que quelque vaisseau se trouvait en danger; en effet, ce bruit fut semblable à un coup de canon tiré près de nous, il ne roula point. Comme je sentais une forte odeur de soufre, je montai sur le pont, où j'éprouvai d'abord un froid très-vif. Il y régnait un grand silence, et la nuit était si obscure que je ne pouvais rien distinguer. Cependant ayant entrevu quelqu'un près de moi, je lui demandai ce qu'il y avait de nouveau. On me répondit :
« On vient de porter l'officier de quart dans sa
» chambre ; il est évanoui, ainsi que le premier
» pilote. Le tonnerre est tombé sur le vaisseau, et
» notre grand mât est brisé. » Je distinguai, en effet, la vergue du grand hunier tombée sur les barres de la grande hune. Il ne paraissait, au-dessus, ni mât ni manœuvre. Tout l'équipage était retiré dans la chambre du conseil.

On fit une ronde sous le gaillard. Le tonnerre avait descendu jusque-là le long du mât. Une femme qui venait d'accoucher, avait vu un globe de feu au pied de son lit. Cependant on ne trouva aucune trace d'incendie ; tout le monde attendit, avec impatience, la fin de la nuit.

Au point du jour, je remontai sur le pont. On voyait au ciel quelques nuages blancs, d'autres cuivrés. Le vent venait de l'ouest, où l'horizon paraissait d'un rouge ardent, comme si le soleil eût voulu se lever dans cette partie; le côté de l'est était tout noir. La mer formait des lames monstrueuses, semblables à des montagnes pointues, formées de plusieurs étages de collines. De leur sommet s'élevaient de grands jets d'écume qui se coloraient de la couleur de l'arc-en-ciel. Elles étaient si élevées, que du gaillard d'arrière elles nous paraissaient plus hautes que les hunes. Le vent faisait tant de bruit dans les cordages, qu'il était impossible de s'entendre. Nous fuyions vent arrière sous la misaine. Un tronçon du mât de hune pendait au bout du grand mât, qui était éclaté en huit endroits jusqu'au niveau du gaillard; cinq des cercles de fer dont il était lié, étaient fondus; les passavants étaient couverts des débris des mâts de hune et de perroquet. Au lever du soleil, le vent redoubla avec une fureur inexprimable: notre vaisseau ne pouvant plus obéir à son gouvernail, vint en travers. Alors la misaine ayant fasié, son écoute rompit; ses secousses étaient si violentes, qu'on crut qu'elle amènerait le mât à bas. Dans l'instant, le gaillard d'avant se trouva comme engagé; les vagues brisaient sur le bossoir de bâbord, en sorte qu'on n'apercevait plus le beaupré. Des nuages d'écume nous inondaient jusque sous la dunette. Le navire ne gouvernait plus; et étant tout-à-fait en travers à la lame, à chaque roulis il prenait l'eau sous le vent jusqu'au pied du grand mât, et se relevait avec la plus grande difficulté.

Dans ce moment de péril, le capitaine cria aux timonniers d'arriver; mais le vaisseau, sans mouvement, ne sentait plus sa barre. Il ordonna aux matelots de carguer la misaine, que le vent emportait par lambeaux; ces malheureux, effrayés, se réfugièrent sous le gaillard d'arrière. J'en vis pleurer un, d'autres se jetèrent à genoux en priant Dieu. Je m'avançai sur le passavant de bâbord en me cramponnant aux manœuvres; un jacobin, aumônier du vaisseau, me suivit, et le sieur Sir André, passager, vint après. Plusieurs gens de l'équipage nous imitèrent, et nous vînmes à bout de carguer cette voile, dont plus de la moitié était emportée. On voulut border le petit foc pour arriver, mais il fut déchiré comme une feuille de papier.

Nous restâmes donc à sec, en roulant d'une manière effroyable. Une fois ayant lâché les manœuvres où je me retenais, je glissai jusqu'au pied du grand mât, où j'eus de l'eau jusqu'aux genoux. Enfin, après Dieu, notre salut vint de la solidité du vaisseau, et de ce qu'il était à trois ponts, sans quoi il se fût engagé. Notre situation dura jusqu'au soir, que la tempête s'apaisa. Une partie de nos meubles fut bouleversée et brisée; plus d'une fois je me trouvai les pieds perpendiculaires sur la cloison de ma chambre.

Tel fut le tribut que nous payâmes au canal de Mozambique, dont le passage est plus redouté des marins que celui du cap de Bonne-Espérance. Les officiers assurèrent qu'ils n'avaient jamais vu une aussi grosse mer. Toutes les parties hautes du vaisseau en étaient si ébranlées, que, dans les jointures des pilastres de la chambre, j'introduisais des os entiers de mouton, qui y étaient écrasés par le jeu de la charpente.

Le 24, à quatre heures du matin, il fit calme. La mer était encore fort grosse. On travailla tout le jour, à amener la grande vergue, et à préparer deux jumelles pour fortifier le grand mât. L'effet du tonnerre est inexplicable. Le grand mât est éclaté en zigzag. Depuis les barres de hune jusqu'à cinq pieds au-dessous, du côté de l'avant, il y a un éclat ; cinq pieds au-dessous, du côté de l'arrière, il y a un autre éclat ; ainsi de suite jusqu'au niveau du gaillard. Il y a alternativement un espace brisé et un plein, de manière que le sain d'un côté, répond au brisé de l'autre. Dans ces éclats, je n'ai remarqué aucune odeur, ni noirceur : le bois a conservé sa couleur naturelle.

Nous vîmes quelques moutons-du-Cap. Le gros temps fit périr le reste de nos bestiaux, et doubla le nombre de nos malades scorbutiques.

Le 25, on s'occupa à lier et à saisir les deux jumelles autour du mât. C'étaient des pièces de bois de quarante-cinq pieds de longueur, un peu creusées en gouttière pour s'adapter sur la circonférence du mât. Chacun mit la main à l'œuvre, à cause de la faiblesse de l'équipage. Une baleine passa près de nous à portée de pistolet; elle n'était guère plus longue que la chaloupe.

Le 26, petit temps. On chanta le *Te Deum*, suivant l'usage, pour remercier Dieu d'avoir passé le Cap et le canal de Mozambique. On s'occupa, tout le jour, à réparer le grand mât.

Le 27, nous vînmes à bout de lui faire porter sa grande voile. On jeta à la mer un homme mort du scorbut. On compte vingt et un malades hors de service.

Le 28, le beau temps continua. Nous vîmes quelques fauchets; les damiers et les moutons-du-Cap ont disparu.

Le 29, un enfant, né depuis huit jours, mourut scorbutique. On compte aujourd'hui vingt-huit matelots sur les cadres. On a pris, pour faire le quart, tous les domestiques du vaisseau, et les passagers qui ne sont pas de la grande chambre.

Vers le soir, nous vîmes des marsouins.

Le 30, l'inquiétude augmente par la triste situation de l'équipage.

Nous avons trouvé ici la fin des vents d'ouest. Nous tenons une haute latitude, afin de profiter des vents de sud-est, qui sont constants dans cette partie. Nous tâchons d'arriver au vent de l'île

Rodrigue, afin d'atteindre plus sûrement l'Ile-de-France.

OBSERVATIONS QUI PEUVENT ÊTRE UTILES A LA POLICE DES VAISSEAUX.

Il m'a paru qu'il n'y avait pas assez de subordination parmi les officiers de la Compagnie. Les supérieurs craignent le crédit de leurs inférieurs. Comme la plupart de ces places s'obtiennent par faveur, je ne crois pas que l'autorité puisse être établie parmi eux d'une manière raisonnable. Ce mal donc me paraît sans remède, en ce qu'il tient à nos mœurs.

Aucun vaisseau ne devrait tenir la mer plus de trois mois sans relâcher : ces longues traversées coûtent beaucoup d'hommes. Les matelots n'ont point assez d'eau dans les chaleurs ; souvent ils sont réduits à une demi-pinte par jour. Ne serait-il pas possible de diviser l'endroit du vaisseau où se place le lest, en citernes de plomb remplies d'eau douce ? Peut-être trouverait-on un mastic ou cire dont on enduirait les barriques, ce qui préserverait l'eau de corruption : elle est souvent d'une infection insupportable, et remplie de vers.

Quant à la machine à dessaler l'eau de mer, les marins la croient peu salutaire. D'ailleurs, il faut embarquer beaucoup de charbon de terre, qui tient beaucoup de place, qui est sujet à s'enflammer de lui-même; et on a l'inconvénient dangereux d'entretenir un fourneau allumé nuit et jour.

Les matelots sont très-mal nourris. Leur biscuit est plein de vers. Le bœuf salé, au bout de quelque temps, devient une nourriture désagréable et malsaine. Ne pourrait-on pas cuire des viandes et les conserver dans des graisses? On en prépare ainsi pour la chambre, qui se conservent autant que le bœuf salé.

Les matelots, à terre, dans un port, dépensent quelquefois en une semaine ce qu'ils ont gagné dans un an. Ne pourrait-on pas avancer à chacun d'eux les habillements convenables, et les obliger de les conserver par des revues fréquentes faites par l'écrivain et l'officier de quart? Il y a beaucoup d'autres réglements de propreté sur lesquels les officiers devraient veiller. La plupart de ces malheureux ont besoin d'être toujours en tutelle.

J'ai observé que le bois se pourrit toujours dans l'eau à sa ligne de flottaison. On peut faire cette observation sur les pieux qui sont dans les rivières, et sur tous les bois exposés à être alternativement mouillés et séchés. C'est là que se nichent les vers et que germent la plupart des herbes aquatiques. Cet endroit est si favorable à la végétation, que les filets verts, dont notre vaisseau est entouré, se sont attachés seulement aux anneaux de fer des chaînes du gouvernail, qui sont à fleur d'eau, sans qu'il y en ait au-dessus et au-dessous. Je crois qu'il serait utile de border de feuilles de cuivre toute la circonférence des vaisseaux sur une largeur de trois pieds. Quant aux pointes de fer et de cuivre qui terminent les mâts et les vergues, l'expérience prouve qu'elles attirent le tonnerre.

JUILLET, 1768.

Le 1er, les vents furent favorables. Nous vîmes encore des damiers et des fauchets. Le scorbut fait des ravages affreux. On compte trente-six malades hors de service.

Le 2, bon frais, belle mer.

Le 3, beau temps, la mer un peu grosse. On voit encore des damiers. Ce soir, un charpentier mourut du scorbut. On compte aujourd'hui quarante scorbutiques. Ce mal fait des progrès à vue d'œil. On l'attribue aux exhalaisons qui sortent de la cale remplie de mâts qui ont long-temps séjourné dans la vase.

Le 4, le temps fut beau ; nous vîmes quantité de damiers.

Le 5, on vit les mêmes oiseaux et une baleine qu'on crut avoir été harponnée, par des plaies

5.

d'un rouge vif qu'on apercevait sur sa peau. Vu des damiers. Petit temps, mais favorable.

Les 6 et 7, le scorbut nous gagne tous. Nous avons quarante-cinq hommes sur les cadres : le reste de l'équipage est très-affaibli.

Le 8, on vit quelques taille-vents. Nous eûmes beau ciel et belle mer. Tout le monde est d'une tristesse mortelle.

Le 9, un matelot, du nombre de ceux qui font le quart, est mort subitement. Nous avons tous, aujourd'hui, éprouvé des faiblesses; quelques-uns, des vertiges et des maux de cœur. Cependant nous sommes à plus de cent lieues, au vent, de terre connue. On prétend avoir vu un paille-en-cu.

Le 10, on comptait soixante scorbutiques sur les cadres. Hier, on en administra sept.

Je vis un paille-en-cu. C'est un oiseau d'un blanc satiné, avec deux belles plumes fort longues qui lui servent de queue. On ne voit plus d'autres oiseaux marins. On prétend que ceux-ci leur font la guerre. La vue de cet oiseau dénote le voisinage de la terre. Beau temps.

Le 11, vent favorable. Nous avons, aujourd'hui, soixante-dix scorbutiques forcés de garder le lit. Si nous restons encore huit jours à la mer, nous périssons infailliblement. On a jeté à l'eau un jeune homme de dix-sept ans.

Le 12, beau temps, belle mer. Il n'y a plus

que trois matelots de chaque quart. Les passagers et les officiers aident à la manœuvre. Nous vîmes des paille-en-cus.

Le 13, on vit la terre à huit heures et demie du matin. Nous sommes si accablés, que cette nouvelle n'a réjoui personne. Nous avons quatre-vingts hommes sur les cadres. On mit en travers pour louvoyer toute la nuit; car il était impossible d'arriver, le même jour, au mouillage.

Le 14, en approchant de terre, beaucoup de personnes se trouvèrent mal. Je me sentais un dégoût universel; je suais abondamment. Nous mîmes notre pavillon en berne, et nous tirâmes par intervalles des coups de canon, pour appeler du secours; mais le pilote seul vint à bord. Il nous parla des troubles entre les chefs de l'île; dont il imaginait que nous étions fort occupés; d'un autre côté, plusieurs d'entre nous croyaient que les querelles et les misères de notre vaisseau intéresseraient beaucoup les habitants.

Nous laissâmes d'abord à droite, l'île Ronde et l'île aux Serpents, deux îlots inhabités; ensuite nous passâmes à une petite portée de canon du Coin de Mire, autre îlot que nous laissâmes à gauche. Nous prîmes un peu du large, en approchant de l'Ile-de-France, à cause des bas-fonds de la Pointe aux canonniers. Nous entrâmes, à une heure et demie d'après-midi, dans le port. Deux heures après, je mis pied à terre, en remerciant Dieu de m'avoir délivré des dangers et de l'ennui d'une si triste navigation.

Nous avons tenu la mer, sans relâcher, quatre mois et douze jours. Suivant mon journal, nous avons fait environ trois mille huit cents lieues marines, ou quatre mille sept cents lieues communes. Nous avons perdu onze personnes, y compris les trois hommes enlevés d'un coup de mer, et un malade qui mourut en débarquant.

OBSERVATIONS SUR LE SCORBUT.

Le scorbut est occasioné par la mauvaise qualité de l'air et des aliments. Les officiers, qui sont mieux nourris et mieux logés que les matelots, sont les derniers attaqués de cette maladie qui s'étend jusqu'aux animaux. Mon chien en fut très-incommodé. Il n'y a point d'autre remède que l'air de la terre et l'usage des végétaux frais. Il y a quelques palliatifs qui peuvent modérer le progrès de ce mal, comme l'usage du riz, des liqueurs acides, du café, et l'abstinence de tout ce qui est salé. On attribue de grandes vertus à l'usage de la tortue : mais c'est un préjugé, comme tant d'autres que les marins adoptent si légèrement. Au cap de Bonne-Espérance, où il n'y a point de tortues, les scorbutiques guérissent au moins aussi promptement que dans l'hôpital de l'Ile-de-France, où on les traite avec les bouillons de cet animal. A notre arrivée, presque tout le monde fit usage de ce remède ; je ne m'en servis point, parce que je n'en avais pas à ma disposition ; je fus le premier guéri : je n'avais usé que des végétaux frais.

Le scorbut commence par une lassitude universelle : on désire le repos ; l'esprit est chagrin ; on est dégoûté de tout ; on souffre le jour ; on ne sent de soulagement que la nuit ; il se manifeste ensuite par des taches rouges aux jambes et à la poitrine, et par des ulcères sanglants aux gencives. Souvent il n'y a point de symptômes extérieurs ; mais, s'il survient la plus légère blessure, elle devient incurable, tant qu'on est sur mer, et elle fait des progrès très-rapides. J'avais eu une légère blessure au bout du doigt ; en trois semaines la plaie l'avait dépouillé tout entier, et s'étendait déjà sur la main, malgré tous les remèdes qu'on y put faire. Quelques jours après mon arrivée, elle se guérit d'elle-même. Avant de débarquer les malades, on eut soin de les laisser un jour entier dans le vaisseau, respirer peu-à-peu l'air de la terre. Malgré ces précautions, il en coûta la vie à un homme qui ne put supporter cette révolution.

Je ne saurais vous dépeindre le triste état dans lequel nous sommes arrivés. Figurez-vous ce grand mât foudroyé, ce vaisseau avec son pavillon en berne, tirant du canon toutes les minutes, quelques matelots semblables à des spectres assis sur le pont, nos écoutilles ouvertes d'où s'exhalait une vapeur infecte, les entreponts pleins de mourants, les gaillards couverts de malades qu'on exposait au soleil, et qui mouraient en nous parlant. Je n'oublierai jamais un jeune homme de dix-huit ans à qui j'avais promis la veille un peu de limonade. Je le cherchais sur le pont parmi les autres : on me le montra sur la planche ; il était mort pendant la nuit.

LETTRE V.

OBSERVATIONS NAUTIQUES.

Avant d'entrer dans aucun détail sur l'Ile-de-France, je joindrai à mon journal les observations des marins les plus expérimentés sur la route que nous venons de faire.

Quelque réguliers que soient les vents alizés et généraux, ils sont sujets à varier le long des côtes et aux environs des îles.

Il s'élève une brise ou vent de terre, presque toutes les nuits, le long des grands continents. L'action de ce vent opposé au vent du large, amasse les nuages sous la forme d'une longue bande fixe, que les vaisseaux qui abordent aperçoivent presque toujours avant la terre.

Les attérages sont bien souvent orageux, surtout dans le voisinage des îles. Les vents y varient aussi. Aux Canaries, les vents du sud et du sud-ouest soufflent quelquefois huit jours de suite.

On trouve les vents alizés vers le 28e degré

de latitude nord; mais on les perd souvent long-temps avant d'être à la Ligne. Il résulte des observations d'un habile marin, qui a comparé plus de deux cent cinquante journaux de navigation, que les vents alizés cessent,

En janvier, entre le 6ᵉ et 4ᵉ degré de lat. nord.
En février, entre le 5ᵉ et 3ᵉ degré.
En mars et avril, entre le 5ᵉ et 2ᵉ degré.
En mai, entre le 6ᵉ et 4ᵉ degré.
En juin, au 10ᵉ degré.
En juillet, au 12ᵉ degré.
En août et septembre, entre le 14ᵉ degré et le 13ᵉ.

Ils se rapprochent de la Ligne en octobre, novembre et décembre.

Entre les vents alizés et les vents généraux, qui sont les alizés de la partie du sud, on trouve des vents variables et orageux. Les généraux règnent sur une plus grande étendue que les alizés. On fixe leurs limites au 28ᵉ degré de latitude sud. Au delà, les vents sont plus variables que dans les mers de l'Europe; plus on s'élève en latitude, plus ils sont violents; ils soufflent, pour l'ordinaire, du nord au nord-ouest, et du nord-ouest à l'ouest-sud-ouest; quand ils viennent au sud, le calme succède.

En approchant du cap de Bonne-Espérance, on trouve souvent des vents de sud-est et estsud-est. C'est une maxime générale de se tenir toujours au vent du lieu où l'on veut arriver ; il faut cependant se garder de tenir le plus près, la dérive est trop grande ; il faut tâcher de couper la Ligne le plus est que l'on peut; autrement, on risque de s'affaler sur la côte du Brésil.

Si l'on est forcé de relâcher, on trouvera quelques rafraîchissements aux îles du Cap-Vert ; les vivres sont chers au Brésil, et l'air y est malsain. On peut pêcher de la tortue à l'île de Tristan-da-Cunha; on y fait de l'eau très-difficilement, à cause des arbres qui croissent dans la mer. Le cap de Bonne-Espérance est, de toutes les relâches, la meilleure. Il est dangereux d'y mouiller depuis avril jusqu'en septembre ; cependant l'ancrage est sûr à Falsebaye qui n'en est pas loin. Si on manquait l'Ile-de-France, on peut relâcher à Madagascar, au fort Dauphin, à la baie d'Antongjil ; mais il y a des maladies épidémiques très-dangereuses, et des coups de vent qui durent depuis octobre jusqu'en mai.

Si c'est au retour, on a Sainte-Hélène, colonie anglaise, et l'Ascension où l'on ne trouve que de la tortue. En temps de guerre, ces deux îles sont ordinairement des points de croisière, parce que tous les vaisseaux cherchent, à leur retour, à les reconnaître pour assurer leur route ; mais le Cap est, en tout temps, le point de réunion de tous les vaisseaux.

Les cartes les plus estimées sont celles de M. Daprès; les marins ont aussi beaucoup d'obligation au savant et modeste abbé de La Caille : mais la géographie est encore bien imparfaite ; la longitude des Canaries et celle des îles du Cap-Vert est mal déterminée; entre le Cap-Blanc et le Cap-Vert, la carte marque trente-neuf lieues d'enfoncement, quoiqu'il y en ait à peine vingt.

On soupçonne un haut-fond au sud de la Ligne par les 20 minutes de latitude, et par les 23 degrés 10 minutes de longitude occidentale. Le vaisseau *le Silhouette* commandé par M. Pintault, et la frégate *la Fidèle* commandée par M. Lehoux, y éprouvèrent, l'un le 5 février 1764, et l'autre le 3 avril suivant, une forte secousse.

Les courants peuvent jeter dans des erreurs dangereuses. Il me semble qu'on ne pourra recueillir là-dessus aucune connaissance certaine, tant qu'on n'aura aucun moyen sûr d'évaluer la dérive d'un vaisseau ; l'angle même qu'il forme avec son sillage ne pourrait donner rien d'assuré, puisque le vaisseau et sa trace sont emportés par le même mouvement. On ne saurait trop admirer la hardiesse des premiers navigateurs qui, sans expérience et sans carte, faisaient les mêmes voyages. Aujourd'hui, avec plus de connaissances, on est moins hardi : la navigation est devenue une routine ; on part dans les mêmes temps, on passe aux mêmes endroits, on fait les mêmes manœuvres. Il serait à souhaiter que l'on risquât quelques vaisseaux pour la sûreté des autres.

Il est étrange que nous ne connaissions pas encore notre maison ; cependant nous brûlons tous, en Europe, de remplir l'univers de notre renommée : théologiens, guerriers, gens de lettres, artistes, monarques, mettent là leur suprême félicité.

Commençons donc par rompre les entraves que nous a données la nature. Sans doute nous trouverons quelque langue qui puisse être universelle ; et quand nous aurons bien établi la communication avec tous les peuples de la terre, nous leur ferons lire nos histoires, et ils verront combien nous sommes heureux.

AVERTISSEMENT.

Indépendamment de l'utilité des observations nautiques de ce journal, j'ai cru que la forme en pourrait plaire aux marins. Ils enchevêtrent les événements de leur navigation, avec les calculs de variation, de latitude, etc., ce qui en rend la lecture d'une sécheresse insupportable. L'ordre que j'ai imaginé me paraît plus commode; on a, d'un côté, tout ce qui peut être utile à la route d'un vaisseau, et, de l'autre, ce qui intéresse les hommes.

PROPORTIONS DU VAISSEAU LE MARQUIS DE CASTRIES,

DU PORT DE SEPT CENTS TONNEAUX.

	pieds.	pouc.	lig.
Longueur de l'étrave à l'étambot.	130	0	0
—— de la quille.	112	0	0
Élancement de l'étrave.	17	0	0
—— de l'étambot.	1	0	0
Largeur du maître couple au-dehors.	34	0	0
Creux de la cale sous les barots.	13	8	0
Hauteur de l'entrepont sous les barots.	5	0	0
—— du gaillard d'arrière à l'entrée.	5	2	0
—— du gaillard en arrière.	5	5	0
Rentrée au plat-bord.	3	3	0
Hauteur du gaillard d'avant à l'entrée.	5	2	0
—— du gaillard en avant.	5	3	0
Longueur de la varangue.	17	9	0
Acculement de la varangue.	0	0	0
Hauteur de la dunette à l'entrée.	5	4	0
—— de la chambre du conseil.	5	7	0
Sabord de canon à la seconde batterie, hauteur.	1	10	0
—— largeur.	1	6	0
Tirant d'eau à sa charge.	16	6	0

MATURE DU VAISSEAU.

Noms des mâts.	Longueur. (pieds, pouc., lig.)			Diamètre. (p., p., l.)			Ton. (p., p., l.)			Noms des vergues.	Longueur. (p., p., l.)			Diamètre. (p., p., l.)			Voilure. (p., p., l.)		
Grand mât.	85	0	0	2	3	0	9	4	0	Grande vergue.	76	0	0	1	6	0	68	0	0
Mât de misaine.	76	6	0	2	1	0	8	4	0	Misaine.	69	0	0	1	5	0	61	0	0
Mât d'artimon.	59	6	0	1	5	0	6	4	0	Vergue d'artimon.	63	0	0	1	1	0	61	4	0
Mât de beaupré.	51	0	9	2	3	0				Vergue de civadière.	54	0	0	0	11	0	45	4	0
Grand mât de hune.	51	6	0	1	4	0	5	0	0	Verg. du grand hunier.	54	0	0	0	11	0	45	4	0
Petit mât de hune.	46	0	0	1	3	6	4	6	0	Verg. du petit hunier.	49	0	0	0	10	6	40	8	0
Perroquet de fougue.	34	0	0	0	10	6	3	0	0	Vergue barrée.	53	0	0	0	9	0	45	4	0
Grand perroq.	34	0	0	0	7	6	6	0	0	Verg. du perr. de fougue.	34	0	0	0	7	0	30	3	0
Petit perroquet.	30	0	0	0	7	0	5	0	0	Verg. du grand perroquet.	34	0	0	0	6	6	30	3	0
Mât de perruche.	28	8	0	0	5	0	3	6	0	Verg. du petit perroquet.	30	0	0	0	6	0	27	0	0
Bout dehors de beaupré.										Vergue de la perruche.	22	6	0	0	4	6	20	0	0
	34	0	0	0	11	0				Verg. de la contre-civadière.	34	0	0	0	6	6	30	3	0

OBSERVATIONS NAUTIQUES, ET TABLE DE LA ROUTE, DES VENTS, ETC., PENDANT LE VOYAGE.

Parti de Lorient le 3 mars 1768.

MARS 1768. Jours du mois.		Vents qui ont régné.	Chemin estimé.	Route corrigée.	Variation nord-ouest. Ortive.	Variation nord-ouest. Occase.	Latitude estimée.	Latitude observée.	Longitude estimée.
			Lieues marin.	d. m.	d. m.	d. m.			
Jeudi	3	E-S-E.	0	S-O	20		47d. 35m.	0d. 0m.	6d. 4m.
Vendredi	4	E-S-E.	46 0	S-O 4 O.	20		45 49	45 46	8 28
Samedi	5	E-S-E.	46 ⅓	O-S-O	19		44 55		11 31
Dimanche	6	E-S-E	17 0	S-O ¼ O	19		44 23		12 30
Lundi	7	E-S-E.	50	O-S-O 2 O.	19		43 21	43 2	15 40
Mardi	8	E-S-E.	48 ⅓	S-O ¼ S 2 S.	19		40 50	40 3	17 44
Mercredi	9	E-S-E.	44 ⅓	S-S-O.	18 25		38 44		19 19
Jeudi	10	N-E. E-S-E.	53 ⅓	S-S-O.	16		35 49	33 52	19 45
Vendredi	11	N-E.	33	S ¼ S-O 4 O.	16		34 45	34 45	19 45
Samedi	12	N-E. S-E	24 ⅓	S ¼ S-O	15 15		33 33	33 30	20 25
Dimanche	13	N-E. S ¼ S-E.	41	S ¼ S-O 4 3 S.	15 20		31 28	31 30	20 35
Lundi	14	E-S-E. S-E.	26 ⅓	S ¼ S-O 4 S.	15 10		30 10	30 9	20 50
Mardi	15	E-S-E.	6	S ¼ S-O	15 30	15 28	29 51	29 48	20 49
Mercredi	16	S. O-S-O.	10	S-E ¼ E 3 30 E.	16 30	16 30	29 34	29 37	20 19
Jeudi	17	S-S-O. O.	4	O-S-O.	16 30	16 30	29 32	29 31	20 32
Vendredi	18	S-O ¼ O.	22	S ¼ S-O 2 S		14 30	28 24	28 24	20 20
Samedi	19	S-O ¼ O-O-S-O.	21	S ¼ S-E 5 S.	15		27 21	27 23	20 13
Dimanche	20	N-N-O	20	S-S-O 4 45 S.	14 30	15	26 26	26 24	19 55
Lundi	21	N-E. N-O.	17	S-O ¼ S 4 S.			25 33	25 34	20 3
Mardi	22	O. N.	24	S-S-O 5 S.			24 27	24 26	19 3
Mercredi	23	O. N-O.	23	S ¼ S-O			22 34	22 36	19 59
Jeudi	24	N. N-E ¼ E.	38	S-O ¼ S. 4 15 S.			21 6	21 4	21 16
Vendredi	25	N-E.	52	S ¼ S-O. 1 15 S.			18 31	18 31	20 45
Samedi	26	N-E. N-N-E.	55	S.	12 30	12	15 46	15 46	21 45
Dimanche	27	N-E ¼ N.	44 ⅓	S.	11 30		13 30	13 30	21 45
Lundi	28	N-N-O. N-N-E.	37 ⅓	S.			11 41	11 41	21 45
Mardi	29	N. ¼ N-E. N-N-O.	28	S-S-E.	10 30		10 28	10 18	21 12
Mercredi	30	N. ¼ N-O.	25	S ¼ S-E. 1 S.	9 45	10 30	9 6	9 5	20 44
Jeudi	31	N. ¼ N-O. N-N-O.	20	E-S-E. 2 S.			8 9	8 9	20 23
Total des lieues faites en mars.			877 l. ⅚						

SUITE DES OBSERVATIONS NAUTIQUES, ET TABLE DE LA ROUTE.

AVRIL 1768. Jours du mois.		Vents qui ont régné.	Chemin estimé. Lieues marin.	Route corrigée.	Variation nord-ouest. Ortive.	Variation nord-ouest. Occase.	Latitude estimée.	Latitude observée.	Longitude estimée.
Vendredi	1	N. $\frac{1}{4}$ N-E	16 . $\frac{1}{3}$	E-S-E . . 2 d. m. S.	10 d. m.	d. m.	7d. 23m.	7d. 23m.	20d. 6m.
Samedi	2	N-S-E	21	S $\frac{1}{4}$ S-O . . 4 . . S.	10 36		6 23	6 29	19 46
Dimanche	3	N $\frac{1}{4}$ N-E	13	S-S-E . . 3 . . S.			5 52	5 53	19 33
Lundi	4		7 . $\frac{1}{3}$	S-S-E . . 3 . . S.	9		5 32	5 26	19 25
Mardi	5	N-S-E $\frac{1}{4}$ S	26	S . . 3 . . O.			4 8	. .	19 21
Mercredi	6	N-E . E	7 . $\frac{1}{3}$	S-S-O			3 47	3 58	19 30
Jeudi	7	N. $\frac{1}{4}$ N-O	13	S-S-O . . 5 . 30 . S.			3 20	3 25	19 19
Vendredi	8	N $\frac{1}{4}$ N-O-N $\frac{1}{4}$ N-E	28	S-S-E . . 5 . 6 .	10		2 5	2 3	19 54
Samedi	9	S-O $\frac{1}{4}$ O	13	S-S-E . . 3 . . S.			1 26	1 22	18 41
Dimanche	10	S-O-S . S-S-O	21	S-E . . 5 . . E.			0 59	. .	17 42
Lundi	11	S $\frac{1}{4}$ S-O . S $\frac{1}{4}$ S	21	S-E . . 5 . . E.	10 15		0 18	0 17	16 54
Mardi	12	S . S-S-O	20 . $\frac{1}{3}$	O $\frac{1}{4}$ S-O . . 3 . . O.			0 8	0 0	18 30
Mercredi	13	S $\frac{1}{4}$ S-O . S $\frac{1}{4}$ S-E	17 . $\frac{1}{3}$	O $\frac{1}{4}$ S-O . . 1 . 30 . S.	8 44	8 8	0 6	Pas. de la L.	20 12
Jeudi	14	S $\frac{1}{4}$ S-O . S-E $\frac{1}{4}$ S	17 . $\frac{2}{3}$	S-O $\frac{1}{4}$ O . . 4 . . O.	7 20	7 55	0 0	0 0	20 12
Vendredi	15	S $\frac{1}{4}$ S-O . S-E $\frac{1}{4}$ S	14 . $\frac{2}{3}$	S-O $\frac{1}{4}$ O . . 4 . . O.	7 20	7 55	0 21	0 17	20 20
Samedi	16	S-S-E . O-S-O	9 . $\frac{2}{3}$	O-S-O	7 50		0 35	0 28	20 39
Dimanche	17	S $\frac{1}{4}$ S-O . S-O	0	. . . . .	8		0 30	0 21	20 28
Lundi	18	O-S-O	5 . $\frac{1}{3}$	S	8 10		0 32	0 0	20 22
Mardi	19	O-S-O	5 . $\frac{2}{3}$	S	8 25	8 45	0 49	0 49	20 22
Mercredi	20	S	4	S-E	8 27	8 34	0 52	1 1	20 22
Jeudi	21	E-S-E . S-E $\frac{1}{4}$ S	14 . $\frac{1}{3}$	S-O . . 5 . . O.	8	8 30	1 34	1 36	20 49
Vendredi	22	S-E . S-E $\frac{1}{4}$ S	6	S-S-O . . 5 . . O.	7 12	7 20	1 52	1 53	20 59
Samedi	23	S $\frac{1}{4}$ S-E . S-E	14 . $\frac{1}{3}$	S-O			2 23	2 26	21 28
Dimanche	24	S-E . S-O	18 . $\frac{2}{3}$	S-O . . 5 . . O.			3 2	2 58	22 11
Lundi	25	S . E	14	S-O . . 2 . . S.			3 29	3 25	22 40
Mardi	26	E-S-E . S-E $\frac{1}{4}$ S	16 . $\frac{1}{3}$	S-O $\frac{1}{4}$ S	5		4 3	4 2	23 12
Mercredi	27	E-S-E . S-S-E	36 . $\frac{1}{3}$	S-O . . 3 . . O.			5 16	. .	24 35
Jeudi	28	E-N-E . E-S-E	16	S-O $\frac{1}{4}$ S	3 45		5 56	5 59	24 59
Vendredi	29	S-E . E-S-E	39 . $\frac{1}{3}$	S-O . . 5 . 30 . O.			7 43	7 43	25 55
Samedi	30	S-E . E-S-E	43 . $\frac{1}{3}$	S $\frac{1}{4}$ S-O . . 2 . . O.	3 3		9 48	9 43	26 25
		Lieues en avril . . .	500. . o.						

SUITE DES OBSERVATIONS NAUTIQUES, ET TABLE DE LA ROUTE.

MAI 1768. Jours du mois.		Vents qui ont régné.	Chemin estimé.	Route corrigée.				Variation nord-ouest.				Latitude estimée.		Latitude observée.		Longitude estimée.	
			Lieues marin.		d.	m.		Ortive. d.	m.	Occase. d.	m.	d.	m.	d.	m.	d.	m.
Dimanche	1	E-S-E. . . E-N-E.	39	S	2		E.	2	30			11	41	11	43	26	21
Lundi	2	E-N-E . . N-E.	26	S $\frac{1}{4}$ S-E				2	20	2	9	12	59	12	56	26	15
Mardi	3	N-E. . . O.	11 $\frac{2}{5}$	S-S-E	3	30	S.	2	15	2	15	13	29	.	.	26	3
Mercredi	4	S-S-O . . . S.	38	E $\frac{1}{4}$ S-E	3		E.					13	41	13	45	24	6
Jeudi	5	S $\frac{1}{4}$ S-O. . E-S-E.	13	S-S-O	5		S.					14	22	14	20	24	17
Vendredi	6	S-E $\frac{1}{4}$ S . . E-S-E	26	S-O $\frac{1}{4}$ S	1		S.					15	25	15	25	25	0
Samedi	7	S-S-E. . S-E $\frac{1}{4}$ E.	33	S-O				1	30			16	35	16	31	26	13
Dimanche	8	S-S-E . . S-E $\frac{1}{4}$ E.	29 $\frac{3}{5}$	S-O	3		O.		20			17	31	17	20	27	20
Lundi	9	S-E $\frac{1}{4}$ E. . . E.	33 $\frac{1}{2}$	S-S-O	3	30	O.		15			18	59	19	2	28	7
Mardi	10	E $\frac{1}{4}$ S-E. . E-N-E.	35 $\frac{2}{5}$	S $\frac{1}{4}$ S-O	4	45	O.		30	N-E.		20	45	20	43	28	40
Mercredi	11	E $\frac{1}{4}$ S-E. . N-E $\frac{1}{4}$ E.	32	S	3		O.	1	2			22	21	22	18	28	42
Jeudi	12	E $\frac{1}{4}$ N-E. . E $\frac{1}{4}$ S-E.	32 $\frac{1}{2}$	S	2	4	O.	2	2	2	39	23	54	23	57	28	49
Vendredi	13	E-N-E. N-N-O.	18	E-S-E	3	5	S					24	45	24	51	28	30
Samedi	14	N-N-O. O. O-S-O.	8 $\frac{2}{5}$	S-E.				2	0			25	.	24	55	28	8
Dimanche	15	S-S-E. . E-N-E.	5	S-O $\frac{1}{4}$ O.	4		O.	2	2			25	3	25	0	28	23
Lundi	16	S-S-E. . S-E $\frac{1}{4}$ E.	29 $\frac{1}{2}$	S-O	1	45	O.					26	0	0	0	29	34
Mardi	17	S-S-O. . S $\frac{1}{4}$ S-E.	36 $\frac{2}{5}$	S $\frac{1}{4}$ S-O.	1		S.					27	45	.	.	29	56
Mercredi	18	E . . . N-E.	27 $\frac{2}{5}$	S-S-E	4	45		2	45			29	56	29	32	29	17
Jeudi	19	E. . N . N-N-O.	38 $\frac{1}{2}$	S-S-E	1	5		3				31	.	31	3	27	26
Vendredi	20	N . . N . O $\frac{1}{4}$ N.	40	E-S-E	4	45	E.	2	15			31	39	31	40	24	52
Samedi	21	S. . . . S-S-E.	29	E.				2	10			31	45	31	48	23	26
Dimanche	22	E-S-E. . S $\frac{1}{4}$ S-E.	12	S-E	5		E.	0	3			32	11	32	13	23	2
Lundi	23	E . . . N-N-E.	39	S-E	3		S.					33	40	33	42	21	29
Mardi	24	N-N. . N-N-O.	48	E-S-E	1		E.		30	N-O.		34	45	.	.	18	46
Mercredi	25	N $\frac{1}{4}$ N-O. . O.	35	E $\frac{1}{4}$ N-E	2		E.					34	18	34	20	16	30
Jeudi	26	N-O . . . O	40 $\frac{2}{5}$	E	2		N.	2	45			34	22	34	24	14	15
Vendredi	27	N-N-O. O-S-O. S-O.	44 $\frac{2}{5}$	E	3		N.	2	54			34	16	34	16	11	23
Samedi	28	S-O. . . . O.	30	E	5		N.	4	10			34	8	34	5	9	34
Dimanche	29	S $\frac{1}{4}$ S-O. . . O.	36	E	1		N.	6	25			34	7	34	4	7	21
Lundi	30	S-S-E. . . S. O.	44 $\frac{2}{5}$	E	2		N.	7	30			34	3	34	3	4	39
Mardi	31	S-E $\frac{1}{4}$ S. . O-N-O.	20	E	3		S.	8	14			34	6	34	5	3	24
Lieues faites en mai			933 $\frac{2}{5}$														

SUITE DES OBSERVATIONS NAUTIQUES, ET TABLE DE LA ROUTE.

JUIN 1768. Jours du mois.		Vents qui ont régné.	Chemin estimé. Lieues marin.	Route corrigée.	Variation nord-ouest. Ortive.	Variation nord-ouest. Occase.	Latitude estimée.	Latitude observée.	Longitude estimée.
Mercredi	1	O.	50 l. .	E. . . . . 3 d. . . m. S.	8 d. 20 m.	d. m.	34 d. 13 m.	34 d. 14 m.	0 d. 22 m. Orientale.
Jeudi	2	O. . . O-S-O. .	59 . .	E $\frac{1}{4}$ S-E . 1 . . . . . S.	11 30	. .	34 52	34 49	3 6
Vendredi	3	S-O. O-S-O. S-S-O.	53 . .	E $\frac{1}{4}$ S-E . 5 . . . . . E.	13 30	. .	35 7	35 4	6 20
Samedi	4	S-O $\frac{1}{4}$ S . S-S-E .	24 . $\frac{2}{3}$	E $\frac{1}{4}$ N-E . 5 . . . . . N.	14 25	. .	34 43	34 49	7 46
Dimanche	5	S . . . N-O $\frac{1}{4}$ O .	40 . .	E $\frac{1}{4}$ S-E . 4 . . . . . E.	15 30	. .	33 53	34 54	10 11
Lundi	6	N-O $\frac{1}{4}$ O . . O-S-O.	49 . .	E . . . . 4 . . . . . S.	17 .	. .	35 5	35 9	13 10
Mardi	7	O.	52 . $\frac{2}{3}$	E . . . . 3 . . . . . S.	18 30	. .	35 17	35 16	16 23
Mercredi	8	O-S-O . . . S. . .	32 . .	E. . . . . 2 . . . . . S.	. .	. .	35 20	35 24	18 21
Jeudi	9	S-O . . . E $\frac{1}{4}$ N-E.	6 . $\frac{5}{6}$	S-E $\frac{1}{4}$ S	18 25	8 30	35 41	36 2	18 35
Vendredi	10	E. . . . . N-E $\frac{1}{4}$ E.	16 . $\frac{1}{2}$	S-S-E . . 1 . 30 . . E.	18 0	18 15	36 47	36 50	19 0
Samedi	11	N-E . . N. . S-O.	14 . $\frac{2}{3}$	E $\frac{1}{4}$ N-E . 1 . . . . . N.	18 33	. .	36 41	36 41	19 54
Dimanche	12	S $\frac{1}{4}$ S-O. O-S-O. S-O.	44 . $\frac{2}{3}$	E-N-E . 2 . . . . . E.	22 .	. .	35 55	35 51	22 31
Lundi	13	S $\frac{1}{4}$ S-O . O $\frac{1}{4}$ N-O.	37 . .	E . . . . 5 . . . . . N.	22 56	. .	35 42	. .	17 25 Corrigé par le rond.
Mardi	14	O-N-O. . . O-S-O.	19 . .	E $\frac{1}{4}$ N-E . 4 . . . . . E.	21 50	. .	35 35	35 32	18 35
Mercredi	15	N $\frac{1}{4}$ N-E. . N-N-E.	30 . .	S-E $\frac{1}{4}$ E . 4 . . . . . E.	22 .	22 46	36 17	36 34	20 12
Jeudi	16	N-N-E. . O-N-O.	42 . $\frac{2}{3}$	E $\frac{1}{4}$ N-E . 4 . . . . . E.	23 10	. .	36 18	36 21	24 49
Vendredi	17	N-N-E. . O $\frac{1}{4}$ N-O.	26 . $\frac{2}{3}$	E-N-E	. .	. .	35 51	35 35	24 21
Samedi	18	N-E $\frac{1}{4}$ N. . O-N-O.	53 . .	E . . . . 3 . . . . . N.	24 12	. .	35 31	35 37	27 37
Dimanche	19	O.	48 . .	E . . . . 4 . . . . . N.	25 10	. .	35 21	35 23	30 34
Lundi	20	O $\frac{1}{4}$ N-O . N-O $\frac{1}{4}$ O.	53 . $\frac{1}{4}$	E . . . . 2 . . . . . N.	. .	. .	35 18	. .	33 49
Mardi	21	N-O $\frac{1}{4}$ O . . O-S-O.	35 . $\frac{2}{3}$	E $\frac{1}{4}$ S-O . 4 . . . . . E.	. .	. .	35 29	. .	30 .
Mercredi	22	N-O . . . S-O. . .	47 . .	E $\frac{1}{4}$ N-E . 2 . . . . . N.	27 40	. .	35 57	. .	38 48
Jeudi	23	S-O . . . . S . . .	19 . $\frac{1}{3}$	N-E $\frac{1}{4}$ N . 5 . . . . . E.	. .	. .	34 11	. .	39 33
Vendredi	24	S-S-O. . . S. . . .	19 . .	E-N-E . 1 . . . . . E.	28 30	. .	33 50	35 50	40 37
Samedi	25	S . . . E $\frac{1}{4}$ N-E. .	10 . $\frac{2}{3}$	N-E $\frac{1}{4}$ E . 5 . . . . . N.	. .	. .	33 30	. .	41 7
Dimanche	26	E-N-E . . N-E .	24 . .	S-E $\frac{1}{4}$ E	. .	. .	34 6	. .	42 21
Lundi	27	N-E	23 . $\frac{1}{3}$	E-S-E . . 2 . . . . . E.	27 45	. .	34 30	34 31	43 41
Mardi	28	N-E. . . N-E $\frac{1}{4}$ N .	31 . $\frac{1}{2}$	E $\frac{1}{4}$ S-E . 2 . 30 . . S.	27 18	27 40	34 54	34 53	45 33
Mercredi	29	N-E $\frac{1}{4}$ N. . . N . .	41 . $\frac{1}{4}$	E . . . . . . 20 . . S.	26 25	. .	34 54	34 55	48 3
Jeudi	30	N. . N-O . N $\frac{1}{4}$ N-O.	34 . $\frac{2}{3}$	E $\frac{1}{4}$ N-E . 5 . . . . . N.	25 50	. .	34 30	34 28	49 50
		Lieues en juin . . .	1038.						

SUITE DES OBSERVATIONS NAUTIQUES, ET TABLE DE LA ROUTE.

JUILLET 1768. Jours du mois.		Vents qui ont régné.	Chemin estimé. Li. marin.	Route corrigée.		Variation nord-ouest. Ortive.	Occase.	Latitude estimée.	Latitude observée.	Longitude estimée.
Vendredi	1	N.N-O.N-N-E.N $\frac{1}{4}$ N-O.	41 . $\frac{1}{7}$	E $\frac{1}{4}$ N-E. 3 d. . . m	N.	25 d. 45 m.	24 d. 50 m.	33 d. 58 m.	34 d. 1 m.	52 d. 11 m.
Samedi	2	N . . . . O-S-O . . .	41 . $\frac{1}{2}$	E-N-E . 2	N.	24 30	. . .	33 9	33 12	54 27
Dimanche	3	S $\frac{1}{4}$ S-O. S $\frac{1}{4}$ S-E. S-S-O.	45 . .	N-E. . . 3	E.	23 10	. . .	31 43	31 46	56 28
Lundi	4	S $\frac{1}{4}$ S-O. S-E $\frac{1}{4}$ E. S-S-E.	46 . .	N-E		22	. . .	30 8	30 10	58 21
Mardi	5	S-S-E . . S-S-O . .	26 . .	N-E		19 30	. . .	29 15	29 15	59 25
Mercredi	6	S-S-O. . . S-E $\frac{1}{4}$ S. .	21 . .	N-E $\frac{1}{4}$ N . 4	E.	17 50	. . .	28 25	28 22	60 9
Jeudi	7	S-O . . E-S-E . .	17 . .	N $\frac{1}{4}$ N-E		15 55	16	27 32	27 34	60 19
Vendredi	8	S-E $\frac{1}{4}$ E. E $\frac{1}{4}$ S-E. S-E $\frac{1}{4}$ E.	29 . .	N $\frac{1}{4}$ N-E . 3 . 30 . .	N.	15 22	14 55	26 8	26 5	60 33
Samedi	9	S-E $\frac{1}{4}$ E. E $\frac{1}{4}$ N-E. E $\frac{1}{4}$ S-E.	38 . $\frac{2}{3}$	N . . . . 1 . 30 . .	O.	14 30	. . .	24 9	24 11	60 29
Dimanche	10	E-S-E. . . E	38 . .	N $\frac{1}{4}$ N-O . 1 . 30 . .	N.	13 30	. . .	22 18	22 17	60 8
Lundi	11	E $\frac{1}{4}$ N-O . E $\frac{1}{4}$ S-E. .	33 . $\frac{2}{3}$	N-N-O . 4	O.	12	. . .	20 31	20 33	59 34
Mardi	12	E $\frac{1}{4}$ N-E . . E $\frac{1}{4}$ S-E .	23 . $\frac{1}{2}$	O-N-O . 2	O.	11 35	12	19 57	19 56	58 23
Mercredi	13	S-E. S-S-E. S-E $\frac{1}{4}$ E.	42 . $\frac{1}{3}$	O		13 20	. . .	19 56	19 54	56 7
Jeudi	14	Arrivée.								

Lieues faites en juillet . . 443.

Corrigé par la vue de terre 55 30

Total général . { en mars . . 877 . $\frac{5}{6}$; en avril . . 500 . ; en mai . . 933 . $\frac{2}{3}$; en juin . . 1038 . ; en juillet . . 443 . } $3792\frac{1}{2}$ lieues marines, ou $4740\frac{5}{8}$ lieues de France, de 25 au degré.

LETTRE VI.

ASPECT ET GÉOGRAPHIE DE L'ILE-DE-FRANCE.

L'Ile-de-France fut découverte par un Portugais de la maison de Mascarenhas, qui la nomma l'île Cerné. Ensuite elle fut possédée par les Hollandais, qui lui donnèrent le nom de Maurice. Ils l'abandonnèrent en 1712, peut-être à cause du cap de Bonne-Espérance où ils s'établissaient. Les Français, qui occupaient l'île de Bourbon qui n'est qu'à quarante lieues de l'Ile-de-France, vinrent s'y établir.

Il y a deux ports dans cette île; l'un au sud-est, et l'autre au nord-ouest. Le premier, appelé le grand port, est celui où les Hollandais s'étaient fixés; il offre encore quelques restes de leurs édifices. On y entre vent arrière, mais on en sort difficilement, les vents étant presque toujours au sud-est.

Le second s'appelle le petit port ou le Port-Louis. On y entre et on en sort de vent largue. Sa latitude est de 20 degrés 10 minutes sud, et sa longitude du méridien de Paris 55 degrés. C'est là le chef-lieu, situé dans l'endroit le plus désagréable de l'île. La ville, appelée aussi le camp, et qui ne ressemble guère qu'à un bourg, est bâtie au fond du port, à l'ouverture d'un vallon qui peut avoir trois quarts de lieue de profondeur sur quatre cents toises de large. Ce vallon est formé en cul-de-sac par une chaîne de hautes montagnes hérissées de rochers sans arbres et sans buissons. Les flancs de ces montagnes sont couverts pendant six mois de l'année d'une herbe brûlée, ce qui rend tout ce paysage noir comme une charbonnière. Le couronnement des mornes qui forment ce triste vallon, est brisé. La partie la plus élevée se trouve à son extrémité, et se termine par un rocher isolé qu'on appelle le Pouce. Cette partie contient encore quelques arbres : il en sort un ruisseau qui traverse la ville, et dont l'eau n'est pas bonne à boire.

Quant à la ville ou camp, elle est formée de maisons de bois qui n'ont qu'un rez-de-chaussée. Chaque maison est isolée, et entourée de palissades. Les rues sont assez bien alignées; mais elles ne sont ni pavées, ni plantées d'arbres. Par-tout, le sol est couvert et hérissé de rochers, de sorte qu'on ne peut faire un pas sans risquer de se casser le cou. Elle n'a ni enceinte ni fortification. Il y a seulement sur la gauche, en regardant la mer, un mauvais retranchement en pierre sèche, qui prend depuis la montagne jusqu'au port. De ce même côté est le fort Blanc, qui en défend l'entrée; de l'autre côté, vis-à-vis, est une batterie sur l'île aux Tonneliers.

Suivant les mesures de l'abbé de La Caille, l'Ile-de-France a 90,668 toises de circuit; son plus grand diamètre a 31,890 toises du nord au sud, et 22,124 est et ouest. Sa surface est de 432,680 arpents, à 100 perches l'arpent, et à 20 pieds la perche.

La partie du nord-ouest de l'île est sensiblement unie, et celle du sud-est toute couverte de chaînes de montagnes de 300 à 350 toises de hauteur. La plus haute de toutes a 424 toises, et est à l'embouchure de la Rivière-Noire. La plus remarquable, appelée Pieter-Booth, est de 420 toises; elle est terminée par un obélisque surmonté d'un gros rocher cubique sur lequel personne n'a jamais pu monter. De loin, cette pyramide et ce chapiteau ressemblent à la statue d'une femme.

L'île est arrosée de plus de soixante ruisseaux, dont quelques-uns n'ont point d'eau dans la saison sèche, sur-tout depuis qu'on a abattu beaucoup de bois. L'intérieur de l'île est rempli d'étangs, et il y pleut presque toute l'année, parce que les nuages s'arrêtent au sommet des montagnes et aux forêts dont elles sont couvertes.

Je ne puis vous donner de connaissance plus étendue d'un pays où j'arrive. Je compte passer quelques jours à la campagne, et je tâcherai de vous décrire ce qui concerne le sol de cette île avant de vous parler de ses habitants.

Au Port-Louis, ce 6 août 1768.

LETTRE VII.

DU SOL ET DES PRODUCTIONS NATURELLES DE L'ILE-DE-FRANCE. HERBES ET ARBRISSEAUX.

Tout ici diffère de l'Europe, jusqu'à l'herbe du pays. A commencer par le sol, il est presque par-tout d'une couleur rougeâtre. Il est mêlé de mine de fer qui se trouve souvent à la surface de la terre en forme de grains de la grosseur d'un pois. Dans les sécheresses, la terre est extrêmement dure, sur-tout aux environs de la ville. Elle ressemble à de la glaise, et pour y faire des tranchées, je l'ai vu couper, comme du plomb, avec des haches. Lorsqu'il pleut, elle devient gluante et tenace. Cependant, jusqu'ici, on n'a pu parvenir à en faire de bonnes briques.

Il n'y a point de véritable sable. Celui qu'on trouve sur le bord de la mer, est formé des débris de madrépores et de coquilles. Il se calcine au feu.

La terre est couverte par-tout de rochers depuis la grosseur du poing jusqu'à celle d'un tonneau. Ils sont remplis de trous au fond desquels on remarque un enfoncement de la forme d'une lentille. Beaucoup de ces rochers sont formés de couches concentriques en forme de rognons. On en trouve de grandes masses réunies ensemble. D'autres sont brisés, et paraissent s'être rejoints. L'île est, en quelque sorte, pavée de ces rochers. Les montagnes en sont formées par grands bancs dont les couches sont obliques à l'horizon, quoique parallèles entre elles. Elles sont de couleur gris de fer, se vitrifient au feu, et contiennent beaucoup de mine de fer. J'ai vu à la fonte sortir de quelques éclats, des grains d'un très-beau cuivre, et du plomb, mais en fort petite quantité. C'était à un feu de forge. Les essais de ce genre ne sont pas encourageants : le minéral paraît trop divisé. Dans les fragments de ces pierres on trouve de petites cavités cristallisées, dont quelques-unes renferment un duvet blanc et très-fin.

Je connais trois espèces d'herbes, ou *gramen*, naturelles au pays.

Le long du rivage de la mer, on trouve une espèce de gazon croissant par couches épaisses et élastiques. Sa feuille est très-fine, et si pointue qu'elle pique à travers les habits; les bestiaux n'en veulent point.

Dans la partie la plus chaude de l'île, les pâturages sont formés d'une espèce de chiendent qui trace beaucoup, et pousse de petits rameaux de ses articulations. Cette herbe est fort dure; elle plaît assez aux bœufs, quand elle n'est pas sèche.

La meilleure herbe vient dans les endroits frais et au vent de l'île. C'est un gramen à larges feuilles, qui est vert et tendre toute l'année.

Les autres espèces d'herbes et d'arbrisseaux connus, sont :

Une herbe qui donne pour fruit une gousse remplie d'une espèce de soie dont on pourrait tirer parti.

Une espèce d'asperge épineuse qui s'élève à plus de douze pieds, en s'accrochant aux arbres à la manière des ronces. On ignore si elle est bonne à manger.

Une espèce de mauve à petites feuilles. Elle croît dans les cours, et le long des chemins. On y trouve aussi une espèce de petit chardon à fleurs jaunes, dont les graines font mourir la volaille.

Une plante semblable au lis, qui porte de longues feuilles. Elle croît dans les marais, et porte une fleur odorante.

Sur les murs et au bord des chemins, on trouve des touffes d'une plante dont la fleur est semblable à celle de la giroflée rouge simple. Son odeur est mauvaise. Elle a cela de singulier qu'il ne fleurit à chaque branche qu'une fleur à-la-fois.

Au bas des montagnes voisines de la ville, croît un basilic vivace, dont l'odeur tient de celle du girofle. Sa tige est ligneuse. C'est un bon vulnéraire.

Les raquettes, dont on fait des haies très-dangereuses, portent une fleur jaune marbrée de rouge. Cette plante est hérissée d'épines fort aiguës, qui croissent sur les feuilles et les fruits. Ces feuilles sont épaisses; on ne fait point usage des fruits, dont le goût est acide.

Le veloutier croît sur le sable, le long de la mer. Ses branches sont garnies d'un duvet semblable au velours; ses feuilles sont semées de poils brillants; il porte des grappes de fleurs. Cet arbrisseau exhale dans l'éloignement une odeur agréable, qui se perd lorsqu'on en approche, et de très-près, est rebutante.

Il y a une espèce de plante, moitié ronce, moitié arbrisseau, qui produit, dans des coques hérissées de pointes, une sorte de noix fort lisse et fort dure, de couleur gris de perle, et de la grosseur d'une balle de fusil. Son amande est fort amère ; les noirs s'en servent contre les maladies vénériennes.

Il croît en quantité, dans les défrichés, une espèce d'arbrisseau à grandes feuilles de la forme d'un cœur. Son odeur est assez douce, et tient de celle du baume, dont il porte le nom. Je ne le connais propre à aucun usage ; on l'emploie cependant dans les bains.

Une autre plante, au moins aussi inutile, est la fausse patate, qui serpente le long de la mer. Elle trace comme le liseron; ses fleurs sont rouges et en cloche ; elle se plaît sur le sable.

Sur les lisières des bois, on trouve une herbe ligneuse appelée herbe à panier. On a essayé d'en faire du fil et de la toile, qui ne sont pas mauvais. Ses feuilles sont petites ; prises en tisane, elles sont bonnes pour la poitrine.

Il y a une grande variété de plantes comprises sous le nom de lianes, dont quelques-unes sont de la grosseur de la cuisse. Elles s'attachent aux arbres, dont les troncs ressemblent à des mâts garnis de cordages ; elles les soutiennent contre la violence des ouragans. J'ai vu plus d'une preuve de leur force. Lorsqu'on fait des abatis dans les bois, on tranche environ deux cents arbres par le pied ; ils restent debout jusqu'à ce que les lianes qui les attachent soient coupées : alors une partie de la forêt tombe à-la-fois en faisant un fracas épouvantable. J'ai vu des cordes, faites de leur écorce, plus fortes que celles de chanvre.

Il y a plusieurs arbrisseaux dont les feuilles ressemblent à celles du buis.

Un arbrisseau spongieux et épineux, dont la fleur est d'un rouge foncé en houppe déchiquetée. Sa feuille est large et ronde. Les pêcheurs se servent de sa tige, qui est fort légère, au lieu de liége.

Un autre arbrisseau assez joli, appelé bois de demoiselle. Sa feuille est découpée comme celle du frêne, et ses branches sont garnies de petites graines rouges.

Avant d'aller plus loin, observez que je ne connais rien en botanique. Je vous décris les choses comme je les vois; et si vous vous en rapportez à mon sentiment, je vous dirai que tout ici me paraît bien inférieur à nos productions de l'Europe.

Il n'y a pas une fleur dans les prairies,* qui d'ailleurs sont parsemées de pierres, et remplies d'une herbe aussi dure que le chanvre. Nulle plante à fleur dont l'odeur soit agréable. De tous les arbrisseaux, aucun qui vaille notre épine blanche. Les lianes n'ont point l'agrément du chèvre-feuille ni du lierre. Point de violette le long des bois. Quant aux arbres, ce sont de grands troncs blanchâtres et nus avec un petit bouquet de feuilles d'un vert triste. Je vous les décrirai dans ma première lettre.

Au Port-Louis de l'Ile-de-France, ce 15 septembre 1768.

* Voyez, à la fin de la seconde partie, les Entretiens sur la végétation.

LETTRE VIII.

ARBRES ET PLANTES AQUATIQUES DE L'ILE-DE-FRANCE.

J'aperçus, il y a quelques jours, un grand arbre au milieu des rochers. Je m'en approchai, et l'ayant voulu entamer avec mon couteau, je fus surpris d'y enfoncer sans effort toute la lame. Sa substance était comme celle d'un navet, d'un goût assez désagréable. J'en goûtai; quoique je n'en eusse pas avalé, je me sentis pendant quelques heures la gorge enflammée. C'était comme des piqûres d'épingle. Cet arbre s'appelle *mapou*. Il passe pour un poison.

La plupart des arbres de ce pays tirent leur nom de la fantaisie des habitants.

Le bois de ronde, est un petit bois dur et tortu. Il jette en brûlant une flamme vive. On s'en sert pour faire des flambeaux; il passe pour incorruptible.

Le bois de cannelle, qui n'est pas le cannellier, est un des plus grands arbres de l'île. Son bois est le meilleur de tous pour la menuiserie. Il ressemble beaucoup au noyer par sa couleur et ses veines. Quand il est nouvellement employé, il a une odeur d'excrément; elle lui est commune avec la fleur du cannellier. Voilà le seul rapport que j'y trouve. Sa graine est enveloppée d'une peau rouge d'un goût acide et assez agréable.

Le bois de natte, de deux espèces, à grande et à petite feuille. C'est le plus beau bois rouge du pays. On l'emploie en charpente.

Le bois d'olive, dont la feuille a quelque rapport à celle de l'olivier, sert aux constructions.

Le bois de pomme, est un bois rouge d'une médiocre qualité. Je crois que cet arbre produit un fruit appelé pomme de singe, d'une fadeur désagréable.

Le benjoin, parce qu'il *joint bien*, est le bois le plus liant du pays; il sert au charronnage. Il devient fort gros; il ne s'éclate jamais.

Le colophane, qui donne une résine semblable à la colophane, est un des plus grands arbres de l'île.

Le faux tatamaca, sert aussi aux constructions. Il est fort liant. Il devient très-gros. J'en ai vu de quinze pieds de circonférence. Il donne une gomme ou résine comme le tatamaque.

Le bois de lait, ainsi appelé de son suc, qui est laiteux.

Le bois puant, excellent pour la charpente. Il tire son nom de son odeur.

Le bois de fer, dont le tronc semble se confondre avec les racines. Il en sort des espèces de côtes ou ailerons semblables à des planches. Il fait rebrousser le fer des haches.

Le bois de fougé, est une grosse liane dont l'écorce est très-forte. Il donne un suc laiteux, estimé pour la guérison des blessures.

Le figuier, est un très-grand arbre, dont la feuille et le bois ne ressemblent point à notre figuier. Ses figues sont de la même forme, et viennent par grappes au bout des branches. Elles ne sont pas meilleures que les pommes de singe. Son suc est laiteux, et quand il est desséché, il produit la gomme appelée *élastique*.

Le bois d'ébène, dont l'écorce est blanche, la feuille large et cartonnée, blanche en dessous, et d'un vert sombre en dessus. Il n'y a que le centre de cet arbre de noir, son aubier est blanc. Dans un tronc de six pouces d'équarrissage, il n'y a souvent pas deux pouces de bois d'ébène. Ce bois, fraîchement employé, sent les excréments humains, et sa fleur a l'odeur du girofle. C'est le contraire dans le cannellier, dont la fleur sent très-mauvais, tandis que l'écorce et le bois exhalent une bonne odeur. L'ébène donne des fruits semblables à des nèfles, remplis d'un suc visqueux, sucré, et d'un goût assez agréable.

Il y a une espèce de bois d'ébène dont le blanc est veiné de noir.

7.

Le citronnier, ne donne de fruit que dans les lieux frais et humides ; ses citrons sont petits et pleins de suc.

L'oranger, croît aux mêmes endroits ; ses fruits sont amers ou aigres. Il y a beaucoup de ces arbres aux environs du grand port. Je doute, cependant, que ces deux espèces soient naturelles à l'île. Quant aux oranges douces, elles sont très-rares dans les jardins.

On trouve, mais rarement, une espèce de bois de sandal. On m'en a donné un morceau ; il est gris-blanc. Son odeur est faible.

Le vacoa, est une espèce de petit palmier dont les feuilles croissent en spirale autour du tronc. Il sert à faire des nattes et des sacs.

Le latanier, est un palmier plus grand : il produit à son sommet des feuilles en forme d'éventail ; on les emploie à couvrir des maisons. Il n'en produit qu'une par an.

Le palmiste, s'élève, dans les bois, au-dessus de tous les arbres. Il porte à sa tête un bouquet de palmes, d'où sort une flèche, qui est la seule chose que ces bois produisent de bon à manger ; encore faut-il abattre l'arbre. Cette tige, à laquelle on donne le nom de *chou*, est formée de jeunes feuilles roulées les unes sur les autres, fort tendres, et d'un goût agréable.

Le manglier, croît immédiatement dans la mer. Ses branches et ses racines serpentent sur le sable, et s'y entrelacent de telle sorte qu'il est impossible d'y débarquer. Son bois est rouge, et donne une mauvaise teinture.

J'ai remarqué que la plupart de ces bois n'ont que des écorces fort minces, quelques-uns même n'ont que des pellicules ; en quoi ils diffèrent beaucoup de ceux du nord, que la nature a préservés du froid en les couvrant de plusieurs robes. La plupart ont leurs racines à fleur de terre, avec lesquelles ils saisissent les rochers. Ils sont peu élevés, leurs têtes sont peu garnies, ils sont fort pesants ; ce qui, joint aux lianes dont ils sont attachés, les met en état de résister aux ouragans, qui auraient bientôt bouleversé les sapins et les chênes.

Quant à leurs qualités utiles, aucun n'est comparable au chêne pour la durée et la solidité ; à l'orme pour le liant, au sapin pour la légèreté du bois et la longueur de la tige, au châtaignier pour l'utilité générale. Ils ont, dans leur feuillage, le désagrément des arbres qui conservent leurs feuilles toute l'année : leurs feuilles sont dures, et d'un vert sombre. Leur bois est lourd, cassant, et se pourrit aisément. Ceux qui peuvent servir à la menuiserie, deviennent noirs à l'air, ce qui rend les meubles que l'on en fait d'une teinte désagréable.

On trouve le long des ruisseaux, au milieu des bois, des retraites d'une mélancolie profonde.

Les eaux coulent au milieu des rochers, ici en tournoyant en silence, là en se précipitant de leur cime avec un bruit sourd et confus. Les bords de ces ravines sont couverts d'arbres, d'où pendent de grandes touffes de scolopendre, et des bouquets de liane, qui retombent suspendus au bout de leurs cordons. La terre aux environs est toute bossue de grosses roches noires, où se tapissent loin du soleil les mousses et les capillaires. De vieux troncs renversés par le temps, gisent couverts d'agarics monstrueux, ondoyés de différentes couleurs. On y voit des fougères d'une variété infinie : quelques-unes, comme des feuilles détachées de leur tige, serpentent sur la pierre, et tirent leur substance du roc même ; d'autres s'élèvent comme un arbrisseau de mousse, et ressemblent à un panache de soie. L'espèce commune d'Europe y est une fois plus grande. Au lieu de forêts de roseaux, qui bordent si agréablement nos rivages, on ne trouve le long de ces torrents que des songes, qui y croissent en abondance. C'est une espèce de nymphæa, dont la feuille fort large est de la forme d'un cœur ; elle flotte sur l'eau sans en être mouillée. Les gouttes de pluie s'y ramassent comme des globules de vif-argent. Sa racine est un ognon d'une nourriture malfaisante : on distingue le blanc et le noir.

Jamais ces lieux sauvages ne furent réjouis par

le chant des oiseaux, ou par les amours de quelque animal paisible : quelquefois l'oreille y est blessée par le croassement du perroquet, ou par le cri aigu du singe malfaisant. Malgré le désordre du sol, ces rochers seraient encore habitables, si l'Européen n'y avait pas apporté plus de maux que n'y en a mis la nature.

Au Port-Louis, ce 8 octobre 1768.

LETTRE IX.

DES ANIMAUX NATURELS A L'ILE-DE-FRANCE.

L'ABBÉ de La Caille dit que les Portugais ont apporté les singes à l'Ile-de-France. Je ne suis pas de son avis ; parce que, s'ils voulaient y faire un établissement, cet animal est destructeur ; et s'ils voulaient le mettre dans l'île comme un gibier ordinaire, ils ignoraient s'il y avait des fruits qui pussent lui convenir ; que d'ailleurs sa chair est d'un goût rebutant, et que bien des noirs même n'en veulent point manger. Cet animal ne peut avoir été apporté des côtes voisines. Celui de Madagascar, appelé maki, ne lui ressemble point, non plus que le bavian du cap de Bonne-Espérance.

Le singe de l'Ile-de-France est de taille médiocre ; il est d'un poil gris roux, assez bien fourré ; il porte une longue queue. Cet animal vit en société : j'en ai vu des troupes de plus de soixante à-la-fois. Ils viennent souvent piller les habitations. Ils placent des sentinelles au sommet des arbres et sur la pointe des rochers. Lorsqu'ils aperçoivent des chiens ou des chasseurs, ils jettent un cri, et tous décampent.

Cet animal grimpe dans les montagnes les plus inaccessibles. Il se repose au-dessus des précipices, sur la plus légère corniche : il est le seul quadrupède de sa taille qui ose s'y exposer. Ainsi la nature, qui a peuplé de végétaux jusqu'à la fente des rochers, a créé des êtres capables d'en jouir.

Le rat paraît l'habitant naturel de l'île. Il y en a un nombre prodigieux. On prétend que les Hollandais abandonnèrent leur établissement à cause de cet animal. Il y a des habitations où on en tue plus de trente mille par an. Il fait en terre d'amples magasins de grains et de fruits ; il grimpe jusqu'au haut des arbres, où il mange les petits oiseaux. Il perce les solives les plus épaisses. On les voit, au coucher du soleil, se répandre de tous côtés, et détruire dans quelques nuits une récolte entière. J'ai vu des champs de maïs où ils n'avaient pas laissé un épi. Ils ressemblent à nos rats d'Europe : peut-être y ont-ils été apportés par nos vaisseaux.

Les souris y sont fort communes : le dégât que font ces animaux est incroyable.

On prétend qu'il y avait autrefois beaucoup de flamants ; c'est un grand et bel oiseau marin, de couleur de rose. On dit qu'il en reste encore trois. Je n'en ai point vu.

On trouve beaucoup de corbigeaux. C'est, dit-on, le meilleur gibier de l'île : il est fort difficile à tirer.

Il y a des paille-en-cus de deux sortes; l'une, d'un blanc argenté ; l'autre ayant le bec, les pattes et les pailles rouges. Quoique cet oiseau soit marin, il fait son nid dans les bois. Son nom ne convient pas à sa beauté. Les Anglais l'appellent plus convenablement *l'oiseau du tropique*.

J'y ai vu plusieurs espèces de perroquets, mais d'une beauté médiocre. Il y a une espèce de perruches vertes avec un capuchon gris : elles sont grosses comme des moineaux; on ne peut jamais les apprivoiser ; c'est encore un ennemi des récoltes ; elles sont assez bonnes à manger.

On trouve dans les bois des merles qui, à l'appel du chasseur, viennent jusqu'au bout de son fusil. C'est un bon gibier.

Il y a un ramier, appelé pigeon hollandais, dont les couleurs sont magnifiques ; et une autre espèce d'un goût fort agréable, mais si dangereuse, que ceux qui en mangent sont saisis de convulsions.

On y trouve deux sortes de chauve-souris : l'une, semblable à la nôtre ; l'autre, grosse comme un petit chat, fort grasse, et que les habitants mangent avec plaisir.

Il y a une espèce d'épervier appelé mangeur de poules ; on prétend aussi qu'il vit de sauterelles. Il se tient près de la mer. La vue de l'homme ne l'effraie point.

On trouvait autrefois sur le rivage beaucoup de tortues de mer; aujourd'hui on y en voit rarement. J'en ai vu cependant des traces sur le sable; et j'en ai vu pêcher à l'entrée des rivières. C'est un poisson dont la chair ressemble à celle du bœuf. Sa graisse est verte et de fort bon goût.

Les bords de la mer sont criblés de trous où logent quantité de tourlouroux. Ce sont des cancres amphibies, qui se creusent des souterrains comme la taupe. Ils courent fort vite, et quand on les veut prendre, ils font sonner leurs tenailles dont ils présentent les pointes. Ils ne sont d'aucune utilité.

Un autre amphibie fort singulier est le bernard-l'hermite, espèce de langouste; dont la partie postérieure est dépourvue d'écailles; mais la nature lui a donné l'instinct de la loger dans les coquillages vides. On les voit courir en grand nombre, chacun portant sa maison, qu'il abandonne pour une plus grande lorsqu'elle est devenue trop étroite.

Les insectes de l'île les plus nuisibles, sont les sauterelles. Je les ai vues tomber sur un champ comme la neige, s'accumuler sur la terre de plusieurs pouces d'épaisseur, et en dévorer la verdure dans une nuit. C'est l'ennemi le plus redoutable de l'agriculture.

Il y a plusieurs espèces de chenilles. Quelques-unes, comme celles du citronnier, sont très-grosses et très-belles. Les petites sont les plus dangereuses, ainsi que leurs papillons : elles désolent les jardins potagers.

Il y a un gros papillon de nuit, qui porte sur son corselet la figure d'une tête de mort : on l'appelle *haïe* ; il vole dans les appartements. On prétend que le duvet dont ses ailes sont couvertes, aveugle les yeux qui en sont atteints. Son nom vient de l'effroi que sa présence donne.

Les maisons sont remplies de fourmis, qui pillent tout ce qui est bon à manger. Si la peau d'un fruit mûr s'entr'ouvre sur un arbre, il est bientôt dévoré par ces insectes. On n'en préserve les offices et les garde-mangers, qu'en plaçant leurs supports dans l'eau. Son ennemi est le formica-leo, qui creuse ici, comme en Europe, son entonnoir dans le sable au pied des arbres.

Les cent-pieds se trouvent fréquemment dans les lieux obscurs et humides. Peut-être cet insecte fut-il destiné à éloigner l'homme des lieux malsains. Sa piqûre est très-douloureuse. Mon chien fut mordu à la cuisse par un de ces animaux, qui avait plus de six pouces de longueur. Sa plaie devint une espèce d'ulcère, dont il fut plus de trois semaines à guérir. J'ai eu le plaisir d'en voir un emporté par une multitude de fourmis qui l'avaient saisi par toutes les pattes, et le traînaient comme une longue poutre.

Le scorpion est aussi fort commun dans les maisons, et se trouve aux mêmes endroits. Sa piqûre n'est pas mortelle, mais elle donne la fièvre ; c'est un bon remède de la frotter d'huile sur-le-champ.

La guêpe jaune avec des anneaux noirs, a un aiguillon qui n'est pas moins redoutable. Elle se bâtit dans les arbres, et même dans les maisons ; des ruches dont la substance est semblable à celle du papier. Elles en construisaient une dans ma chambre ; mais je me suis bien vite dégoûté de ces hôtes dangereux.

La guêpe maçonne se construit des tuyaux avec de la terre. On les prendrait pour quelque ouvrage d'hirondelle, s'il y en avait dans l'île. Elle se loge volontiers dans les appartements peu fréquentés, et elle s'attache sur-tout aux serrures, qu'elle remplit de ses travaux.

On trouve souvent dans les jardins, les feuilles des arbrisseaux découpées de la largeur d'une pièce de six sous. C'est l'ouvrage d'une guêpe, qui taille avec ses dents cette pièce circulaire, avec une précision et une vitesse admirables : elle la porte dans son trou, la roule en cornet, et y dépose son œuf.

Il y a des abeilles, dont le miel m'a paru assez bon : il est naturellement liquide.

Il y a une espèce d'insecte semblable aux fourmis, et qui ne met pas moins d'intelligence à se loger. Ils font un grand dégât dans les arbres et les charpentes, dont ils pulvérisent le bois. Ils construisent, avec cette poussière, des voûtes d'un pouce de largeur, dessous lesquelles ils vont et viennent : ces animaux, qui sont noirs, courent quelquefois sur toute la charpente d'une maison. Ils percent les coffres et les meubles dans une nuit. Je n'ai point trouvé de remède plus sûr que de frotter souvent d'ail les lieux qu'ils fréquentent. On appelle ces fourmis des carias. Beaucoup de maisons en sont ruinées.

Il y a trois espèces de cancrelas, le plus sale de tous les scarabées. Il y en a un plat et gris ; le plus commun est de la grosseur d'un hanneton, d'un brun roux. Il attaque les meubles, et surtout les papiers et les livres. Il est presque toujours logé au fond des offices et dans les cuisines. Les maisons en sont infectées : quand le temps est à la pluie, ils volent de tous côtés.

Il a pour ennemi une espèce de scarabée, ou mouche verte, fort leste et fort légère. Quand celle-ci le rencontre, elle le touche, et il devient immobile. Ensuite elle cherche une fente, où elle le traîne et l'enfonce; elle dépose un œuf dans son corps, et l'abandonne. Cet attouchement, que quelques gens prennent pour un charme, est un coup d'aiguillon dont l'effet est bien prompt ; car cet insecte a la vie fort dure.

On trouve dans le tronc des arbres un gros ver avec des pattes, qui ronge le bois ; on l'appelle moutouc. Les noirs, et même des blancs, en mangent avec plaisir. Pline observe qu'on le servait à Rome sur les meilleures tables, et qu'on en engraissait exprès de fleur de farine. On faisait grand cas de celui du bois de chêne : on l'appelait *cossus*. Ainsi l'abondance et la plus affreuse disette se rencontrent dans leurs goûts, et se rapprochent comme tous les extrêmes.

‹ J'y ai vu nos espèces ordinaires de mouches ; mais le cousin ou maringouin y est plus incommode qu'en Europe, sur-tout aux nouveaux arrivés dont il préfère le sang. Son bourdonnement est très-fort. Ce moucheron est noir, piqueté de blanc. On ne peut guère s'en préserver la nuit que par des rideaux de gaze, qu'on appelle mousticaire.

On trouve aussi, le long des ruisseaux, des demoiselles d'une belle couleur violette, dont la tête est comme un rubis. Cette mouche est carnassière. J'en ai vu une emporter en l'air un très-joli papillon.

Les appartements, dans certaines saisons, sont remplis de petits papillons qui viennent se brûler aux lumières. Ils sont en si grand nombre, qu'on est obligé de mettre les bougies dans des cylindres de verre. Ils attirent dans les maisons un petit lézard fort joli de la longueur du doigt ; ses yeux sont vifs ; il grimpe le long des murailles, et même sur le verre ; il se nourrit de mouches et d'insectes, qu'il guette avec beaucoup de patience ; il pond de petits œufs ronds, gros comme des pois, et ayant coque, blanc et jaune, comme les œufs de poule. J'ai vu de ces lézards apprivoisés venir prendre du sucre dans la main. Loin d'être malfaisants, ils sont fort utiles. Il y en a de magnifiques dans les bois. On en voit de couleur d'azur et de vert changeant, avec des traits cramoisis sur le dos, qui ressemblent à des caractères arabes.

Un ennemi plus terrible aux insectes, est l'araignée. Quelques-unes ont le ventre de la grosseur d'une noix, avec de grandes pattes couvertes de poil. Leurs toiles sont si fortes, que les petits oiseaux s'y prennent. Elles détruisent les guêpes, les scorpions et les cent-pieds.

Enfin, pour achever mon catalogue, je n'ai point vu de pays où il y ait tant de puces. On en trouve dans le sable le long de la mer, et jusque sur le sommet des montagnes. On prétend que ce sont les rats qui les y portent. En certaines saisons, si on met un papier blanc à terre, on le voit aussitôt couvert de ces insectes.

Je n'oublierai pas un pou fort singulier que j'ai vu s'attacher aux pigeons. Il ressemble à la tique de nos bois; mais la nature lui a donné des ailes. Celui-là est bien destiné aux oiseaux. Il y a un petit pou blanc, qui s'attache aux arbres fruitiers, et les fait périr; et une punaise de bois, appelée punaise maupin. Sa piqûre est plus dangereuse que celle du scorpion; elle est suivie d'une tumeur de la grosseur d'un œuf de pigeon, qui ne se dissipe qu'au bout de cinq ou six jours.

Vous observerez que la douce température de ce climat, si désirée par les habitants de l'Europe, est si favorable à la propagation des insectes, qu'en peu de temps tous les fruits seraient dévorés, et l'île même deviendrait inhabitable. Mais les fruits de ces contrées méridionales sont revêtus de cuirs épais, de peaux âpres, de coques très-dures et d'écorces aromatiques, comme l'orange et le citron; en sorte qu'il y a peu d'espèces où la mouche puisse introduire son ver. Plusieurs de ces animaux nuisibles se font une guerre perpétuelle, comme le cent-pieds et le scorpion. Le formica-leo tend des piéges aux fourmis, la mouche verte perce les cancrelas, le lézard chasse aux papillons, l'araignée dresse ses filets pour tout insecte qui vole, et l'ouragan qui arrive tous les ans, anéantit à-la-fois une partie du gibier et des chasseurs.

Au Port-Louis, ce 7 décembre 1768.

LETTRE X.

DES PRODUCTIONS MARITIMES, POISSONS, COQUILLES, MADRÉPORES.

Il me reste à vous parler de la mer et de ses productions; après quoi vous en saurez au moins autant que le premier Portugais qui mit le pied dans l'île. Si je puis y joindre un journal météorologique, vous serez à-peu-près au fait de tout ce qui regarde le naturel de cette terre. Nous passerons de là aux habitants et au parti qu'ils ont tiré de leur sol, où, comme dans le reste de l'univers, le bien est mêlé de mal. Le bon Plutarque veut qu'on tire de ces contraires une harmonie; mais les instruments sont communs, et les bons musiciens sont rares.

On voit souvent des baleines au vent de l'île, sur-tout dans le mois de septembre, temps de leur accouplement. J'en ai vu plusieurs, pendant cette saison, se tenir perpendiculairement dans l'eau, et venir fort près de la côte. Elles sont plus petites que celles du nord. On ne les pêche point; cependant les noirs n'ignorent pas la manière de les harponner. On prend quelquefois des lamentins. J'ai mangé de sa chair, qui ressemble à du bœuf; mais je n'ai jamais vu ce poisson.

La vieille, est un poisson noirâtre, assez semblable à la morue pour la forme et pour le goût. Ce poisson est quelquefois empoisonné, ainsi que quelques espèces que je vais décrire. Ceux qui en mangent sont saisis de convulsions. J'ai vu un ouvrier en mourir; sa peau tombait par écailles. A l'île Rodrigue, qui n'est qu'à cent lieues d'ici, les Anglais, dans la dernière guerre, perdirent, par cet accident, près de quinze cents hommes, et manquèrent par-là leur expédition sur l'Ile-de-France. On croit que les poissons s'empoisonnent en mangeant les branches des madrépores. On peut connaître ceux qui sont empoisonnés à la noirceur de leurs dents; et si on jette dans le chaudron où on les fait cuire, une pièce d'argent, elle se noircit. Ce qu'il y a d'étrange, c'est que jamais le poisson n'est malsain au vent de l'île. Ceux qui croient que les madrépores en sont cause, se trompent donc; car l'île est environnée de bancs de corail. J'en attribuerais plutôt la cause au fruit inconnu de quelque arbre vénéneux qui tombe à la mer: ce qui est d'autant plus probable, qu'il n'y a qu'une saison,

8.

et que quelques espèces gourmandes, sujettes à ce danger. D'ailleurs cette espèce de ramier, dont la chair donne des convulsions, prouve que le poison est dans l'île même.

Dans le nombre des poissons suspects, sont plusieurs poissons blancs à grande gueule et à grosse tête, comme le capitaine et la carangue. Ces deux sortes sont d'un goût médiocre. On croit que ceux qui ont la gueule pavée, c'est-à-dire, un os raboteux au palais, ne sont point dangereux.

Il y a des requins, mais on n'en mange point.

En général, plus les poissons sont petits, moins ils sont dangereux. Le rouget est beaucoup plus gros, et fort inférieur à celui d'Europe. Il passe pour sain, ainsi que le mulet, qui y est fort commun.

On trouve des sardines et des maquereaux, d'un goût médiocre, ainsi que tous les poissons de cette mer. Ils diffèrent un peu des nôtres pour la forme.

La poule d'eau, espèce de turbot, est le meilleur de tous. Sa graisse est verte.

Il y a des raies blanches avec une longue queue hérissée d'épines, et d'autres dont la peau et la chair sont noires; des sabres, ainsi nommés de leur forme; des lunes, bariolées de différentes couleurs; des bourses, dont la peau est dessinée comme un réseau ; d'autres poissons semblables aux merlans, colorés de jaune, de rouge et de violet; des perroquets qui non-seulement sont verts, mais qui ont la tête jaune, le bec blanc et courbé, et vont en troupe comme ces oiseaux.

Le poisson armé est petit, et d'une forme très-bizarre. Sa tête est faite comme celle du brochet. Il porte sur son dos sept pointes aussi longues que son corps. La piqûre en est très-venimeuse. Elles sont unies entre elles par une pellicule qui ressemble à une aile de chauve-souris. Il est rayé de bandes brunes et blanches qui commencent à son museau, précisément comme au zèbre du Cap. Le poisson qui est carré comme un coffre, dont il porte le nom, est armé de deux cornes comme un taureau. Il y en a de plusieurs espèces; il ne devient jamais grand. Le porc-épic est tout hérissé de longs piquants. Le polype, qui rampe dans les flaques d'eau avec ses sept bras armés de ventouses, change de couleur, vomit l'eau, et tâche de saisir celui qui veut le prendre. Toutes ces espèces, d'une forme si étrange, se trouvent dans les récifs, et ne valent pas grand'-chose à manger.

Les poissons de ces mers sont inférieurs pour le goût à ceux d'Europe; en revanche, ceux d'eau douce sont meilleurs que les nôtres. Ils paraissent de même espèce que ceux de mer. On distingue la lubine, le mulet, et la carpe qui diffère de celle de nos rivières; le cabot, qui vit dans les torrents, au milieu des rochers, où il s'attache avec une membrane concave, et des chevrettes fort grosses et fort délicates. L'anguille est coriace, c'est une espèce de congre. Il y en a de sept à huit pieds de long, de la grosseur de la jambe. Elles se retirent dans les trous des rivières, et dévorent quelquefois ceux qui ont l'imprudence de s'y baigner.

Il y a des homards ou langoustes d'une grandeur prodigieuse. Ils n'ont point de grosses pattes. Ils sont bleus, marbrés de blanc. J'y ai vu une petite espèce de homard d'une forme charmante : il était d'un bleu céleste, et avait deux petites pattes divisées en deux articulations à-peu-près comme un couteau dont la lame se replierait dans sa rainure : il saisissait sa proie comme s'il était manchot.

Il y a une très-grande variété de crabes. Voici ceux qui m'ont paru les plus remarquables.

Une espèce toute raboteuse de tubercules et de pointes comme un madrépore ; une autre qui porte sur le dos l'empreinte de cinq cachets rouges ; celui qui a au bout de ses serres la forme d'un fer à cheval ; une espèce, couverte de poils, qui n'a point de pinces, et qui s'attache à la carène des vaisseaux ; un crabe marbré de gris, dont la coque, quoique lisse, est fort inégale : on y remarque beaucoup de figures inégales et bizarres, qui cependant sont constamment les mêmes sur chaque crabe ; celui qui a ses yeux au bout de deux longs tuyaux comme des télescopes : quand il ne s'en sert point, il les couche dans des rainures le long de sa coquille ; l'araignée de mer ; un crabe dont les pinces sont rouges, et dont une est beaucoup plus grosse que l'autre ; un petit crabe, dont la coquille est trois fois plus grande que lui : il en est couvert comme d'un grand bouclier ; on ne voit point ses pattes quand il marche.

On trouve en plusieurs endroits, le long du rivage, à quelques pieds sous l'eau, une multitude de gros boudins vivants, roux et noirs. En les tirant de l'eau, ils lancent une glaire blanche et épaisse, qui se change dans le moment en un paquet de fils déliés et glutineux. Je crois cet animal l'ennemi des crabes, parmi lesquels on le rencontre. Sa glaire visqueuse est très-propre à embarrasser leurs pattes ; qui d'ailleurs ne sauraient avoir de prise sur son cuir élastique et sur sa forme cylindrique. Les matelots lui donnent un nom fort grossier, qu'on peut rendre en latin par *mentula monachi*. Les Chinois en font grand cas, et le regardent comme un puissant aphrodisiaque.

Je crois qu'on peut mettre au rang des poissons à coquille, une masse informe, molle et membraneuse, au centre de laquelle se trouve un seul os plat, un peu cambré. Dans cette espèce, l'ordre commun paraît renversé : l'animal est au dehors, et la coquille au dedans.

Il y a plusieurs espèces d'oursins. Ceux que j'ai vus et pêchés sont : un oursin violet à très-longues pointes ; dans l'eau, ses deux yeux brillent comme deux grains de lapis ; j'ai été vivement piqué par un d'eux. Un oursin gris à baguettes rondes cannelées. Un oursin à baguettes obtuses et à pans, marbré de blanc et de violet ; cette espèce est fort belle ; il y en a de gris. L'oursin à cul d'artichaut sans pointe ; il est rare. L'oursin commun à petites pointes ; il ressemble à une châtaigne couverte de sa coque. Ces animaux se trouvent dans les cavités des rochers et des madrépores, où ils se tiennent à couvert du gros temps.

J'entre ici dans une matière fort abondante, où il est difficile de mettre quelque ordre. Celui de d'Argenville ne me plaît point, parce que beaucoup d'espèces ne sont pas à leur place.

Il en est de même de toutes les classes de l'histoire naturelle. Les familles, qui se croisent sans cesse, se confondent dans notre mémoire. Toutes les méthodes étant défectueuses, j'aime mieux en imaginer une pour ce genre, qu'on peut appliquer à tous les autres.

Je mets au centre l'être le plus simple, et de là je tire des rayons sur lesquels je range les êtres qui vont en se composant. Ainsi le lépas, qui n'est qu'un petit entonnoir qui se colle contre les rochers, est le centre de mon ordre sphérique. Sur un des rayons, je mets l'oreille-de-mer, qui forme déjà un bourrelet sur un de ses bords ; ensuite les rochers, dont la volute est tout-à-fait terminée. En disposant de suite les nuances de toute cette famille, aucun individu ne m'échappe.

Je suppose ensuite que le lépas se termine en longue pyramide, comme il s'en trouve en effet. Je fais partir un autre rayon, sur lequel je dispose les vermiculaires qui se tournent en spirale, comme les nautiles, les cornes-d'Ammon, etc.

Il se trouve des lépas qui ont un petit commencement de spirale en dedans : j'aurai une autre ligne pour différentes espèces de tonnes ou de limaçons.

Il y a des lépas qui ont un petit talon à leur ouverture : je tire de là l'origine des bivalves les plus simples.

Si je trouve des espèces composées, qui n'appartiennent pas plus à un rayon qu'à l'autre, je tire une corde des deux individus analogues : cette corde devient le diamètre d'une nouvelle sphère, et ma nouvelle coquille en sera le centre.

On peut étendre, ce me semble, ce système à tous les règnes ; et si nos cabinets ne fournissent pas de quoi remplir tous les rayons, et toutes les cordes qui communiquent à ces rayons, on pourra peut-être connaître par-là les familles qui nous manquent : car je pense que la nature a fait tout ce qui était possible; non-seulement les chaînes d'êtres entrevues par les naturalistes, mais une infinité d'autres qui se croisent; en sorte que tout est lié dans tous les sens, et que chaque espèce forme les grands rayons de la sphère universelle, et est à-la-fois centre d'une sphère particulière.

Revenons à nos coquilles. On trouve à l'Ile-de-France un lépas uni et aplati ; le lépas étoilé ; le lépas fluviatile, qui, comme toutes les coquilles de ces rivières, est couvert d'une peau noire ; l'oreille-de-mer, bien nacrée en dedans ; une espèce de coquille blanche, dont le bourrelet est encore plus contourné.

Le vermiculaire, qui n'est qu'un tuyau blanc qu'on croit un fragment de l'arrosoir; une grande espèce qui traverse, en serpentant, les madrépores; le cornet-de-Saint-Hubert, petit vermiculaire blanc, tourné en spirale détachée, et divisé intérieurement par cloisons, comme le nautile ; le nautile papiracé ; le nautile ordinaire, dont la coupe offre une si belle volute.

Dans les limaçons, les uns restent fixés aux rochers, et ont la coquille encroûtée ; les autres voyagent et ont la coquille lisse.

Dans les premiers, on trouve la bouche-d'argent simple : lorsqu'on la dépouille de sa croûte,

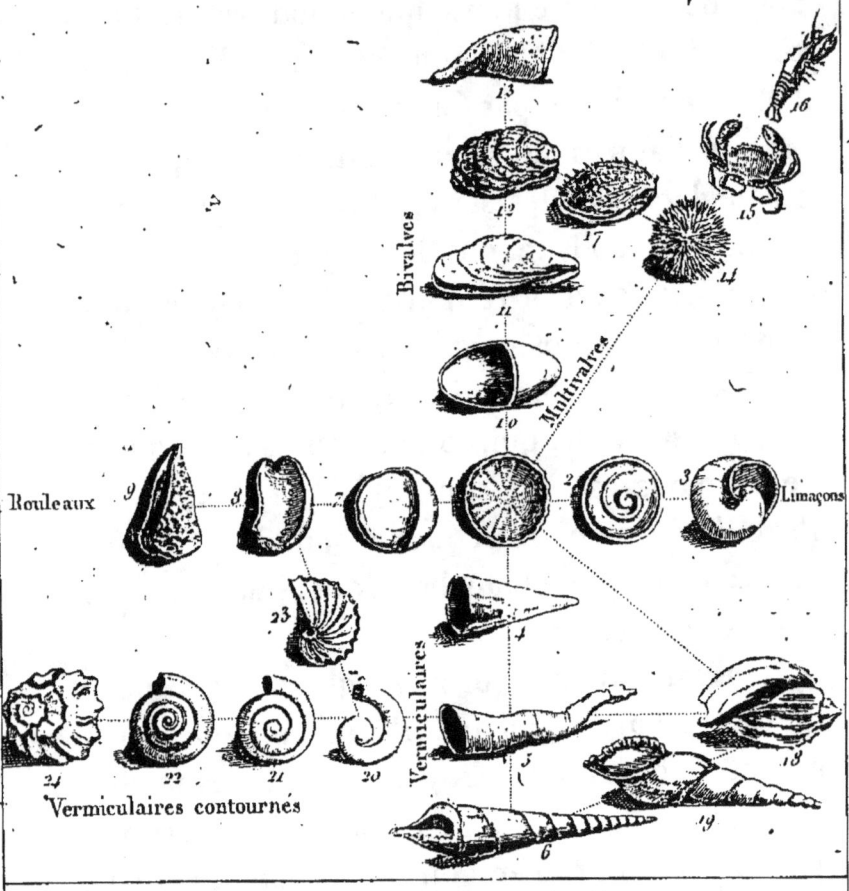

IDÉE D'UN ORDRE SPHÉRIQUE
pour une des parties
de l'histoire naturelle.

1 Lépas applati.
2 Lépas chambré.
3 Limaçon.
4 Lépas pyramidal.
5 Vermiculaire.
6 Fuseau.
7 Lépas roulé sur un côté.
8 Oreille de mer.
9 Rouleau.
10 Lepas a talon.
11 Moule.
12 Huitre.
13 La hache d'armes.
14 Oursin.
15 Crabe.
16 Homard.
17 Huitre épineuse.
18 La Harpe.
19 Culotte de Suisse.
20 Cornet de St Hubert.
21 Corne d'hammon.
22 Escalier Chinois.
23 Nautille Papyracé.
24 La Thiare.

elle surpasse en beauté l'argent bruni; une bouche-d'argent épineuse; la bouche-d'or dont la nacre est jaune; le limaçon fluviatile, qui, sous sa peau noire, cache une belle couleur de rose rayée de point de Hongrie; le limaçon fluviatile à pointe, qu'on trouve dans plusieurs ruisseaux; la conque persique ou de Panama, qui donne une liqueur propre à teindre en pourpre; un limaçon alongé, marqué à sa bouche de points noirs; la bécasse, dont le bec alongé est garni d'épines; la tonne ronde, grosse coquille émaillée de jaune; la tonne alongée ou l'aile-de-perdrix: ces deux espèces ont une surpeau.

Dans les limaçons voyageurs, la nérite cannelée; la nérite lisse, avec des rubans ou rose, ou gris, ou noirs, de toutes les nuances: il y en a une variété prodigieuse. La harpe, la plus belle, à mon gré, des coquilles, par sa forme, ses bandes, la beauté de sa pâte et l'éclat de ses couleurs; la harpe avec des pointes; le même limaçon que nous vîmes près des Açores, qui donne une eau purpurine; l'œuf-de-pintade marbré de bleu. On peut bien mettre à la suite deux coquilles de terre, le limaçon, et la lampe-antique couverte d'une peau brune.

Dans les rouleaux, une olive commune; une belle olive qui ressemble pour les nuances au velours de trois couleurs; la noire est la plus estimée: j'en ai vu de cinq pouces de longueur. Une petite olive plus évasée ; le rouleau commun, piqueté de rouge ; le rouleau blanc ; le rouleau piqueté de points noirs : ces trois espèces ont une surpeau couverte de poil. Le drap-d'or ; le tonnerre dont la coque est mince : il est rayé de faisceaux en zigzag. La poire ; un rouleau couvert de peau, ainsi que la poire : sa bouche a une échancrure, elle est d'un beau ponceau. L'oreille-de-Midas encroûtée, mais sa bouche est d'un beau vernis ; le grand casque, dont les couleurs sont aurore ; le casque blanc truité, il est petit ; le scorpion couvert de peau avec ses sept crochets ; l'araignée, grande et belle coquille à lèvres violettes, avec sa bouche garnie de pointes.

Dans les porcelaines, il y en a une espèce commune d'un rouge brun à dos d'âne ; celle qui est tigrée ; la carte-de-géographie, elle est rare ; l'œuf, d'un blanc de faïence, dont la bouche est jaune ou rouge ; le lièvre, d'une belle couleur fauve rembrunie ; l'olive-de-roche, dont la coquille est très-fragile.

Dans les vis, la vis simple truitée, elle est fort alongée ; une vis aussi belle, dont la spirale est accompagnée d'une moulure ; l'enfant-en-maillot, plus renflée ; une vis aussi grosse, appelée la culotte de Suisse : son vernis et ses couleurs sont très-belles ; une petite vis avec une espèce de bec, on la trouve toujours percée d'un trou ; une autre à dos d'âne, également percée ; le fuseau blanc, il est rare; le fuseau tacheté de rouge; la mitre maritime, marquée des mêmes taches; la mitre fluviatile, couverte d'une peau noire.

On remarque comme une chose en effet très-singulière, que toutes les univalves sont tournées de gauche à droite, en observant la coquille couchée sur sa bouche, la pointe tournée vers soi. Il n'y a d'exceptées que peu d'espèces très-rares. Quelle loi a pu les décider à commencer leur volute du même côté? Serait-ce la même qui a fait tourner la terre d'occident en orient? En ce cas le soleil pourrait bien en être la cause, comme il est celle de leurs couleurs, qui sont d'autant plus belles qu'on approche plus de la Ligne.

J'ai lu ce qu'on a écrit sur la formation des coquilles, et je n'y entends rien. Par exemple, le scorpion qui a des crochets fort alongés, augmente sa coquille tous les ans. Les anciens crochets lui deviennent inutiles, il en forme de nouveaux. Qu'a-t-il fait des autres? De même, la porcelaine a une bouche épaisse, et est taillée de manière qu'elle ne peut augmenter ses révolutions sur elle-même, si elle ne parvient à détruire les obstacles de son ouverture. Je soupçonnerais que ces animaux ont une liqueur propre à dissoudre les murs du toit qu'ils veulent agrandir; et si ce dissolvant existe, il me semble qu'on pourrait l'employer contre la pierre qui se forme dans la vessie, d'humeurs glutineuses comme la première matière des coquilles.

Dans les bivalves sont: l'huître commune, qui se colle aux rochers, et d'une forme si baroque, qu'on ne peut l'ouvrir qu'à coups de marteau: elle est bonne à manger: une espèce qu'on nomme *la feuille* à cause de sa forme ; une huître qui ne diffère point de celle d'Europe ; une huître grise qui s'attache à la carène des vaisseaux, et dont l'écaille est très-fine et très-élastique : elle est rare ; l'huître perlière, blanche, plate, épaisse et fort grande : elle se trouve loin de terre ; elle est la même que celle d'où l'on tire les perles ; une autre huître perlière encore plus aplatie, d'un violet foncé : elle s'attache avec des fils comme la moule ; elle est commune au port du sud-est ; on la trouve à l'embouchure des rivières ; ses perles sont violettes.

On y trouve communément l'huître appelée *la thuilée*, de l'espèce de celles qui servent de bénitiers à Saint-Sulpice. C'est peut-être le plus grand coquillage de la mer ; on en voit, aux Maldives, que deux bœufs traîneraient difficilement. Il est bien étrange que cette huître se trouve fossile sur les côtes de Normandie, où je l'ai vue.

Il y a encore une espèce d'huître grise et mince, qui ressemble beaucoup à la selle polonaise ; l'huître épineuse, qui se trouve dans les coraux ;

la pelure-d'ognon, dont je n'ai vu que des coquilles dépareillées.

J'ai vu trois espèces de moules : elles ne sont ni curieuses ni communes; elles ressemblent, pour la forme, au dail de la Méditerranée, et se logent dans les trous de madrépores; une moule blanche à coque élastique, qui se trouve incorporée avec les éponges : c'est une nuance intermédiaire entre deux espèces. Si jamais je fais un cabinet, elle trouvera aisément sa place par ma méthode.

La hache-d'armes se rapproche des moules; elle est faite comme le fer d'une hache, une pointe d'un côté, un tranchant de l'autre; elle est armée d'aspérosités; elle n'a ni cuir ni charnière, mais un seul pli élastique.

Dans les pétoncles : l'arche-de-Noé, dont les extrémités se relèvent comme la poupe d'un bateau; le cœur, strié et cannelé d'une forme bien régulière; le cœur-de-bœuf, dont un côté est inégal; la corbeille, ses cannelures paraissent s'entrelacer; la râpe, dont les stries sont formées par des arcs de cercle qui se croisent; une pétoncle commune : sa coquille est mince, elle est en dedans teinte en violet; une autre fort jolie et rare, dessinée en dehors comme un point de Hongrie; le peigne; le manteau-ducal, qui a de belles couleurs aurore.

Il y a apparence que les coquillages ne vivent pas plus en paix que les autres animaux. On en trouve beaucoup de débris sur les rivages. Ceux qui y viennent entiers sont toujours percés. Je me souviens d'avoir vu un limaçon armé d'une dent pointue dont il se sert pour percer la coquille des moules : il se trouve au détroit de Magellan ; on l'appelle burgau armé.

Pour avoir de beaux coquillages, il faut les pêcher vivants. Les espèces dont la robe est nette, vivent sur le sable, où elles s'enfouissent dans les gros temps ; les autres se collent aux rochers. Les moules se nichent dans les branches des madrépores, où elles multiplient peu. Si elles frayaient en liberté sur les rochers, comme en Europe, les ouragans les détruiraient.

Il y a beaucoup d'industrie et de variété dans la charnière des coquilles. Nos arts pourraient y profiter. Les huîtres n'ont qu'un peu de cuir, mais elles font corps avec le rocher ; les moules ont une peau élastique très-forte ; la hache-d'armes n'a qu'un pli ; les cœurs, s'ils sont réguliers, ont, à leur charnière, de petites dents qui prennent l'une dans l'autre ; si un de leurs côtés s'étend en aile, la charnière est plus considérable du côté où le poids est le plus fort, et les dents qui la forment sont plus grosses ; on entrevoit, dans leurs courbes, une géométrie admirable.

L'Ile-de-France est tout environnée de madrépores. Ce sont des végétations pierreuses, de la forme d'une plante ou d'un arbrisseau. Elles sont en si grand nombre, que les écueils en sont entièrement formés.

Je distingue ceux qui ne tiennent point au sol, et ceux qui y sont attachés.

Dans les premiers, sont : le champignon, qui paraît composé de feuillets ; le plumet, qui est de la même espèce ; le plumet à trois et à quatre branches ; le cerveau de Neptune.

Dans ceux qui tapissent le fond de la mer, et qui semblent y tenir par leurs racines, sont : le chou-fleur ; le chou, qui par le port et les feuilles ressemble beaucoup à ce végétal : il est de la grande espèce, ainsi qu'un madrépore dont les étages forment une espèce de spirale ; il est très-fragile ; un autre, qui ressemble à un arbre par sa tige élancée et la masse de ses branches ; une espèce très-jolie, que j'appelle *la gerbe* : elle semble formée de plusieurs bouquets d'épis de blé ; le pinceau ou l'œillet : au centre de chaque découpure, on remarque un peu de vert ; une espèce commune, ramassée en touffe comme une plante de réséda avec ses cônes de fleurs ; un madrépore très-joli, croissant de la forme d'une île avec ses rivages et ses montagnes ; un autre qui ressemble à une congélation ; une espèce dont les feuillages sont digités comme une main ; le bois-de-cerf, dont les cornichons sont très-détachés et très-fragiles ; la ruche-à-miel, grande masse sans forme, dont toute la surface est régulièrement

9.

trouée ; le corail d'un bleu pâle, qui est rare : en dedans il est d'un bleu plus foncé ; un corail articulé blanc et noir, qui tient un peu du corail rouge, qu'on n'a point encore trouvé ici ; des végétations coralines, bleues, blanches, jaunes, rouges, si fragiles et si découpées, qu'on ne peut en envoyer en Europe.

Dans les lithophytes : une plante semblable à une longue paille, sans feuillage, sans nœuds et sans boutons ; une végétation semblable à une petite forêt d'arbres : leurs racines sont fort entrelacées, chacun d'eux a un petit bouquet de feuilles : la substance de ce lithophyte tient de la nature du bois, et brûle au feu comme lui ; il est cependant dans la classe des madrépores.

J'ai vu trois espèces d'étoiles marines qui n'ont rien de remarquable. On trouvait autrefois de l'ambre gris sur la côte : il y a même un îlot au vent, qui en porte le nom. On en apporte quelquefois de Madagascar.

On ne doute pas aujourd'hui que les madrépores ne soient l'ouvrage d'une infinité de petits animaux, quoiqu'ils ressemblent absolument à des plantes, par leur port, leur tige, leurs branches, leurs masses, et même par des fleurs de couleur de pêcher. Je me rends à l'expérience avec plaisir ; car j'aime à voir l'univers peuplé. D'ailleurs, je conçois qu'un ouvrage régulier doit être fait par quelque agent qui a une portion d'ordre et d'intelligence. Ces végétations ressemblent tellement aux nôtres, la matière à part, que je suis même très-porté à penser que tous nos végétaux sont les fruits du travail d'une multitude d'animaux vivants en société. J'aime mieux croire qu'un arbre est une république, qu'une machine morte, obéissant à je ne sais quelles lois d'hydraulique. Je pourrais appuyer cette opinion d'observations assez curieuses. Peut-être un jour en aurai-je le loisir. Ces recherches peuvent être utiles : mais quand elles seraient vaines, elles détournent notre curiosité, avide de connaître et de juger; elles l'empêchent de se jeter, faute d'aliment, sur tout ce qui l'environne ; ce qui est la cause première de nos discordes. Nos histoires souvent ne sont que des calomnies, nos traités de morale des satires, et nos sociétés des académies de médisance et d'épigrammes. Après cela, on se plaint qu'il n'y a plus d'amitié et de confiance, comme s'il pouvait y en avoir entre des gens qui ont toujours une cuirasse sur le cœur, et un poignard sous le manteau.

Ou parlons peu, ou faisons des systèmes. *Tradidit mundum disputationibus.* Disputons donc, mais sans nous fâcher.

Au Port-Louis de l'Ile-de-France, ce 12 janvier 1769.

JOURNAL MÉTÉOROLOGIQUE.

QUALITÉS DE L'AIR.

JUILLET, 1768.

Pendant ce mois, les vents régnèrent de la partie sud-est, d'où ils soufflent presque toute l'année. La brise est forte pendant le jour; il fait calme la nuit. Quoique nous soyons dans la saison sèche, il tombe souvent de la pluie. Ce sont des grains assez violens; ils ne sont pas de durée. L'air est très-frais. On ne peut guère se passer d'habits de drap.

AOUT.

Il pleut presque tous les jours. Le sommet des montagnes est couvert de vapeurs semblables à des fumées, qui descendent dans la plaine, accompagnées de coups de vent. Ces pluies forment souvent des arcs-en-ciel sur les flancs de la montagne, qui n'en sont pas moins noirs.

SEPTEMBRE.

Même temps et même vent. C'est la saison des récoltes. Si la chaleur et l'humidité sont la seule cause de la végétation, pourquoi rien ne pousse-t-il dans cette saison? il ne fait pas moins chaud qu'au mois de mai en France. Y aurait-il quelque esprit de vie qui accompagne le retour du soleil? Les Romains en faisaient honneur au vent d'ouest, et fixaient son arrivée au huitième de février. Ils l'appelaient *favonius*, c'est-à-dire, nourricier. C'est le même que le zéphyr des Grecs. Pline dit qu'il *sert de mari à toutes choses qui prennent vie de la terre.* Ils étaient peut-être aussi ignorants que nous; mais leur philosophie me paraît plus touchante, et ils ne se fâchaient pas quand on n'était point de leur avis.

OCTOBRE.

Même température, l'air un peu plus chaud : il est toujours frais dans l'intérieur de l'île. A la fin de ce mois, on ensemence les terres en blé;

dans quatre mois on le récolte; ensuite on sème du maïs, qui est mûr en septembre. Ce sont deux moissons dans le même champ; mais ce n'est pas trop pour les fléaux dont cette terre est désolée.

NOVEMBRE.

Les chaleurs commencent à se faire sentir; les vents varient, et vont quelquefois au nord-ouest. Il tombe des pluies orageuses.

Point de vaisseau de France, point de lettres. Il est triste d'attendre de l'Europe quelque portion de son bonheur.

DÉCEMBRE.

Les chaleurs sont fatigantes, le soleil est au zénith; mais l'air est tempéré par des pluies abondantes: il me semble même que j'ai éprouvé des chaleurs plus fortes dans quelques jours de l'été à Pétersbourg. Au commencement du mois j'ai entendu le tonnerre, pour la première fois depuis mon arrivée.

Le 23 au matin, les vents étant au sud-est, le temps se disposa à un coup de vent. Les nuages s'accumulèrent au sommet des montagnes. Ils étaient olivâtres et couleur de cuivre. On en remarquait une longue bande supérieure, qui était immobile. On voyait des nuages inférieurs courir très-rapidement. La mer brisait, avec grand bruit, sur les récifs. Beaucoup d'oiseaux marins venaient du large se réfugier à terre. Les animaux domestiques paraissaient inquiets. L'air était lourd et chaud, quoique le vent ne fût pas tombé.

A tous ces signes, qui présageaient l'ouragan, chacun se hâta d'étayer sa maison avec des arcs-boutants, et d'en condamner toutes les ouvertures.

Vers les dix heures du soir, l'ouragan se déclara. C'étaient des rafales épouvantables, suivies d'instants de calme effrayants, où le vent semblait reprendre des forces. Il fut ainsi en augmentant pendant la nuit. Ma case en étant ébranlée, je passai dans un autre corps-de-logis. Mon hôtesse fondait en larmes, dans la crainte de voir sa maison détruite. Personne ne se coucha. Vers le matin, le vent ayant encore redoublé, je m'aperçus que tout un front de la palissade de l'entourage allait tomber, et qu'une partie de notre toit se soulevait à un des angles : avec quelques planches et des cordes, je fis prévenir le dommage. En traversant la cour, pour donner quelques ordres, je pensai, plusieurs fois, être renversé. Je vis au loin des murailles tomber, et des couvertures dont les bardeaux s'envolaient comme des jeux de cartes.

Il tomba de la pluie vers les huit heures du matin ; mais le vent ne cessa point. Elle était chassée horizontalement, et avec tant de violence, qu'elle entrait comme autant de jets d'eau par les plus petites ouvertures. Elle gâta une partie de mes papiers.

A onze heures, la pluie tombait du ciel par torrents. Le vent se calma un peu ; les ravines des montagnes formaient, de tous côtés, des cascades prodigieuses. Des parties de roc se détachaient avec un bruit semblable à celui du canon. Elles formaient, en roulant, de larges trouées dans les bois. Les ruisseaux se débordaient dans la plaine, qui était semblable à une mer. On n'en voyait plus ni les digues, ni les ponts.

A une heure après midi, les vents sautèrent au nord-ouest. Ils chassaient l'écume de la mer par grands nuages sur la terre. Ils jetèrent du port sur le rivage, les navires qui tiraient en vain du canon ; on ne pouvait leur envoyer du secours. Par ces nouvelles secousses, les édifices furent ébranlés en sens contraire, et presque avec autant de violence. Vers midi, ils passèrent à l'est, ensuite au sud. Ils firent ainsi le tour de l'horizon dans les vingt-quatre heures, suivant l'ordinaire ; après quoi tout se calma.

Beaucoup d'arbres furent renversés, des ponts furent emportés. Il ne resta pas une feuille dans les jardins. L'herbe même, ce chiendent si dur, paraissait, en quelques lieux, rasée au niveau de la terre.

Pendant la tempête, un bon citoyen, appelé Leroux, envoya par-tout ses noirs, ouvriers, offrir gratuitement leurs services. Cet homme était menuisier. Il ne faut pas oublier les bonnes actions, sur-tout ici.

On avait annoncé, le 23, une éclipse de lune, à cinq heures quatre minutes du soir; mais le mauvais temps empêcha les observations.

L'ouragan arrive tous les ans assez régulièrement au mois de décembre; quelquefois en mars. Comme les vents font le tour de l'horizon, il n'y a point de souterrain où la pluie ne pénètre. Il détruit un grand nombre de rats, de sauterelles et de fourmis, et on est quelque temps sans en voir. Il tient lieu d'hiver; mais ses ravages sont plus terribles. On se ressouviendra long-temps de celui de 1760. On vit un contrevent enlevé en l'air, et dardé comme une flèche dans une couverture. Les mâts inférieurs d'un vaisseau de 64 canons, qui étaient sans vergues, furent tors et rompus. Il n'y a point d'arbre d'Europe qui pût résister à de si violents tourbillons. Nous avons vu comment la nature avait défendu les forêts de ce pays.

JANVIER, 1769.

Temps pluvieux, chaud et lourd. Grands orages, mais peu de tonnerre. Comme les coups de vent sont violents dans cette saison, la navigation cesse depuis décembre jusqu'en avril.

Toutes les prairies ont reverdi ; le paysage est plus gai, mais le ciel est plus triste.

FÉVRIER.

Temps orageux et coups de vent violents. Le bot *l'Heureux*, envoyé à Madagascar, a péri, ainsi que le vaisseau *le Favori*, parti du Cap.

Le 25 de ce mois, les nuages rassemblés par le vent de nord-ouest, se formèrent en longue bande immobile depuis la montagne du Pavillon jusqu'à l'île aux Tonneliers. Il en sortit une quantité prodigieuse de coups de tonnerre ; l'orage dura depuis six heures du matin jusqu'à midi. La foudre tomba un grand nombre de fois. Un grenadier fut tué d'un coup ; une négresse d'un autre, ainsi qu'un bœuf sur l'île aux Tonneliers : un fusil fut fondu dans la maison d'un officier. Ces gens-ci disent qu'il n'y a pas d'exemple que le tonnerre soit tombé dans la ville ; pour moi, je n'en ai jamais entendu de si violent : il semblait que c'était un bombardement. Je crois que si on eût tiré le canon, l'explosion eût dissipé ces nuages qui étaient immobiles.

MARS.

Les pluies sont un peu moins fréquentes; les vents toujours au sud-est. La chaleur supportable.

AVRIL.

La saison est belle. Les herbes commencent à sécher, et quand on y aura mis le feu, il y en a pour sept mois d'un paysage teint en noir.

MAI.

Vers la fin de ce mois, les vents tournèrent à l'ouest et au nord-ouest, suivant l'ordinaire. Nous voilà dans la saison sèche. Je fus aux plaines de Williams, où je trouvai l'air d'une fraîcheur fort agréable.

JUIN.

Les vents sont fixes au sud-est, où ils sont presque toujours. Les petits grains pluvieux recommencent.

Il n'y a point de maladie particulière au pays ; mais on y meurt de toutes celles de l'Europe. J'ai vu mourir d'apoplexie, de petite-vérole, de maux de poitrine, d'obstructions au foie, ce qui vient de chagrin plutôt que de la qualité des eaux, comme on le prétend. J'y ai vu une pierre plus grosse qu'un œuf, qu'on avait tirée à un noir du pays. J'y ai vu des paralytiques et des goutteux très-tourmentés ; des épileptiques saisis de leurs accès. Les enfants et les noirs sont très-sujets aux vers. Les maladies vénériennes produisent des *crabes* dans ceux-ci : ce sont des crevasses douloureuses qui viennent sous la plante des pieds. L'air y est bon comme en Europe ; mais il n'a en lui aucune qualité médicinale : je ne conseille pas même aux goutteux d'y venir ; car j'en ai vu rester plus de six mois de suite au lit.

Les tempéraments sont sensiblement altérés aux révolutions des saisons. On y est sujet aux fièvres bilieuses, et la chaleur occasione aussi des descentes ; mais avec de la tempérance et des bains, on se porte bien. J'observe cependant qu'on jouit dans les pays froids d'une santé plus forte, et d'un esprit plus vigoureux : il est même très-singulier que l'histoire ne parle d'aucun homme célèbre né entre les deux tropiques, excepté Mahomet.

LETTRE XI.

MŒURS DES HABITANTS BLANCS.

L'ile-de-France était déserte lorsque Mascarenhas la découvrit. Les premiers Français qui s'y établirent, furent quelques cultivateurs de Bourbon. Ils y apportèrent une grande simplicité de mœurs, de la bonne foi, l'amour de l'hospitalité, et même de l'indifférence pour les richesses. M. de La Bourdonnais, qui est en quelque sorte le fondateur de cette colonie, y amena des ouvriers, bonne espèce d'hommes, et quelques mauvais sujets que leurs parents y avaient fait passer ; il les força d'être utiles.

Lorsqu'il eut rendu cette île intéressante par ses travaux, et qu'on la crut propre à devenir l'entrepôt du commerce de l'Inde, il y vint des gens de tout état.

D'abord des employés de la Compagnie. Comme les premiers emplois de l'île étaient exercés par eux, ils y vécurent à-peu-près comme les nobles à Venise. Ils joignirent à ces mœurs aristocratiques, un peu de cet esprit financier qui effarouche tant l'agriculteur. Tous les moyens d'établissement étaient entre leurs mains. Ils avaient à-la-fois la police, l'administration et les magasins. Quelques-uns faisaient défricher et bâtir, et ils revendaient leurs travaux assez cher à ceux qui cherchaient fortune. On cria contre eux; mais ils étaient tout-puissants.

Il s'y établit des marins de la Compagnie, qui depuis long-temps ne peuvent pas concevoir que les dangers et la peine du commerce des Indes soient pour eux, tandis que les honneurs et le profit sont pour d'autres. Cet établissement, voisin des Indes, faisant naître de grandes espérances, ils s'y arrêtèrent; ils étaient mécontents avant de s'y établir, ils le furent encore après.

Il y vint des officiers militaires de la Compagnie. C'étaient de braves gens, dont plusieurs avaient de la naissance. Ils ne pouvaient pas imaginer qu'un militaire pût s'abaisser à aller prendre l'ordre d'un homme qui, quelquefois, avait été garçon de comptoir : passe pour en recevoir sa paye. Ils n'aimaient pas les marins, qui sont trop décisifs : en se faisant habitants, ils ne changèrent point d'esprit, et ne firent pas fortune.

Quelques régiments du roi y relâchèrent, et même y séjournèrent. Des officiers, séduits par la beauté du ciel et par l'amour du repos, s'y fixèrent. Tout ployait sous le nom de la Compagnie. Ce n'étaient plus de ces distinctions de garnison qui flattent tant l'officier subalterne : chacun avait là ses prétentions ; on les regardait presque comme des étrangers. Ce furent de grandes clameurs au nom du roi.

Il y était venu des missionnaires de Saint-Lazare, qui avaient gouverné paisiblement les hommes simples qui s'étaient les premiers établis ; mais quand ils virent que la société, en s'augmentant, se divisait, ils s'en tinrent à leurs fonctions curiales, et à quelques bonnes habitations : ils n'allaient chez les autres que quand ils y étaient appelés.

Il y passa quelques marchands avec un peu d'argent. Dans une île sans commerce, ils augmentèrent les abus d'un agio qu'ils y trouvèrent établi, et se livrèrent à de petits monopoles. Ils ne tardèrent pas à se rendre odieux à ces différentes classes d'hommes qui ne pouvaient se souffrir : on les désigna sous le nom de Banians ; c'est comme qui dirait Juifs. D'un autre côté, ils affectèrent de mépriser les distinctions particulières de chaque habitant, prétendant qu'après avoir passé la Ligne, tout le monde était à-peu-près égal.

Enfin la dernière guerre de l'Inde y jeta, comme une écume, des banqueroutiers, des libertins ruinés, des fripons, des scélérats, qui, chassés de l'Europe par leurs crimes, et de l'Asie par nos malheurs, tentèrent d'y rétablir leur fortune sur la ruine publique. A leur arrivée, les mécontentements généraux et particuliers augmentèrent; toutes les réputations furent flétries avec un art d'Asie inconnu à nos calomniateurs; il n'y eut plus de femme chaste ni d'homme honnête; toute confiance fut éteinte, toute estime détruite. Ils parvinrent ainsi à décrier tout le monde, pour mettre tout le monde à leur niveau.

Comme leurs espérances ne se fondaient que sur le changement d'administration, ils vinrent enfin à bout de dégoûter la Compagnie, qui céda au roi, en 1765, une colonie si orageuse et si dispendieuse.

Pour cette fois on crut que la paix et l'ordre allaient régner dans l'île; mais on n'avait fait qu'ajouter de nouveaux levains à la fermentation.

Il y débarqua un grand nombre de protégés de Paris, pour faire fortune dans une île inculte et sans commerce, où il n'y avait que du papier pour toute monnaie. Ce fut des mécontents d'une autre espèce.

Une partie des habitants, qui restaient attachés à la Compagnie par reconnaissance, virent avec peine l'administration royale. L'autre portion, qui avait compté sur les faveurs du nouveau gouvernement, voyant qu'il ne s'occupait que de plans économiques, fut d'autant plus aigrie, qu'elle avait espéré plus long-temps.

A ces nouveaux schismes se joignirent les dissensions de plusieurs corps, qui, en France même, ne peuvent se concilier, dans la marine du roi, la plume et l'épée; et enfin l'esprit de chacun des corps militaires et d'administration, lequel n'étant point, comme en Europe, dissipé par les plaisirs ou par les affaires générales, s'isole et se nourrit de ses propres inquiétudes.

La discorde règne dans toutes les classes, et a banni de cette île l'amour de la société, qui semble devoir régner parmi des Français exilés au milieu des mers, aux extrémités du monde. Tous sont mécontents, tous voudraient faire fortune et s'en aller bien vite. A les entendre, chacun s'en va l'année prochaine. Il y en a qui, depuis trente ans, tiennent ce langage.

L'officier qui arrive d'Europe, y perd bientôt l'émulation militaire. Pour l'ordinaire il a peu d'argent, et il manque de tout : sa case n'a point de meubles; les vivres sont très-chers en détail; il se trouve seul consommateur entre l'habitant et le marchand, qui renchérissent à l'envi. Il fait d'abord contre eux une guerre défensive; il achète en gros; il songe à profiter des occasions, car les marchandises haussent au double après le départ des vaisseaux. Le voilà occupé à saisir tous les moyens d'acheter à bon marché. Quand il commence à jouir des fruits de son économie, il pense qu'il est expatrié, pour un temps illimité, dans un pays pauvre : l'oisiveté, le défaut de société, l'appât du commerce, l'engagent à faire par intérêt ce qu'il avait fait par nécessité. Il y a sans doute des exceptions, et je les citerais avec plaisir, si elles n'étaient pas un peu nombreuses. M. de Steenhovre, le commandant, y donne l'exemple de toutes les vertus.

Les soldats fournissent beaucoup d'ouvriers, car la chaleur permet aux blancs d'y travailler en plein air. On n'a pas tiré d'eux, pour le bien de cette colonie, un parti avantageux. Souvent, dans les recrues qu'on envoie d'Europe, il se trouve des misérables, coupables des plus grands crimes. Je ne conçois pas la politique d'imaginer que ceux qui troublent une société ancienne, peuvent servir à en faire fleurir une nouvelle. Souvent le désespoir prend ces malheureux ; ils s'assassinent entre eux à coups de baïonnette.

Quoique les marins ne fassent qu'aller et venir, ils ne laissent pas d'influer beaucoup sur les mœurs de cette colonie. Leur politique est de se plaindre des lieux d'où ils sont partis, et de ceux où ils arrivent. A les entendre, le bon temps est passé, ils sont toujours ruinés : ils ont acheté fort cher et vendu à perte. La vérité est qu'ils croient n'avoir fait aucun bénéfice, s'ils n'ont vendu à cent cinquante pour cent : la barrique de vin de

Bordeaux coûte jusqu'à cinq cents livres ; le reste à proportion. On ne croirait jamais que les marchandises de l'Europe se paient plus ici qu'aux Indes, et celles des Indes plus qu'en Europe. Les marins sont fort considérés des habitants, parce qu'ils en ont besoin. Leurs murmures, leurs allées et venues perpétuelles, donnent à cette île quelque chose des mœurs d'une auberge.

De tant d'hommes de différents états, résulte un peuple de différentes nations, qui se haïssent très-cordialement. On n'y estime que la fausseté. Pour y désigner un homme d'esprit, on dit : C'est un homme fin. C'est un éloge qui ne convient qu'à des renards. La finesse est un vice, et malheur à la société où il devient une qualité estimable. D'un autre côté, on n'y aime point les gens méfiants. Cela paraît se contredire ; mais c'est qu'il n'y a rien à gagner avec des gens qui sont sur leurs gardes. Le méfiant déconcerte les fripons, et les repousse. Ils se rassemblent auprès de l'homme fin : ils l'aident à faire des dupes.

On y est d'une insensibilité extrême pour tout ce qui fait le bonheur des ames honnêtes. Nul goût pour les lettres et les arts. Les sentiments naturels y sont dépravés : on regrette la patrie à cause de l'Opéra et des filles ; souvent ils sont éteints : j'étais un jour à l'enterrement d'un habitant considérable, où personne n'était affligé ;

j'entendis son beau-frère remarquer qu'on n'avait pas fait la fosse assez profonde.

Cette indifférence s'étend à tout ce qui les environne. Les rues et les cours ne sont ni pavées ni plantées d'arbres ; les maisons sont des pavillons de bois, que l'on peut aisément transporter sur des rouleaux; il n'y a, aux fenêtres, ni vitres ni rideaux ; à peine y trouve-t-on quelques mauvais meubles.

Les gens oisifs se rassemblent sur la place, à midi et au soir ; là, on agiote, on médit, on calomnie. Il y a très-peu de gens mariés à la ville. Ceux qui ne sont pas riches, s'excusent sur la médiocrité de leur fortune : les autres veulent, disent-ils, s'établir en France ; mais la facilité de trouver des concubines parmi les négresses, en est la véritable raison. D'ailleurs, il y a peu de partis avantageux : il est rare de trouver une fille qui apporte dix mille francs comptant en mariage.

La plupart des gens mariés vivent sur leurs habitations. Les femmes ne viennent guère à la ville que pour danser ou faire leurs pâques. Elles aiment la danse avec passion. Dès qu'il y a un bal, elles arrivent en foule, voiturées en palanquin. C'est une espèce de litière, enfilée d'un long bambou, que quatre noirs portent sur leurs épaules : quatre autres les suivent pour les relayer. Autant d'enfants, autant de voitures attelées de huit hommes, y compris les relais. Les maris économes s'opposent à ces voyages, qui dérangent les travaux de l'habitation ; mais, faute de chemins, il ne peut y avoir de voitures roulantes.

Les femmes ont peu de couleur, elles sont bien faites, et la plupart jolies. Elles ont naturellement de l'esprit : si leur éducation était moins négligée, leur société serait fort agréable ; mais j'en ai connu qui ne savaient pas lire. Chacune d'elles pouvant réunir à la ville un grand nombre d'hommes, les maîtresses de maison se soucient peu de se voir, hors le temps du bal. Lorsqu'elles sont rassemblées, elles ne se parlent point. Chacune d'elles apporte quelque prétention secrète, qu'elles tirent de la fortune, des emplois ou de la naissance de leurs maris ; d'autres comptent sur leur beauté ou leur jeunesse ; une Européenne se croit supérieure à une créole, et celle-ci regarde souvent l'autre comme une aventurière.

Quoi qu'en dise la médisance, je les crois plus vertueuses que les hommes, qui ne les négligent que trop souvent pour des esclaves noires. Celles qui ont de la vertu, sont d'autant plus louables, qu'elles ne la doivent point à leur éducation. Elles ont à combattre la chaleur du climat, quelquefois l'indifférence de leurs maris, et souvent l'ardeur et la prodigalité des jeunes marins : si l'hymen donc se plaint de quelques infidélités, la faute en est à nous, qui avons porté des mœurs françaises sous le ciel de l'Afrique.

Au reste, elles ont des qualités domestiques très-estimables, elles sont fort sobres, ne boivent presque jamais que de l'eau. Leur propreté est extrême dans leurs habits. Elles sont habillées de mousseline, doublée de taffetas couleur de rose. Elles aiment passionnément leurs enfants. A peine sont-ils nés, qu'ils courent tout nus dans la maison ; jamais de maillot ; on les baigne souvent ; ils mangent des fruits à discrétion ; point d'étude, point de chagrin : en peu de temps, ils deviennent forts et robustes. Le tempérament s'y développe de bonne heure dans les deux sexes ; j'y ai vu marier des filles à onze ans.

Cette éducation, qui se rapproche de la nature, leur en laisse toute l'ignorance ; mais les vices des négresses, qu'ils sucent avec leur lait, et leurs fantaisies, qu'ils exercent avec tyrannie sur les pauvres esclaves, y ajoutent toute la dépravation de la société. Pour remédier à ce mal, les gens aisés font passer de bonne heure leurs enfants en France, d'où ils reviennent souvent avec des vices plus aimables et plus dangereux.

On ne compte guère que quatre cents cultivateurs dans l'île. Il y a environ cent femmes d'un certain état, dont tout au plus dix restent à la ville. Vers le soir, on va en visite dans leurs maisons ; on joue, ou l'on s'ennuie. Au coup de canon de huit heures, chacun se retire et va souper chez soi.

Adieu, mon ami ; en parlant des hommes, il me fâche de n'avoir que des satires à faire.

Au Port-Louis de l'Ile-de-France, ce 10 février 1769.

LETTRE XII.

DES NOIRS.

Dans le reste de la population de cette île, on compte les Indiens et les nègres.

Les premiers sont les Malabares. C'est un peuple fort doux. Ils viennent de Pondichéry, où ils se louent pour plusieurs années. Ils sont presque tous ouvriers ; ils occupent un faubourg, appelé le Camp-des-Noirs. Ce peuple est d'une teinte plus foncée que les insulaires de Madagascar, qui sont de véritables nègres ; mais leurs traits sont réguliers, comme ceux des Européens, et ils n'ont point les cheveux crépus. Ils sont assez sobres, fort économes, et aiment passionnément les femmes. Ils sont coiffés d'un turban, et portent de longues robes de mousseline, de grands anneaux d'or aux oreilles, et des bracelets d'argent aux poignets. Il y en a qui se louent aux gens riches, ou titrés, en qualité de *pions*. C'est une espèce de domestique qui fait à-peu-près l'office de nos coureurs, excepté qu'il fait toutes ses commissions fort gravement. Il porte, pour marque de distinction, une canne à la main et un poignard à la ceinture. Il serait à souhaiter qu'il y eût un grand nombre de Malabares établis dans l'île, sur-tout de la caste des laboureurs; mais je n'en ai vu aucun qui voulût se livrer à l'agriculture.

C'est à Madagascar qu'on va chercher les noirs destinés à la culture des terres. On achète un homme pour un baril de poudre, pour des fusils, des toiles, et sur-tout des piastres. Le plus cher ne coûte guère que cinquante écus.

Cette nation n'a ni le nez si écrasé, ni la teinte si noire que celle des nègres de Guinée. Il y en a même qui ne sont que bruns ; quelques-uns, comme les Balambous, ont les cheveux longs. J'en ai vu de blonds et de roux. Ils sont adroits, intelligents, sensibles à l'honneur et à la reconnaissance. La plus grande insulte qu'on puisse faire à un noir, est d'injurier sa famille ; ils sont peu sensibles aux injures personnelles. Ils font dans leur pays, quantité de petits ouvrages avec beaucoup d'industrie. Leur zagaie, ou demipique, est très-bien forgée, quoiqu'ils n'aient que des pierres pour enclume et pour marteau. Leurs toiles, ou pagnes, que leurs femmes ourdissent, sont très-fines et bien teintes. Ils les tournent autour d'eux avec grace. Leur coiffure est une frisure très-composée ; ce sont des étages de boucles et de tresses entremêlées, avec beaucoup d'art : c'est encore l'ouvrage des femmes. Ils aiment passionnément la danse et la musique. Leur instrument est le tam-tam ; c'est une espèce d'arc, où est adaptée une calebasse. Ils en tirent une sorte d'harmonie douce, dont ils accompagnent les chansons qu'ils composent : l'amour en est toujours le sujet. Les filles dansent aux chansons de leurs amants ; les spectateurs battent la mesure, et applaudissent.

Ils sont très-hospitaliers. Un noir, qui voyage, entre, sans être connu, dans la première cabane ; ceux qu'il y trouve partagent leurs vivres avec lui : on ne lui demande ni d'où il vient, ni où il va ; c'est leur usage.

Ils arrivent avec ces arts et ces mœurs à l'Ile-de-France. On les débarque tout nus avec un chiffon autour des reins. On met les hommes d'un côté, et les femmes à part, avec leurs petits enfants, qui se pressent, de frayeur, contre leurs mères. L'habitant les visite par-tout, et achète ceux qui lui conviennent. Les frères, les sœurs, les amis, les amants sont séparés ; ils se font leurs adieux en pleurant, et partent pour l'habitation. Quelquefois ils se désespèrent ; ils s'imaginent que les blancs les vont manger ; qu'ils font du vin rouge avec leur sang, et de la poudre à canon avec leurs os.

Voici comme on les traite. Au point du jour

trois coups de fouet sont le signal qui les appelle à l'ouvrage. Chacun se rend avec sa pioche dans les plantations, où ils travaillent presque nus à l'ardeur du soleil. On leur donne pour nourriture du maïs broyé, cuit à l'eau, ou des pains de manioc ; pour habit, un morceau de toile. A la moindre négligence, on les attache, par les pieds et par les mains, sur une échelle ; le commandeur, armé d'un fouet de poste, leur donne sur le derrière nu cinquante, cent, et jusqu'à deux cents coups. Chaque coup enlève une portion de la peau. Ensuite on détache le misérable tout sanglant ; on lui met au cou un collier de fer à trois pointes, et on le ramène au travail. Il y en a qui sont plus d'un mois avant d'être en état de s'asseoir. Les femmes sont punies de la même manière.

Le soir, de retour dans leurs cases, on les fait prier Dieu pour la prospérité de leurs maîtres. Avant de se coucher, ils leur souhaitent une bonne nuit.

Il y a une loi faite en leur faveur, appelée le Code noir. Cette loi favorable ordonne qu'à chaque punition ils ne recevront pas plus de trente coups, qu'ils ne travailleront pas le dimanche, qu'on leur donnera de la viande toutes les semaines, des chemises tous les ans ; mais on ne suit point la loi. Quelquefois, quand ils sont vieux, on les envoie chercher leur vie comme ils peuvent. Un jour j'en vis un qui n'avait que la peau et les os, découper la chair d'un cheval mort pour la manger; c'était un squelette qui en dévorait un autre.

Quand les Européens paraissent émus, les habitants leur disent qu'ils ne connaissent pas les noirs. Ils les accusent d'être si gourmands, qu'ils vont la nuit enlever des vivres dans les habitations voisines; si paresseux, qu'ils ne prennent aucun intérêt aux affaires de leurs maîtres, et que leurs femmes aiment mieux se faire avorter que de mettre des enfants au monde; tant elles deviennent misérables dès qu'elles sont mères de famille!

Le caractère des nègres est naturellement enjoué, mais après quelque temps d'esclavage, ils deviennent mélancoliques. L'amour seul semble encore charmer leurs peines. Ils font ce qu'ils peuvent pour obtenir une femme. S'ils ont le choix, ils préfèrent celles qui ont passé la première jeunesse : ils disent qu'*elles font mieux la soupe*. Ils lui donnent tout ce qu'ils possèdent. Si leur maîtresse demeure chez un autre habitant, ils feront la nuit trois ou quatre lieues dans des chemins impraticables pour l'aller voir. Quand ils aiment, ils ne craignent ni la fatigue ni les châtiments. Quelquefois ils se donnent des rendez-vous au milieu de la nuit; ils dansent à l'abri de quelque rocher, au son lugubre d'une calebasse remplie de pois : mais la vue d'un blanc ou l'aboiement de son chien dissipe ces assemblées nocturnes.

Ils ont aussi des chiens avec eux. Tout le monde sait que ces animaux reconnaissent parfaitement dans les ténèbres, non-seulement les blancs, mais les chiens même des blancs. Ils ont pour eux de la crainte et de l'aversion : ils hurlent dès qu'ils approchent. Ils n'ont d'indulgence que pour les noirs et leurs compagnons, qu'ils ne décèlent jamais. Les chiens des blancs, de leur côté, ont adopté les sentiments de leurs maîtres, et, au moindre signal, ils se jettent avec fureur sur les esclaves.

Enfin, lorsque les noirs ne peuvent plus supporter leur sort, ils se livrent au désespoir : les uns se pendent ou s'empoisonnent; d'autres se mettent dans une pirogue, et sans voiles, sans vivres, sans boussole, se hasardent à faire un trajet de deux cents lieues de mer pour retourner à Madagascar. On en a vu aborder ; on les a repris et rendus à leurs maîtres.

Pour l'ordinaire ils se réfugient dans les bois, où on leur donne la chasse avec des détachements de soldats, de nègres et de chiens ; il y a des habitants qui s'en font une partie de plaisir. On les relance comme des bêtes sauvages ; lorsqu'on ne peut les atteindre, on les tire à coups de fusil : on leur coupe la tête, on la porte en triomphe à la ville, au bout d'un bâton. Voilà ce que je vois presque toutes les semaines.

Quand on attrape les noirs fugitifs, on leur coupe une oreille, et on les fouette. A la seconde désertion, ils sont fouettés, on leur coupe un jarret, on les met à la chaîne. A la troisième fois, ils sont pendus ; mais alors on ne les dénonce pas : les maîtres craignent de perdre leur argent.

J'en ai vu pendre et rompre vifs ; ils allaient au supplice avec joie, et le supportaient sans crier. J'ai vu une femme se jeter elle-même du haut de l'échelle. Ils croient qu'ils trouveront dans un autre monde, une vie plus heureuse, et que le Père des hommes n'est pas injuste comme eux.

Ce n'est pas que la religion ne cherche à les consoler. De temps en temps on en baptise. On leur dit qu'ils sont devenus frères des blancs, et qu'ils iront en paradis. Mais ils ne sauraient croire que les Européens puissent jamais les mener au ciel ; ils disent qu'ils sont sur la terre la cause de tous leurs maux. Ils disent qu'avant d'aborder chez eux, ils se battaient avec des bâtons ferrés ; que nous leur avons appris à se tuer de loin avec du feu et des balles ; que nous excitons parmi eux la guerre et la discorde, afin d'avoir des esclaves à bon marché ; qu'ils suivaient sans crainte l'instinct de la nature ; que nous les avons empoisonnés par des maladies terribles ;

UNE ESCLAVE PRESQUE BLANCHE VINT
UN JOUR SE JETER A MES PIEDS.

que nous les laissons souvent manquer d'habits, de vivres, et qu'on les bat cruellement sans raison. J'en ai vu plus d'un exemple. Une esclave, presque blanche, vint, un jour, se jeter à mes pieds : sa maîtresse la faisait lever de grand matin et veiller fort tard ; lorsqu'elle s'endormait, elle lui frottait les lèvres d'ordures ; si elle ne se léchait pas, elle la faisait fouetter. Elle me priait de demander sa grâce, que j'obtins. Souvent les maîtres l'accordent, et deux jours après, ils doublent la punition. C'est ce que j'ai vu chez un conseiller dont les noirs s'étaient plaints au gouverneur : il m'assura qu'il les ferait écorcher le lendemain de la tête aux pieds.

J'ai vu, chaque jour, fouetter des hommes et des femmes pour avoir cassé quelque poterie, oublié de fermer une porte ; j'en ai vu de tout sanglants, frottés de vinaigre et de sel pour les guérir ; j'en ai vu sur le port, dans l'excès de leur douleur, ne pouvoir plus crier ; d'autres mordre le canon sur lequel on les attache...... Ma plume se lasse d'écrire ces horreurs ; mes yeux sont fatigués de les voir, et mes oreilles de les entendre. Que vous êtes heureux ! quand les maux de la ville vous blessent, vous fuyez à la campagne. Vous y voyez de belles plaines, des collines, des hameaux, des moissons, des vendanges, un peuple qui danse et qui chante ; l'image, au moins, du bonheur ! Ici, je vois de pauvres négresses courbées sur leurs bêches avec leurs enfants nus collés sur le dos, des noirs qui passent en tremblant devant moi ; quelquefois j'entends au loin le son de leur tambour, mais plus souvent celui des fouets qui éclatent en l'air comme des coups de pistolet, et des cris qui vont au cœur.... *Grace, Monsieur!.... Miséricorde!* Si je m'enfonce dans les solitudes, j'y trouve une terre raboteuse, tout hérissée de roches, des montagnes portant au-dessus des nuages leurs sommets inaccessibles, et des torrents qui se précipitent dans des abymes. Les vents qui grondent dans ces vallons sauvages, le bruit sourd des flots qui se brisent sur les récifs, cette vaste mer qui s'étend au loin vers des régions inconnues aux hommes, tout me jette dans la tristesse, et ne porte dans mon ame que des idées d'exil et d'abandon.

Au Port-Louis de l'Ile-de-France, ce 25 avril 1769.

———

P. S. Je ne sais pas si le café et le sucre sont nécessaires au bonheur de l'Europe, mais je sais bien que ces deux végétaux ont fait le malheur de deux parties du monde. On a dépeuplé l'Amérique afin d'avoir une terre pour les planter ; on dépeuple l'Afrique afin d'avoir une nation pour les cultiver.

Il est, dit-on, de notre intérêt de cultiver des

denrées qui nous sont devenues nécessaires, plutôt que de les acheter de nos voisins. Mais puisque les charpentiers, les couvreurs, les maçons et les autres ouvriers européens, travaillent ici en plein soleil, pourquoi n'y a-t-on pas des laboureurs blancs? Mais que deviendraient les propriétaires actuels? Ils deviendraient plus riches. Un habitant serait à son aise avec vingt fermiers, il est pauvre avec vingt esclaves. On en compte ici vingt mille, qu'on est obligé de renouveler tous les ans d'un dix-huitième. Ainsi la colonie, abandonnée à elle-même, se détruirait au bout de dix-huit ans; tant il est vrai qu'il n'y a point de population sans liberté et sans propriété, et que l'injustice est une mauvaise ménagère !

On dit que le Code noir est fait en leur faveur. Soit; mais la dureté des maîtres excède les punitions permises, et leur avarice soustrait la nourriture, le repos et les récompenses qui sont dues. Si ces malheureux voulaient se plaindre, à qui se plaindraient-ils? leurs juges sont souvent leurs premiers tyrans.

Mais on ne peut contenir, dit-on, que par une grande sévérité ce peuple d'esclaves : il faut des supplices, des colliers de fer à trois crochets, des fouets, des blocs où on les attache par le pied, des chaînes qui les prennent par le cou : il faut les traiter comme des bêtes, afin que les blancs puissent vivre comme des hommes.... Ah!

je sais bien que quand on a une fois posé un principe très-injuste, on n'en tire que des conséquences très-inhumaines.

Ce n'était pas assez pour ces malheureux d'être livrés à l'avarice et à la cruauté des hommes les plus dépravés, il fallait encore qu'ils fussent le jouet de leurs sophismes.

Des théologiens assurent que, pour un esclavage temporel, ils leur procurent une liberté spirituelle. Mais la plupart sont achetés dans un âge où ils ne peuvent jamais apprendre le français, et les missionnaires n'apprennent point leur langue. D'ailleurs ceux qui sont baptisés sont traités comme les autres.

Ils ajoutent qu'ils ont mérité les châtiments du ciel, en se vendant les uns les autres. Est-ce donc à nous à être leurs bourreaux? Laissons les vautours détruire les milans.

Des politiques ont excusé l'esclavage, en disant que la guerre le justifiait. Mais les noirs ne nous la font point. Je conviens que les lois humaines le permettent : au moins devrait-on se renfermer dans les bornes qu'elles prescrivent.

Je suis fâché que des philosophes qui combattent les abus avec tant de courage, n'aient guère parlé de l'esclavage des noirs que pour en plaisanter. Ils se détournent au loin. Ils parlent de la Saint-Barthélemy, du massacre des Mexicains par les Espagnols ; comme si ce crime n'était pas celui de nos jours, et auquel la moitié de l'Europe prend part. Y a-t-il donc plus de mal à tuer tout d'un coup des gens qui n'ont pas nos opinions, qu'à faire le tourment d'une nation à qui nous devons nos délices? Ces belles couleurs de rose et de feu dont s'habillent nos dames, le coton dont elles ouatent leurs jupes; le sucre, le café, le chocolat de leur déjeuner; le rouge dont elles relèvent leur blancheur: la main des malheureux noirs a préparé tout cela pour elles. Femmes sensibles, vous pleurez aux tragédies, et ce qui sert à vos plaisirs est mouillé des pleurs et teint du sang des hommes !

LETTRE XIII.

AGRICULTURE. HERBES, LÉGUMES ET FLEURS APORTÉS DANS L'ILE.

Le gouvernement a fait apporter la plupart des plantes, des arbres et des animaux que je vais décrire. Quelques habitants y ont contribué, entre autres MM. de Cossigny, Poivre, Hermans, et le Juge. J'eusse désiré savoir le nom des autres, afin de leur rendre l'honneur qu'ils méritent. Le don d'une plante utile me paraît plus précieux que la découverte d'une mine d'or, et un monument plus durable qu'une pyramide.

Voici dans quel ordre je les dispose. 1° Les plantes qui se reproduisent d'elles-mêmes, et qui se sont comme naturalisées dans la campagne. 2° Celles qu'on cultive dans la campagne. 3° Les herbes des jardins potagers. 4° Celles des jardins à fleurs. Je suivrai le même plan pour les arbrisseaux et les arbres. De ceux que je connais, je n'en omettrai aucun. On ne doit pas dédaigner de décrire ce que la nature n'a pas dédaigné de former.

1° Plantes sauvages.

On trouve dans quelques plaines voisines de la ville une espèce d'indigo, que je crois étranger à l'île. On n'en tire aucun parti.

Le pourpier croît dans les lieux sablonneux ; il peut être naturel au pays : je serais assez porté à le croire, en ce qu'il est de la famille des plantes grasses. La nature paraît avoir destiné cette classe, qui croît dans les lieux les plus arides, à faciliter d'autres végétations.

Le cresson se trouve dans tous les ruisseaux. On l'a apporté il y a dix ans. La dent-de-lion ou pissenlit et l'absinthe, croissent volontiers dans les décombres et sur les terres remuées ; mais sur-tout la molène y étale ses larges feuilles cotonnées, et y élève sa girandole de fleurs jaunes à une hauteur extraordinaire.

La squine (qui n'est pas la plante de Chine de ce nom) est un gramen de la grandeur des plus beaux seigles. Elle s'étend chaque jour en étouffant les autres herbes. Elle a le défaut d'être coriace lorsqu'elle est sèche. Il faudrait la couper avant sa maturité. Elle n'est verte que cinq mois de l'année, ensuite on y met le feu, malgré les ordonnances. Ces incendies brûlent et dessèchent les lisières des bois.

L'herbe blanche (ainsi nommée de la couleur

de sa fleur) a été apportée comme un bon fourrage. Aucun animal n'en peut manger. Sa graine ressemble à celle du cerfeuil ; elle se multiplie si vite, qu'elle est devenue un des fléaux de l'agriculture.

La brette, dont le nom, en langue indienne, signifie *une feuille bonne à manger*, est une espèce de morelle. Il y en a de deux sortes ; l'une appelée brette de Madagascar. Sa feuille est un peu épineuse, mais douce au goût ; c'est un aliment purgatif. L'autre, d'un usage plus commun, se sert sur les tables comme les épinards. C'est le seul mets à la discrétion des noirs ; il croît par-tout : l'eau où cette feuille a bouilli est fort amère ; ils y trempent leur manioc, et ils y mêlent leurs larmes.

2° Plantes que l'on cultive à la campagne.

Le manioc, dont on distingue une seconde espèce appelée camaignoc. Il vient dans les lieux les plus secs ; son suc a perdu sa qualité vénéneuse : c'est une sorte d'arbrisseau, dont la feuille est palmée comme celle du chanvre. Sa racine est grosse et longue comme le bras : on la râpe, et, sans la presser, on en fait des gâteaux fort lourds. On en donne trois livres par jour à chaque nègre pour toute nourriture. Ce végétal se multiplie aisément. M. de La Bourdonnais l'a fait venir d'Amérique. C'est une plante fort utile, en ce qu'elle est à l'abri des ouragans, et qu'elle assure la subsistance des nègres. Les chiens n'en veulent point.

Le maïs, ou blé turc, y vient très-beau : c'est un grain précieux ; il rapporte beaucoup, et ne se garde qu'un an, parce que les mites s'y mettent. On devrait encourager en Europe la culture d'un blé qu'on ne peut emmagasiner. Il sert à nourrir les noirs, les poules et les bestiaux. Observez que quelques habitants font de grands éloges du maïs et du manioc, mais ils n'en mangent point. J'en ai vu présenter de petits gâteaux au dessert. Quand il y a beaucoup de sucre, de farine de froment et de jaunes d'œufs, ils sont assez bons.

Le blé y croît bien : il ne s'élève pas à une grande hauteur. On le plante par grain, à la main, à cause des rochers ; on le coupe avec des couteaux, et on le bat avec des baguettes. Il ne se garde guère plus de deux ans. Au rapport de Pline, en Barbarie et en Espagne on le mettait avec son épi dans des trous en terre, en prenant garde d'y introduire de l'air. Varron dit qu'on le conservait ainsi cinquante ans, et le millet un siècle. Pompée trouva, à Ambracia, des fèves gardées de cette manière du temps de Pyrrhus ; ce qui faisait près de cent vingt ans. Mais Pline ne veut pas que la terre soit cultivée par des forçats ou des esclaves, *qui ne font*, dit-il, *rien qui vaille*. Quoique la farine du blé de l'Ile-de-

France ne soit jamais bien blanche, j'en préfère le pain à celui des farines d'Europe qui s'éventent ou s'échauffent toujours dans le voyage.

Le riz, le meilleur et peut-être le plus sain des aliments, y réussit très-bien. Il se garde plus long-temps que le blé, et rapporte davantage. Il aime les lieux humides. Il y en a de plus de sept espèces en Asie, dont une croît dans les lieux secs; il serait à souhaiter qu'elle fût cultivée en Europe, à cause de sa fertilité.

Le petit mil rapporte dans une abondance prodigieuse. On ne le donne guère qu'aux noirs et aux animaux. L'avoine y réussit, mais on en cultive peu. Tout ce qui ne sert qu'au bien-être des esclaves et des bêtes y est fort négligé.

Le tabac n'y est pas d'une bonne qualité. Il n'y a que les nègres qui en cultivent pour leur usage.

La fataque est un gramen à larges feuilles, de la nature d'un petit roseau. On en fait de bonnes prairies artificielles. Il vient de Madagascar.

On a essayé, mais sans succès, d'y faire croître le sainfoin, le trèfle, le lin, le chanvre et le houblon.

3° Plantes potagères.

Viendront, 1° celles qui sont utiles par leurs fruits; 2° par leurs feuilles ou tiges; 3° par leurs racines ou bulbes.

Vous observerez que la plupart de nos légumes y dégénèrent, et que tous les ans ceux qui ont envie d'en avoir de passables, font venir des graines de l'Europe ou du cap de Bonne-Espérance. Les petits pois sont coriaces et sans sucre; les haricots sont durs : il y en a une espèce plus grande et plus tendre, appelée pois du Cap ; elle mériterait d'être connue en France. Une autre espèce de haricots, dont on fait des tonnelles : on hache sa gousse en vert, et on l'accommode en petits pois ; il n'est pas mauvais. La féve de marais y vient assez bien. On fait des berceaux avec les rameaux d'une féve dont la gousse est longue d'un pied : son grain est fort gros, on n'en fait point usage.

Les artichauts y poussent de grandes feuilles et de petits fruits. Les cardons y sont toujours coriaces; on en fait des haies; car ils sont fort épineux, et s'élèvent très-haut.

Le giraumont est une citrouille moins grosse que la nôtre, et je crois, s'il est possible, encore plus fade. Le concombre est plus petit, et vient en moindre quantité qu'en Europe. Le melon n'y vaut rien, quoique vanté parce qu'il y est rare ; la pastèque, ou melon d'eau, est un peu meilleure: le ciel leur est favorable; mais le sol, qui est tenace, leur est contraire. Il y croît des courges d'une grosseur énorme, et d'une utilité préférable : c'est la vaisselle des noirs.

La bringelle ou aubergine de deux espèces. L'une à petit fruit rond et jaune ; sa tige est fort épineuse : elle vient de Madagascar. L'autre, que l'on connaît aussi à Paris, est un fruit violet, de la grosseur et de la forme d'une grosse figue. Quand ce fruit est bien assaisonné et bien grillé, il n'est pas mauvais.

Il y a deux sortes de piments ; celui qui est connu en Europe, et un autre qui est naturel au pays ; celui-ci est un arbrisseau dont les fruits sont très-petits, et brillent comme des grains de corail sur un feuillage du plus beau vert. Les créoles l'emploient dans tous leurs ragoûts. Il n'y a point de poivre si violent ; il brûle les lèvres comme un caustique. On l'appelle piment enragé.

L'ananas, le plus beau des fruits, par les mailles de sa cuirasse, par son panache teint en pourpre, et par son odeur de violette, n'y mûrit jamais parfaitement. Son suc est très-froid et dangereux à l'estomac. Son écorce a un goût fort poivré et brûlant ; c'est peut-être un correctif. La nature a mis souvent les contraires dans les mêmes sujets : l'écorce du citron échauffe, son suc rafraîchit ; le cuir de la grenade resserre, ses grains relâchent, etc.

Les fraises commencent à se multiplier dans les endroits frais. Elles ont moins de parfum et de sucre que les nôtres ; elles produisent peu, ainsi que le framboisier, dont le fruit a dégénéré. Il y en a une très-belle espèce de Chine, qui vient de la grosseur des cerises, et en abondance : mais elle n'a ni saveur ni odeur.

Les épinards y sont rares ; le cresson des jardins, l'oseille, le cerfeuil, le persil, le fenouil, le céleri, portent des tiges filandreuses, et s'y multiplient avec peine. Les poirées, les laitues, les chicorées, les choux-fleurs y sont plus petits et moins tendres que les nôtres ; le chou, le plus utile des légumes et qui réussit par-tout, y vient bien ; la pimprenelle, le pourpier doré, la sauge y croissent en abondance ; mais sur-tout la capucine, qui s'élève en grands espaliers, et y est une plante vivace.

L'asperge y est de la grosseur d'une ficelle ; elle y a dégénéré pour la taille et pour le goût, ainsi que les carottes, les panais, les navets, les salsifis, les radis et les raves, qui sont trop épicés. Il y a cependant une espèce de rave de Chine qui y réussit bien. La betterave y vient très-belle, mais très-ligneuse. La pomme de terre, *solanum tuberosum*, n'y est pas plus grosse qu'une noix. Celle des Indes, qu'on appelle cambar, y pèse souvent plus d'une livre. Sa peau est d'un beau violet ; au dedans elle est très-blanche et très-fade : on en donne pour aliment aux noirs. Elle multiplie beaucoup, ainsi que la patate, dont quelques espèces sont préférables à nos châtaignes. Le safran est une racine qui teint en jaune les ragoûts, ainsi que le pistil de celui d'Europe. Le gingembre y est moins chaud que celui des Indes. La pistache, qui n'est pas le fruit du pistachier, est une petite amande qui croît en terre, dans une coque ridée. Elle est assez bonne rôtie, mais elle est indigeste. On la cultive pour en tirer de l'huile à brûler. Cette plante est une espèce de phénomène en botanique ; car il est rare que les végétaux qui donnent des fruits huileux, les produisent sous terre.

Les ciboules, les poireaux, les ognons y sont plus petits qu'en France, et même qu'à l'île de Bourbon, qui est dans le voisinage.

4° Plantes d'agrément.

Je vous parlerai d'abord des nôtres, ensuite de celles d'Asie et d'Afrique.

Le réséda, la balsamine, la tubéreuse, le pied-d'alouette, la grande marguerite de Chine, les œillets de la petite espèce, s'y plaisent autant qu'en Europe ; les grands œillets et les lis, y jettent beaucoup de feuilles, et portent rarement des fleurs. Les anémones, la renoncule, l'œillet, et la rose d'Inde, y viennent mal, ainsi que la giroflée et les pavots. Je n'ai point vu d'autres plantes à fleurs d'Europe, chez les curieux. Plusieurs se sont donné des soins inutiles pour y faire venir le thym, la lavande, la marguerite des prés, les violettes si simples et si belles, et le coquelicot, dont l'écarlate brille avec l'azur des bluets sur l'or de vos moissons. Heureux Français! un coin de vos campagnes est plus magnifique que le plus beau de nos jardins.

En simples plantes à fleurs, d'Afrique, je ne connais qu'une belle immortelle du Cap, dont les grains sont gros et rouges comme des fraises, et viennent en grappe au sommet d'une tige, et dont les feuilles ressemblent à des morceaux de drap gris; une autre immortelle à fleurs pourpres qui vient par-tout; un jonc de la grosseur d'un crin, qui porte un groupe de fleurs blanches et violettes adossées: de loin ce bouquet paraît en l'air; il vient du Cap, ainsi qu'une sorte de tulipe qui n'a que deux feuilles collées contre la terre, qu'elles semblent saisir; une plante de Chine, qui se sème d'elle-même, à petites fleurs en rose: chaque tige en donne cinq ou six, toutes variées à-la-fois depuis le rouge sang de bœuf, jusqu'à la couleur de brique. Aucune de ces fleurs n'a d'odeur; même celles d'Europe la perdent.

Les aloès s'y plaisent. On pourrait tirer parti de leurs feuilles, dont la séve donne une gomme médicinale, et dont les fils sont propres à faire de la toile. Ils croissent sur les rochers et dans les lieux brûlés du soleil. Les uns sont tout en feuilles, fortes et épaisses, de la grandeur d'un homme, armées d'un long dard: il s'élève, du centre, une tige de la hauteur d'un arbre, toute garnie de fleurs, d'où tombent des aloès tout formés. Les autres sont droits comme de grands cierges à plusieurs pans garnis d'épines très-aiguës : ceux-là sont marbrés, et ressemblent à des serpents qui rampent à terre.

Il semble que la nature ait traité les Africains et les Asiatiques en barbares, à qui elle a donné des végétaux magnifiques et monstrueux, et qu'elle agisse avec nous comme avec des êtres amis et sensibles. Oh! quand pourrai-je respirer le parfum des chèvre-feuilles, me reposer sur ces beaux tapis de lait, de safran et de pourpre que paissent nos heureux troupeaux, et entendre les chansons du laboureur qui salue l'aurore avec un cœur content et des mains libres!

Au Port-Louis de l'Ile-de-France, ce 29 mai 1769.

LETTRE XIV.

ARBRISSEAUX ET ARBRES APPORTÉS A L'ILE-DE-FRANCE.

Nous avons ici le rosier, qui multiplie si aisément, qu'on en fait des haies. Sa fleur n'est ni si touffue, ni si odorante que la nôtre; il y en a plusieurs variétés, entre autres une petite espèce de Chine, qui fleurit toute l'année. Les jasmins d'Espagne et de France s'y sont bien naturalisés; je parlerai de ceux d'Asie à leur article. Il y a des grenadiers à fleur double et à fruit; mais ceux-ci rapportent peu. Le myrte n'y vient pas si beau qu'en Provence.

Voilà tous les arbrisseaux d'Europe. Ceux d'Asie, d'Afrique et d'Amérique, sont : le cassis, dont la feuille est découpée; ce cassis ne ressemble point au nôtre : c'est un grand arbrisseau, qui se couvre de fleurs jaunes, odorantes, semblables à de petites houppes : elles donnent un haricot dont la graine sert à teindre en noir. Comme il est épineux, on en fait de bonnes haies.

La foulsapatte, mot indien qui signifie *fleur de cordonnier* : sa fleur, frottée sur le cuir, le teint en noir. Cet arbrisseau a un feuillage d'un beau vert, plus large que celui du charme, au milieu duquel brillent ses fleurs, semblables à de gros œillets d'un rouge foncé : on en fait des charmilles. Il y en a plusieurs variétés.

La poincillade, originaire d'Amérique, est une espèce de ronce, qui porte des girandoles de fleurs jaunes et rouges, d'où sortent des aigrettes couleur de feu. Cette fleur est très-belle, mais elle passe vite ; elle donne un haricot. Sa feuille est divisée comme celle des arbrisseaux légumineux.

Le jalap donne des fleurs en entonnoir, d'un rouge cramoisi, qui ne s'ouvrent que la nuit. Elles ont une odeur de tubéreuse : j'en ai vu de deux espèces.

La vigne de Madagascar est une liane dont on fait des berceaux ; elle donne une fleur jaune. Ses feuilles cotonnées paraissent couvertes de farine. Il y a plusieurs autres espèces de lianes à fleur dans les jardins ; mais j'en ignore les noms.

Le mougris est un jasmin dont la feuille ressemble à celle de l'oranger. Il y en a à fleur double et simple ; son odeur est très-agréable.

Le frangipanier est un jasmin d'une autre espèce : cet arbrisseau croît de la forme d'un bois de cerf ; de l'extrémité de ses cornichons sortent des bouquets de longues feuilles, au centre desquelles se trouvent de grandes fleurs blanches en entonnoir, d'une odeur charmante.

Le lilas des Indes vient et meurt fort vite; sa feuille est découpée et d'un beau vert. Il se charge de grappes de fleurs d'une odeur assez douce, qui se changent en graines. Cet arbrisseau s'élève à la hauteur d'un arbre; son port est agréable; son vert est plus beau, mais sa fleur est moins belle que celle de notre lilas, qui n'y vient point. Celui de Perse y réussit peu. Il y a des lauriers-thyms, des lauriers-roses, et le citronnier-galet, dont on fait des haies; son fruit est rond, petit et très-acide. Le palma-christi croît par-tout; son huile est un vermifuge.

Le poivrier est une liane qui s'accroche comme le lierre : il végète bien, mais ne donne pas de fruit. On ne sait pas si l'arbrisseau du thé, qu'on y a apporté de la Chine, s'y plaira, ainsi que le rotin, d'un usage aussi universel aux Indes que l'osier en Europe.

Le cotonnier vient dans les lieux les plus secs, en arbrisseau. Il porte une jolie fleur jaune, à laquelle succède une gousse qui contient sa bourre. On ne récolte pas son coton, faute de moulins pour l'éplucher : d'ailleurs on n'en fait pas commerce. Sa graine fait venir le lait aux nourrices.

La canne à sucre y mûrit bien; les habitants en font une liqueur appelée flangourin, qui ne vaut pas grand'chose. Il n'y a qu'une sucrerie dans l'île.

Le cafier est l'arbre ou l'arbrisseau le plus utile de l'île. C'est une espèce de jasmin. Sa fleur est blanche; ses feuilles, d'un beau vert, sont opposées et de la forme de celles du laurier. Son fruit est une olive rouge comme une cerise, qui se sépare en deux féves. On les plante à sept pieds et demi de distance; on les étête à six pieds de hauteur. Il ne dure que sept ans : à trois ans il est dans son rapport. On évalue le produit annuel de chaque arbre à une livre de graines. Un noir peut en cultiver par an un millier de pieds, indépendamment des grains nécessaires à sa subsistance. L'île ne produit pas encore assez de café pour sa consommation. Les habitants prétendent qu'il suit en qualité celui de Moka.

Parmi les arbres d'Europe, le pin, le sapin et le chêne y végètent jusqu'à une hauteur médiocre; après quoi ils dépérissent.

J'y ai vu aussi des cerisiers, des abricotiers, des néfliers, des pommiers, des poiriers, des oliviers, des mûriers; mais sans fruits, quoique quelques-uns donnent des fleurs. Le figuier y rapporte des fruits médiocres; la vigne n'y réussit pas en échalas; elle donne en treille des grappes, dont il ne mûrit qu'une * partie à-la-fois comme celles des

* En Europe, les fruits du même arbre arrivent presque

jardins d'Alcinoüs ; ce qui ne vaut rien pour la vendange. Le pêcher donne assez de fruits, d'un bon goût, mais qui ne sont jamais fondants. Il y a un pou blanc qui les détruit.

Ces arbres sont ici dans une sève perpétuelle ; peut-être serait-il avantageux de les enfouir en terre, pour arrêter leur végétation. Il faudrait essayer de les préserver de la chaleur, comme on les garantit du froid dans le nord de l'Allemagne. Ces arbres d'Europe quittent ici leurs feuilles dans la saison froide, qui est votre été ; cependant, la chaleur et l'humidité sont égales à celles de vos printemps : il y a donc quelque cause inconnue de la végétation.

Les arbres étrangers de simple agrément, sont : le laurier, qui s'y plaît, ainsi que l'agati de plusieurs sortes, dont la feuille est découpée, et qui donne des grappes de fleurs blanches papilionacées, auxquelles succèdent de longues gousses légumineuses. Les Chinois le représentent souvent dans leurs paysages.

Le polché vient de l'Inde. Son feuillage est touffu ; sa feuille est en cœur. Il ne sert qu'à donner de l'ombre. Il donne un fruit inutile, de la nature du bois et de la forme d'une nèfle.

---

ensemble à leur maturité : ici c'est tout le contraire ; ils mûrissent tous successivement, ce qui varie singulièrement le goût des mêmes fruits cueillis sur le même arbre.

Le bambou ressemble de loin à nos saules. C'est un roseau qui s'élève aussi haut que les plus grands arbres, et qui jette des branches garnies de feuilles comme celles de l'olivier : on en fait de belles avenues, que le vent fait murmurer sans cesse. Il croît vite, et on peut employer ses cannes aux mêmes usages que les branches d'osier. Il y a beaucoup de toiles des Indes où ce roseau est assez mal figuré.

Les arbres fruitiers sont : l'attier, dont la fleur triangulaire, formée d'une substance solide, a un goût de pistache ; son fruit ressemble à une pomme de pin : quand il est mûr, il est rempli d'une crême blanche sucrée et d'une odeur de fleur d'orange. Il est plein de pepins noirs. L'atte est fort agréable, mais on s'en lasse bien vite. Il échauffe et donne des maux de gorge.

Le manguier est un fort bel arbre : les Indiens le représentent souvent sur leurs étoffes de soie. Il se couvre de superbes girandoles de fleurs, comme le marronnier d'Inde. Il leur succède quantité de fruits de la forme d'une très-grosse prune aplatie, couverte d'un cuir d'une odeur de térébenthine. Ce fruit a un goût vineux et agréable ; et, son odeur à part, il pourrait le disputer en bonté à nos bons fruits d'Europe. Il ne fait jamais de mal. On pourrait, je crois, en tirer une boisson saine et agréable. Il a l'inconvénient d'être chargé de fruits dans le temps des ouragans, qui en font tomber la plus grande partie.

Le bananier vient par-tout. Il n'a point de bois : ce n'est qu'une touffe de feuilles qui s'élèvent en colonne, et qui s'épanouissent au sommet en larges bandes d'un beau vert satiné. Au bout d'un an, il sort du sommet une longue grappe tout hérissée de fruits, de la forme d'un concombre ; deux de ces régimes font la charge d'un noir : ce fruit, qui est pâteux, est d'un goût agréable et fort nourrissant ; les noirs l'aiment beaucoup. On leur en donne au jour de l'an pour leurs étrennes ; et ils comptent leurs tristes années par le nombre de *fêtes bananes*. Des fils du bananier, on peut faire de la toile. La forme de ses feuilles semblables à des ceintures de soie, la longueur de sa grappe, qui descend à la hauteur d'un homme, et dont l'extrémité violette ressemble à une tête de serpent, peuvent lui avoir fait donner le nom de figuier d'Adam. Ce fruit dure toute l'année : il y en a de beaucoup d'espèces ; les uns de la grosseur d'une prune, d'autres de la longueur du bras.

Le goyavier ressemble assez au néflier. Sa fleur est blanche. Son fruit a toujours une odeur de punaise ; il est astringent. C'est le seul des fruits de ce pays où j'aie trouvé des vers.

Le jam-rose est un arbre qui donne un bel ombrage. Il s'élève peu ; ses fruits ont l'odeur d'un bouton de rose; ils sont d'un goût un peu sucré et insipide.

Le papayer est une espèce de figuier sans branches. Il croît vite, et s'élève comme une colonne, avec un chapiteau de larges feuilles. De son tronc, sortent ses fruits, semblables à de petits melons, d'une saveur médiocre : leurs grains ont le goût de cresson. Le tronc de cet arbre est d'une substance de navet. Le papayer femelle ne porte que des fleurs ; elles sont d'une forme et d'une odeur aussi agréables que celles du chèvrefeuille.

Le badamier semble avoir été formé pour donner de l'ombrage. Il s'élève comme une belle pyramide, formée de plusieurs étages bien séparés les uns des autres : on pourrait, dans leurs intervalles, construire des cabinets charmants ; son feuillage est beau. Il donne quelques amandes d'assez bon goût.

L'avocat est un assez bel arbre. Il donne une poire qui renferme un gros noyau. La substance de ce fruit est semblable à du beurre. Quand on l'assaisonne avec le sucre et le jus de citron, il n'est pas mauvais. Il échauffe.

Le jacq est un arbre d'un beau feuillage, qui donne un fruit monstrueux. Il est de la grosseur d'une longue citrouille ; sa peau est d'un beau vert, et toute chagrinée. Il est rempli de grains dont on mange l'enveloppe, qui est une pellicule blanche, gluante et sucrée. Il a une odeur empestée de fromage pourri. Ce fruit est aphrodisiaque : * j'ai vu des femmes qui l'aimaient passionnément.

Le tamarinier porte une belle tête; ses feuilles sont opposées sur une côte, et se ferment la nuit, comme la plupart des plantes légumineuses. Sa gousse donne un mucilage dont on fait d'excellente limonade. Il s'est perpétué dans les bois.

Il y a plusieurs espèces d'orangers, entre autres une qui donne une orange appelée mandarine, grosse comme une pomme d'api. Une grosse espèce de pamplemousse, orange à chair rouge, d'un goût médiocre. Un citronnier, qui donne de très-gros fruits avec peu de suc.

On y a planté le cocotier, sorte de palmier qui se plaît dans le sable. C'est un des arbres les plus utiles du commerce des Indes; cependant il ne sert guère qu'à donner de mauvaise huile, et de mauvais câbles. On prétend qu'à Pondichéry chaque cocotier rapporte une pistole par an. Des voyageurs font de grands éloges de son fruit, mais notre lin donnera toujours de plus belle toile que sa bourre, nos vins seront toujours préférés à sa liqueur, et nos simples noisettes à sa grosse noix.

* On sait qu'Aphrodite est un des noms de Vénus.

Le cocotier se plaît tellement près de l'eau salée, qu'on met du sel dans le trou où l'on plante son fruit, pour faciliter le développement du germe. Le coco paraît destiné à flotter dans la mer par une bourre qui l'aide à surnager, et par la dureté de sa coque impénétrable à l'humidité. Elle ne s'ouvre pas par une suture comme nos noix ; mais le germe sort par un des trois petits trous que la nature a ménagés à son extrémité, après les avoir recouverts d'une pellicule. On a trouvé des cocotiers sur le bord de la mer, dans des îles désertes, et jusques sur les bancs de sable. Ce palmier est l'arbre des rivages méridionaux, comme le sapin est l'arbre du nord, et le dattier celui des montagnes brûlées de la Palestine.

Je ne crois pas me tromper en disant que le coco a été fait pour flotter, et pour germer ensuite dans les sables ; chaque graine a sa manière de se ressemer, qui lui est propre ; mais cet examen me mènerait trop loin. Peut-être l'entreprendrai-je un jour, et ce sera avec grand plaisir. L'étude de la nature dédommage de celle des hommes : elle nous fait voir par-tout l'intelligence de concert avec la bonté. Mais, s'il était possible en cela de se tromper encore, si tout ce qui environne l'homme était fait pour l'égarer, au moins choisissons nos erreurs, et préférons celles qui consolent.

Quant à ceux qui croient que la nature, en élevant si haut le fruit lourd du cocotier, s'est fort écartée de la loi qui fait ramper la citrouille, ils ne font pas attention que le cocotier n'a qu'une petite tête qui donne fort peu d'ombre : on n'y va point comme sous les chênes, chercher l'ombrage et la fraîcheur. Pourquoi ne pas observer plutôt, qu'aux Indes comme en Europe, les arbres fruitiers qui donnent des fruits mous sont d'une hauteur médiocre, afin qu'ils puissent tomber à terre sans se briser; qu'au contraire, ceux qui portent des fruits durs comme le coco, la châtaigne, le gland, la noix, sont fort élevés, parce que leurs fruits, en tombant, n'ont rien à risquer? D'ailleurs les arbres feuillés des Indes donnent, comme en Europe, de l'ombre sans danger. Il y en a qui donnent de très-gros fruits, comme le jacq; mais alors ils les portent attachés au tronc, et à la portée de la main : ainsi la nature, que l'homme accuse d'imprudence, a ménagé à-la-fois son abri et sa nourriture.

Depuis peu, on a découvert un crabe qui loge au pied des cocotiers. La nature lui a donné une longue patte, terminée par un ongle. Elle lui sert à tirer la substance du fruit par ses trous. Il n'a point de grosses pinces comme les autres crabes : elles lui seraient inutiles. Cet animal se trouve sur l'île des Palmes, au nord de Madagascar, découverte en 1769 par le naufrage du vaisseau *l'Heureux*, qui y périt en allant au Bengale. Ce crabe servit de nourriture à l'équipage.

On vient de trouver à l'île Séchelle un palmier qui porte des cocos doubles, dont quelques-uns pèsent plus de quarante livres. Les Indiens lui attribuent des vertus merveilleuses. Ils le croyaient une production de la mer, parce que les courants en jetaient quelquefois sur la côte Malabare; ils l'appelaient *coco marin*. Ce fruit, dépouillé de sa bourre ,* *mulieris corporis bifurcationem cum naturâ et pilis repræsentat*. Sa feuille, faite en éventail, peut couvrir la moitié d'une case. Comme tout est compensé, l'arbre qui donne cet énorme coco, en rapporte au plus trois ou quatre : le cocotier ordinaire porte des grappes où il y en a plus de trente. J'ai goûté de l'un et l'autre fruit, qui m'ont paru avoir la même saveur. On a planté à l'Ile-de-France des cocos marins, qui commencent à germer.

Il y a encore quelques arbres qui ne sont guère que des objets de curiosité, comme le dattier, qui donne rarement des fruits; le palmier qui porte le nom d'araque, et celui qui produit le sagou. Le canéficier et l'acajou n'y donnent que des fleurs sans fruits. Le cannellier, dont j'ai vu

* Je ne traduirai point ce passage. Pourquoi la langue française est-elle plus réservée que la langue latine ! Sommes-nous plus chastes que les Romains ?

des avenues, ressemble à un grand poirier, par son port et son feuillage. Ses petites grappes de fleurs sentent les excréments; sa cannelle est peu aromatique. Il n'y a qu'un seul cacaotier dans l'île; ses fruits ne mûrissent jamais. On doit y apporter le muscadier et le giroflier;* le temps décidera du succès de ces arbres transplantés des environs de la Ligne, au 20e degré de latitude.

On y a planté, depuis long-temps, quelques pieds de ravinesara, espèce de muscadier de Madagascar; des mangoustans et des litchi, qui produisent, dit-on, les meilleurs fruits du monde; l'arbre de vernis, qui donne une huile qui conserve la menuiserie; l'arbre de suif, dont les graines sont enduites d'une espèce de cire; un arbre de Chine, qui donne de petits citrons en grappe semblables à des raisins; l'arbre d'argent du Cap; enfin le bois de teck, presque aussi bon que le chêne pour la construction des vaisseaux. La plupart de ces arbres y végètent difficilement.

La température de cette île me paraît trop froide pour les arbres d'Asie, et trop chaude pour ceux d'Europe. Pline observe que l'influence du ciel est plus nécessaire que les qualités de la terre, à la culture des arbres. Il dit que, de son temps, on voyait en Italie des poivriers et des cannelliers, et en Lydie des arbres d'encens; mais ils

---

* Je les ai vus arriver en 1770.

ne faisaient qu'y végéter. Je crois cependant qu'on pourrait naturaliser dans les provinces méridionales de France le café, qui se plaît dans les lieux frais et tempérés. Ces essais coûteux ne peuvent guère être faits que par des princes; mais aussi l'acquisition d'une plante nouvelle est une conquête douce et humaine, dont toute la nation profite. A quoi ont servi tant de guerres au dehors et au dedans de notre continent? Que nous importe aujourd'hui que Mithridate ait été vaincu par les Romains, et Montézume par les Espagnols? Sans quelques fruits, l'Europe n'aurait qu'à pleurer sur des trophées inutiles; mais des peuples entiers vivent en Allemagne des pommes de terre venues de l'Amérique, et nos belles dames mangent des cerises qu'elles doivent à Lucullus. Le dessert a coûté cher ; mais ce sont nos pères qui l'ont payé. Soyons plus sages, rassemblons les biens que la nature a dispersés, et commençons par les nôtres.

Si jamais je travaille pour mon bonheur, je veux faire un jardin comme les Chinois. Ils choisissent un terrain sur le bord d'un ruisseau; ils préfèrent le plus irrégulier, celui où il y a de vieux arbres, de grosses roches, quelques monticules. Ils l'entourent d'une enceinte de rocs bruts avec leurs cavités et leurs pointes : ces rocs sont posés les uns sur les autres, de manière que les assises ne paraissent point. Il en sort des touffes de scolopendre, des lianes à fleurs bleues et pourpres, des lisières de mousses de toutes les couleurs. Un filet d'eau circule parmi ces végétaux, d'où il s'échappe en gouttes ou en glacis. La vie et la fraîcheur sont répandues sur cet enclos, qui n'est, chez nous, qu'une muraille aride.

S'il se trouve quelque enfoncement sur le terrain, on en fait une pièce d'eau. On y met des poissons, on la borde de gazon et on l'environne d'arbres. On se garde bien de rien niveler ou aligner; point de maçonnerie apparente : la main des hommes corrompt la simplicité de la nature.

La plaine est entremêlée de touffes de fleurs, de lisières de prairies, d'où s'élèvent quelques arbres fruitiers. Les flancs de la colline sont tapissés de groupes d'arbrisseaux à fruits ou à fleurs, et le haut est couronné d'arbres bien touffus, sous lesquels est le toit du maître.

Il n'y a point d'allées droites qui vous découvrent tous les objets à-la-fois; mais des sentiers commodes qui les développent successivement. Ce ne sont point des statues, ni des vases inutiles; mais une vigne chargée de belles grappes, où des buissons de roses. Quelquefois on lit sur l'écorce d'un oranger des vers agréables, ou une sentence philosophique sur un vieux rocher.

Ce jardin n'est ni un verger, ni un parc, ni un parterre, mais un mélange, semblable à la campagne, de plaines, de bois, de collines, où les objets se font valoir les uns par les autres. Un Chinois ne conçoit pas plus un jardin régulier qu'un arbre équarri. Les voyageurs assurent qu'on sort toujours à regret de ces retraites charmantes; pour moi, j'y voudrais encore une compagne aimable, et dans le voisinage un ami comme vous.

Au Port-Louis de l'Ile-de-France, ce 10 juin 1769.

LETTRE XV.

ANIMAUX APPORTÉS A L'ILE-DE-FRANCE.

On a fait venir ici jusqu'à des poissons étrangers. Le gourami vient de Batavia; c'est un poisson d'eau douce, il passe pour le meilleur de l'Inde : il ressemble au saumon, mais il est plus délicat. On y voit des poissons dorés de la Chine, qui perdent leur beauté en grandissant. Ces deux espèces se multiplient assez dans les étangs.

On a essayé, mais sans succès, d'y transporter des grenouilles, qui mangent les œufs que les moustiques déposent sur les eaux stagnantes.

On a fait venir du Cap un oiseau bien plus utile. Les Hollandais l'appellent *l'ami du jardinier*. Il est brun, et de la grosseur d'un gros moineau. Il vit de vermisseaux, de chenilles et de petits serpents. Non-seulement il les mange, mais il en fait d'amples provisions, en les accrochant aux épines des haies. Je n'en ai vu qu'un : quoique privé de la liberté, il avait conservé ses mœurs, et suspendait la viande qu'on lui donnait aux barreaux de sa cage.

Un oiseau qui a multiplié prodigieusement dans l'île, est le martin, espèce de sansonnet de l'Inde, au bec et aux pattes jaunes. Il ne diffère guère du nôtre que par son plumage, qui est moins moucheté; mais il en a le gazouillement, l'aptitude à parler, et les manières mimes; il contrefait les autres oiseaux. Il s'approche familièrement des bestiaux, pour les éplucher; mais surtout, il fait une consommation prodigieuse de sauterelles. Les martins sont toujours accouplés deux à deux. Ils se rassemblent les soirs, au coucher du soleil, par troupes de plusieurs milliers, sur des arbres qu'ils affectionnent. Après un gazouillement universel, toute la république s'endort; et, au point du jour, ils se dispersent par couples dans les différents quartiers de l'île. Cet oiseau ne vaut rien à manger; cependant on en tue quelquefois malgré les défenses. Plutarque rapporte que l'alouette était adorée à Lemnos, parce qu'elle vivait d'œufs de sauterelles; mais nous ne sommes pas des Grecs.

On avait mis dans les bois plusieurs paires de corbeaux pour détruire les souris et les rats. Il n'en reste plus que trois mâles. Les habitants les ont accusés de manger leurs poulets; or, dans cette querelle, ils sont juges et parties.

Il n'y a pas moyen de dissimuler les désordres de *l'oiseau du Cap*, espèce de petit tarin, le seul des habitants de ces forêts que j'aie entendu chanter. On les avait d'abord apportés par curiosité; mais quelques-uns s'échappèrent dans les bois, où ils ont beaucoup multiplié. Ils vivent aux dépens des récoltes. Le gouvernement a mis leur tête à prix.

Il y a une jolie mésange, dont les ailes sont piquetées de points blancs; et le cardinal, qui, dans une certaine saison, a la tête, le cou et le ventre d'un rouge vif : le reste du plumage est d'un beau gris-de-perle. Ces oiseaux viennent du Bengale.

Il y a trois sortes de perdrix, plus petites que les nôtres. Le cri du mâle ressemble à celui d'un coq un peu enroué : elles perchent la nuit sur les arbres, sans doute dans la crainte des rats.

On a mis dans les bois des pintades, et, depuis peu, le beau faisan de la Chine. On a lâché sur quelques étangs, des oies et des canards sauvages : il y en a aussi de domestiques, entre autres le canard de Manille, qui est très-beau. Il y a des poules d'Europe; une espèce, d'Afrique, dont la peau, la chair et les os sont noirs; une petite espèce, de Chine, dont les coqs sont très-courageux. Ils se battent contre les coqs-d'Inde. Un jour, j'en vis un attaquer un gros canard de Manille; celui-ci ne faisait que saisir ce petit champion avec son bec, et le couvrait de son ventre et de ses larges pattes, pour l'étouffer. Quoiqu'on eût tiré plusieurs fois de cette situation le coq à demi-mort, il revenait à la charge avec une nouvelle fureur.

Beaucoup d'habitants tirent de grands revenus de leur poulailler, à cause de la rareté des autres viandes. Les pigeons y réussissent bien, et c'est le meilleur de tous les volatiles de l'île. On y a mis deux espèces de tourterelles et des lièvres.

Il y a dans les bois des chèvres sauvages, des cochons marrons, mais sur-tout des cerfs qui avaient tellement multiplié, que des escadres entières en ont fait des provisions. Leur chair est fort bonne, sur-tout pendant les mois d'avril, mai, juin, juillet et août. On en élève quelques troupeaux apprivoisés, mais qui ne multiplient pas.

Dans les quadrupèdes domestiques, il y a des moutons qui y maigrissent et perdent leur laine, des chèvres qui s'y plaisent, des bœufs dont la race vient de Madagascar. Ils portent une grosse loupe sur leur cou. Les vaches de cette race donnent très-peu de lait; celles d'Europe en rendent davantage, mais leurs veaux y dégénèrent. J'y ai vu deux taureaux et deux vaches, de la taille d'un âne; ils venaient du Bengale : cette petite espèce n'a pas réussi.

La viande de boucherie manque souvent ici. On y a pour ressource celle de cochon, qui vaut mieux que celle d'Europe; cependant on ne saurait en faire de bonnes salaisons : ce qui vient, je crois, du sel, qui est trop âcre. La femelle de cet animal est sujette, dans cette île, à produire des monstres. J'ai vu dans un bocal un petit cochon, dont le groin était alongé comme la trompe d'un éléphant.

Les chevaux n'y sont pas beaux; ils y sont d'un prix excessif : un cheval ordinaire coûte cent pistoles. Ils dépérissent promptement au port, à cause de la chaleur. On ne les ferre jamais, quoique l'île soit pleine de roches. Les mulets y sont rares, les ânes y sont petits, et il y en a peu. L'âne serait peut-être l'animal le plus utile du pays, parce qu'il soulagerait le noir dans ses travaux. On fait porter tous les fardeaux sur la tête des esclaves, ils en sont accablés.

Depuis quelque temps, on a amené du Cap deux beaux ânes sauvages, mâle et femelle, de la taille d'un mulet. Ils étaient rayés sur les épaules comme le zèbre du Cap, dont ils différaient cependant. Ces animaux, quoique jeunes, étaient indomptables.

Les chats y ont dégénéré; la plupart sont maigres et efflanqués : les rats ne les craignent guère. Les chiens valent beaucoup mieux pour cette chasse : mon *Favori* s'y est distingué plus d'une fois. Je l'ai vu étrangler les plus gros rats de l'hémisphère austral. Les chiens perdent, à la longue, leurs poils et leur odorat. On prétend que jamais ils n'enragent ici.

Au Port-Louis de l'Ile-de-France, ce 15 juillet 1769.

13.

LETTRE XVI.

VOYAGE DANS L'ILE.

Deux curieux d'histoire naturelle, M. de Chazal, conseiller, et M. le marquis d'Albergati, capitaine de la légion, me proposèrent, il y a quelque temps, d'aller voir, à une lieue et demie d'ici, une caverne considérable; j'y consentis. Nous nous rendîmes d'abord à la grande rivière. Cette grande rivière, comme toutes celles de cette île, n'est qu'un large ruisseau qu'une chaloupe ne remonterait pas à une portée de fusil de son embouchure. Il y a là un petit établissement formé d'un hôpital et de quelques magasins, et c'est là aussi que commence l'aqueduc qui conduit les eaux à la ville. On voit sur une petite hauteur en pain de sucre, une espèce de fort qui défend la baie.

Après avoir passé la grande rivière, nous prîmes pour guide le meunier du lieu. Nous marchâmes environ trois quarts d'heure, à l'ouest, au milieu des bois. Comme nous étions en plaine, je me croyais fort éloigné de la caverne, dont je supposais l'ouverture au flanc de quelque montagne, lorsque nous la trouvâmes, sans y penser, à nos pieds. Elle ressemble au trou d'une cave dont la voûte se serait éboulée. Plusieurs racines de mapou descendent perpendiculairement, et barrent une partie de l'entrée : on avait cloué au cintre une tête de bœuf.

Avant de descendre dans cet abyme, on déjeuna : après quoi, on alluma de la bougie et des flambeaux, et nous nous munîmes de briquets pour faire du feu.

Nous descendîmes une douzaine de pas sur les rochers qui en bouchent l'ouverture, et je me trouvai dans le plus vaste souterrain que j'aie vu de ma vie. Sa voûte est formée d'un roc noir, en arc surbaissé. Sa largeur est d'environ trente pieds, et sa hauteur de vingt. Le sol en est fort uni ; il est couvert d'une terre fine que les eaux des pluies y ont déposée. De chaque côté de la caverne, à hauteur d'appui, règne un gros cordon avec des moulures. Je le crois l'ouvrage des eaux qui y coulent dans la saison des pluies, à différents niveaux. Je confirmai cette observation par la vue de plusieurs débris de coquilles terrestres et fluviatiles. Cependant, les gens du pays croient que c'est un ancien soupirail de volcan ; il me paraît plutôt que c'est l'ancien lit d'une rivière souterraine. La voûte est enduite d'un vernis luisant et sec, espèce de concrétion pierreuse qui s'étend sur les parois, et, en quelques endroits, sur le sol même. Cette concrétion y forme des stalactites ferrugineuses qui se brisaient sous nos pieds comme si nous eussions marché sur une croûte de glace.

Nous marchâmes assez long-temps, trouvant le terrain parfaitement sec, excepté à trois cents pas de l'entrée par où une partie de la voûte est éboulée. Les eaux supérieures filtraient à travers les terres, et formaient quelques flaques sur le sol.

De là, la voûte allait toujours en baissant. Insensiblement nous étions obligés de marcher sur les pieds et sur les mains : la chaleur m'étouffait; je ne voulus pas aller plus loin. Mes compagnons, plus lestes, et en déshabillé convenable, continuèrent leur route.

En retournant sur mes pas, je trouvai une racine grosse comme le doigt, attachée à la voûte par de très-petits filaments. Elle avait plus de dix pieds de longueur, sans branches ni feuilles, ni apparence qu'elle en eût jamais eu : elle était entière à ses deux bouts. Je la crois une plante d'une espèce singulière : elle était remplie d'un suc laiteux.

Je revins donc à l'entrée de la grotte, où je m'assis pour respirer librement. Au bout de quelque temps, j'entendis un bourdonnement sourd, et je vis, à la lueur des flambeaux portés par des nègres, apparaître nos voyageurs en bonnet, en chemise, en caleçon si sales et si rouges qu'on les eût pris pour quelques personnages de tragédie anglaise. Ils étaient baignés de sueur et tout barbouillés de cette terre rouge, sur laquelle ils s'étaient traînés sur le ventre sans pouvoir aller loin.

Cette caverne se bouche de plus en plus. Il me semble qu'on en pourrait faire de magnifiques magasins, en la coupant de murs pour empêcher les eaux d'y entrer. Le marquis d'Albergati m'en donna les dimensions que voici, avec mes notes.

Le terrain est très-sec dans toute cette partie : on y remarque plusieurs fentes qui s'étendent dans toute la largeur; l'entrée est à l'ouest-nord-ouest.	Depuis l'entrée, première voûte.	Hauteur . . 3 t. 2 p. Largeur . . 5 Longueur . 22
Le souterrain tourne au N–O ¼ N; corrigez N–O ¼ O. Le terrain est sec : il règne dans presque toute cette partie une banquette d'environ deux pieds et demi de hauteur, avec un gros cordon.	Deuxième voûte depuis le premier coude.	Hauteur . . 2 5 Largeur . . 4 Longueur . 68 2
La voûte tourne au N–O; corrigez O–N–O, 2 deg. 30 min. N : à son extrémité elle n'a que quatre pieds de hauteur, mais elle se relève à quelques toises de là. Elle est pierreuse et humide. On y remarque de petites congélations ou stalactites.	Troisième voûte depuis le deuxième coude.	Hauteur . . 1. 5 Largeur . . 2 2 Longueur . 48 2
Les banquettes et moulures règnent sur les côtés : il y a un espace d'environ cinquante pieds rempli de roches détachées de la voûte. Cet endroit n'est pas sûr. Le terrain va droit sans coude.	Quatrième voûte.	Hauteur . . 3 0 Largeur . . 4 3 Longueur . 58 2

Il va au N-N-O, 3 deg. N; corrigez N-O ¼ N; 5 deg. O.	Cinquième voûte et troisième coude.	Hauteur . . Largeur . . Longueur .	1 t. 2 p. 3 38 2
Au N-O ¼ N-O; corrigez N-O ¼ N, 2 deg. 30 min.	Sixième voûte, quatrième coude.	Hauteur. . Largeur. . Longueur .	1 4 3 3 15 0
Au N-O ¼ O; corrigez O ¼ N-O, 2 deg. 30 min.	Septième voûte, cinquième coude.	Hauteur. . Largeur. . Longueur .	1 3 2 4 26 4
A l'O ¼ N-O; corrigez O ¼ S-O, 2 deg. 30 min. O.	Huitième voûte, sixième coude.	Hauteur. . Largeur. . Longueur .	1 5 3 15
Au N ¼ N-O; corrigez N-O ¼ N, 2 deg. 30 min. N. Ici je m'en retournai.	Neuvième voûte, septième coude.	Hauteur. . Largeur. . Longueur .	1 1 3 28 2
Au N-N-O, 5 deg. 3 min. O; corrigez N-O, 3 deg. 30 min. O. Il faut marcher le tiers de cette voûte sur le ventre. Il y a deux ans cette partie était plus praticable.	Dixième voûte, huitième coude.	Hauteur. . Largeur. . Longueur .	2 3 16 4
Au bout sont des flaques d'eau : la voûte menace de s'écrouler en deux ou trois endroits.	Onzième voûte.	Hauteur. . Largeur. . Longueur .	0 2 1 4 6 0

D'après ce tableau, la longueur totale de la caverne est de 343 toises.

Nous revînmes le soir à la ville.

Cette course me mit en goût d'en faire d'autres. Il y avait long-temps que j'étais invité par un habitant de la Rivière-Noire, appelé M. de Messin, à l'aller voir; il demeure à sept lieues du Port-Louis. Je profitai de sa pirogue qui venait toutes les semaines au port. Le patron vint m'avertir, et je m'embarquai à minuit. La pirogue est une espèce de bateau formé d'une seule pièce de bois, qui va à la rame et à la voile. Nous y étions neuf personnes.

A minuit et demi nous sortîmes du port en ramant. La mer était fort houleuse, elle brisait beaucoup sur les récifs. Souvent nous passions dans leur écume sans les apercevoir ; car la nuit était fort obscure. Le patron me dit qu'il ne pouvait pas continuer sa route avant que le jour fût venu, et qu'il allait mettre à terre.

Nous pouvions avoir fait une lieue et demie ; il vint mouiller un peu au-dessous de la petite rivière. Les noirs me descendirent au rivage sur leurs épaules, après quoi ils prirent deux morceaux de bois, l'un de veloutier, l'autre de bambou, et ils allumèrent du feu en les frottant l'un contre l'autre. Cette méthode est bien ancienne ; les Romains s'en servaient. Pline dit qu'il n'y a rien de meilleur que le bois de lierre frotté avec le bois de laurier.

Nos gens s'assirent autour du feu en fumant leur pipe. C'est une espèce de creuset au bout d'un gros roseau ; ils se le prêtent tour-à-tour. Je leur fis distribuer de l'eau-de-vie, et je fus me coucher sur le sable, entouré de mon manteau.

On me réveilla à cinq heures pour me rembarquer. Le jour étant venu à paraître, je vis le sommet des montagnes couvert de nuages épais qui couraient rapidement ; le vent chassait la brume dans les vallons ; la mer blanchissait au large ; la pirogue portait ses deux voiles et allait très-vite.

Quand nous fûmes à l'endroit de la côte, appelé Flicq-en-Flacq, environ à une demi-lieue de terre, nous trouvâmes une lame clapoteuse, et nous fûmes chargés de plusieurs rafales qui nous obligèrent d'amener nos voiles. Le patron me dit dans son mauvais patois : « Ça n'a pas bon, Monsié. » Je lui demandai s'il y avait quelque danger, il me répondit deux fois : « Si nous n'a » pas gagné malheur, ça bon. » Enfin il me dit qu'il y avait quinze jours qu'au même endroit la pirogue avait tourné, et qu'il s'était noyé un de ses camarades.

Nous avions le rivage au vent, tout bordé de roches, où il n'est pas possible de débarquer ; d'arriver au vent, cette manœuvre nous portait au-dessous de l'île que nous n'eussions jamais rattrappée : il fallait tenir bon. Nous étions à la rame, ne pouvant plus porter de voile. Le ciel se chargeait de plus en plus, il fallait se hâter. Je fis boire de l'eau-de-vie à mes rameurs ; après quoi, à force de bras et au risque d'être vingt fois submergés, nous sortîmes des lames, et nous parvînmes à nous mettre à l'abri du vent, en longeant la terre entre les récifs et le rivage.

Pendant le mauvais temps, les noirs eurent l'air aussi tranquille que s'ils eussent été à terre.

Ils croient à la fatalité. Ils ont pour la vie une indifférence qui vaut bien notre philosophie.

Je descendis à l'embouchure de la Rivière-Noire sur les neuf heures du matin ; le maître de l'habitation ne comptait pas ce jour-là sur le retour de sa pirogue ; j'en fus comblé d'amitiés. Son terrain comprend tout le vallon où coule la rivière. Il est mal figuré sur la carte de l'abbé de La Caille ; on y a oublié une branche de montagne sise sur la rive droite qui prend au morne du Tamarin. De plus, le cours de la rivière n'est pas en ligne droite ; à une petite lieue de son embouchure, il tourne sur la gauche. Ce savant astronome ne s'est assujetti qu'au circuit de l'île. J'ai fait quelques additions sur son plan, afin de tirer quelque fruit de mes courses.

Tout abonde à la Rivière-Noire, le gibier, les cerfs, le poisson d'eau douce et celui de mer. Un jour à table on vint nous avertir qu'on avait vu des lamentins dans la baie ; aussitôt nous y courûmes. On tendit des filets à l'entrée, et après en avoir rapproché les deux bouts sur le rivage, nous y trouvâmes des raies, des carangues, des sabres et trois tortues de mer ; les lamentins s'étaient échappés.

Il règne beaucoup d'ordre dans cette habitation, ainsi que dans toutes celles où j'ai été. Les cases des noirs sont alignées comme les tentes d'un camp. Chacun a un petit coin de jardin où croissent du tabac et des courges. On y élève beaucoup de volailles et des troupeaux. Les sauterelles y font un tort infini aux récoltes. Les denrées s'y transportent difficilement à la ville, parce que les chemins sont impraticables par terre, et que par mer le vent est toujours contraire pour aller au port.

Après m'être reposé quelques jours, je résolus de revenir à la ville en faisant un circuit par les plaines de Williams. Le maître de la maison me donna un guide, et me prêta une paire de pistolets dans la crainte des noirs marrons.

Je partis à deux heures après midi pour aller coucher à Palma, habitation de M. de Cossigny, située à trois lieues de là. Il n'y a que des sentiers au milieu des rochers; il faut aller nécessairement à pied. Quand j'eus monté et descendu la chaîne de montagnes de la Rivière-Noire, je me trouvai dans de grands bois où il n'y a presque rien de défriché. Le sentier me conduisit à une habitation qui se trouve la seule de ces quartiers : il passe précisément à côté de la maison. Le maître était sur sa porte, nu-jambes, les bras retroussés, en chemise et en caleçon. Il s'amusait à frotter un singe avec des mûres rouges de Madagascar : lui-même était tout barbouillé de cette couleur. Cet homme était Européen, et avait joui en France d'une fortune considérable qu'il avait dissipée. Il menait là une vie triste et pauvre, au milieu des forêts, avec quelques noirs, et sur un terrain qui n'était pas à lui.

De là, après une demi-heure de marche, j'arrivai sur le bord de la rivière du Tamarin, dont les eaux coulaient avec grand bruit dans un lit de rochers. Mon noir trouva un gué, et me passa sur ses épaules. Je voyais devant moi la montagne fort élevée des Trois-Mamelles, et c'était de l'autre côté qu'était l'habitation de Palma. Mon guide me faisait longer cette montagne en m'assurant que nous ne tarderions pas à trouver les sentiers qui mènent au sommet. Nous la dépassâmes après avoir marché plus d'une heure. Je vis mon homme déconcerté; je revins sur mes pas, et j'arrivai au pied de la montagne lorsque le soleil allait se coucher. J'étais très-fatigué; j'avais soif : si j'avais eu de l'eau, je serais resté là pour y passer la nuit.

Je pris mon parti; je résolus de monter à travers les bois, quoique je ne visse aucune espèce de chemin. Me voilà donc à gravir dans les roches, tantôt me tenant aux arbres, tantôt soutenu par mon noir qui marchait derrière moi. Je n'avais pas marché une demi-heure, que la nuit vint; alors je n'eus plus d'autre guide que la pente même de la montagne. Il ne faisait point de vent, l'air était chaud; je ne saurais vous dire ce que je souffris de la soif et de la fatigue. Plusieurs fois je me couchai, résolu d'en rester là. Enfin, après des peines incroyables, je m'aperçus que je cessais de monter; bientôt après je sentis au visage une fraîcheur de vent de sud-est, et je vis au loin des feux dans la campagne. Le côté que je quittais était couvert d'une obscurité profonde.

Je descendis en me laissant souvent glisser malgré moi. Je me guidais au bruit d'un ruisseau, où je parvins enfin tout brisé. Quoique tout en sueur, je bus à discrétion; et, ayant senti de l'herbe sous ma main, je trouvai, pour surcroît de bonheur, que c'était du cresson, dont je dévorai plusieurs poignées. Je continuai ma marche vers le feu que j'apercevais, ayant la précaution de tenir mes pistolets armés, dans la crainte que ce ne fût une assemblée de noirs marrons; c'était un défriché dont plusieurs troncs d'arbres étaient en feu. Je n'y trouvai personne. En vain, je prêtais l'oreille et je criais, dans l'espérance au moins que quelque chien aboierait; je n'entendis que le bruit éloigné du ruisseau, et le murmure sourd du vent dans les arbres.

Mon noir et mon guide prirent des tisons allumés, et, avec cette faible clarté, nous marchâmes, dans les cendres de ce défriché, vers un autre feu plus éloigné. Nous y trouvâmes trois nègres qui gardaient des troupeaux. Ils appartenaient à un habitant voisin de M. de Cossigny. L'un d'eux se détacha et me conduisit à Palma. Il était minuit, tout le monde dormait, le maître était absent;

mais le noir économe m'offrit tout ce que je voulus. Je partis de grand matin pour me rendre, à deux lieues de là, chez M. Jacob, habitant du haut des plaines de Williams; je trouvai partout de grandes routes bien ouvertes. Je longeai la montagne du Corps-de-garde, qui est tout escarpée, et j'arrivai de bonne heure chez mon hôte, qui me reçut avec toute sorte d'amitiés.

L'air, dans cette partie, est beaucoup plus frais qu'au port et qu'au lieu que je quittais. Je me chauffais le soir avec plaisir. C'est un des quartiers de l'île le mieux cultivé. Il est arrosé de beaucoup de ruisseaux, dont quelques-uns, comme celui de la Rivière-Profonde, coulent dans des ravins d'une profondeur effrayante. Je m'en approchai en retournant à la ville; le chemin passe très-près du bord; je m'estimai à plus de trois cents pieds d'élévation de son lit. Les côtés sont couverts de cinq ou six étages de grands arbres : cette vue donne des vertiges.

A mesure que je descendais vers la ville, je sentais la chaleur renaître, et je voyais les herbes perdre insensiblement leur verdure, jusqu'au port, où tout est sec.

Au Port-Louis de l'Ile-de-France, ce 15 août 1769.

LETTRE XVII.

VOYAGE, A PIED, AUTOUR DE L'ILE.

Un officier m'avait proposé de faire le tour de l'île à pied ; mais, quelques jours avant le départ, il s'excusa : je résolus d'exécuter seul ce projet.

Je pouvais compter sur Côte, ce noir du roi, qui m'avait déjà accompagné ; il était petit, suivant la signification de son nom, mais il était très-robuste. C'était un homme d'une fidélité éprouvée, parlant peu, sobre, et ne s'étonnant de rien.

J'avais acheté un esclave depuis peu, à qui j'avais donné votre nom, comme un bon augure pour lui. Il était bien fait, d'une figure intéressante, mais d'une complexion délicate; il ne parlait point français.

Je pouvais encore compter sur mon chien, pour veiller la nuit, et aller le jour à la découverte.

Comme je savais bien que je serais plus d'une fois seul, sans gîte dans les bois, je me pourvus de tout ce que je crus nécessaire pour moi et pour mes gens. Je fis mettre à part une marmite, quelques plats, dix-huit livres de riz, douze livres de biscuit, autant de maïs, douze bouteilles de vin, six bouteilles d'eau-de-vie, du beurre, du sucre, des citrons, du sel, du tabac, un petit hamac de coton, un peu de linge, un plan de l'île dans un bambou, quelques livres, un sabre, un manteau : le tout ensemble pesait deux cents livres. Je partageai toute ma cargaison en quatre paniers; deux de soixante livres et deux de quarante. Je les fis attacher au bout de deux forts roseaux. Côte se chargea du poids le plus fort, Duval prit l'autre. Pour moi, j'étais en veste, et je portais un fusil à deux coups, une paire de pistolets de poche, et mon couteau de chasse.

Je résolus de commencer mon voyage par la partie de l'île qui est sous le vent. Je me proposai de suivre constamment le bord de la mer, afin de pouvoir tracer un système de la défense de l'île, et de faire, dans l'occasion, quelques observations d'histoire naturelle.

M. de Chazal s'offrit de m'accompagner jusqu'à sa terre, à cinq lieues de la ville, aux plaines Saint-Pierre. M. le marquis d'Albergati se mit encore de la partie.

Nous partîmes de bon matin le 26 août 1769; nous prîmes le long du rivage. Depuis le fort

Blanc, sur la gauche du port, la mer se répand sur cette grève, qui n'est point escarpée, jusqu'à la pointe de la plaine aux Sables. On a construit là la batterie de Paulmy. Le débarquement serait impossible sur cette plage, parce qu'à deux portées de fusil, il y a un banc de récifs qui la défend naturellement. Depuis la batterie de Paulmy, le rivage devient à pic; la mer y brise de manière qu'on ne peut y aborder. Quant à la plaine, elle serait impraticable à la cavalerie et à l'artillerie, par la quantité prodigieuse de roches dont elle est couverte. Il n'y a point d'arbres; on y voit seulement quelques mapous et des veloutiers: l'escarpement finit à la Baie de la petite rivière, où il y a une petite batterie.

Nous trouvâmes là un homme de mérite, trop peu employé, M. de Séligny, chez lequel nous dînâmes. Il nous fit voir le plan de la machine avec laquelle il traça un canal au vaisseau *le Neptune*, échoué dans l'ouragan de 1760. C'étaient deux râteaux de fer mis en action par deux grandes roues portées sur des barques : ces roues augmentaient leur effet en agissant sur des leviers supportés par des radeaux.

Nous vîmes un moulin à coton de son invention : l'eau le faisait mouvoir. Il était composé d'une multitude de petits cylindres de métal posés parallèlement. Des enfants présentent le coton à deux de ces cylindres, le coton passe et la graine reste. Ce même moulin servait à entretenir le vent d'une forge, à battre des grains et à faire de l'huile. Il nous apprit qu'il avait trouvé une veine de charbon de terre, un filon de mine de fer, une bonne terre à faire des creusets, et que les cendres des *songes*, espèce de nymphæa, brûlées avec du charbon, donnaient des verres de différentes couleurs. Nous quittâmes, l'après-midi, ce citoyen utile et mal récompensé.

Nous suivîmes un sentier qui s'éloigne du rivage, d'une portée de fusil. Nous passâmes à gué la rivière Belle-Ile, dont l'embouchure est fort encaissée. A un quart de lieue de là, on entre dans un bois qui conduit à l'habitation de M. de Chazal. Ce terrain, qu'on appelle les plaines Saint-Pierre, est encore plus couvert de rochers que le reste de la route. En plusieurs endroits, nos noirs étaient obligés de mettre bas leurs charges, et de nous donner la main pour grimper. Une demi-heure avant d'arriver, Duval, ne pouvant plus supporter sa charge, la mit bas. Nous nous trouvâmes fort embarrassés, car il faisait nuit, et les autres noirs avaient pris les devants. Comment le retrouver au milieu des herbes et des bois? J'allumai du feu avec mon fusil, et nous l'entretînmes avec de la paille et des branches sèches; après quoi, nous laissâmes là Duval, et lorsque nous fûmes arrivés à la maison, nous envoyâmes des noirs le chercher avec ses paniers.

Toute la côte est fort escarpée depuis la petite rivière jusqu'aux plaines Saint-Pierre. Nos curieux avaient trouvé dans les rochers la pourpre de Panama, la bouche-d'argent, des nérites, et des oursins à longues pointes. Sur le sable, on ne trouve que des débris de cames, de rouleaux, et de grappes-de-raisin, espèce de coraux.

Nous avions marché cinq heures le matin, et quatre heures l'après-midi.

DU 27 AOUT 1769.

Nous nous reposâmes tout le jour. Tout ce terrain pierreux est assez propre à la culture du coton, dont cependant le fil est court. Le café y est d'une bonne qualité, mais d'un faible rapport, comme dans tous les endroits secs.

LE 28.

Mes compagnons voulurent m'accompagner jusqu'à la dînée : nous nous mîmes en route à huit heures du matin.

Nous passâmes d'abord la rivière du Dragon à gué, ensuite celle du Galet de la même manière. La côte cesse là d'être escarpée; et nous eûmes le plaisir de marcher sur le sable, le long de la mer, dans une grande plaine qui mène jusqu'à l'anse du Tamarin : elle peut avoir un quart de lieue de largeur, sur plus d'une lieue de longueur. Il n'y croît rien. On pourrait, ce me semble, y planter des cocotiers, qui se plaisent dans le sable. A droite, il y a un ruisseau de mauvaise eau, qui coule le long des bois.

Nous trouvâmes, dans des endroits que la mer ne couvre plus, des couches de madrépores fossiles, ce qui prouve qu'elle s'est éloignée de cette côte. * Nous dînâmes sur la rive droite de l'anse; ensuite nous nous quittâmes en nous embrassant, et nous souhaitant un bon voyage. Nous avions trouvé, sur le sable, des débris de harpes, et d'olives très-grosses.

De la Rivière-Noire, il n'y avait plus qu'une petite lieue à faire pour aller coucher chez M. de Messin. Je passai d'abord à gué le fond de l'anse du Tamarin, et de là je suivis le bord de la mer avec beaucoup de fatigue : il est escarpé jusqu'à la Rivière-Noire. Je trouvai, le long de ses rochers, beaucoup d'espèces de crabes, et cette espèce de boudin dont j'ai parlé.

* J'observai que là, où la mer étale, indépendamment des récifs du large, il y a à terre une espèce d'enfoncement ou chemin couvert naturel. On y pourrait mettre du canon ; mais avant tout, il faudrait des chemins.

Le fond de l'anse est de sable, et on y pourrait débarquer, si ces positions rentrantes n'exposaient à des feux croisés. Une batterie à la pointe de sable de la rive droite de la Rivière-Noire, y serait fort utile. J'avais marché trois heures le matin, et trois heures l'après-midi.

LE 29 ET LE 30.

A Marée basse je fus me promener sur le bord de la mer : j'y trouvai le grand buccin, et une espèce de faux-amiral.

LE 31.

Je partis à six heures du matin. Je passai la première Rivière-Noire à gué, près de la maison ; ensuite ayant voulu couper une petite presqu'île couverte de bois et de pierres, je m'embarrassai dans les herbes, et j'eus beaucoup de peine à retrouver le sentier ; il me mena sur le rivage, que je côtoyai, la marée étant basse. Sur toute cette plage, il y a beaucoup d'huîtres collées aux rochers : Duval, mon nouveau noir, se coupa le pied profondément, en marchant sur leurs écailles : c'était à l'une des deux embouchures de la petite Rivière-Noire. Nous fîmes halte en cet endroit sur les huit heures du matin : je lui fis bassiner sa plaie, et boire de l'eau-de-vie, ainsi qu'à Côte. Comme ils étaient fort chargés, je pris le parti de faire deux haltes par jour, qui coupassent mes deux courses du matin et du soir, et de leur donner alors quelques rafraîchissements. Cette légère douceur les remplit de force et de bonne volonté : ils m'eussent volontiers suivi ainsi jusqu'au bout du monde.

Entre les deux embouchures de la Rivière-Noire, un cerf poursuivi par des chiens et des chasseurs, vint droit à moi. Il pleurait et bramait : ne pouvant pas le sauver, et ne voulant pas le tuer, je tirai un de mes coups en l'air. Il fut se jeter à l'eau, où les chiens en vinrent à bout. Pline observe que cet animal, pressé par une meute, vient se jeter à la merci de l'homme. Je m'arrêtai au premier ruisseau qu'on trouve après avoir passé les deux Rivières-Noires : il se jette à la mer vis-à-vis un petit îlot, appelé l'îlot du Tamarin, qui n'est pas sur la carte ; on y va à pied à mer basse, et à l'îlot du Morne, où quelquefois l'on met les vaisseaux en quarantaine.

J'avais tout ce qui était nécessaire à mon dîner, hors la bonne chère. Je vis passer le long du rivage, une pirogue pleine de pêcheurs malabares. Je leur demandai s'ils n'avaient point de poisson ; ils m'envoyèrent un fort beau mulet, dont ils ne voulurent pas d'argent. Je fis mettre ma cuisine au pied d'un tatamaque : j'allumai du feu; un de mes noirs fut chercher du bois, l'autre de l'eau, celle de cet endroit étant saumâtre. Je dînai très-bien de mon poisson, et j'en régalai mes gens.

J'observai des blocs de roche ferrugineuse, très-abondante en minéral. Il y a une bande de récifs, qui s'étend depuis la Rivière-Noire jusqu'au morne Brabant, qui est la pointe de l'île, tout-à-fait sous le vent. Il n'y a qu'un passage pour venir à terre derrière le petit îlot du Tamarin.

A deux heures après midi je partis, en mettant plus d'ordre dans ma marche. J'allais faire plus de vingt lieues dans une partie déserte de l'île, où il n'y a que deux habitants. C'est là que se réfugient les noirs marrons. Je défendis à mes gens de s'écarter : mon chien même qui me devançait toujours, ne me précédait plus que de quelques pas; à la moindre alerte, il dressait les oreilles et s'arrêtait; il sentait qu'il n'y avait plus d'hommes. Nous marchâmes ainsi en bon ordre, en suivant le rivage, qui forme une infinité de petites anses. A gauche nous longions les bois, où règne la plus profonde solitude. Ils sont adossés à une chaîne de montagnes peu élevées, dont on voit la cime; ce terrain n'est pas fort bon. Nous y vîmes cependant des polchers, arbre venu des Indes, et d'autres preuves qu'on y avait commencé des établissements. J'avais eu la précaution de prendre quelques bouteilles d'eau, et je fis bien, car je trouvai les ruisseaux, marqués sur le plan, absolument desséchés.

J'avais des inquiétudes sur la blessure de mon noir, qui saignait continuellement; je marchais à petit pas; nous fîmes une halte à quatre heures. Comme la nuit s'approchait, je ne voulus point faire le tour du morne; mais je le coupai dans le bois, par l'isthme qui le joint aux autres montagnes. Cet isthme n'est qu'une médiocre colline. Étant sur cette hauteur, je rencontrai un noir appartenant à M. Le Normand, habitant chez lequel j'allais descendre, et dont la maison était à un quart de lieue. Cet homme nous devança pendant que je m'arrêtais avec plaisir à considérer le spectacle des deux mers. Une maison placée en cet endroit y serait dans une situation charmante; mais il n'y a pas d'eau. Comme je descendais ce monticule, un noir vint au-devant de moi avec une carafe pleine d'eau fraîche, et m'annonça que l'on m'attendait à la maison. J'y arrivai. C'était une longue case de palissades, couverte de feuilles de latanier. Toute l'habitation consistait en huit noirs, et la famille en neuf personnes : le maître et la maîtresse, cinq enfants, une jeune parente et un ami. Le mari était absent; voilà ce que j'appris avant d'entrer.

Je ne vis dans toute la maison qu'une seule pièce; au milieu, la cuisine; à une extrémité, les magasins et les logements des domestiques ; à l'autre bout, le lit conjugal, couvert d'une toile sur laquelle une poule couvait ses œufs ; sous le lit, des canards ; des pigeons sous la feuillée, et trois gros chiens à la porte. Aux parois étaient accrochés tous les meubles qui servent au ménage ou au travail des champs. Je fus véritablement surpris de trouver dans ce mauvais logement une dame très-jolie. Elle était Française, née d'une famille honnête, ainsi que son mari. Ils étaient venus, il y avait plusieurs années, chercher fortune ; ils avaient quitté leurs parents, leurs amis, leur patrie, pour passer leurs jours dans un lieu sauvage, où l'on ne voyait que la mer, et les escarpements affreux du morne Brabant : mais l'air de contentement et de bonté de cette jeune mère de famille, semblait rendre heureux tout ce qui l'approchait. Elle allaitait un de ses enfants ; les quatre autres étaient rangés autour d'elle, gais et contents.

La nuit venue, on servit avec propreté tout ce que l'habitation fournissait. Ce souper me parut fort agréable. Je ne pouvais me lasser de voir ces pigeons voler autour de la table, ces chèvres qui jouaient avec les enfants, et tant d'animaux réunis autour de cette famille charmante. Leurs jeux paisibles, la solitude du lieu, le bruit de la mer, me donnaient une image de ces premiers temps où les filles de Noé, descendues sur une terre nouvelle, firent encore part aux espèces douces et familières, du toit, de la table et du lit.

Après souper, on me conduisit coucher à deux cents pas de là, à un petit pavillon en bois, que l'on venait de bâtir. La porte n'était pas encore mise; j'en fermai l'ouverture avec les planches dont on devait la faire. Je mis mes armes en état; car cet endroit est environné de noirs marrons. Il y a quelques années que quarante d'entre eux s'étaient retirés sur le morne, où ils avaient fait des plantations : on voulut les forcer; mais plutôt que de se rendre, ils se précipitèrent tous dans la mer.

LE 1ᵉʳ SEPTEMBRE.

Le maître de la maison étant revenu pendant la nuit, il m'engagea à différer mon départ jusqu'à l'après-midi : il voulait m'accompagner une partie du chemin. Il n'y avait que trois petites lieues de là à Belle-Ombre, dernière habitation où je devais coucher. Comme mon noir était blessé, la jeune dame voulut elle-même lui préparer un remède pour son mal. Elle fit sur le feu une espèce de baume samaritain, avec de la térébenthine, du sucre, du vin et de l'huile. Après l'avoir fait panser, je le fis partir d'avance avec son camarade. A trois heures après dîner je pris congé de cette demeure hospitalière, et de cette femme aimable et vertueuse. Nous nous mîmes en route, son mari et moi; c'était un homme très-robuste : il avait le visage, les bras et les jambes brûlés du soleil. Lui-même travaillait à la terre, à abattre les arbres, à les charier; mais il ne souffrait, disait-il, que du mal que se donnait sa femme pour élever sa famille : elle s'était encore, depuis peu, chargée d'un orphelin. Il ne me conta que ses peines, car il vit bien que je sentais son bonheur.

Nous passâmes un ruisseau près de la maison, et nous marchâmes sur la pelouse jusqu'à la pointe du Corail. Dans cet endroit la mer pénètre dans l'île, entre deux chaînes de rochers à pic : il faut suivre cette chaîne, en marchant par des sentiers rompus, et en s'accrochant aux pierres. Le plus difficile est de l'autre côté de l'anse, en doublant la pointe appelée le Cap. J'y vis passer des noirs; ils se collaient contre les flancs du roc : s'ils eussent fait un faux pas, ils tombaient à la mer. Dans les gros temps ce passage est impraticable; la mer s'y engouffre, et y brise d'une manière effroyable. En calme, les petits vaisseaux entrent dans l'anse, au fond de laquelle ils chargent du bois. Heureusement il s'y trouva *le Désir*, senau du roi : il nous prêta sa chaloupe pour passer le détroit. M. Le Normand me conduisit de l'autre côté, et nous nous dîmes adieu en nous embrassant cordialement.

J'arrivai, en trois heures de marche sur une pelouse continuelle, au delà de la pointe de Saint-Martin. Souvent j'allais sur le sable, et quelquefois sur ce gazon fin, qui croît par flocons épais comme la mousse. Dans cet endroit je trouvai une pirogue, où M. Étienne, associé à l'habitation de Belle-Ombre, m'attendait. Nous fûmes en peu de temps rendus à sa maison, située à l'entrée de la rivière des Citronniers. On construisait, sur la rive gauche, un vaisseau de deux cents tonneaux.

Depuis M. Le Normand, toute cette partie est d'une fraîcheur et d'une verdure charmantes : c'est une savanne sans roche, entre la mer et les bois, qui sont très-beaux.

Avant de passer le Cap, on remarque un gros banc de corail, élevé de plus de quinze pieds. C'est une espèce de récif que la mer a abandonné : il règne au pied une longue flaque d'eau, dont on pourrait faire un bassin pour de petits vaisseaux. Depuis le morne Brabant, il y a, au large, une ceinture de brisants, où il n'y a de passage que vis-à-vis les rivières.

DU 2.

Le remède appliqué à la blessure de mon noir l'ayant presque guéri, je fixai mon départ à l'après-midi. Le matin, je me promenai en pirogue, entre les récifs et la côte. L'eau du fond était très-claire : on y voyait des forêts de madrépores de cinq ou six pieds d'élévation, semblables à des arbres : quelques-uns avaient des fleurs. Différentes espèces de poissons de toutes couleurs nageaient dans leurs branches : on y voyait serpenter de belles coquilles, entre autres une tonne magnifique, que le mouvement de la pirogue effraya ; elle fut se nicher sous une touffe de corail. J'aurais fait une riche collection, mais je n'avais ni plongeur, ni pince de fer, pour soulever les plantes de ce jardin maritime, et pour déraciner ces arbres de pierre. J'en rapportai le rocher appelé l'oreille-de-Midas, le drap-d'or, et quelques gros rouleaux garnis de leur peau velue.

Nous eûmes à dîner deux officiers du *Désir*, qui, conjointement avec M. Étienne, voulurent m'accompagner jusqu'au bras de mer de la Savanne, à trois lieues de là. Personne n'y demeure, mais il y a quelques cases de paille. Le matin on avait fait partir d'avance tous les noirs; après midi je me mis en route, et je pris seul les devants. J'arrivai au Poste-Jacotet : c'est un endroit où la mer entre dans les terres, en formant une baie de forme ronde. On voit, au milieu, un petit îlot triangulaire : cette anse est entourée d'une colline qui la clôt, comme un bassin. Elle n'est ouverte qu'à l'entrée, où passe l'eau de la mer, et au fond, où coulent, sur un beau sable, plusieurs ruisseaux qui sortent d'une pièce d'eau douce, où je vis beaucoup de poissons. Autour de cette pièce d'eau sont plusieurs monticules qui s'élèvent les uns derrière les autres, en amphithéâtre. Ils étaient couronnés de bouquets d'arbres, les uns en pyramide comme des ifs, les autres en parasol : derrière eux s'élançaient quelques têtes de palmistes, avec leurs longues flèches garnies de panaches. Toute cette masse de verdure, qui s'élève du milieu de la pelouse, se réunit à la forêt et à une branche de montagne qui se dirige à la Rivière-Noire. Le murmure des sources, le beau vert des flots marins, le souffle toujours égal des vents, l'odeur parfumée des veloutiers, cette plaine si unie, ces hauteurs si bien ombragées, semblaient répandre autour de moi la paix et le bonheur. J'étais fâché d'être seul : je formais des projets; mais du reste de l'univers, je n'eusse voulu que quelques objets aimés, pour passer là ma vie.

Je quittai à regret ces beaux lieux. A peine j'avais fait deux cents pas que je vis venir à ma rencontre une troupe de noirs armés de fusils. Je m'avançai vers eux, et je les reconnus pour des noirs de détachement, sorte de maréchaussée de l'île : ils s'arrêtèrent auprès de moi. L'un d'eux portait dans une calebasse deux petits chiens nouveau-nés ; un autre menait une femme attachée par le cou à une corde de jonc : c'était le butin qu'ils avaient fait sur un camp de noirs marrons qu'ils venaient de dissiper. Ils en avaient tué un, dont ils me montrèrent le gri-gri, espèce de talisman fait comme un chapelet. La négresse paraissait accablée de douleur. Je l'interrogeai ; elle ne me répondit pas. Elle portait sur le dos un sac de vacoa. Je l'ouvris. Hélas ! c'était une tête d'homme. Le beau paysage disparut, je ne vis plus qu'une terre abominable. *

Mes compagnons me retrouvèrent comme je descendais par une pente difficile au bras de mer de la Savanne. Il était nuit, nous nous assîmes sous des arbres dans le fond de l'anse : on alluma des flambeaux, et on servit à souper.

On parla des noirs marrons ; car ils avaient aussi rencontré le détachement où était cette malheureuse, qui portait peut-être la tête de son amant ! M. Étienne nous dit qu'il y avait des troupes de deux et trois cents noirs fugitifs aux environs de Belle-Ombre, qu'ils élisaient un chef auquel ils obéissaient sous peine de la vie. Il leur est défendu de rien prendre dans les habitations du voisinage, d'aller le long des rivières fréquentées chercher du poisson ou des *songes*. La nuit, ils descendent à la mer pour pêcher ; le jour, ils forcent des cerfs dans l'intérieur des bois

* Cette femme appartenait à un habitant appelé M. de Laval

HÉLAS! C'ÉTAIT UNE TÊTE D'HOMME.

avec des chiens bien dressés. Quand il n'y a qu'une femme dans la troupe, elle est pour le chef; s'il y en a plusieurs, elles sont communes. Ils tuent, dit-on, les enfants qui en naissent, afin que leurs cris ne les dénoncent pas. Ils s'occupent tous les matins à jeter les sorts pour présager la destinée du jour.

Il nous conta qu'étant à la chasse l'année précédente, il rencontra un noir marron, que s'étant mis à le poursuivre en l'ajustant, son fusil manqua jusqu'à trois fois. Il allait l'assommer à coups de crosse, lorsque deux négresses sortirent du bois, et vinrent en pleurant se jeter à ses pieds. Le noir profita du moment et s'enfuit. Il amena chez lui ces deux généreuses créatures; il nous en avait montré une le matin.

Nous passâmes la nuit sous des paillottes.

J'avais remarqué qu'on pouvait faire du Poste-Jacotet, cette position si riante, un très-bon port pour de petits vaisseaux, en ôtant du bassin quelques plateaux de corail. Le bras de mer de la Savanne sert aussi aux embarcations des gaulettes. Toute cette partie est la plus belle portion de l'île; cependant elle est inculte, parce qu'il est difficile d'y communiquer avec le chef-lieu, à cause des montagnes de l'intérieur, et par la difficulté de revenir au vent du port en doublant le morne Brabant.

LE 3 SEPTEMBRE.

M. Étienne et M. de Clèzémure, capitaine du *Désir*, vinrent m'accompagner jusqu'au bord de la rive gauche de la Savanne, qui est encore plus escarpée que la rive droite ; en cet endroit leurs chiens forcèrent un cerf. Je pris congé d'eux, pour faire seul les douze lieues qui restaient, dans un pays où il n'y a plus d'habitants.

J'observai, chemin faisant, que la prairie devenait plus large, les bois plus épais et plus beaux. Les montagnes sont enfoncées dans l'intérieur ; on n'en voit que les sommets dans le lointain.

De temps en temps je trouvai quelques ravins. En deux heures de marche, je passai trois rivières à gué. La seconde, qui est celle des Anguilles, est assez difficile ; son lit est plein de rochers, et son courant rapide. Il s'y jette des sources d'eau ferrugineuse qui la couvrent d'une huile couleur de gorge-de-pigeon.

Chemin faisant, je vis un de ces éperviers appelés mangeurs de poules. Il était perché sur un tronc de latanier ; je l'ajustai presque à bout portant, les deux amorces de mon fusil s'embrasèrent, et les coups ne partirent pas. L'oiseau resta tranquille, et je le laissai là. Cette petite aventure me fit faire attention à tenir mes armes en meilleur état, en cas d'attaque des noirs marrons.

Je m'arrêtai sur la rive gauche de la troisième rivière, au bord de la mer, sur des plateaux de rochers ombragés par un veloutier. Mes noirs m'en firent une espèce de tente en jetant mon manteau dessus les branches. Ils me firent à dîner, et me pêchèrent quelques conques persiques et des oreilles-de-Midas.

A deux heures après dîner, je me mis en route, mon fusil en bon état et mes gens en bon ordre. Les surprises n'étaient point à craindre : la plaine est découverte, et les bois assez éloignés. Le sentier était très-beau et sablé. Pour marcher plus à mon aise, et n'être pas obligé de me déchausser au passage de chaque rivière, je résolus de marcher nu-pieds comme les chasseurs du matin.* Cette façon d'aller est non-seulement la plus naturelle, mais la plus sûre ; le pied saisit comme une main les angles des rochers. Les noirs ont cette

---

* L'homme civilisé enferme son pied dans une chaussure ; il est sujet aux cors, que les nègres ne connaissent pas. De toutes les parties de son individu qu'il immole à son opinion, c'est sans doute le sacrifice qui lui coûte le moins. On prétend même qu'il y a un plus grand inconvénient à porter perruque, surtout lorsqu'on se fait raser la tête. On croit que cette opération est cause des apoplexies si fréquentes aujourd'hui, et qui étaient si rares chez les anciens. Je crois même que Pline, qui parle des maladies de son temps, ne fait pas mention de celle-là.

partie si exercée qu'ils s'en servent pour ramasser une épingle à terre. Ce n'est donc pas en vain que la nature divisa ces membres en doigts, et les doigts en articulations.

Après avoir fait ces réflexions, je me déchaussai, et je passai à gué la première rivière; mais en sortant de l'eau, je reçus un violent coup de soleil sur les jambes; elles devinrent rouges et enflammées. Au passage de la seconde, je me blessai à un talon et à un orteil. En mettant mon pied dans l'eau, j'éprouvai à mes blessures une douleur fort vive. Je renonçai à mon projet, fâché d'avoir perdu un des avantages de la constitution humaine, faute d'exercice.

J'arrivai à la rivière du Poste, que je traversai à gué sur le dos de mon noir, à une portée de canon de son embouchure. Elle coule avec grand bruit sur des rochers. Ses eaux sont si transparentes que je distinguais au fond des limaçons noirs à pointes. J'éprouvai dans ce passage une sorte d'horreur. Le soleil était près de se coucher; je ne voulus pas aller plus loin. Je marchai sur les pierres, le long de sa rive gauche, pour gagner une paillotte que j'avais aperçue adossée à un des caps de son embouchure. Il me fut impossible d'aller jusque là. Ce n'étaient que des monceaux de roches. Je revins sur mes pas, et je repris le sentier qui me mena au haut du ravin au bas duquel elle coule. J'aperçus, à main gauche, dans un enfoncement, un petit bouquet détaché de buissons, d'arbres et de lianes, dans lequel on ne pouvait pénétrer. L'idée me vint de m'ouvrir un passage avec une hache, et de me loger au centre comme dans un nid. Ce gîte me paraissait sûr; mais comme il vint à tomber un peu de pluie, je pensai qu'il vaudrait mieux encore loger sous le plus mauvais toit. Je descendis l'enfoncement jusqu'au bord de la mer, et j'eus un grand plaisir de trouver sur ma droite la paillotte que j'avais aperçue de l'autre rive : c'était un toit de feuilles de latanier appliqué contre la roche. A droite, était le chemin impraticable que j'avais tenté ; à gauche, le chemin par où j'étais descendu, et devant moi le bord de la mer. Tout me parut également disposé pour la sûreté et la commodité ; on me fit un lit d'herbes sèches, et je me couchai. Je fis mettre mes paniers enfilés de leur bâton, à droite et à gauche de mon lit, comme des barrières, un de mes noirs à chaque entrée de l'ajoupa, mes pistolets sous mon oreiller, mon fusil auprès de moi, et mon chien à mes pieds.

A peine ces dispositions étaient faites, qu'un frisson me saisit. C'est la suite des coups de soleil, qui sont presque toujours suivis de la fièvre. Mes jambes étaient douloureuses et enflées. On me fit de la limonade; on alluma de la bougie, et je m'occupai à noter des observations sur ma route, et quelques erreurs sur la carte.

Toute la côte, depuis le bras de mer de la Savanne, est escarpée et inabordable. Les rivières qui s'y jettent sont fort encaissées. Il serait impossible de faire ce chemin à cheval. On s'opposerait aisément à la marche d'une troupe ennemie, chaque rivière étant un fossé d'une profondeur effrayante. Quant au pays, il m'a paru la plus belle portion de l'île.

Sur le minuit, la fièvre me quitta, et je m'endormis. A trois heures et demie du matin, mon chien me réveilla, et sortit de l'ajoupa en aboyant de toutes ses forces. J'appelai Côte, et lui dis de se lever. Je sortis avec mes armes ; mais je ne vis qu'un ciel bien étoilé. Mon noir revint au bout de quelques moments, et me dit qu'il avait entendu siffler deux fois auprès du bois. Je fis rallumer le feu ; j'ordonnai à mes gens de veiller, et je posai Côte en sentinelle avec mon sabre.

La mer venait briser dans les rochers, presque jusqu'à ma chaumière. Ce fracas joint à l'obscurité, m'invitait au sommeil ; mais je n'étais pas sans inquiétude : j'étais à cinq lieues e toute habitation ; si la fièvre me reprenait, je ne savais où trouver des secours. Les noirs marrons me donnaient peu de crainte : mes deux noirs paraissaient bien déterminés, et j'étais dans un lieu où je pouvais soutenir un siége. Après tout, je me félicitai de ne m'être pas campé dans le bosquet.

Dès qu'on put distinguer les objets, je fis boire

un verre d'eau-de-vie à mes factionnaires, et je me mis en route : ils commençaient à être bien moins chargés, nos provisions diminuant chaque jour.

DU 4 SEPTEMBRE.

Je partis à cinq heures et demie du matin, résolu de faire un effort pour arriver à la première habitation d'une seule traite.

A peu de distance, nous trouvâmes une petite rivière, et un peu plus loin un ruisseau presque à sec. Après une heure de marche, toute cette belle pelouse qui commence au morne Brabant, finit, et l'on entre sur un terrain couvert de rochers comme dans le reste de l'île. L'herbe, cependant, en est plus verte ; c'est un gramen à large feuille, très-propre au pâturage.

Je passai à gué le bras de mer du Chalan, sur un banc de sable. Il est mal figuré sur le plan. La mer entre profondément dans les terres par un passage étroit, dont je pense qu'on pourrait faire un grand parc pour la pêche, en le barrant de claires-voies.

Je trouvai sur sa rive gauche un ajoupa où je me reposai.

A une demi-lieue de là, le sentier se divise en deux ; je pris celui de la gauche, qui entre dans les bois ; il me conduisit dans un grand chemin frayé de chariots. La vue des ornières qui me désignaient le voisinage de quelque maison considérable, me fit un grand plaisir : j'aimais encore mieux voir des pas de cheval que des pas d'homme. Nous arrivâmes à une habitation dont le maître était absent, ce qui nous fit revenir sur nos pas, et suivre un sentier du bois qui nous mena chez un habitant appelé M. Delaunáy. Il était temps d'arriver; je ne pouvais plus me soutenir sur mes jambes qui étaient très-enflées. Il me prêta un cheval pour me rendre à deux lieues de là à l'habitation des prêtres.

Je passai successivement la rivière de la Chaux qui est fort encaissée, et celle des Créoles. A trois quarts de lieue de cette dernière, je traversai en pirogue une des anses du Port du sud-est.

Les bords en sont couverts de mangliers. Tout ce paysage est fort agréable; il est coupé de collines couvertes d'habitations. De temps en temps on traverse des bouquets de bois remplis d'orangers. Il était six heures du soir quand j'arrivai chez le frère directeur de l'habitation. On me bassina les jambes d'eau de fleur de sureau, et je me reposai avec grand plaisir.

DU 5.

Il n'y a qu'une lieue de là au grand Port. Le frère me prêta un cheval, et j'arrivai à la ville sur les dix heures. C'est une espèce de bourg où il y a une douzaine de maisons. Les édifices les plus remarquables sont un moulin ruiné, et le Gouvernement qui ne vaut guère mieux. Derrière la ville est une grande montagne, et devant elle est la mer, qui forme en cet endroit une baie profonde de deux lieues, à compter des récifs de son ouverture, et de quatre lieues de longueur depuis la pointe des deux Cocos jusqu'à celle du Diable.

Je descendis chez le curé.

DES 6, 7 ET 8.

J'étais enchanté de mon hôte, et du paysage que j'avais vu ; mais il faut se méfier des lieux où vient la fleur d'orange. Le curé ne buvait que de l'eau, ainsi que ses paroissiens. Il faut souvent un mois de navigation pour venir du Port-Louis ; souvent les habitants sont exposés à manquer de tout ce qui vient d'Europe. Je fis part de mes provisions à M. Delfolie ; c'était le nom du missionnaire, qui était un fort honnête homme.

Le Port du sud-est fut d'abord habité par les Hollandais ; on voit encore un de leurs anciens édifices qui sert de chapelle. On entre dans le port par deux passes, l'une à la pointe du Diable pour les petits vaisseaux ; l'autre, plus considérable, à côté d'un îlot, vers le milieu. Il y a deux batteries à ces deux endroits, et une troisième appelée batterie de la Reine, située au fond de la baie.

Si mon indisposition l'eût permis, j'aurais examiné les corps étrangers que la mer jette sur les récifs, pour former quelques conjectures sur les terres qui sont au vent ; mais je pouvais à peine me soutenir ; la peau de mes jambes tomba même entièrement.

Voici les observations que je pus recueillir.

Les baleines entrent quelquefois dans le Port du sud-est, où il serait aisé de les harponner. Cette côte est fort poissonneuse, et c'est l'endroit de l'île où l'on trouve les plus beaux coquillages, entre autres des olives et des vis. On me donna quelques huîtres violettes de l'embouchure de la rivière de la Chaux, et une espèce de cristallisation que l'on trouve au fond du lit de la rivière Sorbès, qui en est voisine.

Je vis pendant trois nuits une comète qui paraissait depuis quinze jours. Son noyau était pâle et nébuleux, sa queue blanche et très-étendue, les rayons en divergeaient peu. Je dessinai sa position dans le ciel, au-dessous des Trois Rois. Sa route était vers l'est, et sa queue dirigée à l'ouest. Le 6, à deux heures et demie du matin, elle me parut élevée de plus de 50 degrés sur l'horizon. Je ne pus rendre mon observation plus précise faute d'instrument.

Je trouvai ici l'air d'une fraîcheur agréable, la campagne belle et fertile ; mais ce bourg est si désert que dans un jour je ne vis passer que deux noirs sur la place publique.

LE 9.

Je me sentais assez rétabli pour continuer ma route dans des lieux habités. Je fixai ma couchée à quatre lieues de là, à l'embouchure de la grande rivière, qui est un peu plus grande que celle qui porte le même nom, près du Port-Louis.

Nous partîmes à six heures du matin, en suivant le rivage qui est découpé d'anses où croissent des mangliers. Il est probable que la mer en a apporté les graines de quelque terre plus au vent. Nous longions, sur la gauche, une chaîne de montagnes élevées, couvertes de bois. La campagne est coupée de petites collines couvertes d'une herbe fraîche ; ce pays, où l'on élève beaucoup de bestiaux, est agréable à voir, mais fatigant à parcourir.

Après avoir marché deux lieues, nous vîmes, sur une hauteur, une belle maison de pierre. Je m'y arrêtai pour m'y reposer ; elle appartenait à un riche habitant appelé La V***. Il était absent. Sa femme était une grande créole sèche, qui allait nu-pieds suivant l'usage du canton. En entrant dans l'appartement, je la trouvai au milieu de cinq ou six filles, et d'autant de gros dogues qui voulurent étrangler mon chien; on les mit à la porte, et madame de La V*** y posa en faction une négresse nue, qui n'avait pour tout habit qu'une mauvaise jupe. Je demandai à passer le temps de la chaleur. Après les premiers compliments, un des chiens trouva le moyen de rentrer dans la salle, et le vacarme recommença. Madame de La V*** tenait à la main une queue de raie épineuse; elle en lâcha un coup sur les épaules nues de l'esclave qui en furent marquées d'une longue taillade, et un revers sur le mâtin qui s'enfuit en hurlant.

Cette dame me conta qu'elle avait manqué de se noyer en allant en pirogue harponner la tortue sur les brisants. Elle allait, dans les bois, à la chasse des noirs marrons; elle s'en faisait honneur : mais elle me dit que le gouverneur lui avait reproché de chasser le cerf, ce qui est défendu; ce reproche l'avait outrée : « J'eusse mieux aimé, me » dit-elle, qu'il m'eût donné un coup de poignard » dans le cœur. »

A quatre heures après midi, je quittai cette Bellone qui chassait aux hommes; nous coupâmes par un sentier la pointe du Diable, ainsi appelée, parce que les premiers navigateurs y virent, dit-on, varier leur boussole sans en savoir la raison. Nous passâmes, en canot, l'embouchure de la grande rivière qui n'est point navigable, à cause d'un banc de sable qui la traverse, et d'une cascade qu'elle forme à un demi-quart de lieue de là.

On a bâti sur sa rive gauche une redoute en terre, au commencement du chemin qui mène à Flacque : nous le suivîmes par l'impossibilité de marcher le long du rivage, tout rompu de roches. On rentre ici dans les bois, qui sont très-beaux, et pleins d'orangers. A un quart de lieue de là je trouvai une habitation dont le maître était absent : je m'y arrêtai.

J'avais marché deux heures et demie le matin, et autant l'après-midi.

LE 10.

Nous suivîmes la grande route de Flacque, jusqu'à un quart de lieue au delà de la rivière Sèche, que nous passâmes à gué comme les autres; ensuite, prenant à droite par un sentier, j'arrivai sur le bord de la mer à l'Anse d'eau douce, où il y avait un poste de trente hommes.

Nous reprîmes le rivage, qui commence là à être praticable. Je passai, sur le dos de Côte, un petit bras de mer assez profond. De temps en temps le sable est couvert de rochers, jusqu'à une longue prairie couverte du même chiendent que j'avais trouvé aux environs de Belle-Ombre. Toute cette partie est sèche et aride ; les bois sont petits et maigres, et s'étendent aux montagnes qu'on voit de loin : cette plaine, qui a trois grandes lieues, ne vaut pas grand'chose; elle s'étend jusqu'à un établissement appelé les Quatre Cocos. Il n'y a d'autre eau que celle d'un puits saumâtre percé dans des rochers pleins de mines de fer.

Après dîner, un sentier sur la gauche nous mena dans les bois, où nous retrouvâmes des rochers. Nous arrivâmes sur le bord de la rivière de Flacque, à un quart de lieue de son embouchure : nous la traversâmes sur des planches. Je la côtoyai en traversant les habitations, qui y sont en grand nombre, et je vins descendre au magasin, situé sur la rive gauche. Il y avait un poste commandé par un capitaine de la légion, appelé M. Gautier, qui m'offrit un gîte.

LE 11.

Je me reposai. Le quartier de Flacque est un des mieux cultivés de l'île : on en tire beaucoup de riz. Il y a une passe dans les récifs, qui permet aux gaulettes de venir charger jusqu'à terre.

LE 12.

Mon hôte voulut m'accompagner une partie du chemin; nous fûmes en pirogue jusqu'auprès du poste de Fayette. Presque toute la côte est couverte jusque-là de roches brisées et de mangliers. Près du débarquement, nous vîmes sur le sable des traces de tortue, ce qui nous fit mettre pied à terre; mais nous ne trouvâmes que le nid. Nous passâmes à gué l'anse aux Aigrettes, bras de mer assez large. J'étais sur les épaules de mon noir; quand nous fûmes au milieu du trajet, la mer, qui montait, pensa le renverser: il eut de l'eau jusqu'au cou, et je fus bien mouillé. A quelque distance, nous en trouvâmes une autre, appelée l'anse aux Requins. J'y remarquai de larges plateaux de rochers, percés d'un grand nombre de trous ronds, d'un pied de diamètre : quelques-uns étaient de la profondeur de ma canne. Je présumai que quelque lave de volcan, ayant coulé jadis sur une portion de forêt, avait consumé les troncs des arbres, et conservé leur empreinte.

Du poste de Fayette à la rivière du Rempart, la prairie continue. Ce quartier est encore bien cultivé : nous y dînâmes. Je passai la rivière; ensuite je continuai seul ma route jusqu'au delà de la rivière des Citronniers. Le soleil baissait déjà à l'horizon, lorsque je rencontrai un habitant qui m'engagea fort honnêtement à entrer chez lui; cet honnête homme s'appelait le sieur Gole.

LE 13 SEPTEMBRE.

Il m'offrit, le matin, son cheval pour me rendre à la ville, dont je n'étais plus éloigné que de cinq lieues. J'aurais bien voulu achever le tour de l'île; mais il y avait quatre lieues de pays inhabité, où l'on ne trouve pas d'eau. D'ailleurs, de la pointe des Canonniers, je connaissais le rivage jusqu'au Port.

J'acceptai l'offre de mon hôte. Je partis de ce quartier qu'on appelle la Poudre-d'Or, à cause, dit-on, de la couleur du sable, qui me parut blanc comme ailleurs. Je passai d'abord la rivière qui porte le nom du quartier. J'entrai ensuite dans de grands bois; le sol en est bon, mais il n'y a point d'eau. J'arrivai au quartier des Pamplemousses : les terres en paraissent épuisées, parce qu'on les cultive depuis plus de trente ans sans les fumer. J'en passai la rivière à gué, ainsi que la rivière Sèche et celle des Lataniers, et j'arrivai le soir au Port.

J'avais trouvé toutes les campagnes en rapport, couvertes de pierres, excepté quelques cantons des Pamplemousses.

Je n'ai vu sur ma route aucun monument intéressant. Il y a trois églises dans l'île : la première au Port-Louis, la seconde au Port du sud-est, et la troisième, qui est la plus propre, aux

Pamplemousses. Les deux autres ressemblent à de petites églises de village. On en avait construit une au Port-Louis, sur un assez beau plan; mais, le comble en étant trop élevé, les ouragans ont fait fendre les murs qui le supportent. On s'en sert quelquefois au lieu de magasins, qui sont rares dans l'île. La plupart sont construits en bois; c'est une matière qu'on ne devrait jamais employer pour les bâtiments publics, surtout ici, où les poutres ne durent pas plus de quarante ans, quand les carias ne les détruisent pas plus tôt. D'ailleurs, la pierre se rencontre partout, et l'île est entourée de corail, dont on fait de la chaux. La plus grande difficulté est aux fondations, où l'on est toujours obligé de faire sauter des roches avec de la poudre; mais, tout compensé, je ne crois pas qu'un bâtiment en pierre coûte ici un tiers plus cher qu'un bâtiment en bois. Celui-ci, il est vrai, est bientôt prêt, mais bientôt ruiné. Les gens pressés de jouir ne jouissent jamais.

On compte que l'île a environ quarante-cinq lieues de tour. Elle est arrosée d'un grand nombre de ruisseaux fort encaissés : ils sortent du centre de l'île pour se rendre à la mer. Quoique nous fussions dans la saison sèche, j'en ai traversé plus de vingt-quatre, remplis d'une eau fraîche et saine. J'estime qu'il y a la moitié de l'île en friche, un quart de cultivé, un autre quart en pâturages, bons et mauvais.

LETTRE XVIII.

SUR LE COMMERCE, L'AGRICULTURE, ET LA DÉFENSE DE L'ILE.

UNE lettre ne suffirait pas pour détailler ces trois objets, qui sont immenses. A commencer par le premier, je ne connais point de coin de terre qui étende ses besoins si loin. Cette colonie fait venir sa vaisselle de Chine, son linge et ses habits de l'Inde, ses esclaves et ses bestiaux de Madagascar, une partie de ses vivres du cap de Bonne-Espérance, son argent de Cadix, et son administration de France. M. de La Bourdonnais voulait en faire l'entrepôt du commerce de l'Inde, * une seconde Batavia. Avec les vues

---

* Tout entrepôt augmente les frais du commerce : quand il est inutile, il ne faut pas l'établir. Aucune nation n'a aux Indes d'entrepôt placé hors des lieux de son commerce. Batavia est dans une île qui donne des épiceries.

On regarde encore l'Ile-de-France comme une forteresse qui assure nos possessions dans l'Inde. C'est comme si on regardait Bordeaux comme la citadelle de nos colonies de l'Améd'un grand génie, il avait le faible d'un homme ; mettez-le sur un point, il en fera le centre de toutes choses.

Ce pays, qui ne produit qu'un peu de café, ne doit s'occuper que de ses besoins, et il devrait

rique. Il y a quinze cents lieues de l'Ile-de-France à Pondichéry. Quand on supposerait dans cette île une garnison considérable, encore faut-il une escadre pour la transporter aux Indes. Il faut que cette escadre soit toujours rassemblée dans un port, où les vers dévorent un vaisseau en trois ans. L'île ne fournit ni goudron, ni cordages, ni mâture : les bordages même n'y valent rien, le bois du pays étant lourd et sans élasticité.

On court les risques d'un combat naval. Si on est battu, le secours est manqué; si on est victorieux, les soldats, transportés tout d'un coup d'un climat tempéré dans un climat très-chaud, ne peuvent supporter les fatigues du service.

Si on eût fait pour quelque endroit de la côte Malabare, ou de l'embouchure du Gange, la moitié de la dépense qu'on a faite à l'Ile-de-France, nous aurions dans l'Inde même une forteresse respectable et une armée acclimatée : les Anglais ne se seraient pas emparés du Bengale. On peut s'en rapporter à eux sur ce qu'il convient de faire pour protéger un établissement. Ils entretiennent trois ou quatre mille soldats Européens sur les bords mêmes du Gange : ils avaient cependant assez d'îles éloignées à leur disposition. Il ne tient encore qu'à eux de s'établir sur la côte de l'ouest de Madagascar : mais dans leurs entreprises, ils ne séparent jamais les moyens de leur fin. Les moutons sont mal gardés quand le chien est à quinze cents lieues de la bergerie.

A quoi donc l'Ile-de-France est-elle bonne ? A donner du café, et à servir de relâche à nos vaisseaux.

se pourvoir en France, afin d'être utile par sa consommation à la métropole, à laquelle il ne rendra jamais rien. Nos denrées, nos draps, nos toiles, nos fabriques y suffisent, et les cotonnines de Normandie sont préférables aux toiles du Bengale qu'on donne aux esclaves. Notre argent seul devrait y circuler. On a imaginé une monnaie de papier, à laquelle personne n'a de confiance. Dans son plus grand crédit elle perd trente-trois et souvent cinquante pour cent. Il est impossible que ce papier perde moins : il est payable en France à six mois de vue ; il faut six mois pour le voyage, six mois pour le retour ; voilà dix-huit mois. On compte ici qu'en dix-huit mois, l'argent comptant placé dans le commerce maritime doit rapporter trente-trois pour cent. Celui qui reçoit du papier pour des piastres, le regarde comme une marchandise qui court plus d'un risque.

Le roi paie tout ce qu'il achète un tiers au moins au-dessus de sa valeur : les grains des habitants, la construction de ses édifices, les fournitures et les entreprises en tout genre. Un habitant vous fera un magasin pour vingt mille francs comptant ; si vous le payez en papier, c'est dix mille écus ; il n'y a pas là-dessus de dispute.

C'est pourtant la seule monnaie dont tout le monde est payé. On avait pensé qu'elle ne sortirait pas de l'île : non-seulement elle en sort, mais les piastres aussi, pour n'y jamais rentrer; autrement la colonie manquerait de tout.

De tous les lieux étrangers où elle commerce, le seul indispensable à sa constitution présente, est Madagascar, à cause des esclaves et des bestiaux. Ses insulaires se contentaient autrefois de nos mauvais fusils, mais ils veulent aujourd'hui des piastres cordonnées : tout le monde se perfectionne.

Au reste, si on compte qu'il y ait un jour assez de superflu pour y faire fleurir le négoce, il faut se hâter de nettoyer le port. Il y a sept ou huit carcasses de vaisseaux qui y forment autant d'îles, que les madrépores augmentent chaque jour.

Il ne devrait être permis à personne de posséder des terres faciles à défricher, et à la portée de la ville, sans les mettre en valeur. Personne ne devrait se faire concéder de grands et beaux terrains pour les revendre à d'autres. Les lois défendent ces abus : mais on ne suit pas les lois.

On devrait multiplier les bêtes de somme, sur-tout les ânes si utiles dans un pays de montagnes; un âne porte deux fois la charge d'un noir. Le nègre ne coûte guère davantage : mais l'âne est plus fort et plus heureux.

On a fait beaucoup de lois de police sur ce qu'il convient de planter. Personne ne connaît mieux que l'habitant ce qui est de son intérêt et ce qui convient à son sol. Il vaudrait mieux trouver le moyen d'attacher l'agriculteur au champ qu'il cultive à regret : car les ordonnances ne peuvent rien sur les sentiments.

Il y a un grand nombre de soldats inutiles, auxquels on pourrait donner des terrains à cultiver, en faisant les avances du défriché : on pourrait les marier avec des négresses libres. Si on eût suivi ce plan, depuis dix ans l'île entière serait en rapport; on aurait une pépinière de matelots et de soldats indiens. Cette idée est si simple que je ne suis pas étonné qu'on l'ait méprisée.

Quant aux moyens à proposer pour adoucir l'esclavage des nègres, j'en laisse le soin à d'autres; il y a des abus qui ne comportent aucune tolérance.

Si vous consultez sur la défense de l'île, un officier de marine, il vous dira qu'une escadre suffit; un ingénieur vous proposera des fortifications; un brigadier d'infanterie est persuadé qu'il ne faut que des régiments, et l'habitant croit que l'île se défend d'elle-même. Les trois premiers objets dépendent de l'administration, et sont dispendieux et nécessaires en partie. Je m'arrêterai au dernier, afin de vous faire part de quelques vues économiques.

J'ai observé, en faisant le tour de l'île, qu'elle était entourée, en grande partie, à quelque distance du rivage, d'une ceinture de brisants; que là où cette ceinture n'est pas continuée, la côte est formée de rochers inabordables. Cette disposition m'a paru étonnante ; mais elle est certaine. L'île serait inaccessible, s'il ne se trouvait des passages dans les récifs. J'en ai compté onze : ils sont formés par le courant des rivières, qui se trouvent toujours vis-à-vis.

La défense extérieure de l'île consiste donc à interdire ces ouvertures. Quelques-unes peuvent se fermer par des chaînes flottantes, les autres peuvent être défendues par des batteries posées sur le rivage.

Comme on peut naviguer en bateau entre les récifs et la côte, on pourrait se servir de chaloupes canonnières, dont le service me paraît fort commode, par la facilité d'avancer ses feux, lorsque la passe se trouve à une grande distance du canon de la côte.

Derrière les récifs, le rivage est d'un abord aisé ; on descend sur un sable uni. On pourrait rendre ces endroits impraticables, ainsi qu'ils le sont devenus naturellement dans le fond des anses du Port du sud-est. Il n'y a qu'à y planter des mangliers, la même espèce d'arbres qui y ont crû bien avant dans la mer en formant des forêts impénétrables : ce moyen est si facile que personne ne s'en avise.

Dans les parties de la côte battues par les lames, s'il se trouve quelques plateaux de rochers accessibles, ces lieux n'étant jamais fort étendus, on peut les défendre par quelques pans de muraille sèche, par des chevaux de frise tout prêts à jeter à l'eau, par des raquettes qui croissent sur les lieux les plus secs : mais, pour peu qu'il y ait de sable au pied, les mangliers y viendront ; leurs branches et leurs racines s'entrelacent de telle sorte qu'aucun bateau n'y peut aborder. On néglige trop les moyens naturels de défense ; les arbres, les buissons épineux, etc..... Ils ont cet avantage, qu'ils coûtent peu, et que le temps qui détruit les autres, ne fait qu'augmenter ceux-ci. Voilà quant à la défense maritime.

Je considère l'île comme un cercle, et chaque rivière venant du centre, comme un des rayons de ce cercle. On peut escarper, et planter de raquettes et de bambous toutes les rives qui sont du côté de la ville, et découvrir à trois cents toises le bord opposé. Alors chaque terrain compris entre deux ruisseaux, devient un espace tout fortifié, et le canal de ces ruisseaux, un fossé très-dangereux. Tous les côtés par où l'ennemi voudrait les passer seraient découverts, tous ceux que l'habitant défendrait seraient protégés : l'ennemi n'arriverait à la ville qu'à travers mille difficultés. Ce système de défense peut s'appliquer à toutes les îles de peu d'étendue ; les eaux y coulent toujours du centre à la circonférence.

Des deux ailes de montagnes qui embrassent la

ville et le port, il n'y a guère à défendre que la partie qui regarde la mer. On bâtirait sur l'île aux Tonneliers une citadelle, dont les batteries placées dans des espèces de chemins couverts donneraient des feux rasants; on y mettrait beaucoup de mortiers, si redoutés des vaisseaux. A droite et à gauche jusques aux mornes, on saisirait le terrain par des lignes de fortification respectables. La nature en a déjà fait une partie des frais sur la droite; la rivière des Lataniers protége tout ce front.

Le fond du bassin, formé derrière la ville par les montagnes, comprend un vaste terrain, où l'on peut rassembler tous les habitants de l'île et leurs noirs. Le revers de ces montagnes est inaccessible, ou peut l'être à peu de frais.

Il y a même un avantage fort rare; c'est qu'au fond de ce bassin, dans la partie la plus élevée de la montagne, à l'endroit appelé le Pouce, il se trouve un espace considérable, planté de grands arbres, où coulent deux ou trois ruisseaux d'une eau très-saine. On ne peut y monter de la ville, que par un sentier très-difficile. On a essayé d'y faire, à force de mines, un grand chemin pour communiquer de là dans l'intérieur de l'île; mais le revers de ces montagnes est d'un escarpement effroyable; il n'y a guère que des nègres ou des singes qui puissent y grimper. Quatre cents hommes dans ce poste, avec des vivres, ne pourraient jamais y être forcés; toute la garnison même peut s'y retirer.

Si à ces moyens naturels de défense, on ajoute ceux qui dépendent de l'administration, une escadre et des troupes, voici les obstacles que l'ennemi aura à surmonter:

1º Il sera obligé de livrer un combat en mer.

2º En supposant l'escadre vaincue, elle peut retarder la descente du vainqueur, en le forçant de dériver, dans le combat, sous le vent de l'île.

3º Il lui reste à vaincre les difficultés du débarquement; il ne peut attaquer la côte que par des points, et jamais sur un grand front.

4º Chaque passage de ruisseau lui coûte un combat très-désavantageux, si on le force à se présenter toujours à découvert.

5º Il est obligé de faire le siége de la ville par un côté peu étendu, sous le feu des mornes qui le commandent, et d'ouvrir la tranchée dans les rochers.

6º La garnison contrainte d'abandonner la ville trouve au haut des montagnes un réduit sûr et pourvu d'eau, où elle peut elle-même recevoir des secours de l'intérieur de l'île.

Ce serait ici le lieu de vous parler de la défense de l'île de Bourbon, voisine de celle-ci; mais je ne la connais pas. Je sais seulement qu'elle est inabordable, bien peuplée, et qu'il y croît plus de blés qu'elle n'en peut consommer; cependant j'entends dire à tout le monde que le sort de Bourbon est attaché à celui de l'Ile-de-France. Serait-ce parce que la caisse militaire est ici ? *

* L'auteur a supprimé quelques observations sur l'Ile-de-France, afin qu'on ne pût employer à l'attaquer ce qui était imaginé pour la défendre. C'est une discrétion qu'auraient dû avoir ceux qui ont publié des cartes et des plans de nos colonies, dont nos ennemis ont tiré plus d'une fois parti. Les Hollandais ne permettent pas qu'on grave les plans de leurs îles; on en donne des copies manuscrites à chaque capitaine de vaisseau, qui les remet à son retour dans les bureaux de l'amirauté.

FIN DU TOME PREMIER.

TABLE DES MATIÈRES

CONTENUES DANS CE VOLUME.

Essai sur la vie et les ouvrages de Bernardin de Saint-Pierre. . . . . page 1
Voyage a l'Ile-de-France, Lettres I à XVIII incluse. . 1

FIN DE LA TABLE DU TOME PREMIER.

www.ingramcontent.com/pod-product-compliance
Lightning Source LLC
Chambersburg PA
CBHW051358230426
43669CB00011B/1684